Künstliche Intelligenz-Forschung
in Deutschland

Petra Ahrweiler

Künstliche Intelligenz-Forschung in Deutschland

Die Etablierung eines Hochtechnologie-Fachs

Waxmann Münster/New York

Die Deutsche Bibliothek - CIP-Einheitsaufnahme

Ahrweiler, Petra:
Künstliche Intelligenz-Forschung in Deutschland : Die
Etablierung eines Hochtechnologie-Fachs / Petra Ahrweiler.
- Münster ; New York : Waxmann, 1995
   (Internationale Hochschulschriften)
   Zugl.: Berlin, Univ., Diss., 1993
   ISBN 3-89325-289-4

Internationale Hochschulschriften, Bd. 141

Die Reihe für Habilitationen und sehr
gute und ausgezeichnete Dissertationen

ISSN 0932-4763
ISBN 3-89325-289-4

© Waxmann Verlag GmbH, Münster/New York 1995
Postfach 8603, D-48046 Münster, F. R. G.
Waxmann Publishing Co.
P. O. Box 1318, New York, NY 10028, U. S. A.

Titelbild: Paul Klee, Der Seiltänzer, 1923, 121;
Ölfarbezeichnung, Aquarell und Bleistift auf Papier;
48,7 x 31,3 cm; Kunstmuseum Bern,
Paul-Klee-Stiftung, Inv.Nr. F 36
© VG Bild-Kunst, Bonn 1995
Umschlaggestaltung und Druck: Zeitdruck GmbH, Münster

Alle Rechte vorbehalten
Printed in Germany

Inhaltsverzeichnis

Vorwort I

Einleitung 1

I.   Das "System of Knowledge" der deutschen KI-Forschung 14

1.   "Informationsverarbeitung" 15

1.1.   Erkenntnistheoretische Implikationen der Informations-
       verarbeitungs-These. 16

1.2.   Die Immunisierung der Informationsverarbeitungs-These
       gegen erkenntnistheoretische Alternativen 18

2.   Die Bearbeitungsstrategien 22

2.1.   Der symbolverarbeitende Ansatz 23

2.2.   Der konnektionistische Ansatz 26

2.3.   Die soziologische Verortung in der KI-Scientific Community 29

3.   Die Arbeitsgebiete. 32

3.1.   Die ingenieurwissenschaftliche Ausrichtung 32

3.2.   Die kognitionswissenschaftliche Ausrichtung 37

3.3.   Die soziologische Verortung in der KI-Scientific Community 41

4.   Das "System of Knowledge": Zusammenfassung 43

II.	Die ideengeschichtliche Anschlußfähigkeit der KI-Forschungskonzepte an deutsche Wissenschaftstraditionen	45
1.	KI-Forschung und Logischer Empirismus	46
2.	KI-Forschung und Mathematik	49
3.	KI-Forschung und Ingenieurwissenschaft	51
4.	KI-Forschung und Psychologie	51
4.1.	Die Würzburger Schule	52
4.2.	Die Gestaltpsychologie	53
5.	KI-Forschung und Sprachwissenschaft	54
III.	Die Sozialgeschichte der deutschen KI-Forschung	57
1.	Die Bundesrepublik Deutschland als informationstechnologisches Niemandsland: 1960-1975	57
1.1.	Die Anfänge der Informatik in Deutschland	58
1.2.	Das KI-Interesse einiger weniger Wissenschaftler	60
2.	Das "Invisible College" der deutschen KI-Forschung: Die Vorphase der Institutionalisierung	61
2.1.	Die "zornigen jungen Männer": Der dornenreiche Feldzug der KI-Theorembeweiser gegen die klassische Informatik	62
2.2.	Der leichte Weg: Die KI-Sprachverarbeitung	67
2.3.	Die "KI-Bildverarbeiter"	70
2.4.	Das "Invisible College" der KI-Forschung: Zusammenfassung	73
3.	"KI-Network": Die Anfänge der Institutionalisierung	75
3.1.	Das erste KI-Treffen und der KI-Rundbrief	75

3.2.	Die Fachgruppe "Künstliche Intelligenz" in der Gesellschaft für Informatik	78
3.3.	Die ersten KI-Tagungen	79
3.4.	Frühe öffentliche KI-Förderung	81
3.5.	Konsequenzen der KI-Etablierung in den Nachbarwissenschaften Psychologie und Hirnforschung	81
3.6.	Der schwelende Glaubenskrieg zwischen KI-Forschung und Informatik	82
3.7.	KI-Forschung und die Massenmedien	83
3.8.	Das "Network" der KI-Forschung: Zusammenfassung	84
4.	KI-Forschung in der ehemaligen DDR: Robotron, die Akademie der Wissenschaften und die Hochschulen	85
4.1.	Die Anfänge der DDR-KI-Forschung	88
4.1.1.	Das VEB-Kombinat Robotron in Dresden	88
4.1.2.	Die Akademie der Wissenschaften in Berlin	90
4.1.3	Die Hochschulen	91
4.2.	Die DDR-KI-Forschung in den achtziger Jahren	91
4.2.1.	Die Reorganisation der Informatik-Ausbildung und die Ausdehnung der KI-Aktivitäten an den Hochschulen	92
4.2.2.	Die Gründung der Fachsektion 4 "Künstliche Intelligenz" der Gesellschaft für Informatik der DDR	94
4.2.3.	Die KI-Forschungsförderung	94
4.2.4.	Der "Hochschul-Industrie-Komplex"	97
4.2.5.	Die KI-Sommerschulen "KISS"	98
4.3.	Die Situation nach der Wiedervereinigung	99
4.4.	KI-Forschung in der ehemaligen DDR: Zusammenfassung	103
5.	Wahlverwandtschaft oder Teufelspakt? Wirtschaft und Wissenschaftspolitik adoptieren eine Wissenschaft	104

5.1.	Die Aufbruch-Phase: Der Anfang der achtziger Jahre (1980-1983).	104
5.1.1.	Erwachendes Interesse am Thema "Expertensysteme".	105
5.1.2.	Die Forschungsprojekte: HAM-ANS, SEKI, KIT und INFORM	108
5.1.3.	Die Krise der Hamburger Informatik.	109
5.1.4.	Das japanische "Fifth Generation Computer Systems Project".	110
5.1.5.	Die ersten KI-Aktivitäten der Gesellschaft für Mathematik und Datenverarbeitung GMD.	111
5.1.6.	Die Einrichtung des Fachausschusses 1.2. "Künstliche Intelligenz und Mustererkennung" in der Gesellschaft für Informatik.	112
5.1.7.	Die "8. International Joint Conference on Artificial Intelligence" 1983 in Karlsruhe.	113
5.1.8.	KI-Forschung und die Massenmedien.	115
5.1.9.	Die Aufbruch-Phase: Zusammenfassung.	115
5.2.	Die Durchbruch-Phase (1984-1989).	117
5.2.1.	Der Sonderforschungsbereich "Künstliche Intelligenz-Wissensbasierte Systeme" der Deutschen Forschungsgemeinschaft.	118
5.2.2.	Das Bundesministerium für Forschung und Technologie.	119
5.2.2.1.	Die Verbundprojekte.	120
5.2.2.2.	Das "Deutsche Forschungszentrum für Künstliche Intelligenz" (DFKI).	124
5.2.3.	Die Initiative der Bundesländer.	127
5.2.4.	Die Initiative der deutschen Wirtschaft.	129
5.2.4.1.	LILOG.	132
5.2.4.2.	BABYLON.	135
5.2.5.	Die Durchbruch-Phase: Zusammenfassung.	136
5.3.	Die Einbruch-Phase: Muß sich Forschung in barer Münze auszahlen?.	138
5.3.1.	Der Einbruch des Marktes: BABYLON.	139
5.3.2.	Der Überlebenskampf der "mischfinanzierten" KI-Institute.	143
5.3.3.	Der Status Quo der neunziger Jahre: Normalisierung eines Mega-Trends oder klammheimlicher Ausstieg?.	148

IV.	Wie entsteht und etabliert sich ein deutsches Hochtechnologie-Fach? Ergebnisse der vorgelegten Studie.	151
1.	KI-Forschung in Deutschland und in den USA: Gemeinsamkeiten und Unterschiede	151
2.	Die Scientific-Political-Economic Community eines Hochtechnologie-Fachs	157
2.1.	Die Wissenschaftler und ihre Interessenlagen: Der "Scientific Part" der SPE-Community	158
2.2.	Die Vertreter der deutschen Wissenschaftspolitik und ihre Interessenlagen: Der "Political Part" der SPE-Community	160
2.3.	Die Vertreter der deutschen Wirtschaftsunternehmen und ihre Interessenlagen: Der "Economic Part" der SPE-Community	161
2.4.	Zusammenfassung: Die Integration der Orientierungen und die Kompatibilität der Interessenlagen in der SPE-Community	162
3.	Der Idealtypus "Entstehung und Etablierung eines deutschen Hochtechnologie-Fachs"	164
4.	Das Scheitern der SPE-Community im Fall der deutschen KI-Forschung	168
4.1.	Wieviel "Steuerung" verträgt Hochtechnologie-Forschung?	169
4.2.	Die Tücke des Objekts: Ergebnisse - Prototypen - Produkte	170
5.	Die SPE-Community als empirischer Befund: Plädoyer für eine Revision wissenschaftssoziologischer Analyse-Konzepte	172

Anhangskapitel: Die Forschungsorganisation im KI-Bereich		175
Literatur		216
Anhang		241

Vorwort

Der Homo Faber hat ein neues Eisen im Feuer. Für die neunziger Jahre unseres Jahrhunderts ist die "Dekade des Gehirns" (George Bush) ausgerufen. Der letzte weiße Fleck auf diesem Planeten soll erkundet werden: das menschliche Gehirn. Was hat es mit den sogenannten geistigen Fähigkeiten des Menschen auf sich? Wie und warum denken wir? Was ist Intelligenz? Mit dem üblichen amerikanisch-europäischen Time-Lag läuft auch in Deutschland eine von Wirtschaft und Politik mitgetragene, großangelegte Forschungs-Offensive, die unter interdisziplinärer Beteiligung einer Reihe von Wissenschaften diesen Fragen zu Leibe rücken soll. Die forschungsleitende Idee, welche dabei alle Disziplinen und Strategien eint, besagt, daß kognitive Leistungen das Ergebnis von Informationsverarbeitungsprozessen sind: Menschliches Denken ist nach diesem Forschungsprogramm der Informationsverarbeitungsprozeß eines Eingabe-Ausgabe-Systems.

Da Informationsverarbeitungsprozesse keineswegs auf die menschliche Biologie angewiesen sind, ist es durchaus vorstellbar, ein solches denkendes Eingabe-Ausgabe-System mit Hilfe moderner Computer-Technik zu rekonstruieren. "Künstliche Intelligenz" (KI) heißt das unter der Oberhoheit der Informatik entwickelte Forschungsprogramm; Intelligenz nachzubauen ist die Devise, da meist nur das als verstanden gilt, was technisch nachvollzogen werden kann. Doch der prometheische Anspruch, an dem sich im Moment menschliche (vorwiegend männliche) Schöpferphantasien entzünden ("Ich möchte eine Maschine bauen, die stolz darauf ist, daß ich sie gemacht habe." Danny Hillis/Fernsehinterview/23.4.1992) kann nicht allein das große Interesse rechtfertigen, das diesem neuen Wissenschaftsgebiet vor allem von der Industrie entgegengebracht wird. Die potentielle Realisation kognitiver Leistungen auf Maschinen scheint für viele Großunternehmen wirtschaftliche Chancen zu versprechen, die weit über herkömmliche Rationalisierungsstrategien hinausweisen. Auch wissenschaftspolitisch, d.h. vor allem seitens der öffentlichen Forschungsförderung, stehen die Forschungen zur "Künstlichen Intelligenz" in der Planung bis ins Jahr 2005 ganz oben auf der Prioritätenliste, da sich die internationale Konkurrenzfähigkeit der deutschen Wissenschaft gerade am Entwicklungsstand der modernen Informationstechnologien messen lassen muß.

Diesen wissenschaftlichen, wirtschaftlichen und politischen Interessenlagen entspricht in Deutschland eine Forschungsorganisation, die momentan speziell dieses Fachgebiet auszeichnet, aber in Zukunft die Organisation von Hochtechnologie-Entwicklung allgemein bestimmen wird. Neben universitärer Forschung, die vor allem grundlagenorientiert arbeitet, gibt es Institute, die durch Mischformen staatlicher und privatwirtschaftlicher Förderung finanziert werden und deren Praxisorientierung häufig sogar über Prototypenentwicklungen hinausgehen soll. Außerdem werden wesentliche Teile der KI-Forschung gleich in den Entwicklungsabteilungen der Großunternehmen selbst durchgeführt.

Entstanden ist ein hochdifferenziertes Forschungsgefüge, welches zu den am besten ausgestatteten und in jeder Hinsicht protegierten Fachgebieten zählt, und dies, obwohl die greifbaren wissenschaftlichen und wirtschaftlichen Erfolge bisher eher dürftig zu nennen sind. Wie labil diese neu entstandene Form der Hochtechnologie-Entwicklung, die sich in enger Zusammenarbeit mit der Wirtschaft auf die schnelle technische Umsetzung und wirtschaftliche Nutzbarkeit wissenschaftlicher Ergebnisse stützt, tatsächlich ist, läßt sich gerade an der KI-Forschung nachvollziehen. Die deutsche KI-Forschung ist mehr als ein exemplarisches Beispiel moderner Hochtechnologie-Fächer[1]. Aber sie ist auch das.

In der folgenden Studie geht es darum, die wissenschaftssoziologische Entwicklung des Projektes "KI-Forschung in Deutschland" im Spiegel der wissenschaftlichen, wissenschaftspolitischen und wirtschaftlichen Interessenlagen zu rekonstruieren. Hier in Deutschland wurde innerhalb von knapp fünfzehn Jahren eine Fachdisziplin etabliert, deren Forschungsfrage von hohem wissenschaftlichen Interesse ist, deren Forschungsstrategie sämtliche bisherige Bearbeitungsversuche aus traditionell zuständigen Wissenschaften radikal in Frage stellt, deren Forschungsziele und Forschungsprämissen von hoher ethischer Brisanz sind und deren Forschungsprojekte massiv von Staat und Wirtschaft gefördert werden bis hin zur Institutionalisierung einer bisher nicht üblichen Forschungsorganisation. Für eine wissenschaftssoziologische Betrachtung ist es ein seltener und glücklicher Umstand, daß dieser Etablierungsweg im Gegensatz zur Entwicklung der US-amerikanischen KI-Forschung extrem kurz und überschaubar ist, daß die an der Etablierung beteiligten Personen noch leben und noch für etwa zwanzig Jahre das Bild dieser Wissenschaft mitbestimmen werden. Der Etablierungsweg der deutschen KI-Forschung soll an Hand von Gesprächen mit beteiligten Akteuren und mit Hilfe von Dokumenten nachgezeichnet werden. Weiterhin sollen die Wissenschaftler-Profile, die hinter den im öffentlichen Bewußtsein eher mit Angst und Skepsis besetzten "High-Tech-Wissenschaften" (wie KI-Forschung, Gentechnik, Neurobiologie, Neuroinformatik) stehen, mitsamt den dazu gehörenden Forschungstraditionen vorgestellt werden. Eine zentrale Rolle bei der Ausbildung der Forschungsorganisation im Hochtechnologiebereich spielt dabei der Umstand, daß hier ein Typus von Wissenschaftlern auf bestimmte politische und ökonomische Interessenlagen trifft, die nicht nur extrem kompatibel mit der wissenschaftlichen

---

[1] "Fach" steht in dieser Arbeit für das etwas längere Wort "Forschungsorganisation", bei welchem sich die Integration in ein noch längeres Wort wie "Hochtechnologie-Forschungsorganisation" aus ästhetischen Gründen verbietet. Als "Hochtechnologien" werden im folgenden im Anschluß an Aydalot/Keeble (1988) die modernen Informationstechnologien bezeichnet (vgl. zur Begriffsbestimmung auch Rammert 1993: 129f).

Fragestellung sind, sondern ein geradezu wahlverwandtschaftliches Verhältnis evozieren.

Das wissenschaftssoziologische Anliegen dieser Arbeit ist es, der Frage nachzugehen, wie in Deutschland ein Hochtechnologie-Fach entsteht und sich etabliert. Dabei wird zum einen vorausgesetzt, daß diese Frage nur mit Hilfe empirischen Materials untersucht werden kann: im folgenden idealtypisch am Beispiel der deutschen KI-Forschung. Die Übertragbarkeit der an diesem Beispiel gewonnenen Ergebnisse ist wiederum nur empirisch zu prüfen. Zum anderen wird davon ausgegangen, daß eine wissenschaftssoziologische Arbeit Rechenschaft über ihre Methoden und über den Geltungsanspruch ihrer Ergebnisse ablegen muß. Das Erkenntnisinteresse liegt also auf drei ineinander greifenden und aufeinander verwiesenen Ebenen: wissenschaftstheoretisch in der Frage nach den Möglichkeiten und Grenzen von Wissenschaftssoziologie, wissenschaftssoziologisch-theoretisch in der Frage nach einer generalisierenden Beschreibung der Entwicklung von deutschen High-Tech-Disziplinen und wissenschaftssoziologisch-empirisch in der Frage nach der Entstehung und Etablierung einer spannenden "Scientific Community": der deutschen KI-Forschung.

Einleitung

Rolf Kreibichs 1986 erschienene Arbeit über "Die Wissenschaftsgesellschaft" geht unter anderem der bundesdeutschen Institutionalisierung heutiger Wissens- und Technologieverwertung nach. Seine These, daß die zentrale Steuerung von Forschung und Technologie als förderpolitische Strategie der Bundesregierung das "Wissenschafts-Technologie-Industrialismus-Paradigma" zugrundelege, d.h. die strategische Verkopplung von Wissensproduktion, technologischer Wissensumsetzung und Technologie-Vermarktung, belegt Kreibich mit der Darstellung und Analyse öffentlicher Forschungsförderungsstrategien auch im Hinblick auf deutsche High-Tech-Disziplinen. Kreibichs Arbeit zeigt mit einer Fülle von Material die weltweite Entfaltung der "Produktivkraft Wissenschaft und Technik" seit Entstehen der modernen Wissenschaft an der Wende vom 16. zum 17. Jahrhundert: das dadurch zwangsläufig entstehende Informationsdefizit im Detail läßt unter anderem die Frage der vorliegenden Studie nach der Entstehung und Etablierung deutscher High-Tech-Disziplinen offen.

Kreibich illustriert die in Frage stehenden Entwicklungsgänge mit einer assoziativen Proportionalverbindung zwischen den für High-Tech-Fächer aufgewendeten öffentlichen Fördermitteln gemäß politisch-wirtschaftlicher Ziele und der Institutionalisierung funktionierender Forschungsstrukturen. Damit beschränkt sich Kreibichs Analyse im wesentlichen auf einen Hauptakteur der Träger des WTI-Paradigmas, die Wissenschaftspolitik. Wo Wissenschaftspolitik investiert - so die Kernaussage -, da entsteht eine High-Tech-Forschungsorganisation. Welche Rolle aber spielen die in High-Tech-Disziplinen arbeitenden Wissenschaftler oder die zur Produktentwicklung und Vermarktung der Technologie aufgerufenen Beschäftigten in Industrieunternehmen bei der Entstehung und Etablierung von High-Tech-Fächern? Das WTI-Paradigma impliziert geradezu die Beteiligung von mindestens drei Interessengruppen am Entwicklungsprozeß eines High-Tech-Fachs.

Die frühe Arbeit von van den Daele/Krohn/Weingart (1979) führt in Bezug auf die Akteure wissenschaftspolitischer Programmformulierungen den Begriff "Hybridengemeinschaft" ein, um auf das für die Entwicklung eines Hochtechnologie-Fachs typische Interessenkonglomerat der beteiligten Akteure hinzuweisen. Die Forschungsprogramme formulierende "Hybridengemeinschaft" setzt sich bei van den Daele/Krohn/Weingart allerdings wesentlich aus Wissenschaftlern, Wissenschaftspolitikern und Bürokraten zusammen. Auch hier wird das Problem der politischen Steuerbarkeit der wissenschaftlich-technischen Entwicklung in den Mittelpunkt gestellt (vgl. auch Böhme/van den Daele/Krohn 1973, Strasser/Knorr 1976), ohne das gerade in Hochtechnologie-Fächern bestehende Steuerungspotential der anderen beteiligten Akteure ausreichend zu reflektieren (zur inhaltlichen Bestimmung dieses Steuerungspotentials vgl. Rammert 1993: 102ff).

Ob ein zweidimensionales Erklärungs- und Steuerungskonzept überhaupt die komplexen Handlungsmuster in Hochtechnologie-Fächern fassen kann, steht auch in Frage, wenn wie in der Arbeit von Hack/Hack (1985) der Primat der Ökonomie behauptet wird. Hack/Hack gehen von der "strukturellen Ökonomisierung" (606ff) der Wissenschafts- und Technologie-Entwicklung aus und thematisieren das wechselseitige Begründungsverhältnis von "Verwissenschaftlichung der Industrie" und "Industrialisierung der Wissenschaft". Der Erfolg der ökonomischen Funktionslogik kann jedoch nur belegt werden, weil das empirische Material lediglich aus industriellen Forschungsorganisationen bezogen wird, in denen eine gewisse Marktorientierung nicht überraschen dürfte. Im Hochtechnologie-Fächer auszeichnenden Interessenkonglomerat agieren industrielle Forschungsorganisationen jedoch nur als einer der verschiedenen, relevanten Akteure.

Die akteurtheoretische Hypothese dieses Buches, daß die Entstehung und Entwicklung von High-Tech-Fächern Produkt eines Aushandlungsprozesses zwischen Akteuren verschiedener Orientierungskomplexe ist, weist nicht nur strukturtheoretische Reduktionen auf übermächtige Funktionslogiken zurück, sondern schlägt auch eine Alternative zur systemtheoretischen Wissenschaftssoziologie vor. Die Arbeit von Krohn/Küppers (1990) über "Wissenschaft als selbstorganisierendes System" konstatiert gleich zu Beginn: "Unterscheidungen von der Art Wissenschaft und Technologie, reine und angewandte Wissenschaft, Wissenschaft und Pseudowissenschaft brauchen nicht vorweg eingeführt, sondern müssen als Strukturierungsleistung vom System (Wissenschaft als soziales System, Anm.d.Verf.) selbst erbracht werden" (Krohn/Küppers 1990: 308). Diese Perspektive unterstellt, daß es ein operational geschlossenes System "Wissenschaft" gibt (dem andere Bereiche wie "Wissenschaftspolitik" oder "Wirtschaft" Umwelt sind), und daß obige Unterscheidungen nur die interne Struktur des Systems und die Systemoperationen an den "Rändern" organisieren. Für einige wissenschaftliche Disziplinen (z.B. die Soziologie), in denen sich die Kontakte der Wissenschaft mit Wissenschaftspolitik oder Wirtschaftsunternehmen darin erschöpfen, Fördermittel zu akquirieren, reicht eine solche Betrachtung aus. Die Entwicklung moderner Hochtechnologie-Fächer zeigt jedoch, daß die Unterscheidung zwischen herkömmlichen wissenschaftlichen Disziplinen und Hochtechnologie-Fächern keine Strukturierungsleistung eines autonomen Systems "Wissenschaft" sein kann, sondern traditionelle System-Umwelt-Grenzen transzendiert. Krohn/Küppers sprechen von einem "durch die Randzonen eröffneten Verhandlungsraum" an der System-Umwelt-Grenze (Krohn/Küppers 1990: 324), wo Akteure aus Wissenschaft, Politik, Wirtschaft und anderen Bereichen den "eigentlichen Mechanismus für nicht-konservative Innovationen" (321) in Gang setzen. "Die Vernetzung gewinnt systemische

Züge" (ebenda), geben Krohn/Küppers zu, ohne daß jedoch diesem Umstand mit etwas anderem als einer Residualkategorie ("Randzone") Rechnung getragen wird. Die vorliegende Studie will unter anderem zeigen, daß die Entstehung und Entwicklung von Hochtechnologie-Fächern im wesentlichen Produkt dieser "Randzonen-Aktivität" ist und mit der von Krohn/Küppers vorgestellten systemtheoretischen Begrifflichkeit nicht adäquat beschrieben werden kann. Krohn/Rammert (in Rammert 1993) entwickeln die Konsequenzen dieses Problems bis zur Diagnose eines neuen, komplexen Handlungsstrategie-Typus weiter:

> Die neuen Merkmale sind die Beteiligung von Akteuren aus verschiedenen Lagern, die Einbeziehung zusätzlicher Kontingenzfaktoren hinsichtlich der Zukunftserwartungen, die Vermehrung von Eingriffschancen in die Planungsprozesse, die Abnahme einsinnig wirkender Entscheidungsimperative. Um die Unterschiede zuzuspitzen, nennen wir den neuen, industrielle und forschungsplanende Entscheidungen koordinierenden Strategietypus: wissenschaftlich-reflexiv.[...] Damit würde sich ein klassischer Trend der modernen Gesellschaft in diesem Bereich umkehren: nicht mehr die Ausdifferenzierung von spezialisierten Handlungssystemen (oder Sozialstrukturen), sondern die Organisation komplexer, systemübergreifender Handlungsfelder verspricht die erfolgreichsten Beschleunigungseffekte. (Krohn/Rammert 1993: 66)

In der hier vorliegenden Studie können Hinweise dafür gegeben werden, daß der Trend "Organisation von Komplexität statt Ausdifferenzierung" im Bereich der Entstehung und Etablierung von Hochtechnologie-Fächern längst soziale Wirklichkeit bestimmt. Krohn/Rammert siedeln die allgemeine Technologie-Entwicklung weiter zwischen Autonomie und funktionaler Abhängigkeit in Bezug auf verschiedene Orientierungskomplexe an, wobei Autonomie als Folge des geschichtlichen Ausdifferenzierungsprozesses von Forschungshandeln definiert wird. Inwieweit ein solcher Autonomie-Begriff vor dem Hintergrund neuerer Entwicklungen nicht nur historischer Ballast bzw. strukturtheoretischer Reduktionismus diesmal auf wissenschaftliche Orientierungen* sein kann, muß der zukünftigen Analyse der Entwicklungen im Hochtechnologie-Bereich überlassen bleiben. Krohn/Rammert verweisen darauf, daß der entscheidende soziale Prozeß der Modernisierung in der wechselseitigen Durchdringung verschiedener Orientierungskomplexe (Realitätserkenntnis, Kultur, politisch-administrativer Bereich, ökonomischer Bereich) bestehe und "der Rückweg in systemtheoretische Abgrenzungen [...] nur begrifflichen Zwecken" diene (72), doch die

---

* wobei auch diese (in der Hauptsache die Orientierung an wissenschaftlicher Wahrheit) mittlerweile zur Disposition anderer Orientierungskomplexe stehen, wie die Diskussion um "pragmatische" (wahr ist, was nützlich ist: ökonomische Orientierung) und "konsensuale" (wahr ist, worauf sich möglichst viele einigen können: politische Orientierung) Wahrheitstheorien zeigt.

Bewahrung des lediglich über reale Ausdifferenzierungsprozesse zu definierenden Autonomie-Begriffs kann nur über den inhaltlichen Rückgriff auf systemtheoretische Kategorien ermöglicht werden. Die positive Beantwortung der im Anschluß an Überlegungen zur neueren Entwicklung im Hochtechnologie-Bereich gestellten Frage "Ist damit eingeräumt, daß es keine Autonomie der technologischen Entwicklung gibt?" (Krohn/ Rammert 1993: 74) würde eine beim gegenwärtigen Stand der Theorieentwicklung kaum bezahlbare Absage an systemtheoretische Überlegungen zur strukturellen und funktionalen Differenzierung beinhalten.

Da Hochtechnologie-Forschung unter den genannten Gesichtspunkten nur defizitär bearbeitet werden kann, unterliegen auch Einzelaspekte der wissenschaftssoziologischen Analyse den Bedingungen mangelnder Zugänglichkeit. Dies betrifft besonders die hier interessierende Frage nach der Entstehung eines Hochtechnologie-Fachs. Zur Entstehung einer wissenschaftlichen Disziplin liegt bereits eine Fülle von Arbeiten vor, die allerdings keine Hochtechnologie-Fächer untersuchen (z.B. Mullins 1973, Edge/ Mulkay 1975, Käsler 1984). Die auf solcher empirischer Grundlage basierenden Modelle zur Entstehung wissenschaftlicher Disziplinen wie z.B. das Stadienmodell der Wissenschaftsentwicklung von Terry N. Clark (1974) beziehen daher Wissenschaftspolitik und Wirtschaft lediglich als "ökologische oder Umweltfaktoren" ein (Clark 1974: 109). Den vorgeschlagenen Stadien- oder Phasenmodellen einer Wissenschaftsentwicklung kann nur insoweit gefolgt werden, als die Entwicklung von Hochtechnologie-Fächern und anderen wissenschaftlichen Disziplinen parallel verläuft. Die Gemeinsamkeiten dieser Entwicklungsgänge werden in der vorliegenden Studie exemplarisch mit den von Nicholas Mullins (1973) entwickelten Kategorien zum Gang einer Fach-Entwicklung aufgezeigt. Sobald jedoch der für die Entwicklung eines Hochtechnologie-Fachs typische Aushandlungsprozeß zwischen Wissenschaftlern, Wissenschaftspolitikern und Wirtschaftsunternehmern beginnt, sind Kategorien der herkömmlichen Etablierung wissenschaftlicher Disziplinen nur noch bedingt anwendbar. Ebenso wie in übergreifenden Theoriemodellen der Wissenschaftssoziologie wird in der Analyse einer Fach-Entwicklung bisher von einer relativ handlungsautonomen Scientific Community ausgegangen (vgl. Storer/Parsons 1968); die Handlungen der oben genannten weiteren Akteure treten als "Bedingungen", "Anlässe", "Hemmungen" oder "Förderungen" (Weber 1985: 6 über den Einfluß von Artefakten auf menschliches Handeln) auf, ohne daß diese Gruppen als beteiligte Initiatoren und ständige Träger der Fach-Entwicklung ernstgenommen werden.

Richard Whitley (1984) subsumiert in seiner Arbeit über "Intellectual and social organization of sciences" die KI-Forschung unter die Kategorie der "Professional Adhocracies" (Table 5.2.: 158), deren hervorragendes Merkmal unter anderem die Heterogenität ihrer Zusammensetzung ist:

No one subfield dominates the whole reputational organization, and where integration of diverse problem areas is attempted this is as likely to be undertaken by employers or funding agencies for non-intellectual goals as by scientists pursuing reputational objectives. In such instances, the means employed are as often financial and managerial as theoretical. (Whitley 1984: 188f)

Whitley entwickelt im wesentlichen Vergleichsmöglichkeiten für die unterschiedlichen Entwicklungsgänge diverser "intellektueller Felder", so daß die theoretischen Konsequenzen der obigen Überlegung nicht im einzelnen ausgeführt werden. Dennoch zeichnet sich die Arbeit Whitleys als eine der wenigen aus, die Hochtechnologie-Disziplinen eigene Modalitäten der Fach-Entwicklung und Arbeitsorganisation zugestehen. Obgleich vor allem in den achtziger Jahren mit dem Entstehen moderner High-Tech-Fächer Versuche unternommen wurden, Fragestellungen und Methoden der Wissenschaftssoziologie auf die soziologische Analyse der speziellen Organisation von Hochtechnologie-Fächern zu übertragen und gegebenenfalls anzupassen (vgl. Nelson/Winter 1977, Pinch/ Bijker 1984), konnten sich diese Ansätze gegen die etablierte Wissenschaftssoziologie bis heute nicht ausreichend durchsetzen.

Ein erster Schritt zur Integration der Hochtechnologie-Forschung in wissenschaftssoziologische Analysen wäre es, den für andere Wissenschaften beispiellosen Akteurskonstellationen im Hochtechnologie-Bereich Rechnung zu tragen und dabei vor allem die Engführung auf die Frage nach der politischen Steuerbarkeit von Hochtechnologie-Entwicklung zu vermeiden, da diese den Blick auf die Komplexität der relevanten Interaktionen des zu untersuchenden Bereichs verstellt: Wissenschaftler an Hochschulen oder öffentlichen Forschungseinrichtungen, Produkt-Entwickler in der Industrie, Wissenschaftspolitiker und Wirtschaftsunternehmer handeln gemeinsam unter Berücksichtigung und Durchsetzung jeweils eigener Interessen- und Motivlagen Optionen aus, die zur Institutionalisierung eines High-Tech-Fachs führen können, falls die nötige materielle Ausstattung bereitgestellt wird.

Mit dieser wissenschaftssoziologischen Hypothese setzt die vorliegende Studie an. Die Entstehung und Entwicklung der *Scientific-Political-Economic Community (SPE-Community)* eines deutschen Hochtechnologie-Fachs soll idealtypisch an einem Beispiel aus den Interessenlagen der beteiligten Akteure rekonstruiert werden. Die Rekonstruktion dieser Interessenlagen erfolgt soweit als möglich aus der Binnenperspektive der Scientific Community, bzw. der Wissenschaftspolitik und der Wirtschaftsunternehmen, da nur so die Motive und Strategien der beteiligten Interessengruppen offengelegt werden können.

Neben den Ergebnissen ausführlicher Dokumentenanalyse und der im Rahmen quantitativer Sozialforschung vorgenommenen Auswertung eines Fragebogens, der bundesweit an alle KI-Forschungs- und Entwicklungseinrichtungen (Universitäten, sonstige Hochschulen, sogenannte hochschulnahe Einrichtungen,

Großforschungsanlagen, privatwirtschaftliche FuE-Abteilungen) verschickt wurde und Auskunft über die institutionelle Organisationsstruktur der deutschen KI-Forschung geben sollte, besteht das zugrundegelegte Material aus über fünfzig Interviews zu Inhalten, Geschichte und Situation der deutschen KI-Forschung mit KI-Wissenschaftlern und Mitgliedern anderer beteiligter Interessengruppen. Die Gesprächspartner wurden dabei nach folgenden Kriterien ausgewählt: zum einen wurden die Entscheidungsträger der relevanten Interessengruppen befragt, zum anderen wurde - mit Hilfe einer bundesweiten Umfrage - die Scientific Community selbst nach Personen mit hoher wissenschaftlicher Reputation, großem "Einfluß" bzw. geschichtlicher Bedeutung für die Etablierung des Fachs befragt, worauf die so genannten Personen in die Liste der Gesprächspartner aufgenommen wurden. Zuletzt wurde nach Vorliegen dieser Interviews eine abschließende Ergänzung der Gesprächspartner-Liste auf Grund dortiger Hinweise vorgenommen (vgl. Liste der Gesprächspartner im Anhang).

Die material ähnlich angelegte Arbeit von Pamela McCorduck "Denkmaschinen. Die Geschichte der künstlichen Intelligenz" (1979, dt. 1987) rekonstruiert die Geschichte der US-amerikanischen KI-Forschung ebenfalls an Hand von Interviews mit KI-Wissenschaftlern, verfolgt jedoch eine andere Fragestellung bzw. setzt andere Schwerpunkte. Aus einer persönlichen Faszination heraus erzählt die Autorin die Geschichte einer Idee: der Idee des möglichen Baus einer "denkenden Maschine". Die Gesprächspartner liefern dabei die an einzelnen Forscherpersönlichkeiten festzumachenden Bausteine zu einer spannenden Ideengeschichte, derem magischen Gehalt sich die Autorin selbst nicht verschließen kann:

> Was mich betrifft, ich atme leicht bei dem ganzen Thema, denn ich habe mehr ein hellenisches als ein hebräisches Gemüt. Was zuwege gebracht wurde, war bedeutend, und die Versprechungen sind beinahe unfaßbar. Ich halte eben inne, bevor ich alle Kraft zusammennehme und Mut zeige. Ich halte inne, um den Schauer zu genießen, an etwas Ehrfurchtgebietendem teilzuhaben. (McCorduck 1987: 332)

McCorduck legt eine Geschichte vor, die für sich selbst sprechen soll, ohne eine im engeren Sinne problemorientierte Fragestellung zu verfolgen. Die Perspektive auf die amerikanische KI-Forschung als revolutionäre Ideenverwirklichung einer Gruppe wissenschaftlicher Pioniere wird in der Arbeit von Sherry Turkle "Die Wunschmaschine" (1984) aufgegriffen. Trotz des wissenschaftssoziologischen Anspruchs dieser Arbeit, die als Ergebnis teilnehmender Beobachtung der Autorin am MIT entstand, muß sich der Kritik Bloomfields angeschlossen werden, der das Fehlen folgender Gesichtspunkte einklagt: "While claiming to pursue an ethnographic study of AI in the spirit of the sociology of science, Turkle does not examine the connection between the social or cultural setting of AI and the content of its knowledge claims.[...] We receive little or no information about the inherent competition and internal conflicts within and between its various groupings" (Bloomfield 1987: 64). Wie in allen Arbeiten bis Mitte der achtziger Jahre fehlt hier ebenfalls die Betrachtung der KI-Forschung als Hochtechnologie-Fach: "KI" wird wegen des faszinierenden Forschungsprogramms zum Gegenstand sozialwissenschaftlicher Untersuchung (ähnlich auch die ethnographische Studie von Diana Forsythe (1988) zur "kollektiven Identität" und fachlichen Abgrenzungsstrategie der amerikanischen KI-Scientific Community und die weniger empirisch ausgerichtete Arbeit von Howard Gardner "Dem Denken auf der Spur" (1985) zur Sozialgeschichte der Kognitionswissenschaft, der die einschlägigen Abschnitte zur US-amerikanischen KI-Forschung von McCorduck übernimmt).

Die eben genannten Arbeiten zur US-amerikanischen KI-Forschung untersuchen vorrangig die Konzepte, die im Rahmen der Entstehungsgeschichte dieser Disziplin formuliert wurden. Aspekte der Community-Entwicklung, der sozialen Konstruktion des Hochtechnologie-Fachs KI-Forschung, werden nur am Rande eingebracht. Nach Whitley würde jedoch die eigentliche Aufgabe der Wissenschaftssoziologie nicht nur darin bestehen, die sozialen Prozesse, die zur Entwicklung einer entsprechenden Community führen, zu thematisieren, sondern darin, Konzeptentwicklung und Community-Entwicklung aufeinander zu beziehen: ein Anspruch, dem sich auch die vorliegende Studie verpflichtet weiß. Obwohl McCorduck, Turkle und Gardner KI-Forschung allein auf der Ebene der Konzept-Entwicklung als Institutionalisierung einer Idee thematisieren, entstehen doch zwischen den Zeilen wichtige Aussagen zur Sozialgeschichte und Organisation der amerikanischen KI-Forschung, so daß im vierten Kapitel dieses Buches trotz unterschiedlicher Schwerpunkte und Präsentationsformen ein Vergleich zwischen amerikanischer und deutscher KI-Forschungs-Geschichte möglich sein sollte.

Ein solcher Vergleich kann mit Hilfe des Aufsatzes von James Fleck über "Development and Establishment in Artificial Intelligence" (1982), der ebenso wie Schopman (1987) und Bloomfield (1987) die Community-Aspekte der US-amerikanischen KI-Forschung untersucht, weiter fundiert werden. Flecks kurze, wissenschaftssoziologische Arbeit rekonstruiert die Entstehung und Etablierung der amerikanischen und britischen KI-Forschung an Hand von Migrationen der Wissenschaftler, Einrichtung entsprechender Institute, Lehrstühle etc. und einschlägiger Lehrer-Schüler-Beziehungen. Leider erschien der Aufsatz etwa zeitgleich mit dem durch das Thema "Expertensysteme" ausgelösten "Take off" der KI-Forschung als Hochtechnologie-Fach. Da Fleck diese Entwicklung nicht mehr beleuchten konnte, verbleibt die Arbeit im herkömmlichen Bereich wissenschaftssoziologischer Disziplinengeschichte. Auch die Arbeit von James Schopman "Frames of AI" (1987) kann dieses Defizit nicht begleichen. Bei der Vorstellung seiner Terminologie schreibt Schopman in einer Fußnote:

> Actually the term "technological frame" is used. The adjective "technological" takes into account the influence of potential users on technological developments. For our purpose this adjective will be dropped because, as will become clear from our story, in the development of AI potential users do not play a comparable role. Until recently, one could not speak of a market pull. (Schopman 1987: 216)

In den für die vorliegende Arbeit wesentlichen Gesichtspunkten kann von einer defizitären "Zweiteilung" der wissenschaftssoziologischen Literatur zur KI-Forschung ausgegangen werden, die durch die Chronologie der Fachentwicklung bedingt ist. Die bisherigen Arbeiten untersuchen die KI-Forschung vor deren "Take off" als Hochtechnologie-Fach und darum im günstigsten Fall die Interdependenzen zwischen Wissensinhalten (Konzepten) und sozialen Bedingungen (Boden (Hg.) 1990, Heintz 1993), meist jedoch lediglich die Konzept-Seite der KI-Forschung; das Erkenntnisinteresse wird durch das "Faszinosum KI" bestimmt. Die neuere Entwicklung der KI-Forschung zum Hochtechnologie-Fach und das damit verbundene Interessenkonglomerat verschiedener Akteure wird in keiner dieser Arbeiten angesprochen. In den gesellschaftstheoretischen oder politikwissenschaftlichen Arbeiten, in denen die Akteure der KI-Hochtechnologie-Entwicklung zumindest angesprochen werden (Noble 1984, Athanasiou 1985, Solomonides/Levidow (Hg.) 1985, Dreyfus/Dreyfus 1986), finden sich weder empirische Rekonstruktionen der behaupteten Zusammenhänge noch wissenschaftssoziologische Analysen der zugrundeliegenden Handlungsmuster. Die Debatte um die Technikfolgenabschätzung im KI-Bereich (z.B. Wolters 1984, Malsch 1987, Schubert u.a. 1987, Frank 1988, Mertens 1988, Coy/Bonsiepen 1989, Lutz/Moldaschl (Hg.) 1989, Schwartz 1989, Seetzen/Stransfeld 1989, Bullinger/Kornwachs 1990, Cremers u.a. (Hg.) 1992) richtet sich erst in neueren Arbeiten auf die Technikgenese und die an dieser beteiligten Institutionen und Akteure (vgl. Rammert 1990, 1993b).

Die angemahnte Perspektive fehlt auch in der einzigen Arbeit, die sich der deutschen KI-Forschung bisher mit einer politikwissenschaftlichen Fragestellung genähert hat: die Studie von Eric Bonse "Wissen ist Macht. Modernisierungspolitik am Beispiel der "Künstlichen Intelligenz" von 1991 zeigt am Beispiel der internationalen KI-Forschung, "wie Wissenschaft von einem Medium der Erkenntnis in eine Infrastruktur des wirtschaftlichen und politischen Machtstrebens umgewandelt wird - und wie sich dabei die Politik selbst verwandelt und ein neues, die 90er Jahre prägendes Modernisierungs-Muster ausbildet" (Bonse 1991: V). Auch hier reduziert sich die Darstellung - ähnlich wie bei Kreibich - auf die Motive und Strategien der Wissenschaftspolitik, ohne daß die Interessen der beteiligten Wissenschaftler bzw. der Wirtschaftsunternehmen auf diese bezogen werden. Die Entwicklung wird nicht aus der Binnenperspektive der Teilnehmer, sondern allein mit Hilfe veröffentlichter Förderstrategien unter Bezug auf die ausgebildete Forschungsorganisation rekonstruiert. Diese Perspektive nehmen ohne Ausnahme die in großer Fülle vorliegenden, soziologischen und politikwissenschaftlichen Arbeiten zur Forschungsorganisation im Hochtechnologie-Bereich ein (z.B. Hartwich (Hg.) 1986, von Alemann u.a. 1988, Hack 1988). Demgegenüber eröffnet die Arbeit von Brian Bloomfield "The Culture of AI" (1987) einen theoretischen Rahmen, in dem KI-Forschung auch als Hochtechnologie-Fach thematisiert werden kann:

> The worldview of AI is shared not only among the people who work in universities and research laboratories but also among those increasing numbers who embrace AI in its more popular forms - including those involved in the application of AI techniques in industry and commerce on projects such as the building of expert systems. (Bloomfield 1987: 59)

Bloomfield schlägt zur weiteren wissenschaftssoziologischen Analyse der KI-Forschung eine Bezugnahme auf die Arbeiten Ludwik Flecks zu "Denkstilen" und "Denkkollektiven" vor, führt die geforderte Analyse jedoch nicht selbst aus (weiter unten werden die produktiven Vorschläge Bloomfields noch einmal aufgegriffen). Das für die Entwicklung eines High-Tech-Fachs maßgebliche Interessenkonglomerat, in dem soziale Aushandlungsprozesse den Gang der Wissensproduktion und Institutionalisierung bestimmen, wird auch von Bloomfield nicht im einzelnen beleuchtet. Doch nur die idealtypische Rekonstruktion der Interessenlagen, die als Motive, Strategien und Einschätzungen der beteiligten "Experten" (Wissenschaftler, Wissenschaftspolitiker und Beschäftigte in Wirtschaftsunternehmen) artikuliert werden, kann das oben beschriebene Defizit begleichen.

Mit der folgenden Studie über die Community der deutschen KI-Forschung soll die idealtypische Rekonstruktion der Entstehung und Etablierung eines deutschen Hochtechnologie-Fachs vorgelegt werden. Die Rekonstruktion erfolgt aus der Binnenperspektive der Scientific-Political-Economic Community (SPE-Community), die im folgenden als Interaktionsgemeinschaft der am Forschungs- und Entwicklungsprozeß maßgeblich beteiligten Interessengruppen definiert wird. Das Ziel der Arbeit ist die mit der idealtypischen Rekonstruktion ermöglichte Konzeption eines Modells für die Entstehung und Etablierung deutscher Hochtechnologie-Fächer. Mit der Konzeption des Modells wird nicht behauptet, die Entwicklung eines deutschen Hochtechnologie-Fachs verlaufe immer so wie im Fall der KI-Forschung. Die deutsche KI-Forschung liefert nur das Material, auf dessen Grundlage das idealtypische Modell konzipiert wird; mit welchem heuristischen Erfolg dieser Idealtyp helfen kann, die Entwicklungsgänge anderer High-Tech-Fächer zu beschreiben, muß sich jeweils am empirischen Material erweisen.

Um die Einschätzung der mit dieser Arbeit vorliegenden Ergebnisse zu erleichtern, sollen noch einige Überlegungen zum grundsätzlichen Vorgehen wissenschaftssoziologischer Analysen vorangestellt werden. Die These der

Wissenschaftssoziologie führt zum einen die Wissenschaftsorganisation und zum anderen die interne Struktur des produzierten Wissens auf die jeweiligen gesellschaftlichen Verhältnisse zurück, wobei auch Wissenschaftsorganisation und Wissensstruktur in einem interdependenten Verhältnis gedacht werden (vgl. Mannheim 1929). Für die vorliegende Studie bedeutet dies, daß die Wissensproduktion der KI-Forschung zu den durch Wirtschaft und Wissenschaftspolitik vorgegebenen Handlungsorientierungen und anderen materiellen gesellschaftlichen Verhältnissen in Beziehung gesetzt werden muß. Die These der Wissenschaftssoziologie ist zunächst so scharf formuliert, daß die konkreten Wissensinhalte der KI-Forschung abhängig gedacht werden müßten von solchen umgebenden gesellschaftlichen Bedingungen.

Das Problem, dem sich die Wissenschaftssoziologie anscheinend unvermeidlich aussetzt, ist dies: wenn alles Wissen abhängig ist von gesellschaftlichen Verhältnissen, wie kann dann solches Wissen vor der Beliebigkeit bewahrt werden? Es gäbe keine universell gültigen, absoluten, "wahren" Aussagen, wenn unter anderen gesellschaftlichen Verhältnissen andere Inhalte und Formen des Wissens produziert und mit demselben Recht "für wahr" gehalten werden könnten, wie es die These von der gesellschaftlichen Abhängigkeit allen Wissens nahelegt.

Und was würde mit den Ergebnissen der Wissenschaftssoziologie selbst passieren? Auch diese fielen selbstverständlich unter das gleiche Verdikt gesellschaftlicher Abhängigkeit und damit - vor dem Ideal universell gültiger Wahrheit - der Beliebigkeit anheim. Der Rekurs auf "Wahrheit" scheint innerhalb der radikalen These der Wissenschaftssoziologie unmöglich. Die These der Wissenschaftssoziologie relativiert die Geltungsgrundlagen menschlicher Erkenntnis, indem sie behauptet, es gäbe keinen "Fixpunkt" solcher Erkenntnis, sondern nur die durch gesellschaftliche Verhältnisse bestimmte "Standortgebundenheit" allen Wissens. Bei genauerer Betrachtung jedoch widersprechen sich Anspruch und Inhalt der wissenschaftssoziologischen These. Die These der Wissenschaftssoziologie, alles Wissen sei gesellschaftlich abhängig und könne daher keinen universellen Geltungsanspruch erheben, erhebt selbst einen solchen Geltungsanspruch. Dies wäre nur legitim, dürfte sich die These der Wissenschaftssoziologie aus der Menge allen Wissens, über die sie eine Aussage macht, herausnehmen. Da es aber für eine solche Ausnahme keinen einsehbaren Grund gibt, nämlich dafür, zu behaupten, daß alles Wissen, außer das mit der These selbst zur Sprache gebrachte, gesellschaftlich abhängig sei, ist die These entweder inhaltlich falsch oder überflüssig: falsch, wenn sie einen universellen Geltungsanspruch erhebt, überflüssig, wenn sie keinen universellen Geltungsanspruch erhebt, denn dann wäre das mit ihr zur Sprache gebrachte Wissen beliebig. Wie also diesem anscheinend unvermeidlichen Dilemma entkommen?

Das Dilemma kann nur zeigen (und verstehen), wer die logische Struktur einer Argumentation durchschaut und als verbindlich akzeptiert. Indem das Dilemma sichtbar wird, ist der "Fixpunkt" menschlicher Erkenntnis bereits impliziert. Doch nicht nur die Beurteilung und Diskussion der wissenschaftssoziologischen These unterliegt dieser Implikation; die wissenschaftssoziologische These selbst beinhaltet sie in noch viel grundsätzlicherer Form. Der mit der wissenschaftssoziologischen These behauptete Relativismus täuscht sich über sich selbst:

> Denn eben damit, daß er eine Theorie sein will, erkennt er stillschweigend alle diejenigen Voraussetzungen an, unter denen überhaupt eine Theorie möglich ist und begründet werden kann. Wenn er seinen Satz beweisen will, so nimmt er an, daß es möglich ist, Tatsachen in allgemeingültiger Weise festzustellen, und daß es ebenso möglich ist, aus ihnen etwas zu erschließen, was alle anerkennen sollen. Er zeugt selbst für das, was er bekämpft, für die Geltung erkenntnistheoretischer Grundsätze und logischer Normen[...] Je mehr der Relativist seine Beweise häuft, um so lächerlicher wird er: denn um so mehr widerlegt er, was er beweisen will. (Windelband 1919: 305f)

Die logische Struktur der wissenschaftssoziologischen These zeigt, daß sie unter der Bedingung der Selbstbezüglichkeit semantisch nicht sinnvoll ist. Die Existenz und der Geltungsanspruch der These zeigen aber auch, daß die Geltungsbedingungen logischer Strukturen und empirischer Erfahrungserkenntnis mit der These akzeptiert werden. Das bedeutet (wiederum unter Akzeptanz dieser Geltungsbedingungen), daß die These der Wissenschaftssoziologie keinen erkenntnistheoretischen "Soziologismus" behaupten kann. Ein wissenschaftssoziologisch begründeter und begründbarer Relativismus ist als Selbstwiderspruch nicht möglich und kann aus formalen Gründen abgewiesen werden.

Die auch der wissenschaftssoziologischen These implizit zugrundeliegenden logischen Geltungsgrundlagen empirischer Erfahrungserkenntnis als "Fixpunkt" menschlicher Erkenntnis schlechthin sichern die Erkenntnisse aller Einzelwissenschaften vor soziologistischen, historistischen oder anderen Relativierungen. Wie und womit Erkenntnis zustandekommt, hat nichts mit der Geltung dieser Erkenntnis zu tun. Gesellschaftliche Faktoren wirken mannigfaltig auf die Struktur des Wissens in den verschiedenen Wissenschaften ein, z. B. in der Wahl der Fragestellung, in der Wahl der Forschungsperspektive, in der Wahl der Forschungsstrategie etc. Sie affizieren jedoch nicht den Geltungsbereich der Antworten, der allein von logischen und empirischen Kriterien geregelt wird. "Die Frage nach der real-kausalen Bedingtheit der inhaltlichen Denkgebilde hat nichts mit dem völlig heterogenen Problem ihrer Geltung gemein" (von Schelting 1934: 78); die formale Struktur des auf Wahrheit ausgerichteten Denkens als Wissenschaftslogik begrenzt den Relativismus in der Erkenntnistheorie. Was für alle heutige und zukünftige Wissenschaft

> einer physiologischen, psychologischen, biogenetischen, soziologischen und historischen "Erklärung" des Phänomens des Denkens und bestimmter Standpunkte desselben natürlich gänzlich unberührt bleiben würde, das ist eben die Frage nach der Geltung der Ergebnisse unserer Denkprozesse, ihrem "Erkenntniswert". Welche anatomischen Vorgänge der Erkenntnis von der "Geltung" des kleinen Einmaleins korrespondieren, und wie diese anatomischen Konstellationen phylogenetisch sich entwickelt haben, dies könnten, käme es nur auf die logische Möglichkeit an, irgendwelche "exakten" Zukunftsforschungen zu ermitteln hoffen. Nur die Frage der "Richtigkeit" des Urteils: 2x2=4 ist dem Mikroskop ebenso wie jeder biologischen, psychologischen und historischen Betrachtung aus logischen Gründen für ewig entzogen. Denn die Behauptung, daß das Einmaleins "gelte", ist für jede psychologische Beobachtung und kausale Analyse einfach transzendent und als Objekt der Prüfung sinnlos, sie gehört zu den für sie gar nicht nachprüfbaren logischen Voraussetzungen ihrer eigenen psychometrischen Beobachtungen. (Weber 1988a: 59)

Hier beschreibt Weber ungeahnt eine der wichtigen Grenzen von KI, künstlichen neuronalen Netzwerken und anderen reduktionistischen Programmen zur Erklärung und Rekonstruktion menschlichen Denkens. Die Abkopplung transzendentalphilosophischer Fragen, zu denen das Problem der Geltungsgrundlagen gehört, führt zur Blindheit gegenüber der Reichweite und Grenzen des eigenen, reduktionistischen Programms und zwar nicht, weil etwas behauptet werden soll, das vielleicht gar nicht existiert (wie eine Seele, ein Bewußtsein oder dergleichen), sondern weil gezeigt werden kann, daß die Fragen offensichtlich grundlegende Probleme nicht erreichen, wie zum Beispiel die bislang spezifisch menschliche Fähigkeit, wahre von falschen Aussagen auch jenseits von Deduktionslogiken zu unterscheiden: "Gäbe es diese Erleuchtung nicht", so Albert Einstein in einem Gespräch mit Herbert Feigl, "wäre das Universum nur ein Schutthaufen" (in Feigl 1967: 138).

Die "Standortgebundenheit" der Erkenntnis, sei sie physikalisch, anatomisch, soziologisch oder sonstwie bestimmt, ist also kein Argument für die Möglichkeit, innerhalb wissenschaftlicher Aussage-Systeme relativistische Programme zu formulieren; die logischen Geltungsgrundlagen empirischer Erfahrungserkenntnis bleiben unberührt. Versuche, die Kulturabhängigkeit der Geltung logischer Kategorien zu zeigen, können aus obigen Gründen als gescheitert betrachtet werden (vgl. Günther 1978).

Die Möglichkeit von Wissenschaft wird im folgenden vorausgesetzt: zum einen wird von der Möglichkeit der empirischen Falsifikation von Theorien ausgegangen und zum anderen werden die logischen Grundlagen zur Bildung wissenschaftlicher Begriffe und Aussagen in ihrer Möglichkeit und Geltung vorausgesetzt. Diese Voraussetzung ist legitim, da ohne sie jegliche, nicht nur diese, wissenschaftliche Arbeit dem eingangs erwähnten Zirkel verfällt und ihren eigenen Geltungsanspruch untergräbt. Tatsächlich bewegt sich hier die

"Absolutheitsphilosophie auf ihrer letzten Rückzugslinie" (von Schelting 1934: 66) und birgt ein letztlich normatives Fundament: es wird davon ausgegangen, daß es möglich ist, begründete und begründbare Welterkenntnis in verbindlicher Weise zu formulieren. Für diese Möglichkeit sprechen gute Gründe und keine zwingenden dagegen.

Die These der Wissenschaftssoziologie muß also spezifiziert werden: die gesellschaftliche Bedingtheit des Wissens betrifft nur bestimmte Dimensionen desselben. Wissenschaftssoziologische Untersuchungen führen

> zu einer "Relativierung" des Erkenntnisinteresses, seiner Richtung, der Stoffauswahl und der ihnen zugrundeliegenden Wertideen. Das Subjekt, das diese Seite des Erkenntnisvorgangs trägt, ist psychologisch, historisch und soziologisch differenziert und "relativiert"; gleichzeitig wird aber gegen das Weitervordringen des Relativismus ein Damm aufgerichtet, indem für die innerhalb dieser "relativierten" Voraussetzungen errungenen Erkenntnisresultate objektive Geltung postuliert wird, deren Grundlage eben in der formalen Struktur des auf empirische Wahrheit ausgerichteten Denkens gefunden wird. (von Schelting 1934: 65)

Damit sind Reichweite und Grenzen der wissenschaftssoziologischen These klar umschrieben. Das Programm, dem auch dieses Buch verpflichtet ist, kann nur das Programm einer so aufgeklärten Wissenschaftssoziologie sein. Wenn die folgenden Ausführungen Beziehungen zwischen Wissensinhalten und Sozialstrukturen im Rahmen der deutschen KI-Forschung behaupten und hoffentlich belegen, soll damit also lediglich auf "wahlverwandtschaftliche Kompatibilität" zwischen epistemischen und sozialen Faktoren hingewiesen sein, ausdrücklich ohne Unterstellung gegenseitiger Determinierung, die Geltungszusammenhänge affizieren würde.

I. Das "System of Knowledge" der deutschen KI-Forschung

Die KI-Scientific Community konstituiert sich inhaltlich durch gemeinsame forschungsleitende Ideen und Wissensbestände der Akteure. Die forschungsleitenden Ideen, Bearbeitungsstrategien und Arbeitsgebiete dieses "System of Knowledge" sollen im folgenden so benannt werden, wie sie für die Mitglieder der Scientific Community selbst konstitutiv sind. Ziel dieses Kapitels ist es, eine Grundlage zu bieten, um den behaupteten wahlverwandtschaftlichen Bezug zwischen den Interna der Wissensproduktion (forschungsleitende Ideen, Bearbeitungsstrategien und Arbeitsgebiete der Wissenschaftler) und den Interessenlagen der übrigen Mitglieder der SPE-Community (Wissenschaftspolitik und Wirtschaftsunternehmen) am Schluß der Arbeit herstellen zu können.

Eine wesentliche Aufgabe wissenschaftssoziologischer Analyse (vgl. Whitley 1984) besteht darin, Konzeptentwicklung und Community-Entwicklung aufeinander zu beziehen. Das vorliegende Kapitel widmet sich darum den Konzepten, die momentan in der KI-Forschung vertreten werden (hierzu genauer Görz 1993); im nächsten Kapitel werden in einem kurzen, ideengeschichtlichen Überblick die intellektuellen Bedingungen dieser Konzepte gestreift (hierzu genauer Krämer 1988, Boden (Hg.) 1990, Heintz 1993). Diese Vorstellung der KI-Forschungskonzepte ist auf die für unsere Fragestellung relevanten Gesichtspunkte reduziert und nimmt immer wieder auf Aspekte der Community-Entwicklung Bezug, die Gegenstand des dann folgenden Kapitels ist. Die behauptete wahlverwandtschaftliche Beziehung zwischen Konzeptentwicklung und Community-Entwicklung, wird im vierten Kapitel der Arbeit hergestellt.

Die vermutete Kompatibilität der wissenschaftlichen und außerwissenschaftlichen Interessenlagen bedeutet nicht, daß Wissenschaftlern, Politikern und Wirtschaftsunternehmern identische Zielsetzungen und Orientierungen unterstellt werden. Die Funktionslogiken der drei Bereiche sind verschieden und teilweise sogar komplementär (vgl. z.B. Luhmann 1987: 551ff). Selbstverständlich verfolgen zwar die Wissenschaftler der Scientific-Political-Economic-Community wirtschaftliche und politische Interessen bezüglich persönlicher Karrierechancen oder der Entwicklung und Ausstattung ihrer Disziplin. Doch die wissenschaftssoziologische These dieses Buches will mehr, als die außerwissenschaftlichen Interessen der Forscher auf Strategien der Wissenschaftspolitik und Wirtschaft zu beziehen. Es geht darum, zu zeigen, daß gerade die innerwissenschaftlichen Orientierungen der KI-Wissenschaftler einen relevanten Bezug zur Zielsetzung und Funktionslogik dieser beiden anderen Bereiche aufweisen, eine Kompatibilität, die es erlaubt, auch über "Systemgrenzen" hinweg von einer SPE-Community zu sprechen.

Dieses Kapitel ist also der Darstellung der betreffenden Wissensbestände der Scientific Community gewidmet. Die Hauptschwierigkeit des Unterfangens liegt dabei in dem Umstand, daß eine solche Form der hier erfolgenden Darstellung im interdisziplinär orientierten Feld der KI-Forschung nicht konsensual getragen wird.

> Es ist in der Tat so: Was sich so alles unter der Überschrift "KI" versammelt hat... Es ist schwer, das anders als wissenschaftssoziologisch zu beschreiben. Ich denke, man kann es nur historisch und soziologisch verstehen. Ich sehe weder ein einheitliches System der Ziele noch einheitliche Aufgaben. (Prof. Dr. Günther Görz, Lehrstuhl für "Künstliche Intelligenz", Universität Erlangen-Nürnberg/ Co-Leiter der Forschungsgruppe Wissenserwerb im "Bayerischen Forschungszentrum für Wissensbasierte Systeme")

Diesem eindeutigen Votum folgend wird in den nächsten Kapiteln wissenschaftssoziologisch der Entstehung und Etablierung der deutschen KI-Scientific Community nachgegangen. Soweit möglich wird der Heterogenität der wissenschaftlichen Perspektiven Ausdruck gegeben: Im ersten Teil des Kapitels wird die allerdings allen KI-Wissenschaftlern gemeinsame forschungsleitende Idee "Informationsverarbeitung" vorgestellt, die - wie zu zeigen sein wird - das "System of Knowledge" der KI-Forschung gegen andere Wissenschaften abgrenzt (zur wissenschaftlichen Plausibilität der Informationsverarbeitungs-These vgl. Searle 1986, Winograd/Flores 1986, Boden (Hg.) 1990, Varela 1990, Becker 1992 und Cremers u.a. (Hg.) 1992). Im zweiten und dritten Teil des Kapitels folgt die Beschreibung der Bearbeitungsstrategien und Arbeitsgebiete der KI-Forschung als Bestandteile des "System of Knowledge", die eine Differenzierung nach innen, also Schulbildungen innerhalb des Informationsverarbeitungs-"Paradigmas", ermöglichen. Die Bearbeitungsstrategien werden dabei nach "symbolverarbeitenden" und "konnektionistischen" Ansätzen, die Arbeitsgebiete nach "kognitionswissenschaftlicher" und "ingenieurwissenschaftlicher" Ausrichtung unterschieden.

1. "Informationsverarbeitung"

Kognitive Leistungen sind das Ergebnis von Informationsverarbeitungsprozessen. Schon im Vorwort wurde auf diese grundlegende These der KI-Forschung mehrfach hingewiesen. Auf den Begriff "Paradigma" wird hier unter Hinweis auf die kontroverse Diskussion im Anschluß an die Arbeiten Thomas Kuhns verzichtet (vgl. Kuhn 1978: 389-421). An dieser Stelle soll der wahlverwandtschaftliche Bezug zwischen Informationsverarbeitungs-These und politischen bzw. wirtschaftlichen Interessenlagen außerwissenschaftlicher Bereiche nachvollzogen werden. Die Informationsverarbeitungs-These wird von Mitgliedern der Scientific Community als zentrale, wissenschaftskonstituierende Idee der KI-Forschung eingeführt und verteidigt:

Es gibt kein Naturgesetz, das sagt, daß dieser Blick, den die KI hat, menschliches Verhalten aus der Informationsverarbeitungs-Perspektive zu interpretieren, nicht sehr lange tragfähig ist. Ich selbst sage immer, daß es kein Reduktionismus ist, denn ich erkenne ja voll an, daß es noch viele andere Aspekte menschlichen Verhaltens gibt, die man gar nicht mit Informationsverarbeitung erklären kann. Aber das ist sozusagen unser Forschungsparadigma. In der konkreten Situation, wenn es um Anwendungen geht, bin ich immer dafür, daß man das soweit möglich ganzheitlich evaluiert und biologische Aspekte, Organisationsaspekte, also ganz andere Aspekte, die mit Informationsverarbeitung gar nichts zu tun haben, mitberücksichtigt. Aber unsere These, unser Forschungsparadigma, ist nun einmal, daß wir alles auf Informationsverarbeitung beziehen. (Prof. Dr. Wolfgang Wahlster, Wissenschaftlicher Direktor und Mitglied der Geschäftsleitung des "Deutschen Forschungszentrums für Künstliche Intelligenz", Amtierender Präsident des Weltverbandes für Künstliche Intelligenz, Stellvertretender Sprecher des DFG-Sonderforschungsbereichs 314 "Künstliche Intelligenz - Wissensbasierte Systeme")

Während andere noch Weltanschauungsstreits führen, gehen wir davon aus, daß auf allen symbolischen und subsymbolischen Ebenen Informationsverarbeitung läuft, die zu dem Gesamtgeschehen Intelligenz im Konzert der Prozesse, die vielleicht Intelligenz ausmachen, beiträgt. (Prof. Dr. Ipke Wachsmuth, Forschungsgruppenleiter der KI-Gruppe an der Technischen Fakultät der Universität Bielefeld)

Ich vertrete die bereits von anderen geäußerte These, daß Menschen evolutionär erprobte Informationsverarbeiter sind. (Prof. Dr. Christopher Habel, Leiter des Arbeitsbereichs "Wissens- und Sprachverarbeitung" der Universität Hamburg)

Verf.: Kognitive Leistungen sind für Sie Informationsverarbeitung?
Ja natürlich. Das hatte ich gar nicht mehr erwähnt. Das ist selbstverständlich. (Prof. Dr. Bernd Neumann, Leiter des "Labors für Künstliche Intelligenz" und des Arbeitsbereichs "Kognitive Systeme" der Universität Hamburg)

1.1. Erkenntnistheoretische Implikationen der Informationsverarbeitungs-These

Die KI-Forschung versucht, kognitive Leistungen auf einer Hardware, auf der Informationsverarbeitungsprozesse ablaufen können, zu erzeugen. Diese Hardware ist dabei nicht das menschliche Gehirn, sondern etwas als funktional äquivalent Vorgestelltes, der Computer. Welchen Stellenwert dabei die Beschaffenheit der Hardware hat, ist in der KI-Forschung umstritten, wie noch auszuführen sein wird. Auch ob jede Art kognitiver Leistungen bzw. die ganze Palette menschlicher Kognition erzeugt werden kann, ist fraglich. Wichtig ist jedoch zunächst, daß kognitive Leistungen nicht allein dem Menschen sondern auch bestimmten informationsverarbeitenden, künstlichen Systemen zugesprochen werden.

Während Erkenntnistheorie als Grunddisziplin der Philosophie die Voraussetzungen, Prinzipien und Grenzen menschlichen Erkennens theoretisch erfassen will, ist der Anspruch der KI-Forschung der einer empirisch-experimentellen, interdisziplinär arbeitenden (Natur-)Wissenschaft, welche zum einen die spekulativen Theorien des Erkennens in Frage stellt, maschinell überprüft und gegebenenfalls revidiert und zum anderen die Formalisierungen bestimmter kognitiver Leistungen als Technologie zur Verfügung stellt. Folgende impliziten Vorstellungen über das, was kognitive Leistungen sind, liegen der Informationsverarbeitungs-These zugrunde:

1. Es gibt eine objektiv erkennbare Wirklichkeit. Die empirische Erkenntnis dieser Wirklichkeit ist über Erfahrung gesichert.
2. Kognition läßt sich systemtheoretisch beschreiben.
3. Dem System kann ein spezifizierbarer Input zugeführt werden.
4. Der Input ist ein Segment der möglichen Input-Menge.
5. Der Input kann quantifiziert werden.
6. Der Input kann restlos codiert werden.
7. Die Verarbeitung des codierten Inputs ist formal beschreibbar.
8. Der Verarbeitungsvorgang verläuft prinzipiell deterministisch.
9. Der Output ist bei Kenntnis der Determinanden prinzipiell prognostizierbar.

Das mit diesen Implikationen verbundene "Modell des Menschen in der Welt" besagt, daß Menschen als perzipierende und rezipierende Systeme Daten aus der sie umgebenden Welt der Fakten aufnehmen und auf formalisierbare Weise verarbeiten. Das Ergreifen von Handlungsoptionen erfolgt nach Maßgabe des Verarbeitungsvorgangs.

> Wenn man sich vorstellt, daß man einen Rechner hat, der wie ein Informationssystem die Tagesnachrichten verfolgt und sich dadurch über die Vorgänge in der Welt auf dem Laufenden hält, kann ich mir schon vorstellen, daß der sinnvolle Schlüsse über den Gang der Welt ziehen kann. Ähnlich wie ein alter Mann, der zu Hause in seinem Sessel sitzt, aber sich nicht mehr rühren kann, Dinge verdaut, aufnimmt, verbindet, ohne daß er wegen mangelnder Beweglichkeit in Schwierigkeiten kommt. (Neumann im Gespräch)

Ich finde ja nach wie vor, daß es keinen prinzipiellen Unterschied zwischen Maschinen und Menschen gibt. Daß Maschinen denken können, würde ich nach wie vor sagen. Da bin ich eher radikaler geworden mit den Jahren. Ist doch egal, ob Intelligenz heute auf trockener Silizium-Hardware abläuft oder mit der feuchten, neuronalen Hardware im Kopf. Das ist doch einfach so. (Prof. Dr. Jörg Siekmann*, Forschungsbereichs-Leiter am "Deutschen Forschungszentrum für Künstliche Intelligenz")

Die wissenschaftliche Perspektive, diesen Verarbeitungsvorgang verstehen zu wollen, wird mit Hilfe von dessen technischer Realisation auf dem Computer umgesetzt. Die vorgetragenen Implikationen der Informationsverarbeitungs-These ermöglichen es nicht nur, kognitive Leistungen auf den Computer zu bringen, sie erfordern es sogar als Beleg für den heuristischen Wert des Modells. Die wissenschaftliche Motivation, kognitive Leistungen von technischen Systemen erbringen zu lassen, muß als kompatible innerwissenschaftliche Orientierung zu politischen und wirtschaftlichen Interessenlagen, welche noch zu rekonstruieren sein werden, in Beziehung gesetzt werden.

1.2. Die Immunisierung der Informationsverarbeitungs-These gegen erkenntnistheoretische Alternativen

Diese mit der Informationsverarbeitungs-These implizierte Möglichkeit, kognitive Leistungen technisch zu (re)-produzieren, ist Bestandteil der "Shared Beliefs" der KI-Forschung. Die technische Umsetzung und damit die Verwertbarkeit als "Technologie" ist bereits den Implikationen der forschungsleitenden Idee, dem Programm "Informationsverarbeitung", eingeschrieben. Über dieses Programm identifiziert sich die Scientific Community der KI-Forschung und grenzt sich damit gegen alternative Herangehensweisen in anderen Wissenschaften ab.

Die Abgrenzungsstrategien werden im folgenden am Beispiel der "biologischen Erkenntnistheorie" Humberto Maturanas nachvollzogen. Wie reagiert die KI-Scientific Community auf alternative Ansätze, welche immer auch eine Bedrohung für das eigene "Paradigma" bzw. den eigenen Wissenschaftsbetrieb und dessen Förderung darstellen?

---

*   Jörg Siekmann gilt bei Fleck 1982 als derjenige, der KI-Forschung in Deutschland initiiert hat, nachdem er entscheidende Anstöße bei seinem Aufenthalt an der Universität in Essex (GB) erhielt, dem "effective medium for the training of AI practioners" (Fleck 1982: 196).

Entweder durch Absprechen des Alternativen-Status,

> Ich verstehe den Unterschied nicht. Ich habe mich durch mehrere hindurchgebissen und habe immer das Gefühl gehabt, daß meine Fehlinterpretation darin liegen dürfte, daß ich einen Großteil davon auch innerhalb des informationsverarbeitenden Paradigmas interpretieren kann, von dem, was die Leute wollen. Ich sehe das nicht als Alternative an. (Habel im Gespräch)

> Ich weiß, daß Winograd da mit irgendsoeinem Chilenen... Auch die Sache mit Heidegger. Aber ich weiß nicht, ob das wirklich so ein anderes Paradigma ist. Ich bekäme alles, was Heidegger sagen will, auf zwei Seiten Formeln. Das ist meine Hypothese. Dann würde man es verstehen. Der redet und redet; das ist furchtbar. Die haben einfach nicht das präzise Formulieren dessen, worum es eigentlich geht. Das sind keine anderen Paradigmen. (Prof. Dr. Wolfgang Bibel, KI-Forschungsgruppenleiter am Institut für Programm- und Informationssysteme der Technischen Hochschule Darmstadt)

durch Synkretismus (d.h. Integration in das eigene "Paradigma")

> Auf der internationalen Bühne, na klar. Das sind die entscheidenden Sachen im Augenblick. Gerade Maturana. Ausgelöst ist es sicher durch dieses Buch von Flores und Winograd. Die haben Maturana als erste gelesen. Winograd ist dann ja in eine schwere Krise gekommen. Er hat den zweiten Band seines Buches nicht mehr geschrieben und sich mit der klassischen KI nicht mehr identifiziert. Aber das heißt nicht, daß der nicht mehr daran glaubt, daß Maschinen denken können oder daß er nicht mehr KI-Forschung macht. Die ist nur anders. Was da neu eingebracht ist, ist eben der Gedanke der Situatedness (das Eingebettetsein jeder kognitiven Leistung in eine natürliche und soziale Umgebung, Anm. d.Verf.). Das beeinflußt auch die Forschung. Im Vision-Bereich, zum Beispiel. Es geht eben nicht darum, das Bild von draußen da reinzunehmen und daraus eine Repräsentation aufzubauen, sondern das Wissenssystem konstruiert diese Repräsentation. Und ein KI-System, was in der Richtung von Winograd und den Leuten laufen würde, das besteht eben aus vielen Teilen. Aus Agenten, die sich gegenseitig beeinflussen und aufbauen. Multi-Agenten-Systeme - das steckt dahinter. (Siekmann im Gespräch)

> Die Art, wie ich ein System baue... Da habe ich zum Beispiel von Maturana viel gelernt. Wie mache ich das System dem Benutzer angemessen, damit der gern damit arbeitet? Da ist es gut, solche konstruktivistischen Ansätze mitzubedenken. Damit man nicht ein falsches Bild vom Benutzer hat und dann entsprechend auch ein falsches System ihm hinsetzt. Das ist dann eine indirekte Form der Berücksichtigung. (Prof. Dr. Katharina Morik, KI-Forschungsgruppenleiterin am Institut für Informatik der Universität Dortmund)

und durch intellektuelle Distanzierung.

> Das interessiert mich schon, nur finde ich die Argumentation der Leute letztendlich doch nicht schlüssig. Es ist mal ganz interessant als Perspektive, aber ich kenne eigentlich nur einen prominenten KI-Forscher - Winograd aus Stanford -, der sich da angeschlossen hat. Wir hatten mal ein Seminar darüber, aber ich fand die Ergebnisse ernüchternd. Es kam nicht allzuviel an Erkenntnisfortschritt heraus. Das ist mal eine andere Sichtweise, aber es gab eben auch Argumentationslücken. So als intellektuelle Herausforderung interessant. Aber ich kann es nicht nachvollziehen und würde mich dem Paradigma nicht anschließen. Ich glaube, daß wir noch sehr viel aus unserem herausholen können. (Wahlster im Gespräch)

Die synkretistische Variante des Umgangs mit alternativen erkenntnistheoretischen Modellen ist die verbreiteste. Damit wird das Bedrohungspotential für das eigene "Paradigma", auf das Terry Winograd immerhin mit der Änderung seiner forschungsleitenden Ideen antwortete, neutralisiert. Es ist zwar fraglich, ob der Ansatz Maturanas damit in seiner Tragweite ernstgenommen wird, dies ist jedoch für den Erfolg des pragmatischen Vorgehens der KI-Wissenschaftler unerheblich.

> Da entsteht eine Konkurrenz von Theorien, die natürlich und heilsam ist. Es gibt viele verschiedene Beschreibungsmöglichkeiten von ein und derselben Geschichte. Und dann sollte man diejenige nehmen, mit der man am leichtesten weiterkommt. Man nimmt einfach die Ergänzungen wahr, die entstehen. (Neumann im Gespräch)

Daß auf der Ebene der forschungsleitenden Ideen allerdings eine echte Konkurrenz im Sinne des gegenseitigen Ausschlusses zwischen Informationsverarbeitungs-These und dem Ansatz Maturanas besteht, läßt bereits ein vergleichender Blick auf einige Implikationen der "Autopoiesis-These" Maturanas vermuten:

1. Es gibt keine außerhalb von uns Menschen existierende objektiv erkennbare Wirklichkeit. Menschen bringen jeweils Realität als Konstrukt hervor (vgl. Maturana/Varela 1991: 13).
2. "Erkennen hat es nicht mit Objekten zu tun." (Maturana/Varela 1991: 262)
3. Kognition ist der Lebensprozeß eines autopoietischen Systems (vgl. Maturana 1991: 71).
4. Autopoietische Systeme sind Netzwerke der Produktion ihrer Komponenten, wobei das Netzwerk zugleich das Ergebnis der Produktion der Komponenten ist (vgl. Maturana 1991: 35f).

5. Autopoiese läßt sich nicht formalisieren (vgl. Maturana 1991: 35).
6. " Es gibt keinen Input." (Maturana 1991: 16)

Das hier implizierte "Mensch-Welt-Modell" besagt, daß kognitive Leistungen in einem selbstreferentiellen Prozeß entstehen. Der Mensch als kognitive Leistungen erbringendes System rezipiert und verarbeitet keine Daten einer als existierend und verfügbar angesehenen Umwelt. Vielmehr "erzeugen" Menschen ihre Umwelt in einem internen, nicht formalisierbaren Prozeß (vgl. soziologische Arbeiten mit der gleichen "konstruktivistischen" Hypothese, z.B. Hejl 1987, Luhmann 1990). Die Konsequenz der erkenntnistheoretischen Implikationen ist, daß die Nichtformalisierbarkeit der selbstreferentiellen ("autopoietischen") Vorgänge die Übertragung dieser Prozesse auf den softwaregetriebenen Computer verhindert. "Eine ingenieurwissenschaftliche Adaptation dieses "Paradigmas" ist ein Widerspruch in sich" (Schefe 1990: 7).

Die synkretistische Übernahme ausgewählter Versatzstücke der Theorie Maturanas durch die KI-Forschung (z.B. die Idee der "Situatedness", des Eingebettetseins jeder kognitiven Leistung in eine natürliche und soziale Umgebung) ist vor dem Hintergrund der widersprüchlichen, erkenntnistheoretischen Implikationen beider Ansätze zumindest fragwürdig. Hier erscheinen Theorien kompatibel, die von ihren forschungsleitenden Ideen her als Alternativen konzipiert sind: das Phänomen "Kognition" wird anders definiert, die Erklärung des Phänomens geht von zum Teil komplementären Voraussetzungen aus, die Erklärung hat einen anderen Status und die Konsequenzen der Erklärung (wie zum Beispiel die Möglichkeit, Kognition analog zum menschlichen Vorbild künstlich nachzubilden), werden anders beurteilt. Den zur Informationsverarbeitungs-These alternativen Status seiner Theorie betont Maturana selbst in einem Interview, welches 1991 von Volker Riegas und Christian Vetter geführt wurde:

Riegas: Bedeutet das, daß die Forschung im Bereich der Informationsverarbeitungstheorien Ihrer Meinung nach ein falscher Ansatz wäre[...]?
Maturana: Diese Theorien sind unzulänglich, weil sie nicht die Phänomene der "Kognition" und auch nicht einmal die der "Wahrnehmung" behandeln. (Riegas/Vetter 1991: 15). Eigentlich habe ich im Laufe meiner gedanklichen Entwicklung festgestellt, daß das Programm der "Artificial Intelligence"-Forscher kein guter Ansatz ist. (ebenda: 42). Vermittels des "Artificial Intelligence"-Konzepts können Sie das, was lebende Systeme tun, nicht nachahmen. Denn solange Sie nicht wissen, was lebende Systeme tun, werden Sie eine Beschreibung dessen nachahmen, was Sie von lebenden Systemen glauben. (ebenda: 46)

Die technologische Verwertbarkeit der forschungsleitenden Idee "Informationsverarbeitung" ist bereits mit deren Formulierung impliziert. Über diese "Shared Beliefs" konstituiert sich die KI-Scientific Community. Gerade an der technischen Möglichkeit, kognitive Leistungen auf einem Computer zu produzieren, orientiert sich aber auch die Kompatibilität zu den im weiteren zu bezeichnenden Interessenlagen von Wissenschaftspolitik und Wirtschaft.

Alternative Ansätze aus den Naturwissenschaften[2], die ebenfalls durch experimentelle Erfolge gestützt werden und eine ähnliche Terminologie verwenden, allerdings die Möglichkeit einer technologischen Umsetzung abstreiten, werden von der KI-Scientific Community so weit als möglich neutralisiert. Diese Immunisierungsstrategien sichern funktional das eigene "Paradigma": zum einen innerhalb der wissenschaftlichen Orientierung und zum anderen auch als "Aufhänger" für persönliche Karrieren bzw. die institutionelle Fach-Entwicklung. In den Immunisierungsstrategien gegen theoretische Alternativen wird der Status forschungsleitender Ideen deutlich. Diese Ideen werden "gewählt" und - einmal gewählt - nicht generell in Frage gestellt. Alternative Konzepte werden unter das einmal "Gewählte" subsumiert, in modifizierter Form in das Gewählte eingepaßt oder aus der Diskussion verabschiedet.

2. Die Bearbeitungsstrategien

Eine Möglichkeit, soziologisch identifizierbare Gruppen ("Schulen") innerhalb des "System of Knowledge" der deutschen KI-Forschung zu unterscheiden, bietet sich nach einem Blick auf die Bearbeitungsstrategien an. Funktional eröffnet sich mit einer solchen "Differenzierung nach innen" für die Scientific Community die Option, flexibel auf die Veränderung wissenschaftlicher Fragestellungen zu reagieren oder eventuellen Erwartungsenttäuschungen (der Interessengruppen aus Wissenschaftspolitik und Wirtschaft) bezüglich der Produktivität bestimmter Bearbeitungsstrategien mit alternativen Angeboten zu begegnen (vgl. ähnliche Überlegungen für politische Systeme bei Luhmann 1970: 166ff.). Es werden - als verbindendes Merkmal - zwar die gleichen Probleme (zum Beispiel Sprachverstehen) unter der gleichen forschungsleitenden Idee in Angriff genommen. Die Bearbeitung erfolgt jedoch mit Hilfe unterschiedlicher Strategien, wobei die Entscheidung eines Forschers für eine bestimmte Bearbeitungsstrategie eng mit der im weiteren Verlauf dieses Kapitels behandelten Stellungnahme zu kognitionswissenschaftlichen Fragestellungen einerseits und der unter Punkt 1. verhandelten Stellungnahme zu erkenntnistheoretischen Positionen andererseits verbunden ist. Es handelt sich um die

---

[2] Gleiches gilt erst recht für alternative Angebote aus den Geistes- und Sozialwissenschaften.

Differenz zwischen "symbolverarbeitenden" und "konnektionistischen" Ansätzen; der Status dieser Differenz wird in der KI-Scientific Community noch diskutiert.

> Das ist eine unheimlich tiefe Diskussion. Das ist wie in der Physik die Welle-und-Korpuskel-Diskussion. Das eine Lager sagt, Licht sei eine Welle; die anderen sagen, es sind Korpuskel. Und beide haben Recht gehabt. Das ist eine Sichtweise. Und so ist es hier auch. Dies wird mal eine der faszinierendsten Zeiten der Wissenschaftsgeschichte sein, in der man sich über die Natur von Intelligenz verständigt. Was ist das wesentliche daran? Das wird dieses Jahrhundert auszeichnen. Und was sich gegenübersteht: Ist es allein an symbolische Repräsentation gebunden, oder ist es etwas, was inhärent in bestimmten Strukturen ist, nämlich in Neuronalen Netzen? (Siekmann im Gespräch)

Wenn man die symbolische und die konnektionistische KI ansieht, ist das wirklich Packende, wie man beide Sachen zusammenkriegt. Daß das irgendwie zusammenpassen muß, liegt auf der Hand. Wir haben im Moment in der KI die Situation, daß sich da so Richtungskämpfe ergeben, wo man versucht, mit einer Methode das gesamte Spektrum abzudecken. (Habel im Gespräch)

2.1. Der symbolverarbeitende Ansatz

Die symbolverarbeitenden "Top-Down"-Ansätze der KI-Forschung versuchen, die für die rationale Lösung eines Problems relevanten einzelnen "Denkschritte" des Menschen direkt in die Sprache eines Computerprogramms zu übersetzen (z.B. berechnen Schachprogramme eine Spielsituation unter Beachtung der Schachregeln und wählen für eine Ausgangssituation den günstigsten Zug gemäß dieser Kalkulation). Man geht hier sozusagen von der "fertigen, geistigen Leistung" des Menschen aus, zerlegt diese in ihre regelhaften Bestandteile und überführt die Regeln nebst dem Datenmaterial, welches gemäß diesen Regeln zu manipulieren ist, in ein Computerprogramm (vgl. Bild 1 dieses Kapitels).

> Der Symbolverarbeitungsansatz ist von Newell und Simon[...] als physical symbol systems hypothesis expliziert worden. Kognitive Prozesse sind Transformationen von Symbolstrukturen. Symbolstrukturen wiederum sind aus elementaren Symbolen als den bedeutungstragenden Einheiten gemäß syntaktischer Regeln zusammengesetzt. Die Symbole müssen selbst in einer Trägermasse codiert sein, z.B. Bitmuster in Computerspeichern oder Aktivitätsmuster von Neuronenverbänden. Damit wird das Symbolsystem zum materiell verankerten, eben zum physical symbol system. Die These von Newell und Simon besagt nun, daß ein derartiges System, gleich welche Materie es zur Darstellung seiner Symbole benutzt, notwendige und

hinreichende Voraussetzung für intelligentes Verhalten ist. (Strube (Kapitelherausgeber) 1993: 304)

Kognition wird hier als Rechnen mit symbolischen Repräsentationen definiert, die physikalisch verankert sind, als regelgeleitete Symbolmanipulation. Kognitive Leistungen vollziehen sich demnach im Rahmen logischer Operationen, wobei die Beschaffenheit der "Materie", auf der diese Operationen ablaufen, nicht wichtig ist. "Wissen" kann formalisiert, codiert und in Form von Datenstrukturen repräsentiert werden. Die Nivellierung des materiellen "Untergrundes" logischer Operationen zeigt, daß es sich trotz der so implizierten Vorstellung "denkender Maschinen" bei der symbolorientierten KI um keinen materialistisch-monistischen Ansatz handelt. Kognitive Leistungen werden nicht auf physikalische sondern auf logische Prozesse reduziert. Damit perpetuiert sich eine Trennung von materiellen und mentalen Entitäten, die seit Descartes als "Dualismus" vertreten wird (Diskussion in Cremers u.a. (Hg.) 1992: 8-54). Wie rein sich die dualistische Position im Denken der deutschen KI-Wissenschaftler manifestiert, ist unterschiedlich.

Gemäßigte Stellungnahmen relativieren die Ausschließlichkeit dualistischer Ansätze:

> Die symbolverarbeitende KI hat die Hardware immer ausgeblendet. Symbolverarbeitende KI hat immer da angefangen, um es salopp zu sagen, wo bei uns das Bewußtsein anfängt. Aber alles, was darunter liegt... Das ist eben diese Physical Symbol Systems Hypothesis, auf die wir uns da irgendwann einmal eingelassen haben, wo die Leute sagen: "Schnitt, das macht die Hardware irgendwie. Und wie die Hardware das macht, ist egal". Ich bin inzwischen der Überzeugung, daß das überhaupt nicht egal ist. (Prof. Dr. Thomas Christaller, Leiter der Forschungsgruppe "Künstliche Intelligenz" bei der Gesellschaft für Mathematik und Datenverarbeitung)

> Wenn Sie sehen, wie ausgereift die Techniken der Wissensrepräsentation in der KI mittlerweile sind und wie weit sie den Leistungen entsprechen, die unsere eigene menschliche Wissensrepräsentation vollbringt. Daraus ergibt sich für mich, daß wir im Bereich der Wissensrepräsentation noch längst nicht alles ausgereizt haben. Ich bin aber auch dafür, daß konnektionistische Modelle Teil unseres Denkens werden, daß man sie als Ergänzungen in die Betrachtung miteinbezieht. (Neumann im Gespräch)

Es gibt allerdings auch eindeutige Voten für die dualistische Position:

> Ich gehe davon aus, daß wir dem menschlichen Denken nur kognitiv näher kommen. Alles, was wir denken und beschreiben können, ist symbolisch strukturiert. Die gesamte Kommunikation und das Denken sind symbolisch strukturiert. Die Logik ist die abstrakte Form der natürlichen Sprache. Wir

kommen so dem, was Menschen wirklich tun, am nächsten. Wir sind hier in Darmstadt reine Symbolmanipulierer, sind aber offen für Ideen, die zum Beispiel die Maschinenarchitektur betreffen. (Bibel im Gespräch)

KI-Forschung wird in Anlehnung an die US-amerikanische Entstehungs- und Begriffsgeschichte oft mit der symbolverarbeitenden Bearbeitungsstrategie gleichgesetzt, während der gleich vorzustellende, konnektionistische Ansatz als Alternative aufgebaut wird, unter anderem auch, um abflauende Industrie-Interessen umzuleiten und neu zu motivieren. Der Kampf um Überschriften ist immer auch ein Kampf um die allzeit knappen Finanzmittel. Die Notwendigkeit einer Alternative und die Notwendigkeit, diese zu ergreifen, wird aus ingenieurwissenschaftlicher Anwenderperspektive mit einer Art "Ausgereiztheit" des symbolverarbeitenden Ansatzes begründet, dessen wirtschaftlicher Grenznutzen erreicht sein soll:

> Ich finde, die größte Erkenntnis der KI ist, daß ein Großteil von dem, was wir tun, nicht mehr ist als Regelverarbeitung. Wir sind gar nicht so intelligent in unseren Tätigkeiten, wie man immer gemeint hat. Ein Großteil von dem, was wir tun, ist auf der Ebene der Verkettung von Bauernregeln. Das ist eine Erkenntnis, die die KI auf die Welt gebracht hat. Und Sie werden in fast jedem unserer Systeme fünf bis zehn Prozent Regelverarbeitung finden. Natürlich ist "Wenn-Dann" nichts Besonderes. Aber ich sage mal, die KI muß ja nichts Besonderes sein. Aber die KI hat erkannt, daß die Verarbeitung sehr großer Mengen von "Wenn-Dann-Regeln" ein Schlüsselproblem ist für viele Anwendungen. Und sie hat dann Inferenzsysteme geschrieben, welche die Verwaltung und Abarbeitung großer Regelmengen erleichtern. Da sehe ich den entscheidenden Beitrag. Das alleine würde aber den Mehrwert für industrielle Anwendungen nicht erschließen. (Prof. Dr. Dr. Franz-Josef Radermacher, Wissenschaftlicher Leiter und Vorstandsvorsitzender des Forschungsinstituts für Anwendungsorientierte Wissensverarbeitung)

> Es ist wohl der Zeitraum überschritten, wo man mit dem selben Thema in der Industrie noch Leute interessieren kann. Es zieht nicht mehr richtig. Und jetzt muß man eben neue Themen finden und neue Gebiete. Die haben jetzt das Gefühl, daß sie wissen, was KI ist. Ein paar von den Methoden können sie gebrauchen, und dann denken sie, daß da auch nicht mehr zu erwarten ist von der KI. Für uns heißt das eben, daß wir sehen müssen, daß wir in erster Linie neue Begriffe finden und neue Methoden. Nach einer gewissen Zeit haben die sich auch verbraucht, und dann kommen neue Schlagwörter. (Dipl. Inform. Norbert Eisinger, Mitarbeiter einer KI-Forschungsgruppe im European Computer-Industry Research Centre)

2.2. Der konnektionistische Ansatz

Konnektionistische Ansätze versuchen, die neuronalen Architekturen des menschlichen Gehirns zu simulieren, um so kognitive Prozesse letztlich "nachstellen" zu können.

> Entsprechend dieser Auffassung, oft mit den Begriffen "Konnektionismus" oder "Neuronale Netzwerke" bezeichnet, ist Wissen in den neuronalen Netzwerken nicht länger spezifischen symbolischen Repräsentationsstrukturen zugeordnet, vielmehr ist es in Form von Aktivitätsmustern über Knoten und Konnektionen zwischen diesen "subsymbolisch" implementiert. Mentale Prozesse sollen durch Aktivitäten sehr einfach strukturierter Prozessoren simuliert werden, die Nachrichten untereinander austauschen und mannigfaltig miteinander vernetzt sind. (Becker 1992: 29)

Die eben vorgestellten, symbolverarbeitenden "Top-Down"-Ansätze wollen "von oben" ("Top Down" in einer Art Komplexitätshierarchie) kognitive Leistungen erzeugen: ausgehend von den höheren kognitiven Fähigkeiten wird die Möglichkeit, diese zu erzeugen, in der Reduktion auf logische Einzelschritte gesehen. Die konnektionistischen "Bottom-Up"-Ansätze versuchen auf umgekehrtem Wege "von unten", durch Simulieren und Zusammensetzen der einzelnen physikalischen "Bausteine" zu den höheren kognitiven Fähigkeiten vorzudringen. In beiden Ansätzen werden Programme geschrieben; nur die Vorstellung von dem, was programmiert wird und die Art und Weise, wie programmiert wird, unterscheidet sich. Den Vertretern der symbolverarbeitenden KI-Forschung ist dieser Unterschied wegen der notwendigerweise sprachlichen Explikation konnektionistischer Theorien und deren Überführung in Programm-Codes nicht plausibel.

> Es gibt für mich da keine zwei Sachen. Wenn ich formal sauber bin, dann sind Neuronale Netzwerke differentiale Gleichungssysteme. Das ist reine Mathematik, und diese Mathematik hat sich bei einigen Dingen, die ich beschreiben will, als sehr gut erwiesen. Es gibt für mich keine prinzipiellen Unterschiede. Natürlich sind Zahlen Symbole. Ich kenne niemanden, der behauptet, Zahlen wären keine Symbole. Von daher sind alle diese sogenannten subsymbolischen Ansätze selbstverständlich symbolisch. (Morik im Gespräch)

> Auch konnektionistische Theorien sind symbolisch strukturiert. (Bibel im Gespräch)

> Die machen strukturierte, programmierte Netzwerke. Das ist ja eigentlich alles symbolische KI mit anderen Worten. Letztlich, indem sie bestimmte Symbole bestimmten Neuronen zuordnen. (Görz im Gespräch)

Der konnektionistische Standpunkt wird im folgenden idealtypisch mit Hilfe der Statements von zwei Neuroinformatikern illustriert, die sich nicht als KI-Wissenschaftler bezeichnen, da sie KI-Forschung mit dem symbolverarbeitenden Ansatz identifizieren. Ihre Beschreibung der konnektionistischen Herangehensweise deckt sich aber im wesentlichen mit den Vorstellungen der Konnektionisten, die sich als KI-Wissenschaftler verstehen (vgl. hierzu Diederich 1988 und Lischka 1989).

Die dualistische Position des symbolverarbeitenden Ansatzes wird im Rahmen konnektionistischer Modelle in eine *monistische* überführt. Intelligenz läuft nicht "auf" einer beliebigen Hardware ab, sondern fällt mit dieser zusammen. Dahinter steht die Vorstellung, daß sich alle Lebensvorgänge des Menschen nach den Gesetzen der Physik beschreiben lassen (zur Kritik dieser Vorstellung von Hayek 1952: 185, Popper/Eccles 1982: 78-134, Hofstadter/ Dennett (Hg.) 1988). Wenn dem so ist, gehören auch die kognitiven Leistungen dazu und können adäquat beschrieben und nachvollzogen werden.

> Das ist kein kruder Materialismus. Es ist wertvoller und leistungsfähiger für unseren Erkenntnisdrang, wenn wir da keine separate Nische schaffen. In dem Bereich der Hirnforschung, in dem ich verankert bin, gibt es auch nur ein sehr sehr kleines Grüppchen, welches dem Dualismus da neuerdings eine Nische öffnen will. Das ist zum Teil eine Alterserscheinung von John Eccles & Co. Der war vor drei oder vier Jahren bei einem Hirnforschungs-Symposion im Vatikan, und da dachte er, daß er endlich mal zu Hause wäre. Da hat er seine Vorstellungen darüber, daß es eine sich den Gesetzen der Physik eben doch entziehende Funktionalität in der Hirnrinde gäbe und daß er Indikatoren dafür hätte, ausgebreitet. Und da dachte er, daß er da Beifall für kriegt im Kardinalskollegium. Die haben da alle nur abgewinkt und haben gesagt: "Das haben wir doch längst abgehakt". Es gibt keinen Dualismus. (Prof. Dr. Rolf Eckmiller, Forschungsgruppenleiter am Institut für Informatik der Universität Bonn)

Das Ziel konnektionistischer Ansätze ist nun, die Ergebnisse der Hirnforschung im Rahmen der Informatik bzw. der KI-Forschung zu nutzen. Seit kurzer Zeit gibt es darum in Deutschland eine neue Lehrstuhlbezeichnung: die sogenannte "Neuroinformatik". Die forschungsleitende Idee ist auch hier die Informationsverarbeitungs-These; diese wird aber durch die Evidenz des biologischen Vorbildes anders als in der symbolverarbeitenden KI-Forschung interpretiert:

> Jede blöde Fliege kann in einem Blumenladen kollisionsvermeidende Flugbahnen erzeugen. Die kann also etwas leisten, wovon die Mathematiker nicht wissen, wie es funktioniert und worüber die Informatiker keine Programme schreiben können. Außerdem schleppt die Fliege auch nicht eine Cray (Großrechner, Anm.d.Verf.) auf dem Puckel herum. Und sie macht es in Echtzeit. Informationsverarbeitung läßt sich offenbar auch

anders betreiben als durch Software-getriebene Systeme, nämlich so, wie es in der Natur im Nervensystem geschieht. (Eckmiller im Gespräch)

Zur oben angeführten Kritik der symbolverarbeitenden KI-Forscher, daß neuronale Netze zur Zeit explizit programmiert werden müssen, wird geantwortet:

> Die Fliege kennt keine Mathematik. Die Frage ist, wie kommen die topologischen Details in das Netz hinein. In der Natur ist heute die gängige Aussage, daß es eine Kombination zwischen Evolution und Adaptation während des Lebens war und ist. Im Bereich der technischen Neuronalen Netze hat man verschiedene Spielmöglichkeiten. Sehr viele geometrische Abbildungsmaschinen (Definition Eckmillers für Neuronale Netze, Anm.d.Verf.) benötigen überhaupt keine Informationen bezüglich der Funktion, um die es eigentlich geht. Sie leisten nur Fehlerminimierungen. Adaptive Filter. (Eckmiller im Gespräch)

Die an amerikanische Formulierungen des "Artificial Intelligence"-Programms anschließende Gleichsetzung von KI-Forschung und Symbolverarbeitung scheint wissenschaftssoziologisch zumindest für deutsche Verhältnisse plausibel: <u>nur wenige Vertreter konnektionistischer Bearbeitungsstrategien verstehen sich explizit als KI-Wissenschaftler.</u> In die (symbolverarbeitende) KI-Forschung diffundieren subsymbolische Ansätze meist über Ideen zur Integration beider Bearbeitungsstrategien.

> Ich bin grundsätzlich ein großer Sympathisant neuronaler Systeme. Wenn man kognitiv im Gegensatz zu rein formal interessiert ist, dann kann man die neuronale Ebene nicht ignorieren. Die Frage für mich ist nur, was die interessanteste Betrachtungsebene ist. Für mich ist das die Verstehensebene solcher Systeme, und da kommen dann irgendwann Symbole mit hinein. Aber meine Überzeugung geht dahin, daß man die niederen Prozesse, Wahrnehmung, erstmal verstehen muß. Ich möchte aber nicht nur so ein Netz entwickeln, was letztlich 30 Millionen Jahre Evolution nachvollzieht und dann mal diese höheren Fähigkeiten hat. Ich möchte schon von einer Meta-Ebene aus einen betrachtenden Blick einnehmen. Ich will von unten rauf gehen und sehen, wie ich mit ganz einfachen Operationen eine Logik entwickeln kann, die auf eine alternative Weise kognitive Fähigkeiten erklären kann. (Prof. Dr. Christian Freksa, Forschungsgruppenleiter am Fachbereich Informatik der Universität Hamburg)

> Wir beschäftigen uns sehr mit der Frage "Symbolik-Subsymbolik". Robotik. Und zwar mehr als alle anderen deutschen KI-Institute. Wir sind ungefähr die einzigen, die wirklich an einer Maschine arbeiten, die sich intelligent in ihrer Umgebung verhalten soll und die dazu die Kopplung "symbolisch-subsymbolisch" nutzt. Das ist sozusagen irgendwo ein KI-Traum. Den verfolgen wir, und die anderen verfolgen ihn nicht. (Radermacher im Gespräch)

Das Verhältnis von Konnektionismus und Symbolverarbeitung sowie die Verankerung beider Bearbeitungsstrategien in der KI-Forschung bzw. in der Informatik sind Gegenstand zahlreicher kontroverser Debatten innerhalb der Scientific Community. Neben dem klaren Votum "Konnektionismus ist Künstliche Intelligenz (KI)" (Diederich 1988: 28) gibt es Einschätzungen, die von einer "Revolution" nicht nur der KI-Forschung sondern gleich der ganzen Informatik sprechen (Hoeppner 1988: 28), bzw. die konnektionistische Modelle verwendende Wissenschaft (Neuroinformatik) als Alternative zur KI-Forschung etablieren wollen (vgl. die folgenden Statements von Eckmiller und von der Malsburg).

2.3. Die soziologische Verortung in der KI-Scientific Community

Die unterschiedlichen Voten für symbolverarbeitende oder konnektionistische Bearbeitungsstrategien wirken in der KI-Scientific Community schulbildend und werden von Mitgliedern der Community auf die Herkunft aus unterschiedlichen Fachdisziplinen zurückgeführt.

> Dieser Symbolisten-Konnektionisten-Hickhack ist einfach eine Dichotomie in Bezug auf die mathematischen Methoden. Wenn ich mit Leuten aus dem konnektionistischen Lager rede, merke ich sehr häufig, daß denen der ganze symbolische Zugang Schwierigkeiten bereitet und auch weniger plausibel erscheint. Umgekehrt, wenn Sie einem Symbolisten ein konnektionistisches Papier geben, wird der sagen: "Was soll mir das? Da sind nur Summenzeichen und Integrale". Es ist zwar ein ganz triviales Problem, aber man muß sie erstmal dazu kriegen, daß sie gegenseitig überhaupt die Formalismen richtig verstehen. Wenn ich einem klassischen Linguisten ein konnektionistisches Papier zeige, dann hat der einfach Schwierigkeiten, das zu verstehen. Deshalb haben Psychologen auch bessere Zugänge zu den Konnektionisten. Die haben, wenn es gut läuft, ihre Statistiken, Wahrscheinlichkeitsrechnungen und Approximationsverfahren. Physiker führen aus physikalischen Gründen Approximationen durch, und der Mathematiker steht daneben und hat diese Intuition. Die können sich da besser reinfühlen. Ein Teil der Probleme sind Probleme der wissenschaftlichen Herkunft. Es ist auch eine ideologische Front, hat aber was mit der Ausbildung zu tun. (Habel im Gespräch)

> Der Unterschied zwischen konventioneller KI und Neuroinformatik ist der zwischen Algebra und Geometrie. Diese beiden großen Theorieräume haben sich als Ergebnis der Funktion menschlicher neuronaler Netze gebildet. In Computern sind die Repräsentationen natürlich algebraisch-analytisch codiert, sonst kann man keinen Software-getriebenen Computer benutzen. Jedes Problem, das Du knacken willst, mußt Du erstmal in Software formulieren. Hast Du keine Software, hast Du keine Lösung. Wehe aber, wenn das nicht für alle Probleme angemessen ist. Da betrachtet man

also die ganze Welt durch eine Rotbrille und sieht keine blauen Objekte. Die Neuroinformatik schreibe ich unter den anderen Theorieraum, unter den geometrisch-topologischen Theorieraum. Das ist wie die Welle-Teilchen-Theorie in der Physik. Und es gibt bis heute noch keine Unified Theory. (Eckmiller im Gespräch)

Der Konnektionismus ist einfach ein Arbeitsgebiet für arbeitslose Atomphysiker geworden. Die Physik hat nicht mehr diese Perspektive, die sie vor 15 Jahren hatte. Das hat etwas damit zu tun, daß diese Atomphysik nicht die Bonanza geworden ist, die sich viele davon erhofft haben. Viele haben dann dieses Gebiet einfach okkupiert. Dann geht aber die Schlägerei um das Gebiet los: Kriegen wir das jetzt? Man hat sehr ähnliche Aufgabenbeschreibungen, und jeder sagt: Wir können es besser. (Görz im Gespräch)

Die Auseinandersetzung zwischen symbolverarbeitenden und konnektionistischen Bearbeitungsstrategien ist also auch ein Streit zwischen Disziplinen. Die Schulbildung innerhalb der interdisziplinär orientierten und zusammengesetzten KI-Scientific Community verläuft entlang der Ausbildung in den Herkunftsfächern.

Die Entscheidung für den algebraisch-analytischen Theorieraum, Artificial Intelligence, ist in Amerika eine Lobby-Entscheidung der Grand-Manager gewesen. Anfang der achtziger Jahre tauchten dann immer mehr KI-Wissenschaftler auf, die ernste Bedenken gegen diesen grundsätzlichen Ansatz anmeldeten. Das Erreichte war nicht das, was man 1960 versprochen hatte. Und die Grand-Manager wurden ärgerlich und sagten: Back to Square One. So entstand also Neural Networks for Computing, in Deutschland Neuroinformatik. (Eckmiller im Gespräch)

"Back to Square One" steht in diesem Fall für die historische Abfolge der Mainstream-Bearbeitungsstrategien vor allem in den USA. Im Rahmen des amerikanischen "Kybernetik-Programms" beschäftigte man sich zunächst mit konnektionistischen Modellen, bis Marvin Minsky und Seymour Papert mit einer spektakulären Veröffentlichung das Interesse auf den symbolverarbeitenden Ansatz fokussierten. In Deutschland gab es ähnliche Entwicklungstendenzen.

Auch in Deutschland gab es viele Anhänger. Da gab es Institute für Kybernetik und eine blühende Gesellschaft für Kybernetik. Dann für mich sichtbar 1975 ist diese ganze Euphorie einen stillen Tod gestorben. Das war keine Angelegenheit der USA; ich glaube, daß man den Herren Minsky und Papert zu viel Ehre antut, wenn man sagt, die haben das gekillt. Auch die deutschen Gehirnleute sind alle in eine tiefe Depression gefallen, weil sie eben gesehen haben, daß es ihnen während ihrer Lebenszeit aus den Fingern gleitet, das Gehirn je funktionell zu verstehen. Die Computerleute haben dann die Attitüde bekommen: Laßt uns mit dem feuchten Gehirn in Frieden. Die waren sehr arrogant hier. Die haben gesagt, das Gehirn könne ihnen den

Buckel runterrutschen. (Prof. Dr. Christoph von der Malsburg, Forschungsgruppenleiter am Institut für Neuroinformatik der Ruhr-Universität Bochum)

Die hier vorgetragene Unterscheidung der Bearbeitungsstrategien nach symbolverarbeitenden und konnektionistischen Ansätzen wird von der KI-Scientific Community zur Selbstverortung herangezogen und erhält dabei den Charakter der in Punkt 1. dieses Kapitels beschriebenen, identitätsstiftenden "Shared Beliefs". Der Streit zwischen "Symbolverarbeitung" und "Konnektionismus" ist zumindest funktional aber auch ein Streit um die wissenschaftspolitischen Chancen und Perspektiven dieser unterschiedlichen Bearbeitungsstrategien bzw. der Karrierechancen ihrer Vertreter. Das Ergebnis der Auseinandersetzung, welches durch wissenschaftliche Erfolge getragen und motiviert wird, zieht die Entscheidung nach sich, ob Wissenschaftspolitik und Wirtschaft eher in die Grundlagenforschung von Mathematik und Psychologie (Software-Bereich) investieren oder aber hauptsächlich Physik und Biologie (Hardware-Bereich) protegieren werden. Die Fronten werden teilweise mit eindrücklichen Statements verteidigt:

"Symbolverarbeiter"

> Das Hauptproblem für einen hartgesottenen Logiker und Symbolisten beim Konnektionismus ist, daß der für Erklärungen nichts abgibt. Mit künstlichen neuronalen Netzen ist sehr gut an der Peripherie zu arbeiten, Mustererkennungsaufgaben. Aber das wollen die Konnektionisten ja nicht. Die erheben ja immer so einen ganzheitlichen Anspruch und sagen: "Wir haben ein anderes Paradigma." Topologische Berechnungsmodelle und so. Aber die kriegen aus einer Wahrscheinlichkeitsverteilung eine neue, und das ist keine Erklärung. Die Leute, mit denen ich kognitionswissenschaftlich zusammenarbeite, sind andere. (Görz im Gespräch)

> Bei mir ist das ein Glaubensbekenntnis. Ich glaube an symbolische Prozesse. (Habel im Gespräch)

ein "Konnektionist"

> Diese Leute haben sich in ihren eigenen Schlingen gefangen bezüglich der Konzeptquellen. Die Konzeptquelle der konventionellen KI ist vor allem die Psychologie, d.h. wie der Psychologe meint, wie das menschliche Gehirn funktioniert. Das setzt man dann in Software um. Die Konzeptquelle der Neuroinformatik ist die Hirnforschung. Da ist ganz klar, wer langfristig die besseren Karten hat. Die Neuroinformatik hat als Konzeptquelle nachweislich funktionierende Systeme, während die Psychologie auf einem sehr brüchigen Eis laviert. Für mich geht es nur noch darum, herauszufinden: Wie funktioniert denn die Fliege? Daß sie funktioniert, weiß ich. Aber ob

die Vorstellung, die sich der Psychologe da macht... Da hat er, glaube ich, keine guten Karten. (Eckmiller im Gespräch)

Wie die Karten weiterhin gemischt werden, hängt vom Fortgang der zeitgenössischen Diskussion um den Status der Unterscheidung zwischen symbolverarbeitenden und konnektionistischen Ansätzen und von deren jeweiligem wissenschaftspolitischen und wirtschaftlichen Erfolg ab: Ob die KI-Forschung das gemeinsame "Dach" für Vertreter beider Bearbeitungsstrategien abgibt (vgl. Strube (Kapitelherausgeber) 1993: 304), ob es sich bei den beiden Bearbeitungsstrategien um eine strenge Alternative innerhalb der KI-Forschung handelt, bei welcher der eine Ansatz vom anderen abgelöst werden muß, ob die KI-Forschung gar mit dem symbolverarbeitenden Ansatz identisch ist und so kein "Dach" für konnektionistische Ansätze sein kann, ob der symbolverarbeitende Ansatz rechtmäßig einen absoluten Problemlösungsanspruch vertreten kann oder ob eine integrierende Zusammenführung beider Bearbeitungsstrategien innerhalb der KI-Forschung möglich ist, wird die weitere theoretische Auseinandersetzung mit diesen Fragen und die forscherische Alltagspraxis zeigen.

3. Die Arbeitsgebiete[3]

Der Bezug zwischen den Interna der Wissensproduktion und wissenschaftspolitischen bzw. wirtschaftlichen Interessenlagen der anderen Teilnehmer der SPE-Community kann am eindrücklichsten durch die Vorstellung der Arbeitsgebiete der KI-Scientific Community hergestellt werden, denn hier ist dieser Bezug durch den Zwang, Fördermittel zu akquirieren, direkt gegeben.

> KI ist von führenden Leuten, wie zum Beispiel dem Herrn Schwärtzel von Siemens, als das definiert worden, was man in der Industrie aus diesen Gedanken machen kann. Und so wird es in der Tat heute gebraucht. (Bibel im Gespräch)

3.1. Die ingenieurwissenschaftliche Ausrichtung

Ingenieurwissenschaftliche Fragestellungen werden von 61 Prozent der KI-Forscher an Hochschulen und hochschulnahen Einrichtungen als Grundmotiv der KI-Forschung angesehen (Quelle: Auswertung der im Anhangskapitel näher beschriebenen Fragebogen-Aktion). Was tun ingenieurwissenschaftlich ausge-

---

[3] Die Arbeitsgebiete werden lediglich idealtypisch skizziert und im Rahmen soziologisch identifizierbarer Gruppen vorgestellt. Das heißt, daß in diesem Abschnitt kein Querschnitt der einzelnen Forschungsthemen gegeben wird (hierzu das ausgezeichnete Lehrbuch von Görz (Hg.) 1993).

richtete KI-Wissenschaftler? Aufgeschlüsselt nach Forschungsschwerpunkten arbeiten die meisten KI-Wissenschaftler Deutschlands (34 Prozent an Hochschulen und hochschulnahen Einrichtungen und fast alle KI-Wissenschaftler in der Privatwirtschaft) im Expertensystembereich, der darum hier exemplarisch zur Veranschaulichung der ingenieurwissenschaftlichen Ausrichtung herangezogen wird. Expertensysteme (heute meist neutraler als "Wissensbasierte Systeme" oder "Assistenzsysteme" bezeichnet) sind KI-Programme, mit denen menschliches Expertenwissen maschinell verfügbar gemacht werden soll (zur Einführung Puppe 1990). Die Frage also, was KI-Wissenschaftler tun, wenn sie "Systeme bauen", kann schlicht beantwortet werden: sie schreiben Computer-Programme bzw. widmen sich der Kollektion der für die Arbeit des Programms benötigten Daten. Das Produkt der Arbeit, das KI-System, ist Software, ist ein Computerprogramm (eine allgemeinverständliche Einführung in den Aufbau und die Funktionsweise eines Expertensystem-Programms gibt an einem Beispiel Becker 1992: 104-119). Die Hardware, auf der ein solches Programm laufen kann, ist dabei zunächst nebensächlich.

Bild 1
Elemente eines auf symbolischer Wissensrepräsentation basierenden Expertensystems (XPS)

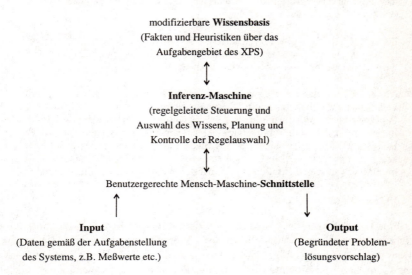

Um welche Art von Expertenwissen es sich jeweils handelt, ist prinzipiell gleichgültig. Da jedoch manche Wissensdomänen leichter zu rekonstruieren sind als andere, spielt der Gegenstand des Expertenwissens in der Praxis dennoch eine große Rolle. Expertensysteme sind prinzipiell denkbar für jeden formalisierbaren Bereich menschlichen Wissens. So gibt es bereits lauffähige Systeme in den Bereichen Medizin (vgl. Becker 1992: 94-129), der Jurisprudenz (vgl. Seim 1991: 6-13) und vor allem der Produktionstechnik (vgl. Bullinger/Kornwachs 1990). Die kritische Diskussion um Chancen und Risiken des Einsatzes von Expertensystemen ist intensiv geführt worden bzw. wird immer noch unter anderem von sozialwissenschaftlicher Seite geführt (neben v.a. Malsch 1987, Schubert u.a. 1987, Mertens 1988; Coy/Bonsiepen 1989, Seetzen 1989, Rammert 1990). Die Diskussion bezieht sich dabei vor allem auf Leitbilder, die in den frühen Jahren der Expertensystem-Entwicklung von KI-Wissenschaftlern aber auch insbesondere von den Medien verbreitet wurden. KI wurde als Super-Technologie dargestellt, deren Produkte den Menschen in Bereichen geistiger Arbeit ersetzen sollten: KI-Systeme als künstliche Richter, Ärzte oder Manager. Diese Leitbilder sind nicht nur von der kritischen Begleitdiskussion sondern auch von der tatsächlichen Entwicklungspraxis zunächst verabschiedet worden.

> Damit muß man sich halt auseinandersetzen und manchmal auch genieren für den Quatsch, der da verzapft wird. Ich hoffe, daß die jüngere Generation das auch als Unfug erkennt. Das ist barer Unfug. Das ist Science Fiction. (Görz im Gespräch)

> Das ist so dürftig und direkt kindisch, was wir tun. Wir können fast überhaupt noch nichts, was Intelligenz betrifft. Das ist die pragmatische Antwort, die eigentlich relevant ist. (Bibel im Gespräch)

> Das Stichwort, das der KI am meisten geschadet hat, obwohl da auch sehr viel Substanz dabei ist, heißt "Expertensysteme". Da gab es die dollsten Fehleinschätzungen. In diesen Bereichen wurde auch am meisten Schindluder getrieben. In der Forschung ist es heute schon so, daß in vielen Bereichen Expertensysteme bei Tagungen gar nicht mehr Extra-Sessions kriegen, was ich auch ein bißchen schade finde. Kommerziell sind ja über hundert Systeme tagtäglich im Einsatz. Wenn man das mit anderen Informatik-Technologien vergleicht, ist das sehr viel. (Wahlster im Gespräch)

Die Idee der Substitution des Menschen durch entsprechende Expertensysteme weicht mittlerweile der Vorstellung der Unterstützung des menschlichen Experten durch leistungsfähige "Assistenzsysteme" (vgl. z.B. Leitpapier "Assistenz-Computer" des Instituts für Angewandte Informationstechnik der GMD, 2/1990). Im ingenieurwissenschaftlichen Bereich wird dabei anwendungsorientiert an konkreten Problemlösungen gearbeitet: inwieweit in diesen Problemlösungen KI-Ideen verwirklicht sind, ist erstens nicht wichtig und zweitens schwer zu sagen.

Ich habe auch am Anfang gedacht, das sei jetzt etwas ganz KI-Spezifisches. Inzwischen bin ich der Meinung, daß das nicht zutreffend ist. Expertensysteme sind in erster Linie Software-Systeme, und ich kenne kein Expertensystem, wo die Masse des Programmcodes die Wissensbasis ist. Höchstens zwanzig Prozent vom Gesamtcode ist die Wissensbasis, und achtzig Prozent sind Integration, Benutzeroberfläche und Wartungsunterstützung. Also ist das Kernproblem eigentlich ein anderes, wo die KI zwanzig Prozent beiträgt und achtzig Prozent von woanders herkommen müssen. Das, was man bei den Repräsentationsformalismen lernen kann, ist etwas, was Leute eigentlich lernen sollten, wenn sie überhaupt Software-Systeme schreiben. Das ist notwendiges Allgemeinwissen für Informatiker. Da ist nichts KI-Spezifisches drin. Und das merkt man auch, wenn man wirklich technisch draufguckt. Das Hauptproblem ist Modellierung. Das müssen aber alle machen. Alle müssen sie ein Modell von einem Anwendungsbereich machen. Und die haben alle unterschiedliche Methoden und Techniken dafür entwickelt. Aus der KI von der Expertensystem-Vorstellung her sind bestimmte Dinge entstanden, die man nun auch dafür benutzen kann. Aber wenn ich letztendlich in ein System hineingucke und schaue, wie das implementiert ist, ja: wer entscheidet, ob das ein Expertensystem ist oder nicht? Das hat nichts mit der technischen Realisierung zu tun. (Christaller im Gespräch)

Diese Einschätzungen dessen, was im Moment die alltägliche Forschungspraxis bestimmt, sagen natürlich noch nichts über das Potential der Software-Techniken aus - sei es KI oder "normale" Software. Selbstverständlich gibt es auch hier Visionen, die zu einer weiteren Begleitung der Entwicklung durch die Technikfolgenabschätzungs-Forschung Anlaß geben.

Wir haben den großen Sprung noch vor uns. In der Informatik haben wir schon das Gefühl, daß eine Basistechnologie bereitgestellt ist, die sehr viel ermöglicht. Dinge, von denen wir meinen, daß die Gesellschaft nicht in allen Punkten darauf vorbereitet ist. Ich denke, manches, was wir jetzt und heute "Mißverständnis" nennen an der Künstlichen Intelligenz, war eben doch die Antizipation von Dingen, die sich ankündigen. Diese Dinge sind noch relativ unscheinbar, verdienen vielleicht manche Bezeichnung auch noch nicht, aber zusammengenommen können sie doch schon in kurzer Zeit diesen großen Sprung bewirken, an dem wir arbeiten. (Prof. Dr. Armin B. Cremers, zum Zeitpunkt des Gesprächs Leiter der "Arbeitsgemeinschaft der deutschen KI-Institute", Leiter des "Forschungsverbundes Künstliche Intelligenz in Nordrhein-Westfalen", Geschäftsführender Direktor des Instituts für Informatik der Universität Bonn, Gründungsmitglied des "Zentrums für Expertensysteme Dortmund", Obmann beim Verein deutscher Ingenieure)

Der Mensch ist eben nicht die Schallmauer. Ich halte es für Arroganz, wenn man glaubt, daß man mit menschlichen Geisteskräften alle Probleme in der Welt, die es so gibt, in den Griff kriegt. Das beobachtet man ja doch, daß man sich zum Beispiel in eine ökologische Situation hineinbewegt, die man nicht mehr versteht und die man nicht mehr handhaben kann. Die Arbeit an Methoden, die besser sind, als wir Menschen es zu leisten vermögen, an intelligenten Prothesen, ist eine grundsätzlich sinnvolle Arbeit, wenn man in einer Situation ist, wo man einige Dinge nicht mehr in den Griff kriegt. Das ist eine sehr positive Nachricht, die die KI geben sollte und die natürlich sehr schwierig mitzuteilen ist. Da wird der Mensch vom Thron gestoßen, und die KI hat ja noch nichts Rechtes zum Überzeugen. Aber letztlich meine ich, daß die KI-Tätigkeit diesen positiven Beitrag leisten kann. (Neumann im Gespräch)

Die Arbeit an Expertensystemen ist nicht das einzige Betätigungsfeld der ingenieurwissenschaftlichen Ausrichtung in der KI-Forschung. Wie im dritten Kapitel ausgeführt wird, ist es zwar selten gelungen, ein komplettes, anwendungsreifes Expertensystem zu entwickeln (vgl. dazu Becker/Herrmann/Steven 1992), jedoch

> der Trend geht tatsächlich dahin, daß KI-Anteile irgendwo in Produkten sitzen, wo eigentlich kein Mensch mehr realisiert, daß das KI ist. Es würde natürlich helfen, wenn man mal ein Produkt zeigen könnte, bei dem man sagen kann: "Das ist KI-Technologie reinrassig, und das waren die Vorteile, die wir hatten bei der Entwicklung des Produkts". (Dr. Otthein Herzog, Leiter der Abteilung Software-Architekturen und -Technologien der IBM Deutschland GmbH, Vorsitzender des Fachbereichs "Künstliche Intelligenz" der Gesellschaft für Informatik)

Die KI-Arbeit im ingenieurwissenschaftlichen Bereich betrifft häufig die Weiterentwicklung und Anwendung von KI-Methoden und KI-Techniken, die auf dem Weg der "kleinen Diffusion" Eingang in bestimmte Produkte finden: der KI-Anteil von Software-Produkten besteht dann darin, daß ein kleiner Teil des Programms mit Hilfe von KI-Techniken gestaltet wurde, daß also KI-Methoden in die Bereiche herkömmlicher Software "diffundieren". Dabei stehen auf Grund der Anwendungsorientiertheit der Forschung diese KI-Anteile nicht im Zentrum des Interesses, sondern werden als Mittel zum Zweck verstanden. Eine Quantifizierung der KI-Anteile ist ebensowenig möglich wie die Definition des Forschungsergebnisses als KI-System. Im Gegensatz zur Bereitstellung kompletter, leistungsfähiger KI-Systeme ist die "kleine Diffusion" bei der Vergabe von Fördermitteln ein wenig spektakuläres Argument.

3.2. Die kognitionswissenschaftliche Ausrichtung

37 Prozent der KI-Wissenschaftler an Hochschulen und hochschulnahen Einrichtungen halten kognitionswissenschaftliche Fragestellungen für das Grundmotiv der KI-Forschung. Was tun kognitionswissenschaftlich ausgerichtete KI-Wissenschaftler, und wie grenzt sich dieses Tun gegen die ingenieurwissenschaftliche Ausrichtung ab?

> Ich bin auch ein bißchen Philosoph, möchte verstehen, was da drinnen im Kopf passiert. Was heißt es, Wissen zu haben? Was heißt es, Selbstreflexion zu machen? Ich versuche, das mit experimentellen Methoden rauszukriegen, indem ich Programme baue und wenn die das tun, sage: "Aha, so könnte es also auch bei uns sein". Das ist das Motiv. Die beiden Sachen müssen zusammengehen. Wir kommen sonst nicht zur Künstlichen Intelligenz. Deswegen bleibe ich gegen alle anderen. Da ist ein Dach, und da gibt es zwei Unterdächer. Die einen haben ein kurzfristiges Ziel: die möchten Systeme verkaufen. Und wir haben ein langfristiges Ziel: wir möchten Intelligenz verstehen. (Bibel im Gespräch)

Die Antwort auf die Frage nach dem alltäglichen Tun dieser Wissenschaftler heißt: auch sie schreiben Computer-Programme. Der Unterschied liegt im Erkenntnisinteresse und im geminderten Verwertungszwang. Das Interesse ist dabei stark auf die mentalen Prozesse beim Menschen gerichtet:

> Die Formalisierung von Beobachtung ist, glaube ich, das Interessanteste, was ich kenne. Das ist das einzige, was mich wirklich vom Hocker reißt. Und da gibt es Leute, die die Physik spannend finden; die beobachten die physikalische Welt. Die interessiert mich nicht für zwei Pfennig. Mich interessieren keine Dinge. Mich interessieren nur Menschen. Wenn mich nun aber Menschen so sehr interessieren, dann will ich das, was ich beobachte, nicht nur aufschreiben, sondern ich will das formal präzisieren. Also diese Einheitlichkeit, dieser einheitliche Blick auf Verhalten, das ist ja nur in der KI überhaupt vorhanden. Jetzt mache ich im Moment gerade ein interdisziplinäres Projekt im Rahmen der Europäischen Gemeinschaft mit einer griechischen Psychologin, wo wir dann mal wirklich vergleichen wollen. Ich versuche, ihr Modell zu verstehen und versuche, das zu formalisieren. Dann lassen wir das eben laufen, und dann vergleichen wir, ob das mit dem übereinstimmt, was sie an Beobachtungen bei Menschen gemacht hat. (Morik im Gespräch)

In kognitionswissenschaftlichen KI-Diskursen spielt die in ingenieurwissenschaftlichen Kontexten meist nicht relevante Frage nach dem Status solcher Formalisierungen eine große Rolle. Kann man mit Hilfe von KI-Methoden menschliche, kognitive Leistungen nur recht gut beschreiben und "simulieren", oder benutzen Mensch und Maschine tatsächlich die gleiche "Software" auf unterschiedlicher "Hardware"? In der kognitionswissenschaftlichen Ausrichtung wird das Programm und Methoden-Inventar der symbolverarbeitenden KI-Forschung überprüft und im Hinblick auf (konnektionistische) Alternativen diskutiert. Häufig wird das kognitionswissenschaftliche Arbeitsgebiet mit der symbolverarbeitenden Bearbeitungsstrategie identifiziert. Im Klassifikationsschema dieses Kapitels wird jedoch zwischen Arbeitsgebieten (kognitionswissenschaftlich/ingenieurwissenschaftlich) und den Bearbeitungsstrategien (symbolverarbeitend/konnektionistisch), die "gegenwärtig die methodologische Diskussion in der kognitionswissenschaftlich orientierten KI dominieren" (Strube (Kapitelherausgeber) 1993: 304) unterschieden, wobei jedes der beiden Arbeitsgebiete mit jeder der beiden Bearbeitungsstrategien untersucht werden kann. Im Rahmen kognitionswissenschaftlicher Diskurse wird der Status von Formalisierungen kognitiver Leistungen betrachtet. Diese Frage ist in der Diskussion um die sogenannte "starke KI-These" ausgedehnt und kontrovers verhandelt worden. Die persönliche Stellung zum Status von Formalisierungen ist eines der "schulbildenden" Elemente des "System of Knowledge" der KI-Forschung. Hier entscheidet sich die Trag- und Reichweite des KI-Forschungsprogramms.

Die "starke KI-These" besagt, daß jede Form kognitiver Aktivität, also auch und gerade die menschliche, das Ausführen einer wohldefinierten Folge von Operationen, eines Algorithmus, ist. Worauf dieser Algorithmus ausgeführt wird, ob auf einem Gehirn oder einem Computer, sei letztendlich gleichgültig. Die gemäßigtere Position, die "schwache KI-These", geht zwar auch davon aus, daß beim Menschen beobachtete, kognitive Leistungen durch Informationsverarbeitungsprozesse auf Maschinen erzeugt werden können; hier wird jedoch keine substantielle sondern nur eine im Hinblick auf beobachtbare Leistungen funktionale Äquivalenz behauptet, die außerdem durchaus von der jeweiligen Hardware beeinflußt und begrenzt wird. Die Diskussion um diese Thesen begleitet die vor allem US-amerikanische KI-Forschung seit ihren Anfängen (vgl. Minsky in ders. (Hg.) 1968, Hofstadter in ders./Dennett 1988, Fodor 1983, Moravec 1989; kritisch dazu u.a. Dreyfus 1985, Searle 1986).

Die Diskussion kreist dabei unter anderem um den Begriff "Verstehen" im Zusammenhang mit der Frage, ob Menschen und Maschinen, sofern sie ein und dieselbe Leistung erbringen, dies auf Grund von ein und derselben "Einsicht" tun. John Searle als bekanntester Kritiker der "harten KI-These" versucht diese durch folgendes Gedankenexperiment zu widerlegen: jemand, der in ein Zimmer mit einem Haufen chinesischer Symbole auf Kärtchen und mit Regeln, wie diese Symbol-Kärtchen bei einer bestimmten Ausgangssituation miteinander zu verbinden seien, eingeschlossen wird, muß kein Wort Chinesisch verstehen, um einem draußen wartenden Chinesen, der Frage-Kärtchen durch einen Türspalt schiebt, durch bloße Manipulation der Symbole sinnvolle Antworten zu geben, ohne daß das fehlende "Verständnis" des Chinesischen irgendwie bemerkt würde. Ein mit chinesischen Symbolen arbeitender Computer, so Searles

Argumentation, "verstehe" genausowenig Chinesisch wie der Mann im "chinesischen Zimmer", so der berühmt gewordene Name des Gedankenexperiments. Es sei also ein evidenter Unterschied zwischen tatsächlichem Verstehen und bloßem Manipulieren von Symbolen nach Regeln. In der kognitionswissenschaftlichen Ausrichtung der deutschen KI-Forschung wird diese Diskussion ebenfalls weitergeführt. Zur starken KI-These gibt es sehr kritische Beiträge,

> Ich wüßte nicht, wie ich die starke KI-These überhaupt verteidigen könnte. Alles, was ich bisher dazu kenne, ist entweder voll von Selbstwidersprüchen, oder es begründet nicht, sondern behauptet nur. Während für die schwache KI-These bis hin zu Überlegungen über die Modularität kognitiver Verarbeitung ja einiges spricht. (Görz im Gespräch)

weniger kritische

> Wenn man das auf die Formel bringt "Nur das Resultat, egal wie das intern wirklich abläuft", dann würde ich das nicht als unser Ziel betrachten. Das geht ja gerade weiter. Wir bemühen uns ja gerade, auch empirisch zu analysieren, was da wohl an Teilprozessen noch abläuft, und dann auch diese Teilprozesse, so wie wir aus empirischen Gründen meinen, daß sie existieren, zu einem lauffähigen Modell zu integrieren. Das Modell geht notwendigerweise immer etwas über das hinaus, was man empirisch sicher bestimmen kann. Aber es ist unsere ganz erklärte Absicht, daß wir bis in möglichst viele Details in unserem Modell genauso arbeiten, wie das menschliche, kognitive System das macht. (Prof. Dr. Gerhard Strube, Leiter der Abteilung "Kognitionswissenschaft" des Instituts für Informatik und Gesellschaft der Universität Freiburg)

und euphorische

> Also der Searle ist ja so ein kluger Mann. Aber was der da schreibt, ist einfach dumm. Der kann sich einfach nicht vorstellen, daß es möglich ist, daß, obwohl jeder einzelne Teil nicht denken kann und ich dem darum das Bewußtsein nicht zuschreiben kann, ich das dem Ganzen sehr wohl zuschreiben kann. Ich schreibe es doch dem Gehirn auch zu. Und ich weiß, jedes einzelne Neuron kann nicht denken. Mit dem Argument gibt es überhaupt kein Denken. Das ist doch gerade das Geheimnis, hinter dem wir herjagen. Wie es möglich ist, daß plötzlich Bewußtsein und Intelligenz auf blinder Materie ablaufen. Diese Argumente sind, wenn man sie länger kennt, einfach so simpel, daß man es schon gar nicht mehr groß kämpferisch sagen mag. Natürlich ist das chinesische Zimmer intelligent. Das kann chinesisch. Das ist alles, was man dazu sagen kann. (Siekmann im Gespräch)

Die schriftliche Auseinandersetzung in Deutschland wird unter anderem in Habel/Kanngießer/Strube 1990, Becker 1992, Cremers u.a. (Hg.) 1992 und Strube 1992 weitergeführt. Allerdings wird die Diskussion um die "harte KI-These" hier nur beispielhaft - analog zur exemplarischen Vorstellung der Arbeit an Expertensystem-Entwicklungen im ingenieurwissenschaftlichen Bereich - für die Kennzeichnung kognitionswissenschaftlicher Arbeitsgebiete herangezogen. Auch in diesem Bereich werden die "großen Fragen" nur gelegentlich in ganzer Breite thematisiert. In der forscherischen Alltagspraxis geht es um die technische Realisation "intelligenter" Funktionen der Bereiche "Sprachverstehen", "Bildverstehen", "Lernen", "Problemlösen", "Beweisen", "Planen" und "Optimieren", die auf der Basis der fraglos zugrundegelegten Informationsverarbeitungs-These bearbeitet werden.

Diese Aufgabenstellungen werden in hochgradig differenzierten, arbeitsteilig organisierten Forschungsprojekten bearbeitet. Die kognitionswissenschaftlichen Fragen nach dem "Wesen" von Intelligenz oder nach der Funktionsweise menschlicher Intelligenz spielen in ingenieurwissenschaftlichen Kontexten keine entscheidende Rolle. Die Frage danach, ob zum Beispiel ein neu entwickeltes Qualitätssicherungs-System für industrielle Produkte wirklich "denken" könne oder zumindest einen Schritt in diese Richtung bedeute, wird sogar eher belächelt. Die mehrheitlich bearbeiteten technischen Fragestellungen in der KI-Forschung führen weg von den "großen Fragen" des Gebiets; ein Prozeß, der von manchen mit Bedauern zur Kenntnis genommen wird:

> Das Gebiet hat sich in den letzten fünf Jahren so unheimlich verändert. Es ist wahnsinnig technisch geworden. Und die jungen Leute, wenn Sie mit denen heute auf dem Flur reden... Damals, das war die Aufbruchszeit in der KI, wo man darüber reflektiert hat, ob Maschinen denken können. Die heute sind an ganz speziellen, ganz technischen Fragen interessiert, die extrem schwer zu bearbeiten sind. Auch Minsky und McCarthy gehören heute zu den alten Eisen, mit denen eigentlich niemand mehr von den jungen Leuten reden will. Man fragt diese großen Fragen nicht mehr. Man fragt nicht mehr: Ist meine Maschine in der Lage, was menschlich Vergleichbares zu machen? Höchstens ich mache das nochmal wieder. Dann haben wir eine stürmische, große Sitzung. Dann sage ich: "Hört mal Leute, wird es in zehn Jahren..." Dann sagen die: "Nun kommt der schon wieder mit dem". Die Leute heute interessiert: Das ist ein KL-One-System. Das hat eine bestimmte Wissensrepräsentation. Man will einen neuen Begriff in eine Begriffshierarchie einfügen. Und die interessiert: Was ist die Komplexität des Subsumtions-Algorithmus. Und so läuft das. Das ist eben ein Zeichen moderner Wissenschaft. Man kann sich gar nicht in einem Gebiet hocharbeiten, wenn man sich nicht so hochgradig spezialisiert. (Siekmann im Gespräch)

3.3. Die soziologische Verortung in der KI-Scientific Community

Die Unterscheidung zwischen kognitionswissenschaftlich und ingenieurwissenschaftlich ausgerichteten KI-Wissenschaftlern kann nur den Status einer idealtypischen Rekonstruktion beanspruchen. Kein KI-Wissenschafter beschäftigt sich nur mit einem der beiden skizzierten Arbeitsgebiete. Ohne kognitionswissenschaftliche Aspekte werden keine KI-Systeme gebaut:

> Wenn es um Fragen der Architektur geht, versuchen wir schon, kognitive Positionen mithineinzubringen. Insofern die Mensch-Maschine-Interaktion sprachlich erfolgt, muß sich das System notwendigerweise an den Eigenschaften des menschlichen Systems orientieren. (Görz im Gespräch)

> Für uns spielt die kognitive Seite eine große Rolle. Wann immer wir etwas für einen Auftraggeber machen, versuchen wir herauszufinden, wo der Mehrwert erschließbar ist. Das heißt, wie wird die Aufgabe bisher vom Menschen gelöst und auf welcher Ebene steckt das wirkliche Knowhow. (Radermacher im Gespräch)

Daß umgekehrt auch kognitionswissenschaftlich ausgerichtete KI-Wissenschaftler "Systeme bauen" und darum ebenso mit den ingenieurwissenschaftlichen Problemen dieser Tätigkeit konfrontiert werden, wurde bereits belegt. Ebenso liegt die Vermutung nahe, daß eine kommerzielle Verwertung kognitionswissenschaftlicher Ergebnisse, sollte sie sich anbieten, nicht abgelehnt werden würde.

Trotzdem ist die Unterscheidung zwischen kognitionswissenschaftlicher und ingenieurwissenschaftlicher Ausrichtung so relevant, daß sie zur Selbst-Verortung von den KI-Wissenschaftlern der Scientific Community herangezogen wird:

ein "Ingenieurwissenschaftler"

> Ich spreche nicht gern von KI. Ich warne vor dieser Begrifflichkeit. Ich spreche von Informationssystemen, von wissensbasierten Systemen, wobei ich selbst das in Anführungsstriche setzen würde. Die eigentliche KI-Community ist nach wie vor ziemlich festgefügt und versteht sich als ein harter Kern, der sicherlich stärker kognitionswissenschaftlich ausgerichtet ist. Das sind teilweise naive Vorstellungen bei diesen Wissenschaftlern gewesen, hinsichtlich der ingenieurmäßigen Umsetzung von Künstlicher Intelligenz nach unserer Auffassung. (Cremers im Gespräch)

ein "Kognitionswissenschaftler"

> Wir wollen mit KI-Techniken Modelle machen, die mit guten Gründen als psychologisch valides Modell unserer Art, das natürlich zu machen, gelten

darf. So versuchen wir beispielsweise ein psychologisch plausibles, aber auch linguistisch fundiertes und natürlich lauffähiges Modell zu machen, und das ist im Endeffekt natürlich ein KI-System. Das ist nun ganz auf der Seite - wenn man KI zwischen diesem rein technisch Orientierten und dem Kognitiven aufspannt - dann ist das ganz klar auf der kognitiven Seite. Deshalb machen wir ja offiziell auch nicht KI sondern Kognitionswissenschaft.
(Strube im Gespräch)

Beide Extrempositionen zeigen, daß sich die KI-Forschung zwischen diesen Polen aufspannt, aber auch in der Gefahr steht, in diese beiden Positionen überführt zu werden. Die Fachidentität der KI-Forschung muß gegen und mit den Polen "Kognitionswissenschaft" und "Ingenieurwissenschaft" behauptet werden. Die "Schulbildung" innerhalb der kognitionswissenschaftlichen Ausrichtung wird durch informelle Zugehörigkeitskriterien mindestens ebenso deutlich demonstriert. Je ingenieurwissenschaftlicher das jeweilige Arbeitsgebiet ist, desto weniger spielt diese Schulbildung (zumindest ausdrücklich) eine Rolle. Die persönliche Stellung zum Status von Formalisierungen, der oben am Beispiel der Diskussion um die "harte KI-These" in seiner unterschiedlichen Beurteilung durch die Scientific Community vorgestellt wurde, ist eines der "schulbildenden" Momente in der deutschen KI-Forschung (vgl. Bloomfield 1987: 74 für die amerikanische KI-Community). Dies wird von den KI-Wissenschaftlern selbst auf die jeweils unterschiedliche Fachherkunft der Diskutanden zurückgeführt:

Ich gehöre der Hamburger Schule an. Ich habe zusammen mit all den anderen studiert. Wolfgang Wahlster, Bernhard Nebel und so weiter. Wir sind natürlich eine Meute. Das ist immer der gewisse Stallgeruch, den man nicht mehr los wird. Das sind die Hamburger, die heute eben alle ganz woanders sitzen. Man sieht es daran, daß wir alle Leute sind, die Systeme bauen. Und wir haben eigentlich alle, glaube ich jedenfalls, den Beschreibungsansatz, der von der Linguistik herkommt. Daran erkennt man die Hamburger Schule. Ich würde mal tippen, daß die, die aus der Linguistik kommen, unsere Formalisierungen als Modelle im Sinne der linguistischen Theorie betrachten. Und solche, die eben nicht diese Schulung, diese Wissenschaftstheorie aus der Linguistik, haben, eben zur anderen Auffassung (im Sinne der "harten KI-These", Anm.d.Verf.) neigen. Ich kenne sogar Gleichaltrige, die jetzt Neuroinformatik machen und sagen: "Das ist jetzt das Gehirn". Das kommt, weil die eine andere Disziplin im Rücken haben, die diesen Unterschied, den die Linguistik ausgearbeitet hat, nicht macht. Ich denke, es liegt an der Mutterdisziplin, aus der man kommt.
(Morik im Gespräch)

4. Das "System of Knowledge": Zusammenfassung

Die KI-Scientific Community konstituiert sich inhaltlich über die forschungsleitende Idee, daß kognitive Leistungen das Ergebnis von Informationsverarbeitungsprozessen seien. Mit der Informationsverarbeitungsthese ist die Möglichkeit impliziert, kognitive Leistungen technisch zu reproduzieren. Das Medium, auf dem dieser technische Reproduktionsprozeß ablaufen soll, ist der Computer. Dabei wird zwischen zwei Bearbeitungsstrategien unterschieden: der symbolverarbeitenden, die Kognition als Rechnen mit symbolischen Repräsentationen definiert, also besonderes Gewicht auf die "Software" legt und der konnektionistischen, die Kognition als Ergebnis der neuronalen Aktivitäten des menschlichen Gehirns begreift und diese "Hardware" auf einem Computer simulieren will. Die an diese Unterscheidung anschließende Schulbildung innerhalb der interdisziplinär zusammengesetzten Scientific Community verläuft entlang der Ausbildungsangebote in den Herkunftsfächern. Die als ideologische Auseinandersetzung zwischen wissenschaftlichen Orientierungen geführten "Schulstreits" sind zumindest funktional Auseinandersetzungen um die wissenschaftspolitischen Chancen und Perspektiven der unterschiedlichen Bearbeitungsstrategien und um Karrierechancen ihrer Vertreter. Die Arbeitsgebiete der KI-Wissenschaftler lassen sich nach primär kognitionswissenschaftlicher und primär ingenieurwissenschaftlicher Ausrichtung unterscheiden. Dabei werden in der kognitionswissenschaftlichen Ausrichtung "Ideen" bezüglich des Forschungsprogramms produziert und getestet. Die Realisierung dieser "Ideen" und ihre Umsetzung in "Technologie" erfolgt in der ingenieurwissenschaftlichen Orientierung.

Bild 2
Schaubild: KI-Forschung

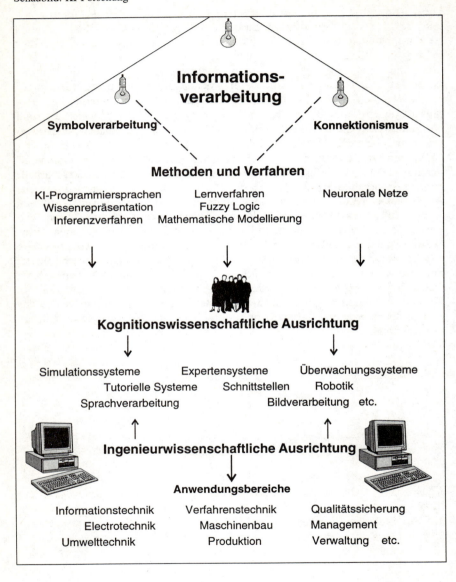

II. Die ideengeschichtliche Anschlußfähigkeit der KI-Forschungskonzepte an deutsche Wissenschaftstraditionen

> The next task is to look at its (the thought collective of AI, Anm.d. Verf.) external relationships with other academic areas and traditions, for these are also important in shaping the beliefs of the collective and maintaining its unique sense of purpose. (Bloomfield 1987: 78)

Woher kommen die eben vorgestellten Konzepte der deutschen KI-Forschung? Wie im nächsten Kapitel deutlich wird, sind sie "Importprodukte" der in den USA und in Großbritannien entstandenen Forschungen zur "Artificial Intelligence" (vgl. zur Geschichte der US-amerikanischen KI-Forschung Turkle 1984, Gardner 1985, McCorduck 1987), die ihrerseits allerdings in vielen Details auf Produkte europäischer und besonders auch deutscher Wissenschaftstraditionen Bezug nehmen*. Diese rezeptionsgeschichtlich zu verfolgende Bezugnahme belegt, daß viele der in der späteren KI-Forschung relevanten Konzepte in der deutschen Vorkriegswissenschaft bereits entwickelt oder zumindest angelegt waren. Manchmal ist lediglich eine ideengeschichtliche Kontinuität der Entwicklung nachzuweisen; in einigen Fällen jedoch kann gezeigt werden, daß durch die im Zweiten Weltkrieg erfolgte Emigration deutscher Wissenschaftler in die USA Lehrer-Schüler-Beziehungen entstanden, die den Ideenaustausch zur KI-Konzeptentwicklung beeinflußten und daß Rezeptionslinien zwischen Vertretern deutscher Wissenschaftstraditionen als "Vorläufer" und den intellektuellen Initiatoren der amerikanischen KI-Forschung existieren. Diese Anknüpfungspunkte spielen im Selbstverständnis der ersten deutschen KI-Wissenschaftler eine große Rolle, weshalb im folgenden ein kurzer Rekonstruktionsversuch der ideengeschichtlichen Anschlußfähigkeit der KI-Forschung an deutsche Wissenschaftstraditionen unternommen wird.

Im Sinne dieser Studie wird dazu in erster Linie wissenschaftssoziologisch und nicht ideengeschichtlich-inhaltlich Stellung bezogen (dazu vgl. Krämer 1988, Heintz 1993). Das heißt, daß darauf verzichtet wird, den für die Entwicklung der KI-Forschung grundlegenden Wissenschaftsproblemen wie der Idee der formalen Beschreibung, dem Begriff des Algorithmus oder der Mechanisierung von Problemlösungsverfahren nachzugehen. Es sollen konkrete Hinweise auf institutionalisierte deutsche Wissenschaftstraditionen vor dem Zweiten Weltkrieg gegeben werden, in denen die Beschäftigung mit heutigen, KI-relevanten Konzepten durchaus etabliert war und die von deutschen KI-Wissenschaftlern als historische Selbstvergewisserungs- und Legitimitätsquellen

---

* Diese Bezüge stellen besonders Gardner (1985: 72ff; 112ff) und Heintz (1993: 16ff; 261ff) heraus.

herangezogen werden. Die inhaltliche Anschlußfähigkeit der KI-Ideen an formalwissenschaftliche und ingenieurwissenschaftliche Kontexte in Deutschland ist nach Ansicht heutiger KI-Wissenschaftler gegeben:

> Wir haben eigentlich die Tradition gehabt. Wenn das mit dem Krieg nicht passiert wäre, hätten wir die Technik eher gehabt. Davon bin ich absolut überzeugt, denn die Struktur dafür war da. Die Mathematik und Physik waren da. Und auch das Knowhow. Wenn das Umfeld dann günstig gewesen wäre wie in anderen Ländern, wäre das sicher anders gekommen (Siekmann im Gespräch).

Im akademischen Wissenschaftsbetrieb der Jahrhundertwende entstand mit der positiven Beantwortung der Frage "Ist eine formale Beschreibung und Reproduktion kognitiver Prozesse möglich?" ein neues, interdisziplinär relevantes Paradigma, welches durch das "Dritte Reich" an der institutionellen Etablierung gehindert wurde. An der Bearbeitung dieser Frage waren eine Vielzahl von Disziplinen beteiligt, von denen hier nur auf die Analytische Philosophie, die Mathematik und die Psychologie näher eingegangen werden kann.

1. KI-Forschung und Logischer Empirismus

Die forschungsleitende Idee der symbolverarbeitenden KI-Forschung, daß kognitive Leistungen das Ergebnis symbolverarbeitender Prozesse von physikalischen Symbolsystemen seien, impliziert eine einheitliche "Sprache des Denkens" (vgl. Fodor 1981), ein Regelsystem für die Behandlung von Symbolen, in dem diese Symbolverarbeitung darstellbar ist. Jegliche kognitive Leistung kann gemäß diesem reduktionistischen Programm als logische Operation begriffen werden. Die forschungsleitende Idee der konnektionistischen KI-Forschung führt den Reduktionismus sogar noch weiter, indem eine "Psychologie in physikalischer Sprache" gefordert wird und kognitive Leistungen als parallele Interaktion einer Vielzahl miteinander vernetzter Prozessoren begriffen werden.

Wo war in der erkenntnistheoretischen Philosophie der Jahrhundertwende der behauptete Nährboden für ein ähnlich reduktionistisches Programm? Die deutsche Philosophie schien unter dem Einfluß idealistischer Konzepte zu stehen; die meisten Lehrstühle waren mit Neukantianern besetzt. Nur sehr zögerlich wagte man, die erkenntnistheoretischen Überlegungen Kants in Frage zu stellen. Der für die Anschlußfähigkeit der KI-Forschung relevante inhaltliche Teil dieser Infragestellung betraf den Übergang von der Kantischen Frage "Wie ist (wissenschaftliche) Erkenntnis möglich?" zur Frage "Was überhaupt ist Erkenntnis?" Dieser Übergang vollzog sich in der Kritik an der Transzendentalphilosophie; es entstand die Analytische Philosophie. Kant hatte die Möglichkeit von Erkenntnis auf der Möglichkeit von synthetischen Urteilen a priori aufgebaut, welche er in der Mathematik zu finden glaubte. Frege, Russell und Whitehead überführten dagegen mathematische Urteile in logische und zeigten zusammen mit Wittgenstein, der den Status logischer Sätze klärte, den tautologischen - also analytischen und nicht synthetischen - Charakter mathematischer Sätze. Der von Kant scheinbar gesicherte begründungsrationalistische Übergang vom Begriff zu den Erscheinungen der empirischen Welt wurde fraglich. Übrig blieb eine Zweiteilung: die Erkenntnisse der empirischen Einzelwissenschaften konnten nur durch Erfahrung gesichert, die produzierten wissenschaftlichen Sätze nur einer logischen Analyse unterzogen werden.

Die Aufgabe einer solchen Analyse, also das Überführen der Erkenntnistheorie in Wissenschaftslogik war Programm des "Logischen Empirismus", der besonders in Wien und Berlin als Gegenentwurf zu der an den philosophischen Fakultäten vorrangig gelehrten Kantischen Transzendentalphilosophie Einfluß gewann. Im sogenannten "Wiener Kreis", einer manchmal informellen, meist aber institutionalisierten Gesprächsrunde der "Logischen Empiristen", wurde der Gedanke einer einheitlichen Sprache, in der alle Wissenschaften formulierbar sein sollten, entwickelt. Diese allgemeine Wissenschaftssprache wurde in der vermuteten "Einheitswissenschaft" Physik gesucht.

Zum sich regelmäßig treffenden Wiener Kreis, der mehrfach aufgelöst und an verschiedenen Orten neu konstituiert wurde, gehörten als Mitglieder oder häufige Gäste unter anderen Hans Hahn, Otto Neurath, Moritz Schlick, *Rudolf Carnap**, Philipp Frank, Karl Menger, Richard von Mises, Kurt Grelling, *Johann (John) von Neumann*, Gustav Bergmann, Arne Naess, Carl G. Hempel, Theodor Radakovic, Alfred Ayer, *Alfred Tarski*, Hans Reichenbach, *Kurt Gödel*, Herbert Feigl, Friedrich Waismann, Werner Heisenberg und nach dem Krieg Elizabeth Anscombe, *Ludwig Wittgenstein*, Karl Popper sowie Hans Thirring. 1931 begann die Auflösung des eigentlichen Wiener Kreises. Die meisten der nicht bereits im Ausland lebenden Mitglieder des Wiener Kreises emigrierten wie Feigl, Carnap, Menger, Bergmann, Frank und Gödel in die USA oder wie Wittgenstein, Waismann und Neurath nach England.

> Im Gegensatz zum Frankfurter "Institut für Sozialforschung", das 1934 fast geschlossen nach New York übersiedelte, fällt an der Emigrationsbewegung des Wiener Kreises die breite räumliche Streuung auf. Dies könnte zur rezeptionsgeschichtlichen Vernachlässigung des Wiener Kreises als dem ersten Zentrum für Analytische Philosophie in Europa geführt haben, war aber andererseits verantwortlich für die internationale Verbreitung des Logischen Empirismus. (Hoffmann-Grüneberg 1988: 66)

Die Rezeption des Logischen Empirismus kann bis in die Konstitutionsphase der US-amerikanischen KI-Forschung verfolgt werden (vgl. auch Putnam 1984: 274 und Gardner 1985: 72-79). Im wesentlichen betrifft dies "the work of Carnap,

---
* Im Kursivdruck Namen, die in der späteren KI-Forschung relevant sind.

which influenced so many of the AI people" (Schopman 1987: 189). Vor der Geburtsstunde der symbolverarbeitenden KI-Forschung 1956 auf der sogenannten Dartmouth-Konferenz wurde das Programm, das Carnap in einem Aufsatztitel der Zeitschrift "Erkenntnis" als "Psychologie in physikalischer Sprache" bezeichnet hatte, auf empirische Wissenschaft übertragen. 1943 zeigten *Warren McCulloch* und *Walter Pitts* in Chicago, wo der emigrierte Carnap lehrte, in Anlehnung an die Carnapsche Konzeption der Logik, daß die Aktivität von neuronalen Netzen (z.B. dem menschlichen Gehirn) mit Hilfe der Aussagenlogik beschrieben werden kann. Diese Arbeit

> fitted nicely within the logical positivist tradition, as[...] formulated by Carnap, wherein it was contended that logic related sense inputs to basic concepts. In Carnap's case it was not evident how the relation between sense impressions came about. McCulloch used neurophysiological data; sense impressions aroused neural activities which were logic. He also went along with Carnap's notion that all higher concepts were logical constructs of atomic ones. (Schopman 1987: 173f)

McCullochs Ideen beeinflußten dessen Mitarbeiter am MIT, zu denen der junge *Marvin Minsky* und *Seymour Papert* zählten. Auch *Herbert Simon*, der auf der Dartmouth-Konferenz zusammen mit *Allen Newell* die Symbolverarbeitungsthese der KI-Forschung formulierte, war Schüler Carnaps in Chicago (zur Geschichte der US-amerikanischen KI-Forschung McCorduck 1987).

An der zweiten für die spätere KI-Forschung bedeutsamen US-Universität, Princeton, machte sich der Einfluß der Logischen Empiristen durch John von Neumann geltend, der unter anderem in der damaligen europäischen Hochburg Berlin Mathematik studiert hatte und wie oben vermerkt ein häufiger Gast des Wiener Kreises war. Der amerikanische Mathematiker, nach dem die Architektur moderner Computer benannt ist, "implementierte" die Arbeiten von McCulloch und Pitts und teilte deren informationstheoretische Ansichten:

> there is no doubt that any special phase of any conceivable form of behavior can be described "completely and unambiguously" in words. This description may be lengthly, but it is always possible. To deny this would amount to adhering to a form of logical mysticism. (von Neumann 1951: 23)

In Princeton studierten die späteren KI-Wissenschaftler *John McCarthy*, *Marvin Minsky* und *Allen Newell*, die gegen die Auffassung von Neumanns, das Gehirn sei kein digitaler Computer, opponierten.

Bemerkenswert ist die nur selektive Rezeption des Logischen Empirismus durch die Wegbereiter der KI-Forschung, wobei diese Selektivität auch bei den anderen, im weiteren zu verfolgenden Rezeptionslinien zu beobachten ist. Der Logische Empirismus war das Programm, welches der Tradition des Begründungsrationalismus einen entscheidenden Schlag versetzt hatte (siehe oben). Die Wegbereiter der KI-Forschung dagegen ignorierten den Inhalt dieser kritischen Argumentation und bemächtigten sich nur ihrer Konsequenzen. So spiegelt sich in der Idee der "Wissens-Repräsentation" bei KI-Systemen die "ungebrochene" rationalistische Synthese von Begriff und Erscheinungen im Sinne Kants:

> In der Sicht des Repräsentationalismus wird eine kognitive Entität in eine vorgegebene Welt katapultiert. Diese Entität überlebt nur in dem Maße, in dem sie mit einer Landkarte ausgestattet ist und damit zu handeln gelernt hat. In der naturwissenschaftlichen Version dieser Geschichte ist die Landkarte entweder ein angeborenes System von Repräsentationen (etwa was Raum, Zeit, Gestalten oder Gerüche angeht), während das Lernen des Gebrauchs dieser Landkarte (also motorische und emotionale Muster) sowie deren Anpassung das Geschäft der Ontogenese bleibt. (Varela, 1990: 100)

Der Logische Empirismus hatte gerade dieser Art von Erkenntnistheorie und Ontologie eine Absage erteilt und darauf sein gesamtes Wissenschaftsprogramm als Alternative entwickelt. Die Rezeption des Logischen Empirismus durch die amerikanischen Wegbereiter der KI-Forschung zeigt jedoch, daß nur Teile dieses Alternativprogramms übernommen, nicht jedoch die wesentlichen Grundvoraussetzungen dieser übernommenen Versatzstücke mittransportiert wurden. Hier bietet sich also noch ein weites Feld möglicher immanenter Kritik an den Paradigmen heutiger KI-Forschung. Ob allerdings eine solche Kritik erfolgreich wäre, mag bezweifelt sein: neben der Tatsache, daß erkenntnistheoretische Kritik selten zur "Kurskorrektur" laufender empirischer Arbeiten führt, ist gemäß der Argumentation in der Einleitung fraglich, ob die Geltung der transportierten theoretischen Versatzstücke irgendetwas mit der erfolgten oder nicht erfolgten Übernahme von deren theoretischer Voraussetzung zu tun hat. Jenseits dieser Fragen wird Theorie in der pragmatisch ausgerichteten KI-Forschung ohnehin am Erfolg gemessen: was funktioniert, wird benutzt, gleichgültig, aus welchen Kontexten es kommt.

2. KI-Forschung und Mathematik

Der gleiche selektive Rezeptionsmodus ist bei der Übernahme mathematischer Ideen zur Formulierung der KI-Forschungsideen sichtbar (vgl. die ausführliche Darstellung bei Heintz 1993). Göttingen galt zur Jahrhundertwende mit mehreren Lehrstühlen für Mathematische Logik als eine der führenden Universitäten des Fachs. Hier lehrte *David Hilbert*, dessen sogenanntes "Entscheidungsproblem" den Engländer *Alan Turing* zur Niederlegung seiner für die KI-Forschung entscheidenden Gedanken über "universelle Turing-Maschinen" veranlaßte. Hilberts Frage, ob ein einziges algorithmisches Verfahren zur Lösung aller mathematischen Probleme existiere, wurde von Turing negativ beantwortet. Allerdings war Turing durchaus der Meinung, daß kognitive Leistungen im allgemeinen durch algorithmische Operationen simuliert werden können, also daß Computer kognitive Aufgaben erfüllen können:

> I believe that at the end of the century the use of words and general educated opinion will have altered so much that one will be able to speak of machines thinking without expecting to be contradicted. (Turing in Boden (Hg.) 1990: 49)

Doch schon Turing zeigte, wie auch *Kurt Gödel* oder *Alonzo Church*, daß jedes spezielle formalisierte mathematische System beschränkt ist und zwar in einer Weise, die nicht auf menschliches Denken übertragbar ist. Die Analogie zwischen menschlicher und maschineller Intelligenz hatte und hat also ihre Grenzen, wobei die Darstellung dieser Begrenzung unter den Turing rezipierenden Vertretern der "harten" KI-These kaum Beachtung fand. Der Einfluß Turings auf die US-amerikanischen Gründer der KI-Forschung ist durch James Fleck (Fleck 1982: 182ff) dokumentiert. Turings Referenzquelle David Hilbert beeinflußte noch auf anderem Wege die Wegbereitung der KI-Forschung. Der junge *Norbert Wiener*, der mit seinem Kybernetik-Programm maßgeblichen Einfluß auf die KI-Forschungsideen gewann (vgl. Schopman 1987: 174f), arbeitete die ersten Jahre nach seiner Promotion bei Hilbert in Göttingen.

Die akademisch institutionalisierten deutschen Wissenschaftstraditionen der Analytischen Philosophie und der Mathematischen Logik sind nicht nur in der Rezeptionsgeschichte der US-amerikanischen KI-Forschung virulent, sondern sicherten ebenso die inhaltliche Anschlußfähigkeit der in den siebziger Jahren nach Deutschland importierten KI-Ideen, denn "there is very little difference between traditional work in philosophical logic and logical research in theoretical AI..." (Thomason in Philosophical Logic, Sonderheft AI zitiert nach Siekmann, Editorial KI 3, 1992: 6). Es ist daher nicht verwunderlich, daß die ersten deutschen Wissenschaftler, die mit KI-Ideen aus dem Ausland zurückkamen, an den deutschen Logik-Hochburgen wie Göttingen und Berlin studiert hatten und nach ihrer Rückkehr vorrangig das KI-Gebiet "Theorembeweisen" bzw. "Deduktion" vertraten (z.B. W.Bibel, J.Siekmann, M.M.Richter). Die formalwissenschaftlichen deutschen Universitätstraditionen in Logik und Mathematik gewährleisteten trotz aller Schwierigkeiten, die den frühen KI-Wissenschaftlern durch das "Establishment" bereitet wurden, die inhaltliche Anschlußfähigkeit der KI-Forschungsideen.

3. KI-Forschung und Ingenieurwissenschaft

Die Anschlußfähigkeit an formalwissenschaftliche Kontexte betrifft in erster Linie die "Logik-Seite" der KI-Forschung. Im Rahmen deutscher Wissenschaftstraditionen läßt sich jedoch auch die Geschichte der ingenieurwissenschaftlichen Bestandteile der KI-Forschung rekonstruieren. Der deutsche Ingenieur *Konrad Zuse* untersuchte schon vor der Machtergreifung der Nationalsozialisten (parallel zu Turing in England und Howard Aiken in den USA) die Möglichkeit der Mechanisierung von Rechenverfahren. Die erste programmgesteuerte Rechenmaschine der Welt, die "Z 3" (Z1 und Z2 liefen noch ohne Programmkontrolle), wurde von Zuse 1941 fertiggestellt. Während die meisten Hardware-Ingenieure die Software-Probleme der neuen Rechenmaschinentechnik an Mathematiker bzw. Logiker abgaben, legte Zuse 1945 den sogenannten "Plankalkül" als Vorschlag für eine algorithmische Sprache vor. Der "Plankalkül" wurde in den fünfziger Jahren von den deutschen Informatikern, unter anderem *F.L.Bauer*, weiterentwickelt. Zuse gründete 1949 in Neunkirchen die Relais- und Elektronen-Rechenautomaten bauende "Zuse KG", die heute zur Siemens AG gehört. Der heute noch lebende Ingenieur und Industrielle wird von einigen deutschen KI-Wissenschaftlern nicht nur als Vorreiter sondern als einer der ihren betrachtet:

> Zuse war neulich bei uns und hat mit uns diskutiert. Sein Plankalkül oder seine Überlegungen zum Schachspiel - das war damals bereits Künstliche Intelligenz in reinster Form. Zuse war also eigentlich der erste, der so etwas hier in Deutschland gemacht hat. (Bibel im Gespräch)

4. KI-Forschung und Psychologie

Doch nicht nur die an Mathematische Logik und Analytische Philosophie anknüpfenden Aspekte der KI-Forschung bzw. deren ingenieurwissenschaftliche Umsetzung fanden Anschluß an bestehende deutsche Wissenschaftstraditionen. Auch die sich als akademische Wissenschaft etablierende deutsche Psychologie der Jahrhundertwende bot ideengeschichtliche Anknüpfungspunkte für die Konzepte der späteren, kognitionswissenschaftlich orientierten, insbesondere sprachverarbeitenden KI-Forschung (vgl. Gardner 1985: 115-128). Das erste experimentalpsychologische Institut der Welt wurde 1879 von *Wilhelm Wundt* in Leipzig gegründet. Ebenso wie die Anhänger des Logischen Empirismus mit Logik und Mathematik versuchte Wundt mit seiner Experimentalpsychologie die erkenntnistheoretischen Grundlegungen Kants zu revidieren und die Möglichkeit einer von Kant bezweifelten erfahrungswissenschaftlichen Psychologie aufzuzeigen. Kant hatte der Psychologie den Status als Wissenschaft abgesprochen:

> Sie kann[...] niemals etwas mehr als eine historische, und, als solche, so viel möglich systematische Naturlehre des inneren Sinnes, d.i. eine Naturbeschreibung der Seele, aber nicht Seelenwissenschaft, ja nicht einmal psychologische Experimentallehre werden. (Kant 1977: 16)

Wundts Untersuchungen, mit denen er die Experimentalpsychologie empirisch begründen wollte, bezogen sich auf die "Elemente des Bewußtseins" (z.B. bildhafte Vorstellungen) und benutzten als Methode die Selbstbeobachtung im Rahmen eines Experiments. Wundt unternahm es jedoch nicht, höhere Denkprozesse mit Hilfe von Experimenten zu erfassen.

4.1. Die Würzburger Schule

Eine solche "Experimentelle Denkpsychologie" wurde 1896 durch Wundts Schüler und Assistenten Oswald Külpe ins Leben gerufen. Die "Würzburger Schule" wandte erstmals die Methode der Selbstbeobachtung in Experimenten auf höhere Denkprozesse an:

> Bei vielen Würzburger Untersuchungen sollte die Versuchsperson eine (komplexe) geistige Aufgabe lösen. Nach der Lösung bzw. Erledigung dieser Aufgabe sollte die Vp durch rückschauende Selbstbeobachtung eine Beschreibung der erlebten Prozesse oder Inhalte geben. (Munzert in Lück u.a. 1984: 83)

Die spätere symbolisch orientierte KI-Forschung in den USA benutzte ganz selbstverständlich diesen methodischen Ansatz zur Gestaltung ihrer Programme:

> Die psychologischen Beobachtungen und Experimente führen zur Formulierung von Hypothesen über die symbolischen Prozesse, die die Personen benutzen, und diese sind eine wichtige Quelle für die Ideen, die in die Entwicklung von Programmen eingehen. So stammen viele Ideen für die Grundmechanismen von GPS (General Problem Solver = eines der ersten KI-Programme, Anm. der Verf.) aus sorgfältigen Analysen von Protokollen, die von menschlichen Versuchspersonen erzeugt wurden, welche bei der Ausführung einer Problemlösungsaufgabe laut nachdachten. (Newell/Simon in Münch 1992: 70f)

Die Würzburger Schule brachte bedeutende Vorarbeiten zur Denkpsychologie, besonders im Bereich der Sprache (z.B. von Karl Bühler), hervor, ist als soziologisches Gebilde aber schon vor der nationalsozialistischen Machtergreifung nicht mehr identifizierbar. Der wissenschaftliche Beitrag der Würzburger Schule ist dennoch in Bezug auf die hier zu besprechende inhaltliche Anschlußfähigkeit der KI-Forschung an deutsche Wissenschaftstraditionen nicht zu unterschätzen:

> Die Würzburger ebneten der Denkpsychologie den Weg; damit wurden sie die "Großväter" der modernen kognitiven Psychologie. (Munzert in Lück u.a. 1984: 86)

Die direkt den Würzburgern zuzurechnenden Arbeiten rissen mit Beginn des "Dritten Reiches" ab. Bis zu seiner Ermordung in Auschwitz arbeitete neben anderen der Bonner Psychologe *Otto Selz* im Geist der Würzburger Schule weiter; er wird von heutigen KI-Wissenschaftlern als Referenzquelle angegeben:

> Es gibt einen Menschen, der hier in Bonn Psychologie betrieben hat, der hieß Otto Selz. Stammte aus der Würzburger Schule. Der hat in den zwanziger Jahren ein zweibändiges Werk geschrieben über den regelhaften Verlauf der Denkprozesse. Das ist das Forschungsprogramm der KI. Der ist in Auschwitz umgekommen. Davon ist nichts übrig geblieben. (Christaller im Gespräch)

4.2. Die Gestaltpsychologie

Ebenfalls an die Überlegungen Wundts und der Würzburger Schule schloß die "Gestaltpsychologie" an, als deren bedeutendster Vertreter *Max Wertheimer* gilt. Die Gestalttheorie stellte das elementenpsychologische Konzept der selbständigen Einzelreize in Frage und ging stattdessen vom Vorhandensein ganzheitlicher Vorstellungskomplexe im Bewußtsein aus. Nach dem Ersten Weltkrieg etablierte sich in Berlin unter Wolfgang Köhler die gestalttheoretisch ausgerichtete "Berliner Schule". Bedeutende Arbeiten Wertheimers beschäftigten sich mit dem menschlichen Problemlösungsverhalten, also einem grundlegenden Thema der späteren KI-Forschung. Der amerikanische KI-Wissenschaftler *Marvin Minsky* leitet ein Kapitel seiner Arbeit über "A Framework for Representing Knowledge" von 1975 (Frame = Rahmen oder Gestalt) mit folgendem Wertheimer-Zitat ein:

> Wenn man versucht, ursprüngliche Denkprozesse mit den Mitteln der formalen traditionellen Logik zu beschreiben, ist das Ergebnis oft unbefriedigend: Man hat dann eine Reihe korrekter Operationen, aber der Sinn des ganzen Vorgehens und was lebendig, kraftvoll, schöpferisch darin war, scheint sich in den Formulierungen irgendwie verflüchtigt zu haben. (Wertheimer 1964: 55)

Wie Wertheimer für die Psychologie zog Minsky für die KI-Forschung daraus den Schluß, daß Alltagswissen nicht als Ansammlung einzelner, einfacher Teilstücke zu repräsentieren sei, sondern als "Gestalt", als Datenstruktur, mit der verschiedenartige Informationen verbunden sind (vgl. Minsky 1975: 118). Die Gestaltpsychologie gewann als Kritik an der klassischen KI-Forschung und deren Vorstellung von Wissensrepräsentation Einfluß auf US-amerikanische KI-Ideen (vgl. auch Schank/Colby 1973) und von hier wiederum auf die deutsche KI-Forschung.

> Wenn man sich anschaut, was für Frame-Formalismen hierzulande in Expertensystemen drin sind, dann ist das ein müder Abklatsch von dem, was Minsky gedacht hat. Und dieses war wiederum nur ein müder Abklatsch von dem, was sich die Gestaltpsychologen um Wertheimer gedacht haben. Das ist eben diese reine Technologie-Entwicklung. Ich glaube aber, es macht wirklich Sinn, an diese Dinge wiederanzuknüpfen und sie als Grundlagenforschung voranzutreiben. (Christaller im Gespräch)

In Deutschland beendete zunächst das "Dritte Reich" die weitere Entwicklung der Gestaltpsychologie. 1933 emigrierten die meisten ihrer Vertreter in die USA (z.B. Wertheimer, Lewin, Goldstein, Koffka), wo dieser Ansatz jedoch kaum mit der an den Universitäten vorherrschenden behavioristischen Psychologie konkurrieren konnte. Die für die spätere KI-Forschung so wichtigen psychologischen Konzepte des Behaviorismus und der Kognitionspsychologie sind amerikanische Produkte und als solche ins Nachkriegsdeutschland importiert worden.

5. KI-Forschung und Sprachwissenschaft

Die Bezüge der sprachverarbeitenden KI-Forschung zu den bereits vorgestellten Traditionen des Logischen Empirismus und der Würzburger Schule in der Psychologie deutete bereits zu Beginn der siebziger Jahre Gerold Ungeheuer in einer Aufsatzsammlung an (vgl. Ungeheuer 1972; Ungeheuer protegierte als einer der maßgeblichen deutschen Sprachwissenschaftler früh die beginnende KI-Forschung). Die ideengeschichtliche Anschlußfähigkeit der KI-Forschung an Traditionen der deutschen Sprachwissenschaft muß dagegen mit einem Hinweis auf das neunzehnte Jahrhundert beginnen. Im Anschluß an Herder betonte *Wilhelm von Humboldt* die enge Beziehung zwischen Sprache und Bewußtsein: Von Humboldt begriff Sprache als permanente geistige Tätigkeit, als mentalen Prozeß, und lehnte damit das statische Bild der Sprache als Objekt oder Werkzeug ab. Nach von Humboldt eignet sich das Individuum in und mit der Sprache seine Welt an - eine Idee, die später von Wilhelm Wundt aufgegriffen wurde. Von sprachwissenschaftlichen Untersuchungen erhofften von Humboldt und seine Schüler interdisziplinär relevante Ergebnisse. Ihre Arbeit

> was not only an investigation of forms, but by doing so they hoped to gain greater insight into the mind they saw behind the forms. (Herbst u.a. 1980: 6)

Dieser Schwerpunkt von Humboldts macht seine Arbeit zu einem ideengeschichtlichen Anknüpfungspunkt der deutschen KI-Forschung*:

> Letzten Endes sind die Wurzeln eigentlich bei dem von Humboldt zu suchen, was diese Form von Sprachverarbeitung angeht, die wir auch heute in der KI machen. Obwohl er das bestimmt nicht so vorweggenommen hat. Er hat einen engen Zusammenhang hergestellt zwischen Sprache und Denken. (Christaller im Gespräch)

Die zweite Hälfte des neunzehnten Jahrhunderts war wie in allen anderen Wissenschaften so auch in der deutschen Sprachwissenschaft von dem Versuch geprägt, jegliche Wissenschaft nach dem Vorbild der Naturwissenschaften auszurichten. Für die Sprachwissenschaft bedeutete dies die Subsumtion ihres Objektbereichs unter Gesetze wie das folgende: "aller Lautwandel, soweit er mechanisch vor sich geht, vollzieht sich nach ausnahmslosen Gesetzen" (Osthoff/Brugmann 1878: XIII). Solche formalistischen Ansichten, die sich an die bereits in der ersten Hälfte des Jahrhunderts vorgetragene Vorstellung Jakob Grimms von der "Regelhaftigkeit" der Sprache anschlossen, führte eine Gruppe von Sprachwissenschaftlern (unter anderem Hermann Osthoff, Karl Brugmann und Hermann Paul) zusammen, die später als "Junggrammatiker" schulbildend wirkten.

> one can say that many of the principles of the Junggrammatiker mark an important step towards twentieth-century linguistics. Their rejection of indefinable terms and the rigorous methods of investigation served as a model for later linguists. (Herbst u.a. 1980: 11)

Die formalistischen Ideen der Junggrammatiker ähneln den Formulierungen, mit denen *Noam Chomsky* die Linguistik definiert und die das Selbstverständnis auch der sprachverarbeitenden KI-Forschung spiegeln (zu Differenzen zwischen Chomsky und der sprachverarbeitenden KI-Forschung vgl. Higginbotham in Torrance (Hg.) 1984: 114-125). Chomsky schließt sich der Ansicht an,

> das Studium der Sprache ähnlich dem der Naturwissenschaften zu betrachten[...]. So betrachtet ist die Linguistik das abstrakte Studium bestimmter Mechanismen, ihres Wachstums und ihrer Reifung. (Chomsky 1976: 2f)

Der Fortgang der deutschen Sprachwissenschaft im zwanzigsten Jahrhundert wurde wesentlich durch die Junggrammatiker bestimmt. Der "Deutsche Sprachatlas", ein Projekt zur Kartographierung deutscher Dialekte, wurde zum Beispiel

---

* In "Cartesian Linguistics" von 1966 befaßt sich Noam Chomsky, auf dessen Konzepte die sprachverarbeitende KI Bezug nimmt, ausführlich mit den sprachwissenschaftlichen Ausführungen von Humboldts und zeigt deren Relevanz für die moderne Linguistik und für seine eigenen Ideen.

nach Theorien der Junggrammatiker in Angriff genommen; *Helmut Schnelle* stellt 1963 den mittlerweile am Forschungsinstitut für Deutsche Sprache in Marburg entstehenden "Deutschen Sprachatlas" als eines der ersten Projekte zur automatischen Sprachbearbeitung in Deutschland vor (siehe Schnelle 1963: 50). Aus diesen konzeptionellen Zusammenhängen im Institut für Deutsche Sprache rekrutiert sich in den siebziger Jahren ein Großteil der sprachverarbeitenden KI-Wissenschaftler (vgl. Gesprächsbeiträge von Christaller im nächsten Kapitel).

III. Die Sozialgeschichte der deutschen KI-Forschung

Nachdem eben die ideengeschichtliche Anschlußfähigkeit der KI-Forschung an deutsche Wissenschaftstraditionen aufgezeigt wurde, sollen jetzt deren faktische Entstehungszusammenhänge als Disziplin beleuchtet werden. Der nach dem Zweiten Weltkrieg durch militärische Rüstungstechnik und Weltmarktkonkurrenz gewandelten Beziehung zwischen Wissenschaft, Politik und Wirtschaft stand die deutsche Nachkriegswissenschaft zunächst passiv gegenüber. Nur mühsam nahm der an vorkrieglichen Disziplinen orientierte Wissenschaftsbetrieb seine Arbeit auf; Innovationen mußten von außen herangetragen werden.

1. Die Bundesrepublik Deutschland als informationstechnologisches Niemandsland[4]: 1960-1975

Den institutionellen Anknüpfungspunkt der deutschen KI-Forschung bildete ein bereits Ende der sechziger Jahre eingeführtes amerikanisches Importprodukt: die bundesdeutsche Variante der "Computer Science", die Informatik[5]. Wissenschaftsgeschichtliche Anknüpfungspunkte hätten vielleicht auch die Beheimatung der KI-Forschung in anderen Disziplinen erlaubt, doch standen solche Überlegungen aus mehreren Gründen nicht zur Diskussion: erstens wegen des Abbruchs der entsprechenden Fachtraditionen durch den Zweiten Weltkrieg und deren Nicht-Wiederaufnahme in der ohnehin schwierigen Lage der deutschen Nachkriegswissenschaft, zweitens wegen der fachlichen Herkunft der ersten deutschen KI-Wissenschaftler, die meist aus Informatik-Kontexten heraus mit KI in Berührung kamen und drittens wegen des US-amerikanischen Vorbildes, welches die "Artificial Intelligence"-Konzepte innerhalb der "Computer Science" verortete. Die Ansiedelung der deutschen KI-Forschung in der Informatik ist zwar nach Meinung der meisten KI-Wissenschaftler inhaltlich begründet und unbedingt geboten, aber konsensual keineswegs selbstverständlich:

> Das kann man nur soziologisch und historisch verstehen, daß die deutsche KI-Forschung in der Informatik angesiedelt worden ist. Es hat natürlich etwas mit dem Werkzeug zu tun, das man benutzt für Simulationen, nämlich den Universalrechner. Aber KI hätte auch irgendwo anders landen können als in der Informatik. Ob es jetzt die Informatik ist oder die

---

[4] Zum Status der geschichtlichen Rekonstruktion und zum Stellenwert der Wissenschaftler-Statements siehe Einleitung.

[5] Zum in der KI-Scientific Community heftig diskutierten Verhältnis von KI und Informatik vgl. die diesbezüglichen Ausführungen in den nächsten Abschnitten.

Psychologie oder meinetwegen die Linguistik. Das hätte alles sein können.
(Görz im Gespräch)

1.1. Die Anfänge der Informatik in Deutschland

Die Anfänge der bundesdeutschen Informatik liegen in der Mitte der sechziger Jahre. Wie kam es zur Etablierung dieser neuen Wissenschaft? Die Anfänge der Etablierung fielen in die sogenannte Imitations- oder Aufholphase (1950-1970), in der die Bundesrepublik versuchte, internationale ökonomisch-technologische Standards zu erreichen. Dabei widmete sich die wissenschaftspolitische Förderung in den fünfziger und sechziger Jahren im wesentlichen noch der Reorganisation konventioneller Universitätsfakultäten. Im Rahmen dieser wiedererrichteten Fakultäten wuchs seit Beginn der sechziger Jahre das Interesse an informationstechnologischem Knowhow (zum folgenden vgl. Mainzer 1979: 140-166).

Die Hochschulen in Bonn, Darmstadt, Karlsruhe, Mainz, München und Saarbrücken führten für Mathematiker und Elektrotechniker eine Zusatzausbildung in Informatik ein. Industrie (Siemens, Standard Elektrik/Lorenz, AEG Telefunken, Zuse KG) und Universitäten (Göttingen, München, Darmstadt) begannen mit der Fertigung und Entwicklung von Rechenanlagen, welche in Wissenschaft und Wirtschaft in Betrieb genommen wurden. Doch erst gegen Ende der sechziger Jahre wurde diese Entwicklung durch staatliche Initiative stabilisiert und aus der institutionellen Bindung an andere Wissenschaften gelöst:

> Wir haben bis dahin das Bild einer Wissenschaft in statu nascendi, deren Scientific Community sich noch aus anderen Wissenschaften (Physik, Ingenieurwissenschaften, Mathematik) rekrutiert. (Mainzer 1979: 145)

Das erste Förderungsprogramm der Bundesregierung im DV-Bereich begann 1967 mit einem Förderungsvolumen von 310 Millionen DM und lief bis 1970. Es schloß an ein 1967 erstelltes Papier des damaligen Bundesministers für wissenschaftliche Forschung an; ein Papier, dessen Entstehen maßgeblich vom britischen DV-Förderprogramm zur Schließung der von der OECD gegenüber der Entwicklung in den USA diagnostizierten "technologischen Lücke" beeinflußt war.

Die Programmformulierung wurde in weiten Teilen von Wissenschaftlern, nämlich der "Gesellschaft für Angewandte Mathematik und Mechanik" bzw. der "Nachrichtentechnischen Gesellschaft", und nicht von Wissenschaftspolitikern getragen. Ziel des Programms war es, eine stabile Infrastruktur im DV-Bereich zu schaffen, d.h. diesbezügliche Forschung und Studienausbildung dauerhaft zu institutionalisieren. Mit der politischen Reaktion auf eine "technologische

Lücke", die einen Wettbewerbsnachteil auf dem Weltmarkt befürchten ließ, wurde im Fall der Informatik früh ein Etablierungsmuster initiiert, welches typisch für die Etablierung aller weiteren Hochtechnologie-Fächer sein wird: es handelt sich stets um Fälle,

> in denen politische (d.h. staatliche) Programme implizit oder explizit die Institutionalisierung von Forschungsgebieten zum Ziel hatten, die außerhalb der etablierten Disziplinen lagen. (Van den Daele u.a. 1979: 7)

Ab 1966 förderte die Deutsche Forschungsgemeinschaft (DFG) im Schwerpunktprogramm "Informationsverarbeitung" DV-Projekte mit einem Volumen von zunächst etwa 3,5 Millionen DM und stellte 112,8 Millionen DM für die Anschaffung von Rechenanlagen im Hochschulbereich zur Verfügung. Der ersten Studienfach-Einrichtung "Informationsverarbeitung" 1967 an der Technischen Hochschule München folgten rasch Institutsgründungen für Informatik an anderen Universitäten und Technischen Hochschulen. Anfang der siebziger Jahre war die Informatik in Ausbildung und Forschung an deutschen Hochschulen bereits sicher etabliert. Zwei weitere große DV-Programme der Bundesregierung stabilisierten und beschleunigten diese Entwicklung. Auch die heimische DV-Industrie hatte den Stellenwert der Informationstechnologien als Wachstumssektor erkannt und genutzt (bes. AEG Telefunken, IBM Deutschland, Siemens AG).

Für die in den USA oder in Großbritannien ein Auslandsjahr absolvierenden deutschen Informatikstudenten, aus deren Gruppe sich in den folgenden Jahren viele der späteren KI-Wissenschaftler rekrutieren sollten, war der Zustand der deutschen Informatik gemessen an den sich zum Vergleich anbietenden internationalen Standards dennoch untragbar:

> Deutschland war tiefste Provinz. Jeder, der seinen Namen richtig schreiben konnte, hatte damals auch die Chance gehabt, eine Professorenstelle zu kriegen. Wie es halt immer so läuft in neuen Gebieten. In den Jahren war es in Deutschland katastrophal. Deutschland in den siebziger Jahren war absolutes Hinterland. (Siekmann im Gespräch)

Die Situation der deutschen Informatik war trotz aller Bemühungen nicht mit der Forschungsorganisation der amerikanischen Computer Science oder der Organisation in Großbritannien vergleichbar. Weder die Ausbildung noch die Forschungsorganisation konnte an internationale Standards von High-Tech-Fächern anschließen. Der Vernetzungsgrad zwischen Wissenschaft, Wissenschaftspolitik und Wirtschaft war Ende der sechziger Jahre nicht besonders hoch:

> Der wirtschaftlich[...] relevante Wissens- und Technologietransfer fand entweder unmittelbar in der Industrieforschung[...] oder im Bereich der

staatlich geförderten außeruniversitären FuE-Einrichtungen, einschließlich der Staatsanstalten, statt. Der Wissens- und Technologietransfer zwischen den Universitäten und der Industrie hat sich in der Bundesrepublik Deutschland bis Ende der siebziger Jahre weitgehend auf der Ebene einzelner Institute und Wirtschaftsunternehmen abgespielt. (Kreibich 1986: 679)

1.2. Das KI-Interesse einiger weniger Wissenschaftler

Bei der bereits früh an der informationstechnologischen Entwicklung beteiligten Standard Elektrik AG arbeitete bis zum Ende der fünfziger Jahre Dr.-Ing. *Karl Steinbuch* (Jahrgang 1917), der später als Professor und Direktor des Instituts für Nachrichtenverarbeitung an der Technischen Hochschule Karlsruhe (heute Universität) einer der ersten Universitätsprofessoren sein sollte, der die beginnende KI-Forschung protegieren würde. Unter Verwendung der Rechenanlage Standard Elektrik/Lorenz E-56 liefen bei Steinbuch in Karlsruhe schon 1963 Projekte zur automatischen Sprachverarbeitung. Steinbuch war bereits an der Frage nach den Unterschieden zwischen menschlicher und maschineller Intelligenz interessiert und beteiligte sich auch an hirntheoretisch-kybernetischen Diskursen:

> In Deutschland waren da wichtige Leute wie der Herr Steinbuch aus Karlsruhe oder der Herr von Seelen, die alle über das Gehirn und über technische Systeme in einem Zuge theoretisiert haben. (von der Malsburg im Gespräch)

> Leute wie Steinbuch und Veenker. Es hat diese Vorphase gegeben, wo ältere Leute das gesehen haben mit der KI. Die sind selber auf die Idee gekommen wie Steinbuch. Die haben das irgendwie gespürt und auch gesehen. Die sind aber wissenschaftlich umstritten. (Siekmann im Gespräch)

Gerd Veenker (Jahrgang 1936) hatte 1967 am neu gegründeten Rechenzentrum in Tübingen promoviert. Er wurde 1972 Professor am Institut für Informatik der Universität Bonn, von wo aus er später die institutionelle Entwicklung der deutschen KI-Forschung initiieren sollte. Bei einer Mitarbeiter-Zusammenkunft des erwähnten ersten DV-Programms der Bundesregierung am Chiemsee 1969 trafen sich zum erstenmal an KI interessierte Wissenschaftler:

> In diesem Programm gab es Untersparten, und da waren auch solche Dinge wie die Mechanisierung der Mathematik. Ich war 1969 auf einem Treffen am Chiemsee. Da war Herr Veenker da und noch so ein paar Leute. Das war vielleicht das erste Treffen, wo ein paar Leute, die in Deutschland so

etwas wie KI gemacht haben, zusammenkamen. Dann ist lange nichts passiert. (Bibel im Gespräch)

Das Interesse an KI war also auf wenige Einzelpersonen beschränkt und artikulierte sich im Rahmen der jeweiligen Herkunftsdisziplinen, besonders im Rahmen der Informatik und der Nachrichtentechnik. Angeregt durch wenige Lehrveranstaltungen, Auslandsaufenthalte und einschlägige - vor allem amerikanische - KI-Literatur begannen junge Wissenschaftler, sich intensiver mit KI auseinanderzusetzen.

2. Das "Invisible College"[6] der deutschen KI-Forschung: Die Vorphase der Institutionalisierung

Auch zu Beginn der siebziger Jahre änderte sich an der beschriebenen Situation nichts wesentliches. Die späteren KI-Wissenschaftler arbeiteten in Instituten unterschiedlichster Fachgebiete an ähnlichen Fragestellungen unter Zugrundelegung ähnlicher forschungsleitender Ideen wie in einem "Invisible College" (Mullins 1973), ohne daß diese Ähnlichkeiten durch Literatur- oder Sozialbeziehungen in irgendeiner Form institutionalisiert waren. In diesem "Invisible College" sind mindestens drei Gruppen identifizierbar: die "KI-Theorembeweiser" im Bezugsfeld der Informatik und Mathematik, die "KI-Sprachverarbeiter" im Bezugsfeld der deutschen Sprachwissenschaft und Informatik und die "KI-Bildverarbeiter" im Bezugsfeld von Physik, Regelungstechnik und Informatik.

Alle drei Gruppen entfalteten sich - mehr oder weniger wohlwollend integriert - im Rahmen der bundesdeutschen Informatik. Der Anfang der siebziger Jahre ist zunächst vor allen Dingen dadurch gekennzeichnet, daß die Etablierung der klassischen Informatik mit massiver staatlicher Unterstützung vorangetrieben werden konnte. Während das erste DV-Förderprogramm der Bundesregierung zwischen 1966 und 1970 noch 310 Millionen DM[7] für DV-Anwendungen, DV-Systeme, DV in Forschung/Lehre an Hochschulen und Großforschungseinrichtungen sowie DV-Ausbildung im Nicht-Hochschulbereich veranschlagte, wurde die Fördersumme des zweiten DV-Programms, das zwischen 1971 und 1975 die gleichen Bereiche finanzieren sollte, gleich verachtfacht (2394 Millionen DM). Der Informatik ging es gut und mit ihr den Informatikern:

---

6 Wie im vorangegangenen besteht nicht der Anspruch, alle Mitglieder des "Invisible College" aus der KI-Vorphase aufzuzählen, sondern soziologisch relevante Aspekte einer Binnenperspektive zu rekonstruieren.

7 Zahlen und weitere Aufschlüsselung vgl. Mainzer 1979: 156ff. Die Zahlen entsprechen nicht den Angaben bei Kreibich 1986: 36, der für das erste DV-Programm 353 Millionen DM und für das zweite 1811 Millionen DM angibt.

> Seit 1969 entsteht eine eigenständige Scientific Community der bundesdeutschen Informatik.[...] Im Unterschied zu der Phase vor 1967/68 haben die Informatiker jetzt ihr eigenes institutionelles Netz an Hochschulen und in eigenen nationalen Verbänden geschaffen[...]. Darüber hinaus hat diese Community nun ihre eigene staatlich verankerte Berufshierarchie mit eigenen Hochschullehrern, abgesehen von dem bereits erwähnten Berufsnetz in Industrie und Verwaltung. Die neuen Informatikinstitute der Universitäten sind im allgemeinen nach Forschungsgruppen gegliedert, denen jeweils ein Leiter vorsteht. Die Forschungsgruppen haben genau beschriebene Forschungsbereiche (z.B. Automatentheorie und formale Sprachen) und werden zum Teil durch die überregionale Bundesförderung berücksichtigt. Diese Organisation hat über die Forschungskonzentration eines kleinen Teams hinaus noch den Vorteil, fortgeschrittenen Studenten eine Orientierung für ihre Abschlußarbeiten zu bieten. (Mainzer 1979: 160f)

2.1. Die "zornigen jungen Männer": Der dornenreiche Feldzug der KI-Theorembeweiser gegen die klassische Informatik

Was die von Mainzer als Institutionalisierungsvorteile aufgezählten Organisationsstrukturen der Informatik allerdings für die "fortgeschrittenen Studenten" bzw. Anwärter auf weitere akademische Qualifikationen bedeuteten, die keine Orientierung suchten, sondern einer "häretischen" Orientierung folgen wollten, zeigten die ersten Gehversuche der späteren KI-Wissenschaftler, die Anfang der siebziger Jahre in verschiedenen Informatik-Instituten Deutschlands versuchten, sich mit KI-Arbeiten akademisch zu qualifizieren.

> Ich wollte damals 1972/73 anfangen, mich zu habilitieren und bin auf eine Welle von Antipathie und Feindschaft gestoßen. "Der macht da etwas, was man unterdrücken muß". Ich kann mich noch genau erinnern, wie mein damaliger Chef, Herr Samelson, gekommen ist, mir den Lighthill-Report hinhielt und sagte: "Da können Sie es nachlesen, daß das alles nichts wert ist, was Sie machen". Das ist sehr schwer gewesen. (Bibel im Gespräch)

Der "Lighthill-Report" war eine Studie des Cambridger Professors für Angewandte Mathematik, Sir James Lighthill, zur Lage der KI-Forschung in Großbritannien (vgl. Lighthill 1973). Lighthill beurteilte die bisherigen Forschungsergebnisse und die Perspektiven der britischen KI-Forschung sehr negativ. Die bis dahin ausreichende Finanzierung wurde als Folge dieser Studie empfindlich gedrosselt, was die britische KI-Forschung ihre bis dahin unbestrittene Führungsrolle in Europa kostete. Auch in anderen europäischen Ländern dämpfte der Lighthill-Report die noch kaum entwickelte KI-Euphorie und wirkte, wie obiges Zitat zeigt, als Argumentationshilfe gegen unliebsame "Heterodoxien"

(Kuhn[8]). Doch die KI-Vertreter, die diese Heterodoxie verkörperten, nahmen die vehemente Ablehnung durch die "orthodoxe" Wissenschaft nicht kampflos hin.

> Wir mußten gegen die etablierte Informatik kämpfen. Das ist durch mein ganzes Leben gelaufen. Gegen diesen Haßgegner. Das ist wie der Kalte Krieg. Auch übersteigert - was man in dem anderen falsch sieht. Das war die Standard-Informatik, die sich ausschließlich mit dem Aufbau eines Rechners beschäftigte. Betriebssysteme, Compilerbau, das Hardware-Design eines Rechners. Alles wichtige Fragen. Aber was für tolle Sachen man mit diesem Wunderwerkzeug noch machen kann, ist keine Fragestellung gewesen in der klassischen Informatik. (Siekmann im Gespräch)

Die heftigen Reaktionen auf die Vertreter des neuen "Paradigmas" erfolgten in erster Linie an den Informatik-Instituten in München und Karlsruhe, und zwar im Bereich "Deduktion" bzw. "Theorembeweisen". Dieses Gebiet war ein ideales Einfallstor für das "Faszinosum KI".

> Das hat mein Leben so umgekrempelt. Also, daß Maschinen denken können. Die Faszination - vor allem in diesen Jahren, heute ist das nicht mehr so stark -, die davon ausging! Da habe ich alle sonstigen Berufspläne und Vorstellungen aufgegeben. Daß man mathematische Sätze durch einen Computer beweisen kann. Das konnte ich mir erst gar nicht vorstellen. Wenn man selbst Mathematik studiert hat. Daß man überhaupt einen mathematischen Satz durch eine Maschine beweisen kann. Das gilt ja als eine der höchsten intellektuellen Leistungen, die Menschen im Technischen vollbringen. (Siekmann im Gespräch)

Theorembeweisen war aber zugleich bereits durch klassische Disziplinen okkupiert, deren Vertreter nicht ohne weiteres zu Gunsten eines neuen "Paradigmas" verzichten wollten.

> Theorembeweisen. Das fassen ja die Mathematiker als ihr Gebiet auf. Dann kommen die Informatiker und sagen: "Das ist aber unser Gebiet". Und dann kommen auch noch die KI-ler und sagen: "Nee, das ist unser Gebiet". Da hat man dann so eine Konkurrenz, weil die alle auf demselben Feld sind. (Morik im Gespräch)

Diese Konkurrenz erklärt sich nicht nur aus "wissenschaftlicher Eifersucht", sondern birgt mehr oder weniger offensichtliche, ökonomische Hintergrundmotive. Aus der Retrospektive ist die massive Ablehnung der neuen KI-Ideen durchaus verständlich.

---

[8] Die Geschichte der KI-Theorembeweiser ist ein mustergültiger Beleg für die Kuhnsche These zur Struktur wissenschaftlicher Revolutionen (vgl. Kuhn 1976).

> Es ist dann ja auch tatsächlich so gewesen später, daß der Geldfluß von der Informatik weg zur KI geflossen ist. (Bibel im Gespräch)

> Wie sich die Leute emanzipiert haben, die erst in der Informatik belächelt worden sind. Inzwischen sind einige die großen Chefs geworden. Wenn man sieht, was an politischer Bewegung dahinterstand, was da an Mittelakquisition dahinterstand und wie dann die Rangeleien losgingen. Das sind ganz andere Mechanismen. (Görz im Gespräch)

Diese Entwicklung war allerdings in der ersten Hälfte der siebziger Jahre nicht abzusehen, nur im Blick auf die Entwicklungen in den USA zu erahnen. Der "Kampf um die Fleischtöpfe" in der Bundesrepublik war noch nicht eröffnet. Trotzdem versuchten einige der etablierten Informatiker prophylaktisch das Entstehen des neuen Forschungsgebiets "KI" zu verhindern. Ohnehin war das frisch durch die 68-ger geprägte Hochschulmilieu in der Bundesrepublik nicht dazu angetan, Zugeständnisse von Seiten der etablierten Hochschullehrer zu erwarten.

> Ich habe ja nicht mit Molotow-Cocktails geschmissen. Ich habe ja nur geistige Produkte an die Tafel oder auf Papier geschrieben. Da war doch keine Gefahr. Diese Verstarrung bei gewissen Hochschullehrern. Anstatt daß man frei genug ist und einfach zuhört: "Was macht der da". Da sollte man doch nicht so reagieren, wie die damals reagiert haben. (Bibel im Gespräch)

> Ob man sich einer neuen Idee, die einen selbst bedroht, trotzdem öffnet. Das machen Menschen normalerweise nicht. Wenige Spitzenwissenschaftler, die selber erlebt haben, wie sowas früher mal passiert ist, die sagen: "Nun laßt den doch mal. Gucken wir mal. Vielleicht wird da ja mal was draus". Aber das war eben schwer. (Siekmann im Gespräch)

Die Konsequenz der Verhinderungsstrategie war, daß die an KI-Themen interessierten jungen Wissenschaftler keine Karrierechancen erhielten:

> Ich bin dann ja tatsächlich durchgefallen mit meiner Habilitation. Das war die Geschichte mit Bauer. Es gab noch andere, aber Bauer ist halt der stärkste gewesen. Er war der Meinungsführer. Ich saß dann bis 1987 auf einer Widerrufsstelle, und ich durfte nicht lehren. Ich war inzwischen 45 Jahre alt. Ich bekam von außen Gelder, weil ich einen guten internationalen Ruf hatte, so daß ich eine Gruppe von 15 Personen hatte gegen den Willen der gesamten Informatik. (Bibel im Gespräch)

F.L.Bauer, Direktor des Instituts für Informatik der Technischen Universität München (Jahrgang 1924), hatte seit den fünfziger Jahren als Mentor und auch hochschulpolitisch führende Persönlichkeit den Aufbau der bundesdeutschen Informatik betreut und war wohl einer der heftigsten Gegner der neuen KI-Ideen.

> Die etwas zu sagen hatten, wenn wir mal an Bauer aus München denken, haben in einer völlig uninformierten Weise Entwicklungen gebremst, die in die KI hätten hineinführen können. (Neumann im Gespräch)

> Jedenfalls Bauer, der ja im vorletzten Jahr (1990, Anm.d.Verf.) einen Bayerischen Preis als Förderer der deutschen KI gekriegt hat, was man kaum glauben konnte, wenn man wie ich wenigstens aus der Ferne miterlebt hat, wie der Mann über mehr als ein Jahrzehnt hinweg systematisch alles verhindert hat, was in Richtung KI ging. Da kann man sich nur wundern. (Strube im Gespräch)

Etwas später, Mitte der siebziger Jahre, wiederholten sich die Münchener Kämpfe im Karlsruher Informatik-Institut, wo gleich mehrere junge Wissenschaftler aus dem Ausland zurückkamen und ihren dort geweckten KI-Interessen nachgehen wollten:

> Die jungen Leute, die das damals gemacht haben, die kamen alle aus dem Ausland zurück. Ich bin nach Karlsruhe gegangen. Da waren Graham Wrightson und Peter Raulefs. Ich kam direkt aus England zurück, und Raulefs kam aus den USA. Ich bin hierhergekommen und wollte das Gebiet hier aufbauen. Das war für mich schon klar. Im ersten Einstellungsgespräch habe ich gleich gesagt: "Ich will hier ein neues Gebiet aufbauen, die KI". Da hat er nicht gewußt, ob er es mit einem Verrückten zu tun hat. (Siekmann im Gespräch)

Auch hier lief es zunächst in der Reibung an einer etablierten Professorenfigur, dem Leiter des Instituts für Systemtechnik Gerhard Goos, ähnlich:

> In Karlsruhe gab es keine KI. Herr Goos ist ein großer KI-Fresser gewesen zu seiner Zeit. (Prof. Dr. Claus-Rainer Rollinger, KI-Forschungsgruppenleiter im Arbeitsbereich Computerlinguistik an der Universität Osnabrück)

Die Entwicklung in Karlsruhe setzte etwa vier Jahre später ein als der Start der Bibelschen KI-Aktivitäten in München: ein Zeitpunkt also, an dem bereits die kritische Masse für erste Institutionalisierungsversuche auf bundesdeutscher Ebene - in Punkt 4 dieses Kapitels beschrieben - vorhanden war. Die KI-Aktivitäten in Karlsruhe konnten daher nicht mehr so radikal gebremst werden wie in München. Trotzdem wurde das Klima zwischen Informatik und aufstrebender KI-Forschung nicht freundlicher. Der bevorstehende Gang durch die Institutionen bis zur sicheren Etablierung der KI-Forschung an den Hochschulen sollte den KI-Wissenschaftlern noch viel abverlangen.

> Wir hatten einen ungeheuren Ärger auf die deutsche Szene, der zum Teil gerechtfertigt war, zum Teil auch nicht. Man muß auch die Kirche im Dorf lassen. Das war nicht alles schlecht. So schlecht nicht, wie wir das gesehen haben. Und vor allem, wenn man heute selbst in so einer Position ist und weiß, wie schwer das ist. Die erste Generation in der Informatik hat ja auch viel Leistung gebracht. Natürlich waren die dann wissenschaftlich nicht mehr so am Ball. Aber wir waren die zornigen jungen Männer mit einem unheimlichen Ärger und Wut auf die alten Herrschaften, die völlig unaufgeschlossen waren. (Siekmann im Gespräch)

> Bei der Entwicklung einer neuen Wissenschaft spielt eine Rolle, daß man sich durchsetzen muß. Dieser Paradigmenwechsel, der da stattfand, der mußte in gewisser Weise mit der Brechstange gemacht werden. In Deutschland zumindest. Das war in anderen Ländern anders. (Rollinger im Gespräch)

Die "KI-Theorembeweiser" sind zu Beginn der siebziger Jahre Teil eines "Invisible College", d.h. Teil einer Gruppe von Wissenschaftlern aus unterschiedlichen Fachgebieten, die sich an verschiedenen Orten mit den gleichen Themen beschäftigen. Die Mitglieder des "Invisible College" der KI-Forschung, zu denen auch die in den beiden nächsten Unterpunkten erwähnten Gruppen gehören, wissen wenig bzw. nichts voneinander, sie sind in ihren Literatur- und Sozialbeziehungen nicht aneinander orientiert, es gibt keine koordinierten, gemeinsamen Arbeitszusammenhänge, und es existieren wenig Lehrer/Schüler-Beziehungen im Rahmen des neuen Themas. Das "Invisible College" zeichnet sich also durch einen niedrigen Grad an Organisation und Kommunikation aus (vgl. Mullins 1973).

> Der Einstieg der KI in Deutschland war sicherlich geprägt durch das Interesse von vielen Leuten, die sich dann sukzessive damit befaßten und auch aus ihrer eigenen Anschauung kamen. Mit Unterschied von einigen. Sie haben ja auch mit Bibel und Siekmann gesprochen. Da waren auch Leute, die sich sehr viel aggressiver für die KI eingesetzt haben. Die waren dann auch auf Kollisionskurs mit den etwas konservativer eingestellten Leuten. (Neumann im Gespräch)

> Man wußte nichts voneinander. Die haben sich alle dafür interessiert. Man hat gesehen, daß da ein neues Gebiet ist, was irgendwie faszinierend ist. Und jeder hat so seinen Tüdelkram gemacht. (Siekmann im Gespräch)

2.2. Der leichte Weg: Die KI-Sprachverarbeitung

Die zweite, identifizierbare Gruppe des "Invisible College" konnte die thematische Kollision mit der klassischen Informatik vermeiden. In Hamburg, Berlin, Bielefeld, Mannheim, Bonn und Stuttgart waren schon zu Beginn der siebziger Jahre laufende Sprachverarbeitungsprojekte an KI-Ideen orientiert. Die deutsche Sprachwissenschaft bot diesen Aktivitäten zunächst einen sicheren Schutzraum. Eine herausragende Rolle spielte hier das Institut für Deutsche Sprache in Mannheim, wo seit Beginn der siebziger Jahre an natürlich-sprachlichen Frage-Antwort-Systemen gearbeitet wurde. Es ging um ein System,

> das den Computer entscheidend an der Problemlösung beteiligt und natürlichsprachliche Ein- und Ausgabe ermöglicht.[...] Die Grundgedanken dazu sind von GEROLD UNGEHEUER (Hervorhebung im Original, Anm.d.Verf.) seit 1970 entwickelt worden. (Kolvenbach/Lötscher/Lutz in dies. (Hg.) 1979: 9)

Gerold Ungeheuer (Jahrgang 1930) war seit 1967 Direktor des Instituts für Phonetik und Kommunikationsforschung an der Universität Bonn, wo er die Entwicklung der sprachverarbeitenden KI-Forschung maßgeblich stützte.

> Hier in Bonn hat es den Gerold Ungeheuer gegeben. Der hat Phonetik und Phonologie gemacht. Er hat das Institut für Kommunikationsforschung in Bonn aufgebaut. Und aus diesem Stall ist eine ganze Reihe von Leuten herausgekommen, die heute auch teilweise noch einen Bezug haben zur sprachverarbeitenden KI. Zum Beispiel der Helmut Schnelle aus Bochum gehört mit dazu. (Christaller im Gespräch)

Die Informatik, die zum Beispiel in Bonn (Gerd Veenker) und Hamburg (Wilfried Brauer) zudem noch durch KI-freundliche Hochschullehrer vertreten wurde, kam nur als Konzeptquelle, nicht aber als Geld- bzw. Arbeitgeberin in Betracht.

> Ich komme eigentlich aus Bonn. Ich habe hier irgendwann mal studiert, übrigens auch bei Veenker KI. Dann habe ich hier in der Forschungsstelle des Instituts für Deutsche Sprache mitgearbeitet als studentische Hilfskraft, um an einem der ersten Frage-Antwort-Systeme für Datenbanken mitzuarbeiten und habe dabei LISP (KI-Programmiersprache, Anm.d.Verf.) gelernt.
> Die ganzen Projektförderungen in der Sprachverarbeitung kamen ja damals gar nicht aus Informatik-Geldtöpfen. Das kam von der DFG und zwar aus geisteswissenschaftlichen Töpfen, was da finanziert wurde. (Christaller im Gespräch)

Eines dieser DFG-finanzierten Sprachverarbeitungsprojekte mit KI-Bezug, das an einem sprachwissenschaftlichen Fachbereich lief, war das "Hamburger Redepartner-Modell" (HAM-RPM), das Vorläufer-Projekt zum späteren KI-Projekt HAM-ANS (siehe Punkt 5.1.2. dieses Kapitels).

> Dieses System hat nicht nur die ganze sprachorientierte KI-Forschung in Deutschland stark beeinflußt und herausgefordert, sondern auch in Linguistik und Psychologie eine neue Theoriediskussion ausgelöst. (von Hahn 1985: 60)

Für die Realisierung dieses Projekts wurde dem Projektleiter und Germanisten *Walther von Hahn* 1981 der "Forschungspreis Technische Kommunikation" der SEL-Stiftung für technische und wirtschaftliche Kommunikationsforschung im Stifterverband für die Deutsche Wissenschaft zuerkannt. Die Anfänge von HAM-RPM 1977 gestalteten sich allerdings noch schwierig:

> Kurz vor Studienabschluß begann ich zusammen mit 2 Kollegen einen Antrag auf ein Forschungsprojekt bei der Deutschen Forschungsgemeinschaft (DFG) auszuarbeiten. Da es sich um ein interdisziplinäres Projekt zwischen Informatik und Linguistik handelte, hatte die DFG zunächst Probleme, geeignete Gutachter zu finden. Es folgten bange Monate, in denen wir auf das Gutachtervotum warteten. (Wahlster 1992: 85)

Zur Forschungsgruppe von HAM-RPM gehörten neben Wolfgang Wahlster und Walther von Hahn auch Wolfgang Hoeppner (heute KI-Professor in Koblenz) und Anthony Jameson. An der Hamburger Universität wurde zu Beginn der siebziger Jahre intensiv der Aufbau des Fachbereichs Informatik vorangetrieben. Ab 1971 lehrte hier Wilfried Brauer (Jahrgang 1937), der später die Institutionalisierung der KI-Forschung wesentlich beförderte. Es gab die Möglichkeit, Linguistik und Informatik aufeinander abgestimmt zu studieren. Außerdem interessierten sich Vertreter der Psychologie für Informationsverarbeitung und kognitive Modellierung. Die Universität galt als avantgardistisch:

> Als ich da studierte, war Hamburg so ein bißchen die Hochburg. Das war früher so. (Wahlster im Gespräch)

Das KI-Interesse der ersten KI-Sprachverarbeiter wurde im wesentlichen durch Eigeninitiative und eigenwillige Studienfächer-Kombinationen geweckt und getragen:

> Ich habe in Hamburg studiert und war eigentlich der erste Student, der das gemacht hat. Der erste, der Allgemeine Sprachwissenschaft und Informatik parallel studierte. Das war sehr angenehm. Ich konnte meinen eigenen Studienplan mitgestalten. Damals war Hamburg noch

avantgardistisch, denn es gab nur in Hamburg die Möglichkeit, das zu kombinieren. Ich interessierte mich für natürlich-sprachliche Systeme und habe eben die Kombination gemacht. Ich habe dann in einem DFG-Projekt (HAM-RPM, Anm.d.Verf.) promoviert. Mit 29 war ich Professor. Ein Grund war sicher der historische Zufall, daß ich das Glück hatte, bei der Gründungsphase der ganzen Sache dabei zu sein. (Wahlster im Gespräch)

Ziemlich kompliziert. Ich bin ursprünglich Mathematiker. Dann habe ich Sprachwissenschaft als Nebenfach gemacht. Diplom in Mathematik mit Nebenfach "Allgemeine Sprachwissenschaft". Mathematik und Sprachwissenschaft - ich war, soweit ich weiß, der einzige, der das in Göttingen gemacht hat. Dann habe ich in einer Stellenanzeige gesehen, daß in einem Sprachverarbeitungsprojekt in Berlin jemand gesucht wurde mit Logik und Linguistik. Bis dahin hatte ich den Begriff KI nie gehört. Ich bin in dieses Projekt reingekommen, und das hat mich fasziniert. Dann habe ich mich später in der Informatik habilitiert. Es war kein von den Institutionen gestützter Ausbildungsweg. (Habel im Gespräch)

Ich habe Informatik erst in Karlsruhe und dann in Berlin studiert. In Berlin gab es ein paar Leute, die Veranstaltungen zur KI gemacht haben: Konrad als Theorembeweiser und Pape. Leute, die heute im Grunde nicht mehr drin sind. Und nach dem Diplom bin ich in so ein Projekt reingerutscht. Da ging es um den Aufbau von Wissensbasen aus natürlicher Sprache. Da war ein Prof, der gute Herr Schneider, der war eigentlich zuständig für Datenbanken. Der hatte so ein bißchen bei den Informations- und Dokumentationssystemen die Finger drin. Da war so eine Truppe von Hochschullehrern, die da herumgefuhrwerkt haben. Der hat da Geld rausgezogen für die KI. Das muß man ihm zugute halten, daß er sich damals für diese Technologie interessiert hat, offen war dafür und auch Geld locker gemacht hat. Der Christopher Habel war da schon. Davor hatte ich mit Linguistik gar nichts gemacht; überhaupt keine Ahnung von natürlicher Sprache. Das war dann im Grunde das erste KI-Projekt an der TU Berlin. (Rollinger im Gespräch)

In Berlin gab es bereits Anfang der siebziger Jahre Reformkonzepte zu einer "Innovationsstrukturpolitik" im Hochschul-Bereich zwecks Förderung, Entwicklung und Nutzung neuer Technologien (vgl. zum "Modellfall Berlin" Kreibich 1986: 539ff), so daß die Implementierung neuer Forschungsfelder im Technologie-Bereich argumentativ leichter vertreten und praktisch leichter durchgesetzt werden konnte als an anderen Hochschulen.
Auch die Reform-Universität Bielefeld zählte zu den ersten Hochschulen, an denen die Ideen der sprachverarbeitenden KI-Forschung allerdings wiederum im Rahmen sprachwissenschaftlicher Fakultäten Fuß fassen konnten. *Werner Kummer* (Jahrgang 1943), seit 1974 Professor in Bielefeld, hatte von 1969 bis

1971 als A.von Humboldt-Stipendiat am erwähnten Institut für Phonetik und Kommunikationsforschung in Bonn und bis zu seiner Berufung nach Bielefeld an der Freien Universität Berlin gearbeitet. In Bielefeld erhielten die ersten KI-Wissenschaftler bei ihm Karrierechancen.

> Dann bin ich mit dem Dieter Metzing, der auch in diesem Bonner Projekt mitgearbeitet hatte und schon vorher eine Assistentenstelle in Bielefeld bekommen hatte, nach Bielefeld gegangen. Der Werner Kummer in Bielefeld war auch jemand, der sich für solche Dinge interessierte, und der hat den Dieter Metzing geholt, und der hat mich geholt. Da habe ich dann fünf Jahre gearbeitet und bin dann nach Hamburg gegangen. (Christaller im Gespräch)

Die "KI-Sprachverarbeiter" als zweite identifizierbare Gruppe des "Invisible College" hatten es in Bezug auf wissenschaftliche Anerkennung und Karrierechancen leichter als die "Theorembeweiser":

> Das auf jeden Fall. Die Sprachwissenschaftler haben in Deutschland eine lange Tradition. Es ist kein Wunder, daß die KI-Sprachverarbeitung hier viel stärker als in den USA von Sprachwissenschaftlern angestoßen worden ist. Also, von Hahn, der eben von den Fachsprachen herkommt, und das Institut für Deutsche Sprache, wo alles nur Sprachwissenschaftler gewesen sind und fast keine Informatiker dabei gewesen sind. (Christaller im Gespräch)

> Richtige Probleme hatten eher die Theorembeweiser. Den Sprachverarbeitern ging es etwas besser. Da war niemand, der einen gezielt behindert hat in der Form, daß er gesagt hat: "Mensch, das ist doch alles Scheiße, was ihr macht". Das existierte nicht. (Rollinger im Gespräch)

2.3. Die "KI-Bildverarbeiter"

Die dritte Gruppe im "Invisible College" der frühen KI-Forschung bestand vor allem aus Physikern und Regelungstechnikern, die durch US-amerikanische Weiterentwicklungen auf dem Gebiet der Bildverarbeitung von der klassischen Signalverarbeitung und Mustererkennung in die Informatik gezogen und mit KI-Ideen konfrontiert wurden.

> Meinen Doktorvater Herrn Nagel habe ich schon als Student in Bonn kennengelernt. Der ist genau wie ich Physiker. In Bonn hat er Aufnahmen von Elementarteilchen automatisch analysiert. Das war vor gut zwanzig Jahren eine computertechnische Herausforderung. Als er von der Physik in die Informatik wechselte, hat er sich ganz allgemein mit dem Analysieren von visuell beobachtbaren Ereignissen beschäftigt. Als er von Bonn nach Hamburg gegangen ist, bin ich mitgegangen. Da bin ich in das Thema

automatisch mit hineingekommen. Das, was wir durch Kommunikation mit ausländischen Partnern und Freunden mitgebracht haben, war natürlich das Bewußtsein, daß man sich diesen Themen, etwa "Verstehen von Sprache", "Verstehen von Bildern", "Programmieren von Robotern" im Ausland widmet und daß das interessante Gebiete sind. Die konnten dann angegangen werden, als es in Deutschland Informatik-Institute gab, die überhaupt über die technische Ausstattung verfügten, um solche Dinge auch experimentell anzugehen. (Prof. Dr. Bernd Radig, Sprecher der Direktoren des "Bayerischen Forschungszentrums für Wissensbasierte Systeme" FORWISS)

Ich bin von Haus aus Elektrotechniker. Ich habe Regelungstechnik in Darmstadt studiert und bin da zum ersten Mal mit Digitalverarbeitung zusammengekommen. Die Informatik habe ich erst sehr spät kennengelernt. Nach dem Abschluß in Regelungstechnik bin ich dann ans MIT (Massachusetts Institute of Technology, Anm.d.Verf.) in die USA gekommen, wo ich zunächst ein Stipendium für Weltraumtechnik hatte. Statistische Nachrichtentechnik. In dem Bereich habe ich auch noch promoviert. Aber da hatte ich als Nebenfach dann die KI kennengelernt. Minsky, Moses und viele Leute haben da die Anfangsvorlesungen gehalten. Die habe ich gehört. Ich war dann in Hamburg in der Arbeitsgruppe, die damals Professor Nagel leitete, in der Bildverarbeitung von vorneherein gemacht wurde. Nagel hat das hier angefangen, und die Gruppe, die er geleitet hat, die leite ich jetzt. Ich war auch einer seiner ersten Mitarbeiter. Das war 1971. Damals wurde die Bildverarbeitung noch mehr in Richtung Mustererkennung und Signalverarbeitung gemacht. (Neumann im Gespräch)

Es war wiederum die Universität Hamburg, die auch dieser KI-Gruppe eine Arbeitsmöglichkeit innerhalb der Informatik einräumte. Mit den ebenfalls in Hamburg ansässigen KI-Sprachverarbeitern sollte sich eine interessante Zusammenarbeit ergeben: das erwähnte sprachverarbeitende System HAM-RPM wurde mit dem bildverarbeitenden System MORIO der Nagel-Gruppe verbunden. Dadurch wurden Frage-Antwort-Sequenzen über eine bewegte Szene (TV-Film über eine Straßenverkehrssituation) möglich.

Wegen der Nähe zur Signalverarbeitung und Mustererkennung im Rahmen von Physik und Regelungstechnik wird der Status der Bildverarbeitung in der heutigen KI-Forschung ambivalent beurteilt. Von den einen als "Teilgebiet der KI" (Neumann 1993: 559) vorgestellt, wird die Bildverarbeitung von anderen Mitgliedern der Scientific Community fast aus dem Themenkanon hinausdefiniert:

> Die Bildverarbeitung ist eigentlich immer so ein bißchen draußen. Da ist die Frage: Ist das eigentlich KI, oder ist das Mustererkennung? (Habel im Gespräch)

> Da gab es Professoren, die sich für KI interessierten, aber ich würde sie nicht als KI-Professoren bezeichnen. Mit dem Nagel hat man da sicher seine Schwierigkeiten. So vollmundig als KI-ler würde ich den nicht bezeichnen. Da gab es in Hamburg die Gruppe. Das war noch wesentlich auf Vision beschränkt und lief da beim Nagel. (Prof. Dr. Herbert Stoyan, Leiter des Instituts für Mathematische Maschinen und Datenverarbeitung der Universität Erlangen-Nürnberg, Leiter der Forschungsgruppe Wissenserwerb im "Bayerischen Forschungszentrum für Wissensbasierte Systeme" FORWISS)

Im Selbstverständnis der KI-Bildverarbeiter wird diese durch die wissenschaftliche Herkunft bedingte Sonderstellung durchaus reflektiert, jedoch innerhalb der KI-Scientific Community verortet.

> Ich habe schon an dem Thema gearbeitet, bevor das Stichwort KI in aller Munde war. Wir arbeiten auf einem Grenzgebiet, das nicht so ganz deutlich entweder als KI oder nicht als KI bezeichnet ist. Ich stehe mit einem Bein in der klassischen Signalverarbeitung, Mustererkennung, und erst, wenn es ans Interpretieren geht, beginnt der reinrassige KI-Teil und hört auch schon wieder auf, wenn wir die Ergebnisse dieser Analyse beispielsweise dazu benutzen, einen Roboter zu steuern. Dann geht es wieder in die Regelungstechnik hinein. KI ist nur ein gewisser Abschnitt in meiner Arbeit. Aber ein Hauptabschnitt und auch der interessanteste. Ich kenne ja den Herrn Nagel schon lange. Wir haben das am Anfang der siebziger Jahre nicht als KI bezeichnet, was wir taten. Das ist erst ein bißchen später gekommen, aber dann auch relativ schnell. Wir haben dann ja auch mitgearbeitet beim Aufbau der Organisation. (Radig im Gespräch)

Die Gruppe von Hans-Hellmut Nagel an der Universität Hamburg war zu Beginn der siebziger Jahre Teil des "Invisible College" der frühen KI-Forschung, gehörte aber - ähnlich wie die "KI-Sprachverarbeiter" - nicht zu den aggressiven Vorreitern des neuen Gebiets. Innerhalb der Informatik war die Bildverarbeitung ähnlich der Sprachverarbeitung noch kein okkupiertes Thema wie das Theorembeweisen, so daß Konfrontationen mit etablierten Informatikern vermieden werden konnten. Im Rahmen der KI-Bildverarbeitung gab es ohne große Verteilungskämpfe Karrierechancen für junge Wissenschaftler.

> Herr Nagel hat ein durchaus entspanntes Verhältnis zur KI gehabt, ist aber niemals dafür vorgeprescht. Die Anfangsphase, in der sich hier in Deutschland KI formierte, war geprägt durch ein vorsichtiges Taktieren. Zum Beispiel wurde der Begriff KI von einigen von Anfang an vermieden. Herr Nagel zum Beispiel legte größten Wert darauf, von "Kognitiven Systemen" zu sprechen; ein Name, der noch heute mit unserer Gruppe verbunden ist. Hier gab es sehr wenige hundertprozentige KI-Wissenschaftler. Es gab immer nur Quer-Einsteiger, die sich selbst sehr unsicher waren und sich lieber erst einmal bedeckt hielten. (Neumann im Gespräch)

2.4. Das "Invisible College" der KI-Forschung: Zusammenfassung

> Kurz zusammengefaßt: Es gab so ein paar Unis, an denen kleine Grüppchen entstanden waren. (Siekmann im Gespräch)

Die entstehende Scientific Community der in den siebziger Jahren beginnenden deutschen KI-Forschung läßt sich im Sinne Mullins' als "Invisible College" darstellen. Drei unterschiedliche KI-Themen werden zu der Zeit in Deutschland bearbeitet: vorrangig in München und Karlsruhe wird Theorembeweisen zum KI-Thema, in Hamburg, Berlin, Bielefeld, Bonn, Mannheim und Stuttgart gibt es KI-Sprachverarbeitung und ebenfalls in Hamburg Bildverarbeitung mit KI-Methoden (weitere Einzelaktivitäten sind wahrscheinlich).

Zwischen den drei Gruppen gibt es fast keine Kommunikation. Auch innerhalb der einzelnen Themen-Gruppen, die sich auf mehrere Standorte und verschiedene Fachgebiete verteilen, sind die Kontakte nicht institutionalisiert und - wenn vorhanden - zufällig. Die KI-Interessen der Mitglieder des "Invisible College" in der deutschen KI-Forschung sind wesentlich durch die Entwicklungen in den USA inspiriert und praktisch angestoßen:

> Mein Interesse für KI hat in Kalifornien begonnen. Dort habe ich ein Studium begonnen, weil hier KI nicht möglich war und ich das dort kennengelernt hatte. (Freksa im Gespräch)

> Es gab damals nur wenig Leute, mit denen man sich über seine Themen unterhalten konnte. Und da mußte man sich seine Gesprächspartner auf vorzugsweise amerikanischen Konferenzen suchen. Natürlich ist dadurch auch ein Teil der Ideen hereingebracht worden aus dem Ausland. Das ist kein abstrakter Prozeß, sondern die Ideenträger sind typischerweise Menschen. Das ist ein großer Beziehungskreis. Viele meiner Freunde und Bekannten sind halt Amerikaner, die ich noch aus den Anfängen der siebziger Jahre kenne, als ich anfing, mich mit dem Thema zu beschäftigen. (Radig im Gespräch)

> Damals waren wir alle Assis und alle auf Zeitstellen. Nicht fest. Man mußte eben sehen, daß man Karriere macht und irgendwo hinkommt. Daß man eine feste Stelle kriegt. Noch so ein bißchen basteln und werken, aber schon so, daß man auf internationalen Konferenzen vorgetragen hat und sich darum gekümmert hat. Man wußte, daß es die Konferenzen gibt und daß das etablierte Fachgebiete sind. (Siekmann im Gespräch)

Eigenwillige Studienfach-Kombinationen sollen die in der Bundesrepublik fehlende Infrastruktur im KI-Bereich zusätzlich kompensieren. Die Akzeptanz der drei Mitgliedergruppen im "Invisible College" ist innerhalb der zuständigen Fachbereiche je nach KI-Thema und fachlicher Herkunft unterschiedlich. Während die KI-Theorembeweiser sofort in heftige Konfrontation mit der klassischen Informatik geraten, bleiben die KI-Sprachverarbeiter und -Bildverarbeiter von solchen Auseinandersetzungen weitgehend verschont. Die Gründe dieser besseren Etablierungschancen sind vielfältig, kombiniert und unterschiedlich gewichtet:

Ob die geschicktere "Politik" der Akteure,

> Die deutsche KI ist im wesentlichen getragen durch einige sehr vorsichtige Quer-Einsteiger wie meinetwegen Nagel, die aber ein sehr zurückhaltendes Tempo vorgelegt haben und eben Hitzköpfe wie Siekmann und Bibel, die mit Nachdruck Dinge vertreten haben. (Neumann im Gespräch)

die konfliktärmere Ausgangsposition im Hinblick auf Konkurrenz um Forschungsthemen, Karrierechancen und Fördermittel

> Ich habe Informatik, Linguistik und Psychologie studiert. Bei mir hatte zuerst die Linguistik und dann die Informatik das Übergewicht. Ich denke, der Anfang war die Geldsituation. Wenn man einfach Geld verdienen wollte, dann mußte man das genau so rum machen und nicht andersrum. Ganz simpel. Alle Projekte, die gefördert wurden, hatten diesen Schwerpunkt. Dann nimmt man halt das, wofür man auch bezahlt bekommt. (Morik im Gespräch)

oder die Verschiedenheit der deutschen Hochschulmilieus bzw. deren unterschiedliche Innovationsfreudigkeit

> Also unsere Lehrstuhlstrukturen sind so konservativ angelegt. Die Tasache, daß junge Leute nicht so leicht nachrücken, sondern sich erst in so einer Art Dunstkreis entfalten, der geprägt ist durch Lehrstuhlinhaber, macht die Etablierung eines umstrittenen Fachs sehr schwierig. Entwicklungsinseln wie Hamburg waren selten, wo von vorneherein der Fachbereich so liberal war, daß eben hier sich KI ansiedeln und entfalten konnte. (Neumann im Gespräch)

als Hauptgrund gelten können, mag hier offenbleiben. Wo es keine offensichtliche Konkurrenz um Forschungsthemen (also um wissenschaftliche Reputation, Forschungsgelder, wissenschaftspolitische Berücksichtigung etc.) zwischen KI-Wissenschaftlern und Informatikern gibt, hat die beginnende KI-Forschung schon früh Chancen auf "wissenschaftliche Nischen" innerhalb der Informatik. Im Gegenteil eröffnet sich hier der Informatik ein weiteres Betätigungsfeld, da sie als Konzeptquelle und institutionelles "Dach" weitere Forschungsmittel für die neuen Themen akquirieren kann, ohne von vorhandenen Ressourcen zunächst abgeben zu müssen. Doch mit dem Ende der "Invisible College"-Situation wird die Konfrontation mit der klassischen Informatik zunächst alle Teile der KI-Forschung erfassen.

3. "KI-Network": Die Anfänge der Institutionalisierung

3.1. Das erste KI-Treffen und der KI-Rundbrief

Am 18.2.1975 rief Gerd Veenker, einer der wenigen an KI-Themen (Maschinelles Beweisen) interessierten Professoren, die damaligen Mitglieder des "Invisible College" in Bonn zusammen.

> Herr Veenker hat dann 1975 die Initiative ergriffen und gesagt: Alle KI-Leute sollen einmal nach Bonn kommen zu ihm. Der war damals in Bonn. Und wir rechnen das eigentlich als Geburtsstunde der institutionalisierten deutschen KI, der Etablierung der KI innerhalb Deutschlands. Bei dem Treffen waren schon etwa 30 Leute da. (Bibel im Gespräch)

> Ein paar, die das erste Treffen organisiert haben, kannten sich, und die haben dann wieder andere gefragt, und die haben wieder anderen Bescheid gesagt. So lief das dann. (Siekmann im Gespräch)

> Ich war bei der Gründung dabei als Student. Das war toll, das mitzuerleben. Wir haben die erste Gründungssitzung dieser KI-Vereinigung gehabt. Das waren damals 30 bis 50 Leute. In Bonn. Da war Herr Siekmann noch gar nicht dabei. Der war ja noch in England. Der hat das am Anfang gar nicht mitgekriegt. Da waren Herr Bibel, Herr Raulefs, ich als Student. Da waren so ein paar Studenten. Herr Bibel war, glaube ich, der einzige, der damals promoviert war. Und natürlich Professor Veenker aus Bonn, der sich nachher so ein bißchen zurückzog. Der hat das eigentlich ins Leben gerufen. (Wahlster im Gespräch)

Auf diesem ersten Treffen wurde unter anderem beschlossen, eine Art "Rundbrief" für die KI-Wissenschaftler herauszugeben, der über Forschungsaktivitäten im KI-Bereich informieren und als Gesprächsforum dienen sollte. Aus diesen "Rundbriefen" in Form einer Lose-Blatt-Sammlung sollte später die vierteljährlich zunächst im Oldenbourg-Verlag dann im FBO-Verlag erscheinende Fachzeitschrift "KI" werden. Zum ersten Herausgeber, Redakteur und Versender des Rundbriefs wurde bis auf weiteres Hans-Hellmut Nagel, der Leiter der Hamburger "KI-Bildverarbeiter-Gruppe", ernannt. Nagel übernahm als (außer Veenker) einziger C4-Professor die Patronage der jungen Vereinigung. Der erste "Rundbrief" vom 26.5.1975, welcher als erstes Schriftstück die deutsche KI-Forschung dokumentiert, ist auf den beiden folgenden Seiten abgedruckt.

Das "Gründungsdokument" der deutschen KI-Forschung

Rundbrief Nr. 1 vom 26. Mai 1975

zur Vorbereitung einer

GI-Fachgruppe "Künstliche Intelligenz"

I. Während eines von Prof. G. Veenker am 18.2.75 in Bonn organisierten Treffens von Interessenten am Arbeitsgebiet "Künstliche Intelligenz" wurden von den Teilnehmern drei Beschlüsse gefaßt:

1. Es sollte versucht werden, einen ständigen Kontakt unter den Interessenten in Form einer GI-Fachgruppe zu etablieren.

2. Ein weiteres Treffen sollte am Dienstag, den 7. Oktober 1975, in Dortmund organisiert werden (am Vortag der GI-Jahrestagung 1975, die von 8.-10. Oktober 75 in Dortmund stattfindet).

3. Um den Kontakt unter den (potentiellen) Interessenten zu verstärken, sollte etwa alle drei Monate ein Rundbrief versandt werden.

Die Redaktion und der Versand eines solchen Rundbriefes ist von mir übernommen worden. Zu den berechtigten Anliegen nach einer intensiveren Kommunikation unter den in Deutschland am Arbeitsgebiet "Künstliche Intelligenz" interessierten zu entsprechen.

Im Folgenden zähle ich einige Vorschläge auf, welche Themen in weiteren Rundbriefen behandelt werden könnten. Nur wenn sich der Leserkreis dieses Rundbriefes äußert und vorstellt, wird eine Empfehlung sinnvoll bleiben. Der nächste Rundbrief hängt also von Ihrer Antwort ab. Bitte betrachten Sie Inhalt und Form dieses Rundbriefes als eine Anregung.

H.-H. Nagel

II. Zum ersten Beschluß des Treffens am 18.2.75 in Bonn:

Den zuständigen Mitglied des GI-Präsidiums, Herrn Endres, wurde mitgeteilt, daß die in Bonn versammelten Interessenten sich auf einem Arbeitsgebiet "Künstliche Intelligenz" beschlossen haben. Ihren Informationsaustausch als Gruppe innerhalb der Gesellschaft für Informatik zu intensivieren. Außerdem wurde vorgeschlagen, den zuständigen Fachausschuß 6 um die Herren Dr. Laubsch/Stuttgart und Prof. Veenker/Bonn zu erweitern, damit die Interessen dieser Gruppe innerhalb der GI angemessen vertreten werden können.

Ein Antrag auf Erweiterung des Fachausschusses 6 wird vom Präsidium der GI vorerst und soll auf der nächsten Sitzung dieses Gremiums am 11. Juli 75 behandelt werden. Sobald die Entscheidung des Präsidiums vorliegt, werden die Interessenten in einem weiteren Rundschreiben sofort informiert werden.

III. Zum zweiten Beschluß des Treffens am 18.2.75 in Bonn:

"Für den Fachausschuß 6 habe ich am 7. Oktober 1975 im Geschoßbau V des Aufbau- und Verfügungszentrums der Universität Dortmund Sitzungsräume reserviert. Falls mehr als 40 Personen an den Ausschußtreffen teilnehmen, werden sie im Raum 113 untergebracht, anderenfalls im Raum 223."

Die Räume sind für den ganzen Tag reserviert; wie telefonisch angekündigt, bitte ich Sie, die Teilnehmer des Fachausschusses 6 darauf aufmerksam zu machen, daß sie vom Tagungsbüro der GI-Jahrestagung (Prof. Dr. Volker Claus, Universität Dortmund, 46 Dortmund-Hombruch, Postfach 500 500) die Unterlagen über die GI-Jahrestagung und Reservierungsscheine für Hotels erhalten können. Da zwei weitere Kongresse zum gleichen Zeitpunkt in Dortmund stattfinden, ist eine rechtzeitige Hotelreservierung anzuregen."

gez. Volker Claus

IV. Vorschläge zu Themen

IV.1 Um denjenigen, der in Deutschland sich für das Arbeitsgebiet "Künstliche Intelligenz" interessiert, einen Überblick über potentielle Gesprächspartner zu ermöglichen, möchte ich anregen, daß jede Gruppe ihre Interessen und Aktivitäten kurz skizziert und zur Verbreitung in diesem Rundbrief an mich einsendet. Als Beispiel ist diesem Rundbrief eine solche Kurzfassung über einige in Hamburg tätige Gruppen beigefügt (ohne Anspruch auf Vollständigkeit).

H.-H. Nagel

IV.2 Es erscheint mir wichtig zusammenzustellen, welche einschlägigen Lehrveranstaltungen an den verschiedenen Universitäten zum Gebiet "Künstliche Intelligenz" angeboten werden. Dabei kommt es m.E. auf die Beantwortung folgender Teilfragen an:

IV.2.1: In welchen Studiengängen wird eine Beschäftigung mit
: diesem Gebiet
  a) für erforderlich
  b) für empfehlenswert

IV.2.2: Welche Stellung nimmt dieses Gebiet im Studiengang ein?
  a) Grundstudium   x SWS
  b) Hauptstudium   y SWS

IV.2.3: Welche Vorlesungen/Seminare/Praktika werden angeboten?
  a) anbietender Fachbereich
  b) Umfang in SWS
  c) erforderliche Voraussetzung
  d) inhaltliche Skizze des Vorlesungsstoffes
  e) einschlägige Lehrbücher oder Übersichtsartikel,
     auf denen die Vorlesung aufbaut

Besonderes Gewicht würde ich auf eine stichwortartige inhaltliche Skizze legen, um eine sachbezogene Diskussion über Stoffauswahl und -gliederung in die Wege zu leiten. Damit würde auch den "Anwendern" von Methoden dieses Arbeitsgebietes die Möglichkeit gegeben werden, ihre Wünsche zu spezifizieren.

IV.3 Wer kennt Anwendungen oder stellt Möglichkeiten für Anwendungen von Methoden der "Künstlichen Intelligenz" in Deutschland? Diese Frage ist vor dem Hintergrund der Fortführung des DV-Programms der Bundesregierung zu betrachten: Lassen sich fundierte Vorschläge zur Förderung bestimmter Untersuchungen der Teilgebiete formulieren?

IV.4 Welche anderen Disziplinen könnten Interesse an Methoden und Ergebnissen aus dem Bereich "Künstliche Intelligenz" haben? (z.B. Linguistik, Psychologie, Philosophie, Neuro-Physiologie, Biologie). Gibt es spezifische Probleme für jemanden, der aus solch einer Gebiet kommt und sich mit Fragen der "Künstlichen Intelligenz" auseinandersetzen will? (z.B. Mangel an einführender Literatur etc.)

H.-H. Nagel

V. Hinweis auf die

INTERNATIONAL JOINT CONFERENCE ON ARTIFICIAL INTELLIGENCE
Tiflis, 3. - 8. September 1975

Anmeldungsunterlagen von

Prof. Patrick H. Winston
IJCAI-75
Artificial Intelligence Laboratory
545 Technology Square
Cambridge/Mass. 02139
USA

VI. Kurze Skizzierung einiger Aktivitäten in Hamburg:

VI.1 Am 7.10.1974 fand das erste von bisher vier Linguistik-Informatik-Psychologie-Treffen in Hamburg statt. Als Ziele des Treffens wurden definiert:

1. Interdisziplinärer Informationsaustausch (laufende Forschungsprojekte, neue Literatur, Tagungsberichte)
2. Koordination von Lehrveranstaltungen und Studienplänen
3. Anregung zur gemeinsamen Anschaffung von software.

Teilnehmer der bisherigen Treffen kamen aus den Fachgebieten Informatik, Linguistik, Psychologie, Kognitive Anthropologie. Es wurden folgende Kurzreferate gehalten:

1. H. Boley (Inst.f.Inf.), Einfache natürlichsprachliche Dialoge mit einem semantischen Netzwerkprogramm (vgl. Mitteilung Nr. 10)
2. F. Wittig (Inst.f.Inf.), Semantische Netze und ihre Implementation
3. W. Wahlster (Germ.Sem./Inst.f.Inf.), Ein Sprecher-Hörer-Modell als Simulationsprogramm in Lisp 1.6

Weitere ständige Teilnehmer des LIP-Treffens sind:
H. Ueckert (Psych.Inst. II, Systemtheoretische Intelligenzforschung)
E. Hinz (Germ.Sem. II, Systemtheoretische Intelligenz-Lösung) (Arbeitskreis / Netzwerk, Graphen u. Matrizen, Relay- und Visualisierungs-Systeme)

VI. v.Hahn (Germ. Seminar, REDEPARTNER-Modell)
J. Schefe (Inst.f.Inform., FRAGE-ANTWORT-SYSTEME)
J. El-Fuah (Inst.f.Inform., Simulationsmodelle)
M. Kudlek (Inst.f.Inform., MATHEMATISCHE LINGUISTIK)

VI.2 Unsere Gruppe versucht, Sequenzen von Fernsehaufnahmen einer Szene mit zeitlich veränderlichen Objekten zu analysieren. In diesem Zusammenhang wichtige Probleme:

- Wie läßt sich der Analysevorgang strukturieren?
- Wie läßt sich das Wissen über die zu analysierende Szene rechner-intern so darstellen, daß dieses Wissen nicht nur speicherplatz- und laufzeitsparend verfügbar ist, sondern auch einem Standardformat genügt? Durch Übergang auf eine analog aufgebaute Datenbasis mit anderem Inhalt sollte dasselbe Analysesystem andere Szenen analysieren können.
- Wie läßt sich das aus den einzelnen Fernsehbildern extrahierbare Wissen über eine Szene so rechnerintern darstellen, daß es zur Analyse von Folgebildern herangezogen werden kann?

Erstrebt wird ein Format, in dem sich sowohl Vorwissen über eine Szene als auch das während des Analysevorgangs anfallende Wissen gleichermaßen darstellen läßt. Eine Apparatur zur Aufnahme, Digitisierung und Wiedergabe von Fernsehbildsequenzen wird erstellt.

Mitarbeiter: u.a. R. Bertelsmeier, H. Kazen, H.-H. Nagel, B. Neumann, B. Radig

VI.3 Mitarbeiter von Dr. B. Neumann und Prof. Dr. P. Schwenkel entwickeln Schachprogramme auf dem Institutsrechner PDP-10.

VI.4 Ein Mitarbeiter von Herrn Dr. Kudlek beschäftigt sich mit der Entwicklung einer Dialogsprache für Computergestütztes Ableiten und Beweisen.

Der Leiter der Hamburger "KI-Bildverarbeiter-Gruppe", Hans-Hellmut Nagel, wurde beauftragt, sich mit der Gesellschaft für Informatik (GI) in Verbindung zu setzen, diese über die Zusammenkunft zu informieren und die Einrichtung einer GI-Fachgruppe "Künstliche Intelligenz" anzuregen. Dieser Beschluß war Ergebnis einer Diskussion über eine eventuelle Angliederung der deutschen KI-Forschung an die weltweite Organisation für Computer Science ACM, um so den von einigen KI-Wissenschaftlern gefürchteten Canossa-Gang durch die Institutionen der deutschen Informatik zu vermeiden. Ausgerechnet ein Theorembeweiser entschied mit seinem Votum den Streit um die Eingliederung der KI-Forschung in übergreifende Institutionen zu Gunsten der Gesellschaft für Informatik.

> Damals gab es zwei Modelle. Weil wir so ein bißchen verfeindet waren mit der etablierten Informatik, sprich der GI, haben sehr starke Kräfte dafür plädiert, wir sollen uns an die ACM wenden. Die ACM hatte auch eine deutsche Sektion, und da hat es diesen enormen Streit nie gegeben. Der führende Mann war der Herr Laubsch aus Stuttgart, der heute gar nicht mehr in Deutschland ist. Ich habe damals für die GI plädiert, weil ich meinte, daß eine Spaltung nur zum Nachteil sein könnte. Das hat die Entscheidung dann auch wesentlich beeinflußt. (Bibel im Gespräch)

3.2. Die Fachgruppe "Künstliche Intelligenz" in der Gesellschaft für Informatik

Die GI nahm den Vorschlag Nagels, die KI-Vertreter Dr. Joachim Laubsch und Prof. Gerd Veenker als Repräsentanten einer Fachgruppe in den Fachausschuß 6 der Gesellschaft für Informatik "Digitale Verarbeitung kontinuierlicher Signale" aufzunehmen, im Juli 1975 an. Nagel war seit 1972 Vertreter und Vorsitzender dieses Fachausschusses, was die Etablierung der KI-Forschung innerhalb der bestehenden GI-Strukturen sehr erleichterte. Schon bald folgte die Nominierung Wolfgang Bibels als Vertreter des Gebiets "Automatisches Beweisen" innerhalb der Fachgruppe, die vom GI-Präsidium ebenfalls akzeptiert wurde. 1978 wurde der Fachausschuß 6 in zwei Unterausschüsse "Muster-erkennung" und "Künstliche Intelligenz" (Vertreter: Deussen, Bibel, Laubsch, Nagel, Veenker; statt Nagel nach dessen Ausscheiden 1978 Raulefs; ab Ende 1979 statt Deussen, Veenker und Laubsch die Wissenschaftler Jürgen Foith, Siekmann und Wahlster) unter dem Gesamttitel "Kognitive Systeme" aufgeteilt.

3.3. Die ersten KI-Tagungen

Die Bonner Versammlung verabredete sofort ein neues Treffen, welches zum ersten Mal Tagungscharakter (KI und Mustererkennung) haben und in Dortmund stattfinden sollte. Dieses zweite Treffen fand am 7.10.1975 statt und wurde von 51 Teilnehmern, von denen nur 4 keine Empfänger des "Rundbriefs" waren, besucht. 24 Teilnehmer blieben nach Ende der Tagung weiter zusammen, um organisatorische Fragen hinsichtlich der weiteren Etablierung der KI-Forschung zu klären.

Weitere Tagungen, die spezifische KI-Themen aufgriffen, folgten, wie zum Beispiel im Januar 1976 die internationale Tagung über "Theorembeweisen" in Oberwolfach oder im März 1976 über "Dialoge in natürlicher Sprache und Darstellung von Wissen" in Freudenstadt. In den ersten zwei Jahren nach dem Bonner Februar-Treffen 1975 fanden insgesamt 5 KI-Tagungen statt. Schon im ersten Rundbrief regte ein Vorschlag Nagels die Kurzvorstellung sämtlicher KI-Projekte und KI-Lehrveranstaltungen in Deutschland an, die in den folgenden Rundbriefen vorgelegt und ständig ergänzt wurde.

Mitte 1976 wurde bereits die Möglichkeit erwogen, eine der großen, internationalen KI-Konferenzen, die der britischen "Association for Artificial Intelligence and Simulation of Behavior" (AISB), nach Deutschland zu holen, was für Juli 1978 in Hamburg realisiert werden konnte. Außerdem wollte man künftig eine eigene fachgruppenspezifische, nationale Jahrestagung für das Gebiet "Künstliche Intelligenz" veranstalten. Organisiert von Bibel wurde vom 7. bis 11. März 1977 die Fachgruppentagung, die ab 1981 als Fachgruppentagung der GI "German Workshop on Artificial Intelligence" (GWAI) heißen sollte, mit über 55 Teilnehmern (etwa 40 deutschen und 15 ausländischen Wissenschaftlern), in der Hölterhoff-Böcking-Stiftung, dem Tagungszentrum der Deutschen Physikalischen Gesellschaft bei Bad Honnef, abgehalten. Bibel konnte die in Schweden an der KI-Programmiersprache LISP forschende Siemens AG für eine Finanzierungshilfe der Tagung gewinnen, so daß auch das Interesse der Industrie sich auf die frühe, universitäre KI-Forschung zu richten begann.

> Dann hat es diese Treffen immer gegeben in der Hölterhoff-Stiftung. Das war auch unheimlich wichtig für das Wir-Gefühl. Man merkt: Da ist ein neues Gebiet. Durch die hat man gesehen: Ach, da gibt es ja noch jemanden. Von da an war es eine soziologische Gruppierung. Und im wesentlichen waren das alles junge Leute. Mein Fall war da auch typisch oder der von Herrn Raulefs. (Siekmann im Gespräch)

1978 mußte die Fachgruppen-Tagung allerdings mangels Teilnehmern ausfallen. Das Interesse fokussierte sich auf die ebenfalls in diesem Jahr stattfindende AISB/GI-Tagung in Hamburg. Auf der bedeutendsten internationalen KI-

Konferenz "International Joint Conference on Artificial Intelligence" (IJCAI) in Cambridge (Mass.) nahmen im August 1977 Wolfgang Bibel und Hans-Hellmut Nagel an einer Podiumsdiskussion zum Thema "AI-Activities in Western Europe" teil und stellten dort den derzeitigen Stand der bundesdeutschen KI-Forschung einem internationalen Publikum vor.

> According to that relatively short history it is not surprising that there is no real center of AI-research nor any really big AI-project in Germany. The activities are scattered over many places, with some clustering taking place at the universities of Hamburg and Karlsruhe. The scientific activities mainly concentrate on two areas of research: processing of naturally represented information (written natural language and vision) and automatic deduction. (Bibel/Nagel 1977: 5ff)

Die deutschen KI-Wissenschaftler werden in diesem Beitrag noch namentlich aufgezählt:

Für den später umgetauften Bereich des "Information Processing" (KI-Sprach- und Bildverarbeitung) am FIM in Karlsruhe Kazmierczak, Bohner, Röcker, Schärf, Stiess; in Hamburg Bertelsmeier, Kemen, *Nagel*[9], *Neumann*, *Radig*, Schefe, *Wahlster*, Wittig, Boley; in Stuttgart *Laubsch*, Hanataka, Krause; in München Janas, Ripken, Schwind; in Saarbrücken Weber; in Darmstadt Fischer; in Erlangen *Görz*; in Mannheim Brecht; in Frankfurt Klaczko; in Karlsruhe Foith.

Für den Bereich "Automatisches Beweisen" in Karlsruhe *Deussen*, *Siekmann*, *Wrightson*, *Raulefs*; in Bonn Darlington, Fröning, *Veenker*; in Aachen *Richter*; in München *Bibel*, Schreiber; bei der GMD von Henke; in Kaiserslautern Winterstein; an der TU Berlin Bergmann, Noll, Schneider, Konrad; in Hamburg Kudlek.

Die Beziehung der europäischen KI-Forschung zur amerikanischen wurde von Beobachtern der Podiumsdiskussion bezeichnend charakterisiert:

> Den Kommentar eines Amerikaners "it's your fate to follow our lead" halte ich für ungerechtfertigt, aber anderes konnte man aus dieser Podiumsdiskussion kaum schließen. Peinlich empfand ich es, daß fast 15 Minuten (= 25 %) der Podiumsdiskussion aus einem wechselseitig angestimmten Klagelied bestand, dessen Titel etwa "Amerika, Du hast es besser, ach hätten wir's doch auch so schön" hätte lauten können. (Raulefs 1977: 37f)

---

[9] Namen im Kursivdruck: Personen, die die Etablierung der deutschen KI-Forschung maßgeblich vorangetrieben haben bzw. heute wichtige Positionen in der KI-Forschung innehaben (vgl. Anhang).

Auf der IJCAI 1977 konnten die europäischen Vertreter sich auf einen gemeinsamen Vorschlag für den Austragungsort der nächsten IJCAI im Jahr 1979 einigen: auf Karlsruhe. Doch dieser Vorschlag wurde erst für die IJCAI 1983 akzeptiert.

3.4. Frühe öffentliche KI-Förderung

Auch auf der nationalen Bühne konnte die deutsche KI-Forschung weiter kleine Erfolge feiern: Das dritte DV-Programm der Bundesregierung (1976-1979), das insgesamt 1574,9 Millionen DM umfaßte, förderte schon Mitte der siebziger Jahre KI-Tagungen (Gastvorträge ausländischer Wissenschaftler) und KI-Projekte, wie zum Beispiel die Entwicklung des Systems "PLIDIS" (= Problemlösendes Informationssystem mit Deutsch als Interaktionssprache) am Institut für Deutsche Sprache in Mannheim. Dieses Projekt paßte wie andere KI-Projekte in das Förderkonzept des 3. DV-Programms, das die "Forschung und Entwicklung auf dem Gebiet der Datenbanken sowie der rechnergestützten Informations-, Dispositions- und Entscheidungssysteme" unterstützen sollte (3. DV-Programm, zitiert nach Kreibich 1986: 36). Vom BMFT wurde unter anderem auch das Projekt "Automatische Konstruktion semantischer Netzwerke" an der TU Berlin bei Prof. Schneider (vgl. Statements von Rollinger in Punkt 2.2) gefördert. Die DFG förderte das bereits erwähnte Hamburger Projekt HAM-RPM (dazu Kurz-Abstracts in allen KI-Rundbriefen bis zum Abschluß des Projekts), im Sonderforschungsbereich 99 "Linguistik" zum Beispiel das Projekt "SALAT" (= System for Automatic Language Analysis and Translation) und einige kleinere Vorhaben.

3.5. Konsequenzen der KI-Etablierung in den Nachbarwissenschaften Psychologie und Hirnforschung

Die Etablierungserfolge der frühen KI-Forschung hatten unterschiedliche Wirkungen auf die "Nachbarwissenschaften". Die amerikanische "Kognitive Psychologie" als Konzeptquelle der KI-Forschung hatte mittlerweile auch in der Bundesrepublik Vertreter gefunden, die sich ebenfalls institutionell zu formieren begannen und den Kontakt zur deutschen KI-Forschung suchten. Die erste Tagung "Kognitive Psychologie" fand im Frühjahr 1978 in Hamburg mit 200 Teilnehmern unter Beteiligung von Wahlster, Laubsch und von Hahn statt.

> Die Tagung war die erste ihrer Art und hatte zum Ziel, möglichst alle jene Personen aus dem deutschen Sprachraum miteinander bekannt zu machen, die an der Untersuchung kognitiver Prozesse auf der Grundlage nichtnumerischer Modellbildungen arbeiten. (Rhenius 1978: 11)

Die Kognitive Psychologie wurde durch die Erfolge der KI-Forschung in ihren Institutionalisierungsbemühungen bestärkt und unterstützt. Anders sah es mit der theoretischen Hirnforschung aus, deren alternative Konzepte zum Verstehen von Intelligenz durch die Erfolge der KI-Forschung in Mißkredit gerieten.

> Da ist es in diesem Zwischenbereich zwischen der biologisch-empirischen Hirnforschung einerseits und der ganz auf die algorithmische Schiene abgefahrenen KI still geworden. Da saßen so eine Reihe von Leuten dazwischen, die einfach ins Leere gefallen sind, ohne das gleich zu merken, weil es so ganz stille ging. Eine ganze Reihe von Leuten, die einfach in die Ecke gekehrt wurden. Keinerlei Karriere, keinerlei Resonanz. Ich habe gemerkt, daß ich mit der Habilitation schlecht ankomme und daß da keine Resonanz ist und habe es aufgegeben. Ich habe gesehen, daß ich keine jungen Leute da reinziehen konnte und keine Forschungsmittel kriegte. Der neuronale Winter hat aus meiner Sicht Mitte der siebziger Jahre eingesetzt. Gleichzeitig mit dem Aufstieg der KI. Da kamen diese berühmten schönen Beispiele aus der KI, die alle euphorisch gemacht haben. (von der Malsburg im Gespräch)

3.6. Der schwelende "Glaubenskrieg" zwischen KI-Forschern und Informatikern

In der Herausgeberschaft des 1977 an 170 Interessenten gehenden Rundbriefs wurde Hans-Hellmut Nagel im August 1976 von Wolfgang Bibel abgelöst. Im Mai 1978, kurz vor Übergabe der Herausgeberschaft an Peter Raulefs, sah sich der Herausgeber zu mahnenden Worten bezüglich der im KI-Rundbrief ausgetragenen wissenschaftlichen und persönlichen Fehden veranlaßt, die Bibel als "Glaubenskriege" bezeichnete. Es handelte sich um die schon erwähnten Auseinandersetzungen zwischen KI-Wissenschaftlern und Informatikern, die sich noch einmal zuspitzen sollten. Bibel ordnete diesen Kämpfen zum einen soziale, zum anderen wissenschaftliche Motive zu:

> Die Heftigkeit, mit der die KI mannigfaltig unter Beschuß genommen wird, erinnert ja bisweilen geradezu an einen Glaubenskrieg, und zwar auch in der Hinsicht, daß sich hier eigentlich "Glau-bensbrüder" bekämpfen, überwiegt doch das Einigende in der Zielsetzung bei weitem die sachlichen Unterschiede. So ist man beinahe versucht, die tieferen Gründe für diese Spannungen in so menschlichen Motiven wie dem Streben nach Macht und Ansehen zu suchen. Mit einer solchen Erklärung würde man aber nach meiner Ansicht dieses Phänomen nicht in seiner ganzen Tiefe ausloten können, ebensowenig wie mit dem manchmal gegebenen Hinweis auf uneingelöste frühere Vorhersagen von einigen KI-Leuten.

Vielmehr möchte ich die These aufstellen, daß aus einer etwas vergröbernden Distanz betrachtet zwischen der traditionellen Informatik und der KI ein methodologischer Unterschied erkennbar ist, der zwar schlicht quantitativer Natur ist, dessen Ausmaß und Richtung aber in der relativen Sicht des Menschen, seines Selbstverständnisses und demgegenüber seiner Vorstellung von Maschinen, bei vielen eine empfindliche, irrationale Reizschwelle überschritten hat, wodurch solch starke Reaktionen ausgelöst werden. Wenn tatsächlich in dieser Richtung der eigentliche wunde Punkt zu suchen ist, so wäre es für Wissenschaftler angemessen, hierüber rational zu diskutieren, anstatt mit schäbigen Mitteln der Macht oder mit unsachlichen Abwertungen den vermeintlichen Gegner aus dem Felde schlagen zu wollen. (Bibel 1978: 3f)

Doch die Kontroverse trug dazu bei, das Selbstverständnis als "KI-Scientific Community" aufzubauen und zu stärken, was zum Beispiel folgender Leserbrief zeigt.

Die Unterscheidung von P. Schefe zwischen KI-Leuten und Informatikern in seiner Glosse "Bemerkungen eines Informatikers zu einem KI-Mann" regt mich dazu an, einen Kommentar zu wagen. Diese Unterscheidung birgt in sich sowohl positive als auch negative Aspekte. Ich glaube, die KI-Gemeinschaft sollte sich darüber bewußt sein, um einen Überhang der negativen auf die positiven zu vermeiden. Fangen wir mit den negativen an: Ein gesundes Selbstbewußtsein der KI-Gemeinschaft ist sicherlich wünschenswert; ein intellektuelles Ghetto darf aber daraus nicht entstehen. (Marchand 1979: 47)

3.7. KI-Forschung und die Massenmedien

Der Rundbrief wurde zu dieser Zeit von etwa 250 Interessenten kostenlos bezogen. Doch nicht nur der KI-Rundbrief (ab Dezember 1979 herausgegeben von Schefe, Boley und Wahlster) sondern auch die Massenmedien nahmen sich des Themas KI an. Das ZDF sendete im Frühjahr 1979 im Magazin "Querschnitt" einen Beitrag, in dem das System HAM-RPM und das Schachprogramm CHESS 4.6 vorgestellt wurden. Kurz darauf initiierte DER SPIEGEL für die Ausgabe am 23. April 1979 ein SPIEGEL-Gespräch mit Titel "Computer als Richter und Arzt? Hoimar von Ditfurth, Elektronik-Experten und Schachmeister über künstliche Intelligenz". An diesem Gespräch wurde kein KI-Wissenschaftler beteiligt, was eine lebhafte Diskussion im Rundbrief wegen unsachgemäßer Berichterstattung auslöste. Man beschloß, die KI-Berichterstattung der Massenmedien künftig aufmerksam zu verfolgen und gegebenenfalls selbst die Initiative zur Medienberichterstattung zu ergreifen.

3.8. Das "Network" der KI-Forschung: Zusammenfassung

Das "Network-Stadium" der Entwicklung einer Scientific Community ist erreicht, wenn die Wissenschaftler des "Invisible College" anfangen, zueinander zu finden, zusammenzuarbeiten, sich aufeinander zu beziehen und sich gegenseitig zu zitieren.

> These persons come to focus on each other consistently as trusted assessors and to recruit these like-minded scientists as colleagues.[...] The more frequent communication among a few persons, combined with the declining number of ties to scientists outside the circle of frequent communicators, creates a "thickening" of the scientific communication network. (Mullins 1973: 21f)

Obgleich die an amerikanischen Arbeiten ausgerichtete Zitationspraxis der KI-Wissenschaftler bis heute noch nicht für das Erreichen des Network-Stadiums spricht (was gemäß der Analyse von Whitley 1973 die Stabilität der intradisziplinären Kommunikationsnetze einer entstehenden Wissenschaft stark beeinträchtigt), kann in den übrigen Punkten von einer solchen Entwicklung der KI-Scientific Community von 1975 bis 1979 ausgegangen werden. Der charakteristische Parameter für das Network-Stadium ist die "Kommunikation" zwischen den Wissenschaftlern. Diese ist nach Mullins im Network-Stadium am intensivsten und durch persönliche Bindungen gesichert.

> Die kleine Gruppe, die sich für die KI-Fragestellungen interessierte, war eine winzige Gruppe. Erst die in der Hölterhoff-Stiftung waren reine KI-ler. Das waren immer so fünfzig vielleicht. Jeder kannte da jeden. Das ist bis heute noch so. Das sind enge Freundschaften und Bindungen. Und viele von außen beklagen das auch, daß es so schwer ist, in die KI reinzukommen, weil es dieses Old-Boys-Network ist - wir sind ja inzwischen alle älter geworden. Damals war dieser persönliche Zusammenschluß. (Siekmann im Gespräch)

Allerdings sieht Mullins' Modell im Networkstadium noch keine weitergehenden Institutionalisierungsformen vor, was darauf zurückgeführt werden kann, daß sich der Übergang vom kommunikationsarmen "Invisible College" zum kommunikationsintensiven "Network" der von ihm untersuchten TSI-Wissenschaftler relativ langsam und außerhalb fest institutionalisierter Kommunikations- und Interaktionsstrukturen vollzog. Der Übergang der KI-Forschung vom "Invisible College" zum "Network" vollzieht sich dagegen relativ schnell und wird mit einiger Professionalität in das wissenschaftliche Institutionengefüge eingepaßt. Der regelmäßig herausgegebene KI-Rundbrief und die rasch hintereinander folgenden Tagungen sichern als funktionierende Kommunikationsinstanzen Identifikations- und Austauschmöglichkeiten der Wissenschaftler, so daß die Bezeichnung "KI-Gemeinde" oder "KI-Gemeinschaft" schnell zum geläufigen Terminus der Selbstbezeichnung werden kann (vgl. z.B. Leserbrief in Rundbrief 19, Dezember 1979: 47). Dieser schnelle und intensive Zusammenschluß ist durch den starken Druck begünstigt, dem die beginnende KI-Forschung von Seiten der klassischen Informatik ausgesetzt ist:

> Die Informatik hat nie diese engen persönlichen Bindungen gehabt. So wie wir gegen den großen Feind. (Siekmann im Gespräch)

Zu beobachten ist auch, wie die Erfolge im Anfangsstadium der beginnenden Etablierung (z.B. die schnelle Einrichtung einer Fachgruppe "Künstliche Intelligenz" in der GI) wesentlich über den Einfluß und das Engagement von Einzelpersonen erreicht wurden. Doch nicht nur die interne Organisation und personelle Besetzung der Scientific Community spielten bei der Durchsetzung der beginnenden KI-Forschung eine Rolle; ohne die nötige finanzielle, d.h. also auch wissenschaftspolitische, Unterstützung von KI-Forschungsprojekten schon im frühen Stadium der Wissenschaftsentwicklung wäre die "kritische Masse" an Wissenschaftlern für eine stabile Etablierung als Scientific Community nicht lange zu halten gewesen. Die öffentliche Forschungsförderung setzte Ende der siebziger Jahre zunächst zögerlich ein, schien aber im Hinblick auf die Förderperspektiven Karrierechancen für Wissenschaftler, die an neuen Informationstechnologien forschten und entwickelten, zu bieten. Der Stellenwert dieser Technologien als "moderne Schlüsseltechnologien" wurde vom damaligen SPD-Bundesminister für Forschung und Technologie Hans Matthöfer bereits explizit hervorgehoben:

> Die Entwicklung von Forschung und Technik, Wirtschaft, Verwaltung, Politik und Gesellschaft wird entscheidend dadurch bestimmt, wie gut und schnell die in der Welt vorhandenen Erkenntnisse und Erfahrungen weitergegeben und genutzt werden können. Information gewinnt einen eigenen Stellenwert als Produktivfaktor neben Arbeit, Kapital und Rohstoffen. (Bundesbericht Forschung VI, Bonn 1979: 44)

4. KI-Forschung in der ehemaligen DDR[10]: Robotron, die Akademie der Wissenschaften und die Hochschulen

Die bisherigen Ausführungen bezogen sich auf die Entwicklung der KI-Forschung in der Bundesrepublik vor der Wiedervereinigung. Die Geschichte der KI-Forschung in der ehemaligen DDR vor 1989 soll an dieser Stelle als Exkurs

---

[10] Im folgenden wird das Attribut "ehemalig" nicht mehr verwendet, da die Geschichte der DDR-KI-Forschung vor 1989 dargestellt wird und sich auch die Interviewpartner ohne dieses Attribut äußern.

eingefügt werden, um einen Anschluß an die Darstellung der gesamtdeutschen Situation der neunziger Jahre zu finden. Dabei wird die gesamte Entwicklung der DDR-KI-Forschung bis zur Wiedervereinigung dargestellt, um die Überschaubarkeit des Textes zu erhalten; die Geschichte der westdeutschen KI-Forschung seit Anfang der achtziger Jahre wird in Punkt 5 wieder aufgenommen.

Die Geschichte der DDR-KI-Forschung ist Gegenstand einer heftigen, zeitgenössischen Kontroverse, die in der Zeitschrift "KI", der Nachfolgerin des ehemaligen KI-Rundbriefs, ausgetragen wird (vgl. Grabowski in KI 2, 1991: 84-87; Helbig in KI 3, 1991: 77; Petersohn in KI 4, 1991: 76; Grabowski in KI 1, 1992: 90; Dörner in KI 2, 1992: 69-71; Helbig in KI 4, 1992: 74-76; Koch in KI 1, 1993: 93). Die bereits in der Überschrift dieses Abschnitts genannten Gruppen streiten um Alleinvertretungs-, Autoritäts- und Urheberansprüche hinsichtlich der KI-Forschung in der ehemaligen DDR, wobei die Diskussion emotional hoch aufgeladen scheint. Die Selbstdarstellung gerade zu diesem Zeitpunkt entspringt nicht nur einem rein geschichtlichen Interesse:

> Die Atmosphäre im Moment ist ziemlich nervend. Die Frage, ob man Ende des Monats arbeitslos oder Hochschullehrer ist, die ist doch ziemlich nervend. Die stellt sich jetzt in aller Härte. Die haben jetzt in Sachsen alle früheren Hochschullehrer, Leiter, Sektionsdirektoren und so weiter als systemnah klassifiziert, und die Dinge liegen jetzt bei der Landesregierung. Die entscheidet dann an Hand der vorliegenden Akten, ob man prinzipiell weiterbeschäftigt werden darf. Wenn man dort rausfällt, ist man das Problem gleich los. Wenn die sagen: "OK, den lassen wir noch", dann gibt es die Neuausschreibung der Stellen. Und die Neuausschreibung läuft gerade jetzt. Das ist dann für die Landesregierung eine beliebig einfache Möglichkeit, den Wunsch nach personeller Erneuerung mit Leben zu erfüllen. Ich habe mich an die Problematik noch gar nicht richtig rangetastet, was man anschließend machen würde. Bei uns im Umfeld ist ja nichts. Da ist keine Industrie mehr und nichts. (Prof. Dr. Christian Posthoff, KI-Forschungsgruppenleiter am Fachbereich Informatik der TU Chemnitz)

> Eine nivellierte (und noch dazu unvollständige) Darstellung birgt die Gefahr in sich, daß für wissenschaftspolitische oder förderungspolitische Entscheidungen, die ausdrücklich im Artikel angesprochen sind, ungenaue Hintergrundinformationen bereitgestellt werden.[...] In einer Zeit der Abwicklungen und Umstrukturierungen besonders im Akademie- und Industriebereich Ostdeutschlands, in der sich einzelne Personen aber auch ganze Arbeitsgruppen neu in die KI-Landschaft einbetten müssen oder gezwungen sind, neue Finanzquellen für ihre Arbeiten zu erschließen, kann eine Erwähnung in einer Übersicht Grabowskischer Art dem Urteil "wichtig/noch am Ball" und eine Nichterwähnung einem impliziten Verdikt "unwichtig/weg vom Fenster" gleichkommen. (Helbig 1991: 77, R)

> Nun muß man sich im rechten Lichte darstellen. Alte Positionen (von wem eingeräumt?) wollen behauptet, neue erkämpft, zuerkannt und eingenommen werden. (Dörner 1992: 69, H-Halle)

> Keiner weiß, was aus ihm wird. Das dauert sicherlich noch zwei Jahre, bis sich das stabilisiert hat. Es wird jetzt entschieden, wer bleibt und wer nicht bleibt. (Prof. Dr. Hans-Dieter Burkhard, KI-Forschungsgruppenleiter am Fachbereich Informatik der Humboldt-Universität zu Berlin)

Im wesentlichen geht es bei der Kontroverse um die Frage, welche Gruppen in der ehemaligen DDR "echte" KI-Forschung betreiben konnten, d.h. welche Gruppen Zugang zu der nötigen Rechentechnik und - über Auslandsreisen und Literatur - Zugang zu internationalen Forschungsergebnissen hatten. Nur Mitglieder dieser Gruppen, so die leicht zu ziehende Schlußfolgerung, besitzen das nötige Knowhow für eine Weiterbeschäftigung im Rahmen gesamtdeutscher KI-Forschung. Damit verbunden geht es um die Frage nach der "weißen Weste":

> Man müßte sicherlich erstmal unterscheiden zwischen den Etablierten und den Nicht-Etablierten. Zwischen den Genossen - sagen wir es mal ganz klar - und den Nicht-Genossen. (Stoyan im Gespräch: heute Erlangen, früher R+H-Dresden)

Das Dilemma, das die obige Kontroverse bis zur polemischen Beleidigung anderer Gesprächsteilnehmer aufheizt, besteht darin, daß meist nur Systemkonformität den Zugang zu obigen Ressourcen sichern konnte. Dieser Zugang ist zum einen die Voraussetzung für eine Weiterbeschäftigung im vereinigten Deutschland, welches zum anderen jedoch den Preis für den Zugang, die Systemkonformität, negativ sanktioniert. Wer sich also des einen rühmt, bezichtigt sich selbst des anderen bzw. kann bezichtigt werden.

Der in der momentanen Situation eindeutig politische Charakter jeder Darstellung (vgl. Helbig 1992: 77) verbietet an dieser Stelle den eigenen Versuch einer historischen Kartographierung der DDR-KI-Forschung, der aus ähnlichen Gründen auch bei der Darstellung der westdeutschen Verhältnisse unterlassen wurde. Die vorliegende Beschreibung der Geschichte der KI-Forschung erhebt, wie schon öfter angedeutet aus mehreren Gründen, keinen Anspruch auf Vollständigkeit in der Darstellung der bisherigen Forschungsaktivitäten. Es soll vielmehr die Entstehung und Entwicklung einer High-Tech Community aus der Sicht der beteiligten Interessengruppen verfolgt werden, wofür eine akribische Zusammenstellung aller jemals gelaufenen Forschungsaktivitäten im KI-Bereich nicht relevant ist. Die Darstellung der momentanen Forschungssituation im Anhangskapitel erhebt indessen innerhalb der dort erwähnten Grenzen tatsächlich den Anspruch eines (so gut als möglich) vollständigen Überblicks. An dieser Stelle jedoch wird ausdrücklich darauf hingewiesen, daß sich die nachfolgende historische Darstellung der DDR-KI-Forschung aus methodologischen Gründen nicht als "Abschuß-Liste" eignet, somit auch keine Stellungnahme zu obiger Kontroverse sein will.

Die Darstellung beruht auf den im folgenden ausgewiesenen, schriftlichen Dokumenten und auf den Statements der KI-Wissenschaftler. Zur besseren Einschätzung dieser Gesprächsbeiträge sei auf die ausführliche Liste der Interview-Partner im Anhang verwiesen; gleichzeitig wird der benutzte Gesprächsbeitrag aber auch nicht nur - wie bisher - nach einmaliger, ausführlicher Vorstellung mit dem Namen des Interview-Partners, sondern zusätzlich mit einem Hinweis auf dessen Verortung in den KI-Gruppen der ehemaligen DDR versehen (R = Robotron, ZKI = Zentralinstitut für Kybernetik und Informationsprozesse der Akademie der Wissenschaften, H = Hochschulen). Die (unübliche) Notwendigkeit einer solchen "Stigmatisierung" folgt aus der (unüblichen) Kontroverse um die Darstellung der geschichtlichen Entwicklung.

4.1. Die Anfänge der DDR-KI-Forschung

Unter der Ägide des damaligen Ersten Sekretärs der SED, Walter Ulbricht, und gemäß der Beschlüsse des 7. Parteitags der SED im Jahr 1967, die "wissenschaftlich-technische Revolution" zu befördern, gab es bereits Ende der sechziger Jahre eine funktionierende Informatik-Ausbildung an DDR-Hochschulen (zum Wissenschaftssystem der DDR vgl. Institut für Gesellschaft und Wissenschaft Erlangen (Hg.) 1979). Auch die Betriebe der DDR besaßen sogenannte "Abteilungen für Operationsforschung, Kybernetik und EDV".

> Dann kam 1971 dieser Wechsel von Ulbricht zu Honnecker. Und wie das immer so ist: alles, was der Vorgänger gemacht hat, war Mist. Da fiel auch die Informatik mit drunter. Das wurde alles wieder zurückgenommen. Die Abteilungen der Betriebe, und bei uns wurde die Abteilung auch wieder eingestellt - an vielen Stellen, zum Beispiel in Leipzig, hat man die Informatik einfach aufgelöst und nur die Rechenzentren übrig gelassen. (Posthoff im Gespräch, H-Chemnitz)

An diesem "informationstechnologischen Winter" der Forschungspolitik sollte sich erst mit den Beschlüssen des 10. Parteitages der SED 1981 etwas Grundlegendes ändern. Doch auch in den siebziger Jahren gab es geförderte und ungeförderte KI-Forschung.

4.1.1. Das VEB Kombinat Robotron in Dresden

Noch in der Zeit der ersten Informatik-Förderung durch die Regierung Ulbricht wurde das VEB Kombinat Robotron 1969 zum Zweck der Bereitstellung von

Basis-Software-Technologien als Zusammenlegung verschiedener Forschungs- und Entwicklungsgruppen auf dem Gebiet der Informationstechnologien gegründet. Unter anderem gehörte das Institut für Maschinelle Rechentechnik der Akademie der Wissenschaften zu diesen "Gründungsinstituten". In diesem Institut wurden schon 1968 von Egbert Lehmann KI-Themen bearbeitet. Nach der Eingliederung in Robotron befaßte sich die Gruppe um Lehmann vorwiegend mit automatischer Problemlösung, Theorembeweisen, symbolischer Formelmanipulation und LISP.

> Seit 1970 mache ich KI. Nach der Promotion bin ich 1970 zu einem Unternehmen gegangen, wo es in der Grundlagenforschung eine Gruppe für KI gab. Das Unternehmen war VEB Robotron in Dresden. Lehmann war da Gruppenleiter. Ich kam 1970 dazu, und die Gruppe wurde wahrscheinlich 1969 gegründet. Der Lehmann dürfte schon 1967 die ersten Sachen über KI gelesen haben. Ich denke, wir waren die ersten in Deutschland, die wirklich eine Gruppe hatten, und das ist das Verdienst von Lehmann. Als ich hinkam, machten wir Problemlösen und verschiedene Themen. Jedes Gruppenmitglied hatte eigentlich ein vollständig anderes Thema. Das waren eben alles junge Leute, und der Lehmann war auch jung. Zu jung waren wir alle. Leider alle unreif. Das waren zum guten Teil Mittzwanziger. Ich bin 27 gewesen nach der Promotion. Der Lehmann war 28. Die anderen alle 25. Da war großer Konkurrenzneid. Da hat dann jeder sein Gebiet gehabt, und man hat leider nicht zusammengearbeitet. Das war unser Problem. (Stoyan im Gespräch: heute Erlangen, früher R+H-Dresden)

Mit dem vorläufigen Ende der Informatik-Förderung zu Beginn der Ära Honnecker wurden auch bei Robotron die Mittel knapp. Die KI-Forschung brachte zwar erste Ergebnisse, und es entstanden weitere KI-nahe Gruppen zur Bildverarbeitung und Sprachverarbeitung; doch die KI-Aktivitäten wurden nicht mit den nötigen technischen Ressourcen unterstützt:

> Ab Mitte der siebziger Jahre konnte eigentlich nur noch von einer Duldung der KI bei Robotron gesprochen werden, und jedes Jahr mußte erneut um die Fortdauer der Existenz gerungen werden. [...] Unsere Arbeitsrichtung "Natürlichsprachige Kommunikation mit dem Rechner", die etwa 1973 begonnen wurde, konnte nur dadurch erhalten werden, daß wir die relativ breit angelegte und in enger Kooperation mit dem ZKI betriebene Forschung zu Frage-Antwort-Systemen zugunsten der stärker anwendungsorientierten Arbeitsrichtung "Natürlichsprachliche Interfaces zu Datenbanken" (kurz: NLI) aufgaben. Bezüglich der materiellen Unterstützung ergab sich bald folgende paradoxe Situation: Da wir ein arbeitsfähiges NLI zu einem am Markt der DDR, aber auch in anderen Ostblockländern etablierten Informationsrecherchesystem entwickelt hatten, wurde dieses System zu einer Art Vorzeigeobjekt, dessen KI-Image auch vom Management gern genutzt wurde. Letzteres traf insbesondere gegenüber dem Ministerium für Wissenschaft und Technik (MWT) zu, was die groteske

Folge hatte, daß wir zwar hinsichtlich der staatlichen Kontrolle eine hohe Priorität bekamen (sogenannte Z-Themen), aber hinsichtlich technischer Ressourcen absolut keine Unterstützung erhielten. (Helbig 1992: 75f, R)

4.1.2. Die Akademie der Wissenschaften in Berlin

Ebenfalls Anfang der siebziger Jahre begann im Zentralinstitut für Kybernetik und Informationsprozesse (ZKI) der Akademie der Wissenschaften (AdW) die Gruppe um Friedhart Klix an KI-Themen zu forschen. Das ZKI wurde 1969 gegründet und bestand aus einem Institutsteil in Berlin und einem Institutsteil in Dresden. Am ZKI sollte anwendungsorientierte Grundlagenforschung in Kybernetik und Informatik von den theoretischen Grundlagen über anwendungsorientierte Prototypengestaltung in Hard- und Software bis zur Unterstützung des Technologie-Transfers in die Praxis geleistet werden.

> Dann natürlich der Akademie-Haufen, der von Klix ursprünglich gegründet worden ist und wo die maßgebenden Leute auch alle Genossen waren. Es gab ein paar Leute an der Akademie in Berlin, die der Klix alle auf die Schienen gesetzt hat. Die haben zum guten Teil Sprachverarbeitung gemacht. Das waren aber damals höchstens 4 Leute in Berlin. (Stoyan im Gespräch: heute Erlangen, früher R+H-Dresden)

> Die Akademie der Wissenschaften hat sich im Zentralinstitut für Kybernetik und Informationsprozesse und im Zentralinstitut für Sprachwissenschaften mit Sprachverarbeitung beschäftigt. (Dr. Hartmut Dörner, KI-Forschungsgruppenleiter am Institut für Informatik der Universität Halle-Wittenberg)

Am ZKI gab es zwar eine gute Ausstattung mit Fachliteratur, die dort zentral verwaltet und als Präsenzbibliothek beispielsweise den Wissenschaftlern der Hochschulen zugänglich gemacht wurde. Die rechentechnische Ausstattung ließ jedoch auch hier bis Ende der siebziger Jahre zu wünschen übrig, wie der ironische Kommentar eines ehemaligen ZKI-Mitarbeiters andeutet:

> Ein ganz besonderes Privileg der KI-Mitarbeiter des ZKI und Robotron gemeinsam war es, wenn wir wöchentlich von Berlin nach Dresden fuhren, um dort nächtens unser FAS-Projekt im Stapelbetrieb an dem Vorzugsrechner ES-1040 (etwa IBM 360) zu testen. Manchmal durften wir auch schon vor Mitternacht wieder nach Hause fahren, weil trotz stundenlangem Bemühen der Technik der Rechner nicht in Gang zu kriegen war. Dies währte etwa von 1978-1982. (Koch 1993: 93, ZKI)

4.1.3. Die Hochschulen

In den siebziger Jahren gab es auch an den Hochschulen erste KI-Aktivitäten, die jedoch wegen der oben angedeuteten forschungspolitischen Situation der Initiative einzelner Hochschullehrer überlassen blieben.

> Die KI-Lehre und Forschung an der TU Dresden, Sektion Informationsverarbeitung wurde im Jahr 1969 durch meinen Lehrer Herrn Prof. Dr. habil. K. Voss (heute Uni Jena, Fakultät Mathematik) begründet. (Petersohn 1991: 76, H-Dresden)

> Ich bin 1974 an die Uni Dresden gegangen. Der Lehrstuhl beschäftigte sich mit Programmier-Methodologie. Da habe ich LISP auf die Beine gestellt. (Stoyan im Gespräch: heute Erlangen, früher R+H-Dresden)

> Die erste KI-Vorlesung habe ich 1976 gehalten. Das ist sicherlich eine der ersten. In Ostdeutschland ganz bestimmt, und in den alten Bundesländern ist es doch wohl auch so. Das war aber eine völlig autodidaktische Angelegenheit. Computerschach war dann mein Thema. Wir hatten bei uns am Fachbereich auch LISP-Entwicklung. Neben Herrn Stoyan in Dresden hatten wir das einzige eigenständige LISP. (Posthoff im Gespräch, H-Chemnitz)

An die Hochschulen wurden Arbeiten delegiert, die nicht bei Robotron ausgeführt werden konnten oder sollten (beispielsweise wurde an der damaligen TH Karl-Marx-Stadt Anfang der achtziger Jahre ein Prolog-System (Prolog = KI-Programmiersprache) im Auftrag von Robotron hergestellt). Robotron war verpflichtet, einen Teil seiner Finanzmittel an die Hochschulen für Auftragsforschung abzugeben.

> Was sie aus irgendeinem Grunde nicht selbst machen wollten, haben sie dann den Hochschulen gegeben. Das war natürlich nur ein Rundumschreiben des Geldes. Es gab ja keine Drittmittelstellen, sondern nur Unistellen. (Posthoff im Gespräch, H-Chemnitz)

4.2. Die DDR-KI-Forschung in den achtziger Jahren

Im "Bericht des Zentralkomitees der Sozialistischen Einheitspartei Deutschlands an den X. Parteitag der SED" wurden 1981 neue Leitlinien für die Wissenschafts- und Technologie-Förderung definiert. Seit 1980 liefen in Japan Vorbereitungen zum sogenannten "Fifth-Generation-Project", welches 1982/83 anlaufen und auch im westlichen Ausland Furore machen sollte (vgl. Punkt 5.1.4. dieses Kapitels). Diese Entwicklungen waren in der DDR bekannt; ebenso natürlich die Aktivitäten der "Advanced Research Projects Agency" (ARPA) des

US-Verteidigungsministeriums, welches zwischen 1965 und 1975 allein 75 Prozent der gesamten KI-Forschung in den USA förderte. Die neuen Leitlinien erlaubten eine vorsichtige Integration der DDR-KI-Forschung in das sozialistische Paradigma des an volkswirtschaftlichen Belangen orientierten, wissenschaftlich-technischen Fortschritts: die mit der Computertechnik gegebenen Steuerungsmöglichkeiten für Maschinen, Anlagen und Geräte, so hieß es, wecken

> das ökonomisch fundierte Bedürfnis nach einer zunehmend ganzheitlichen, flexiblen und zuverlässigen automatischen Beherrschung von Systemen wachsender Komplexität. Dieses "technische Bedürfnis" der Gesellschaft drängt objektiv auf Entwicklung von Systemen künstlicher Intelligenz. Mit unserer ökonomischen Strategie, wie sie der X. Parteitag der SED im Jahre 1981 beschlossen hat, stellten wir uns mit einer klaren wissenschaftspolitischen Orientierung dieser Notwendigkeit. (Autorenkollektiv 1987: 8)

4.2.1. Die Reorganisation der Informatik-Ausbildung[11] und die Ausdehnung der KI-Aktivitäten an den Hochschulen

Zunächst wurde Informatik als Studienfach reetabliert. Die Hochschulen in Dresden und Chemnitz besaßen als erste wieder funktionierende Informatik-Ausbildungsgänge. Dresden konnte mit Unterstützung des Ministeriums für Hoch- und Fachschulwesen seine starke Position unter den Hochschulen der DDR im Informatik-Bereich ausbauen. In Rostock gab es Studienmöglichkeiten im Bereich Informatik für das dritte und vierte Studienjahr. In Leipzig entwickelten sich ab Mitte der achtziger Jahre vergleichsweise starke Aktivitäten im Informatik- aber auch im KI-Bereich. In Halle gab es Informatik- und KI-Aktivitäten am Rechenzentrum, aber lange keine eigene Institutionalisierungsform.

> In der DDR hatten die Dresdener immer ein starkes Potential. Die hatten ein riesiges Informatik-Potential. Die hatten eine Zweigstelle der Akademie in Dresden und auch entsprechend Industrie-Anbindungen. Die hatten eine ganz starke Lobby im Ministerium. Es war die größte Universität der DDR mit 17000 Studenten und dazu noch die einzige Technische Universität. Dann haben die Dresdener auch immer unheimlich viel Leute für das Ministerium gestellt. Die haben sich immer gegenseitig nachgezogen. Wenn ein Dresdener ging, kam ein anderer Dresdener. Die hatten ja auch was vorzuweisen. Die waren ja wirklich gut und international anerkannt. Die hatten eine Riesenlobby im Ministerium. Gegen Dresden kamst Du nicht gegen an. (Dörner im Gespräch, H-Halle)

---

[11] Zur Situation der Informatik-Ausbildung an den Hochschulen Ostdeutschlands nach der Wiedervereinigung vgl. Retz-Schmidt 1990: 32.

Als der internationale Druck gravierend wurde, als man wirklich Informatik brauchte, wurde der Studiengang 1984 wieder aufgebaut. Wir waren damals der erste Standort, der mit 5 Hochschullehrern Informatik wieder etablierte. (Posthoff im Gespräch, H-Chemnitz)

Wir hatten seit 1987 Bestrebungen, uns zu verselbständigen. Damals hat das Ministerium für Hoch- und Fachschulwesen nicht mitgespielt und gesagt: "Institut ist nicht. Das gibt es nur an der Akademie". In der DDR gab es nur Sektionen. Dann hätten wir als Wissenschaftsbereich in die Sektion Mathematik gesollt. Das wollten wir nicht. Und für eine eigene Sektion waren wir nicht stark genug. Zuwenig Leute. Und da haben sie uns empfohlen, wir sollten unsere Forschung noch ein bißchen ausbauen und dann wieder nachfragen. So ist das Institut erst 1990 gegründet worden. (Dörner im Gespräch, H-Halle)

Die für Westdeutschland beschriebene Kollision zwischen klassischer Informatik und KI-Forschung an den Hochschulen fand in der DDR nicht statt.

Diese Diskrepanzen aus den alten Bundesländern - alteingesessene Informatik und KI - diese Trennung gab es bei uns nicht. Einfach dadurch, daß 1984 ein zweiter neuer, relativ später Startpunkt war. Da war die KI international etabliert. Die Informatik war etabliert. Das lag bei uns alles in einer Hand. Das hat sich positiv ausgewirkt. Nützliche Querverbindungen. (Posthoff im Gespräch, H-Chemnitz)

Ich bin dann über diese Linie gegangen von den Anwendungen in der Mathematik zur Informatik. Und dann habe ich mir überlegt, was man in der Informatik machen könnte. Da bin ich auf die Künstliche Intelligenz gestoßen. Das hat mich so begeistert, daß ich gleich angefangen habe, dafür zu votieren. Das war so Mitte 1984. (Dörner im Gespräch, H-Halle)

In Berlin fing eine kleine Gruppe in der Sektion Mathematik der Humboldt-Universität und am Rechenzentrum an, sich mit Prolog-Implementierungen zu beschäftigen. An der Sektion Mathematik gab es die Möglichkeit, "Mathematische Informatik" zu studieren.

Damit haben wir angefangen. Das haben wir selbständig gemacht. Das waren keine Lehrstühle, sondern mehr einzelne Mitarbeiter, die das für sich gemacht haben. Ein Kollege war in Edinburgh gewesen und kam wieder mit der Idee, Prolog zu implementieren. Am Rechenzentrum war der Grabowski. Die wollten immer im Rahmen anderer Projekte Wissensverarbeitung machen. In der Sektion waren ungefähr 4 Leute im Prolog-Bereich. Und im Rechenzentrum ungefähr 8 Leute. Die haben alle Prolog, Prolog-Erweiterungen, gemacht. (Burkhard im Gespräch, H-Berlin)

4.2.2. Die Gründung der Fachsektion 4 "Künstliche Intelligenz" der Gesellschaft für Informatik der DDR

1986 wurde die Gesellschaft für Informatik der DDR gegründet. Als Fachsektion 4 wurde das Gebiet "Künstliche Intelligenz" von Anfang an integriert. Innerhalb der Fachsektion 4 gab es Fachgruppen für "Verarbeitung natürlicher Sprache", "Inferenz- und Problemlösungsprozesse", "Expertensysteme", "Spezialsprachen der KI", "Kognitive Systeme" und "Mathematische Grundlagen der KI". Den Vorsitzenden der Fachsektion, Fritz Wysotzki, stellte das ZKI, da die Wissenschafts-Gesellschaften der DDR keine Berufsorganisationen, sondern der Akademie der Wissenschaften unterstellt waren. Der stellvertretende Vorsitzende, Christian Posthoff, vertrat die Hochschul-Aktivitäten im KI-Bereich.

> Das gab auch viel Streit damals, ob man das machen müßte. Ob das nicht sowieso in der Gesellschaft für Mathematik bleiben könnte. Das haben im wesentlichen dann Leute von der Akademie durchgesetzt, weil die gesamten Gesellschaften ja auch von der Akademie geleitet wurden. Die waren dafür nicht nur prädestiniert, sondern die waren auch dafür vorgesehen, solche Gesellschaften zu leiten. An denen war ganz schwer vorbeizukommen. Die hatten eben auch die entsprechende Wissenschaft, dadurch daß sie entsprechend ausgerüstet waren. Es gab dann da die Jahrestagung der GI, und es gab auch eine Jahresversammlung unserer Fachsektion. Aber die lief im allgemeinen so ab, daß da zwei oder drei Vorträge gehalten wurden von Leuten, die so einen Rundumschlag, eine Übersicht, machten. Und dann wurden noch formale Sachen abgehandelt. Das war nicht die KI-Konferenz. (Dörner im Gespräch, H-Halle)

4.2.3. Die KI-Forschungsförderung

1985 etablierte das Ministerium für Wissenschaft und Technik (MWT) "Künstliche Intelligenz" als sogenannte Hauptforschungsrichtung (HFR). Die Hauptforschungsrichtungen waren in Unterabteilungen gegliedert, im Fall der KI-Forschung in "Wissensverarbeitung", "Bildverarbeitung", "Kognitive Psychologie" und "Computergraphik".

> Der Wissenschaftliche Rat der HFR KI gibt Gutachten in bezug auf KI ab, spricht Empfehlungen für die Lehre und die Koordination der KI-Forschung aus und beurteilt Forschungsprojektskizzen. Die Finanzierung von Projekten muß aber von anderen Quellen kommen, bei Universitäten üblicherweise aus dem laufenden Etat oder aus Industriemitteln. (Kobsa 1988: 28)

Der Wissenschaftliche Rat der HFR und die einzelnen Unterabteilungen waren der Leitung von Akademie-Mitgliedern unterstellt, so daß hier wie in der Gesellschaft für Informatik die herausragende Stellung der Wissenschaftler des ZKI deutlich werden konnte. Auf dem Wege der Begutachtung konnte Einfluß auf die KI-Forschung an den Hochschulen genommen werden.

> Jede Sektion an der Hochschule stellte nun einen Forschungsplan auf. Dort wurden die wichtigsten Forschungsthemen aufgenommen, die die Sektion betreiben wollte. Dann gab es zwei Arten der Finanzierung für diese Themen. Staatshaushaltsfinanzierte und welche, die von der Industrie finanziert wurden. Das wurde im Jahresrhythmus entsprechend geplant. Die Laufzeit konnte durchaus drei oder vier Jahre sein. (Posthoff im Gespräch, H-Chemnitz)

Das ZKI selbst verstärkte in dieser Zeit die eigenen Forschungsaktivitäten im KI-Bereich. In der auch die wissenschaftspolitischen Hintergründe andeutenden Abhandlung "Mikroelektronik und künstliche Intelligenz", die von DDR-Wissenschaftlern 1987 verfaßt wurde, wird diese Forcierung der Forschungsaktivität am ZKI als Reaktion auf das japanische "Fifth-Generation-Project" sowie die damit verbundenen Bemühungen der USA und Westeuropas gedeutet (vgl. Autorenkollektiv 1987: 60f).

> Die Breitenwirksamkeit der KI kam eigentlich erst, als das Fifth-Generation-Project so umging mit Büchern von Feigenbaum/McCorduck*. Das hatte ziemlichen Einfluß bei uns, weil die Akademie das dann auch publik gemacht hat. Und dann waren Expertensysteme groß im Schwange. Und man hat sich auch sehr viel davon erhofft. (Dörner im Gespräch, H-Halle)

> Dann 1986 hat sich das ZKI der KI dann in starkem Maße zugewandt. 20 bis 25 Mann ungefähr. Eine große Gruppe. Die haben vor allem LISP gemacht und Expertensysteme. (Posthoff im Gespräch, H-Chemnitz)

> Mitte der achtziger Jahre hat sich die Szenerie gewandelt. Da sind die Gruppen in Berlin größer geworden. (Stoyan im Gespräch, R+H -Dresden)

> Die Akademie hat noch Robotik und Bildverarbeitung gemacht. Aber da ist man nie dahintergestiegen, was da so läuft. Die Akademie war immer sehr gut ausgestattet. Die hatten auch immer gute Maschinen. Das mußte immer sehr teuer gekauft werden, aber die haben immer über die Schweiz oder über Österreich Maschinen gehabt, die das auch leisteten, was sie wollten. (Dörner im Gespräch, H-Halle)

---

* vgl. Feigenbaum/McCorduck 1984.

> Ab 1983 war das ZKI tatsächlich privilegiert und innerhalb der Forschung für gewisse Zeit nur das ZKI. Dazu sind wir - das heißt die KI - gekommen, wie die Jungfrau zum Kind. (Koch in KI 1, 1993: 93, ZKI)

Projektfinanzierungen, die nicht über den Staatshaushalt, d.h. über den Etat der Hochschulen getragen wurden, mußten in der Industrie akquiriert werden. Diese Projektakquirierung wurde jedoch durch den bereits erwähnten Umstand begünstigt, daß die Industrieunternehmen dazu verpflichtet waren, eine gewisse Menge Geld für Auftragsforschung an den Hochschulen aufzuwenden. Diese Art der Förderung deckte 1988 mehr als 60 Prozent der gesamten Hochschulforschung.

> Manche Betriebe gingen soweit, daß es ihnen im Grunde genommen Wurscht war, wofür sie das Geld ausgegeben hatten. Es war eben da bei ihnen. Als Forschungsgruppe hatte man da relative Handlungsfreiheit. Das hatte allerdings den Nachteil, daß die Grundlagenforschung immer ein bißchen knapp wegkam. Die Betriebe haben das nur akzeptiert, wenn man ihnen das schreibtisch- und schlüsselfertig eingeführt hat im Betrieb. Da mußte man dann viel machen, was der Grundlagenforschung abträglich war. Aber auf der anderen Seite haben wir gelernt, wie es aussieht, wenn ein Projekt in der Praxis wirklich ankommt. (Posthoff im Gespräch, H-Chemnitz)

> Dann gab es in der DDR so eine starke Bewegung hin zu industriellen Anwendungen. Gemeint war eigentlich die Iteration der Forschung und der Industrie. Das ist ja hier im Westen mit den BMFT-Projekten genauso. Das wollte man offensichtlich in gleicher Weise haben. Aber es lief nicht so richtig. Das lief dann anders. Die Industrie hat sich eingesetzt. Die haben uns ziemlich stark gepuscht. Wir hatten jede Menge Geld. Aber man konnte ja für das Geld nicht viel kaufen. Das war das Problem. Also, wir hätten gern viele Rechner und viel Software gekauft. Das ging eben nicht, weil es anderes Geld war. Das konnte man nur in der DDR ausgeben, das Geld. Die Industrie hatte große Hoffnungen gesetzt in diese Expertensystem-Technologie. Das war so 1985 oder 1986. (Dörner im Gespräch, H-Halle)

Die großen Hoffnungen, die auf die neue Expertensystem-Technologie gesetzt wurden, erfüllten sich in der DDR genausowenig wie in Westdeutschland. Die Gründe hierfür werden ebenso heterogen verhandelt wie in der westdeutschen Scientific Community:

> Das war der größte Fehler von Robotron. Die haben für den Eigenbedarf nie irgendwelche Systeme entwickelt. Daß Robotron sich nicht als Konzern dafür einsetzte, daß da irgendwelche Expertensysteme entstanden für sie selbst, das hat uns immer sehr verwundert. Und es hat uns natürlich auch verärgert, weil wenn diese Unterstützung dagewesen wäre - Expertensysteme von Robotron, oder wenn sie uns Aufträge gegeben hätten in dieser

Richtung - das hätte uns sehr interessiert. Dann wäre die Situation auch eine ganz andere gewesen. (Dörner im Gespräch, H-Halle)

Expertensysteme sind ein schlechtes Beispiel. Das war gerade die Wendezeit, als wir mit den meisten Projekten fertig waren. Da ist es dann mit den meisten Projekten zusammengebrochen, ehe das richtig eingeführt wurde. (Posthoff im Gespräch, H-Chemnitz)

Das Management hatte die Vorstellung, mit so einem Expertensystem kann man jetzt einfach alles machen. Und die haben sich vorgestellt, daß sie damit keinen großen Einsatz zeigen müssen. Dann hat sich im Laufe der Arbeit gezeigt, daß die viel mehr machen müssen. Da haben die dann einfach weitergemacht, was sie früher gemacht haben. Das war wie das Horneburger Schießen am Ende. (Dörner im Gespräch, H-Halle)

4.2.4. Der "Hochschul-Industrie-Komplex"

Die Zentralisierungsbestrebungen der KI-Aktivitäten erreichten in der zweiten Hälfte der achtziger Jahre ihren Höhepunkt. Die Notwendigkeit der Beherrschung von Schlüsseltechnologien wurde vom 11. Parteitag der SED 1986 eindringlich bestätigt. Die Entwicklung konzentrierte sich - wie in den anderen Hochtechnologie-Nationen auch - auf die enge Kopplung zwischen Forschung und Industrie. So kam es zu einem Zusammenschluß der - neben dem ZKI - beiden ohnehin mächtigsten KI-Forschungsgruppen der DDR, den KI-Wissenschaftlern des Kombinates Robotron und der TU Dresden, wobei das ZKI als Kooperationspartner von Robotron auch beteiligt war.

> Im Jahr 1988 entstand der an sich sehr naheliegende Gedanke, die guten Kontakte zur TU sowie die geographische Nähe zu nutzen und die bereits längere Zeit bestehenden engen Kooperationsbeziehungen in einem Hochschul-Industrie-Komplex zu institutionalisieren. Die Hoffnung der KI-Arbeitsgruppen bei Robotron und an der TU Dresden richteten sich darauf, vor allem die materiell technische Ausstattung zu verbessern und endlich an leistungsfähige Rechentechnik heranzukommen. Die Betriebsleitung von Robotron-Projekt und der Direktor der damaligen Sektion Informatik wollten darüber hinaus sicher auch noch politisches Kapital aus dem Unternehmen schlagen. (Helbig 1992: 76, R)

Robotron gab praktisch für die ganze Computerindustrie den Ton an, und das ZKI gab den wissenschaftlichen Ton an. Irgendwelche schwerpunktmäßig geförderten Forschungsvorhaben wurden immer grundsätzlich bei der Akademie angesiedelt. Die beiden, Robotron und die Akademie, wurden dann irgendwie zu einer Interessengemeinschaft zusammengeschlossen. Da war der Platz für die Hochschulen natürlich nur noch sehr schmal. Um 1988 wurde in Dresden dann dieser Hochschul-Industrie-

Komplex gegründet, wo dann die TU noch eingestiegen ist in dieses Dreieck. Da war natürlich die KI-Landschaft absolut dominiert von diesen Leuten. (Posthoff im Gespräch, H-Chemnitz)

Für uns hat sich das so dargestellt, daß es der Versuch von Robotron war, sich in einer anderen Einrichtung Programmierkapazitäten zu sichern. So sah das nach außen aus. Deswegen haben wir das auch nicht besonders geschätzt, diesen Hochschul-Industrie-Komplex. Zumal er uns allen das Wasser abzugraben drohte. Die ganzen Investitionen aus unserem Ministerium, aus dem MHF, die drohten nach Dresden zu gehen. (Dörner im Gespräch, H-Halle)

4.2.5. Die KI-Sommerschulen "KISS"

Die Reaktion der übrigen Hochschulen konnte nicht ausbleiben, da die rechentechnische Ausstattung beim ZKI, der TU Dresden und Robotron fokussiert und die Abwicklung von Forschungsprojekten fast ausschließlich innerhalb dieses Dreigespanns verhandelt wurde. Vertreter der KI-Gruppen der Hochschulen Berlin, Halle, Leipzig und Chemnitz trafen sich im Frühjahr 1987 in Thüringen, um die Möglichkeit von gemeinsamen Aktivitäten zu diskutieren. Eine dieser diskutierten Möglichkeiten war die Ausrichtung einer KI-Konferenz, die nicht von den Restriktionen der Embargobestimmungen (COCOM-Liste: Embargo für Hochtechnologien gegenüber den Ländern des Rates für gegenseitige Wirtschaftshilfe RGW) behindert wurde.

Es gab drei- bis viermal im Jahr Tagungsveranstaltungen an der Akademie. Forschungsergebnisse wurden kaum vorgestellt. Man konnte manchmal Systemvorführungen der Akademie besuchen. Aber das war auch nicht so erhebend, weil man das alles nicht nachvollziehen konnte. Die hatten Maschinen, die wir nicht kriegten, und die hatten Software, die wir nicht kriegten. Und die durften weder über die Maschinen noch über die Software reden. Die durften nicht sagen, was sie da im Hintergrund hatten. Wir haben sozusagen nur gesehen, was sich da auf dem Bildschirm abspielt. Das hat uns nicht befriedigt. Wir waren ja Forscher. Wir wollten das doch nicht nur präsentiert sehen. (Dörner im Gespräch, H-Halle)

Zumindest im Kontext der Embargotechnik konnte ich gar keine wohltuende Ausnahme sein, da ich dienstliche Beschränkungen, die auch nur selten hausgemacht waren, nicht nach Gutdünken überschreiten konnte. Obwohl ich damals diese Sicherheitsvorkehrungen nicht nur als störend, sondern auch als lächerlich empfand, muß ich vom heutigen Kenntnisstand aus sagen, daß das Spiel, das für die Embargoumgehung im Hintergrund lief, doch viel gefährlicher war, als damals für uns erkennbar, so daß die Restriktionen vermutlich einen gewissen Sinn machten. (Koch 1993: 93, ZKI)

Die Leiter der KI-Hochschulgruppen Hartmut Dörner, Klaus-Peter Jantke und Christian Posthoff beschlossen, nach westdeutschem Vorbild eine "KI-Sommerschule" abzuhalten mit dem Ziel, zunächst Wissenschaftler aus dem Mittelbau der Hochschulen auszubilden. 1988 und 1989 (unter zusätzlicher organisatorischer Beteiligung von Uwe Petersohn) fanden diese KI-Sommerschulen (KISS) in Reinhardsbrunn (Thüringen) unter Beteiligung von etwa hundert Forschern und mit Vorträgen westdeutscher KI-Wissenschaftler statt.

> Da lernte man die dann auch kennen. Ein paar kannte man schon. Posthoff kannte den Neumann schon, Jantke kannte den Siekmann schon. Dann kannten wir den Dilger schon, weil der mal in Leipzig gewesen war. Man hatte schon so ein bißchen Kontakt. Im wesentlichen waren das bekannte und große Leute, die man dem Namen nach kannte. (Dörner im Gespräch, H-Halle)

Die Leiter der KI-Hochschulgruppen organisierten noch weitere Aktivitäten (z.B. Seminare, Tagungen und Kolloquia) und versuchten, Kontakt zu den DDR-Ministerien aufzunehmen, worauf beide angeschriebenen Ministerien KI-Studien anforderten und Forschungsreisen erlaubten.

> In einem Brief an das für uns zuständige Ministerium für Hoch- und Fachschulwesen (MHF) verlangten wir eine Förderung der KI, eine entsprechende Ausbildungsrichtung an mehreren Hochschulen und eine angemessene Ausstattung der Forschung. In ähnlicher Weise wandten wir uns an das Ministerium für Wissenschaft und Technik. (Dörner 1992: 70, H-Halle)

> Die KI war in der Mitte durchgeschnitten. Alle gewichtigen großen Dinge hat dieser Hochschul-Industrie-Komplex erledigt, und wir hatten relative Narrenfreiheit. (Posthoff im Gespräch, H-Chemnitz)

4.3. Die Situation nach der Wiedervereinigung

Im Juli 1990 baten die Regierung der DDR sowie die Regierungen von Bund und Ländern der Bundesrepublik Deutschland den Wissenschaftsrat, gutachterlich zu den Einrichtungen der Akademie der Wissenschaften Stellung zu nehmen, nachdem der Wissenschaftsrat im gleichen Monat seine Empfehlungen zu "Perspektiven für Wissenschaft und Forschung auf dem Weg zur deutschen Einheit" verabschiedet hatte. Die Arbeitsgruppe "Mathematik/Informatik" des Wissenschaftsrats recherchierte die Forschungssituation, worauf der Wissenschaftsrat im März 1991 eine endgültige Stellungnahme veröffentlichte. Für einen vollständigen Überblick der KI-Aktivitäten an der gesamten Akademie der Wissenschaften zum Zeitpunkt der Begutachtung, der über die Darstellung der erwähnten Aktivitäten am ZKI-Berlin hinausgeht, sei auf die entsprechende Veröffentlichung verwiesen.

Im ZKI der Akademie der Wissenschaften in Berlin waren 1990 237 wissenschaftliche Mitarbeiter beschäftigt (davon 16 Professoren). Im Herbst 1990 begann das ZKI, die bestehenden Abteilungen in selbständige "Institute" zu überführen. Im "Institut für Künstliche Intelligenz (KI)" arbeiteten zu diesem Zeitpunkt noch 19 wissenschaftliche Mitarbeiter. Nach der Begutachtung gab der Wissenschaftsrat folgende Empfehlung ab:

> Zusammenfassend besitzt das Institut für Künstliche Intelligenz einen Kernbereich an wissenschaftlichen Arbeiten auf hohem Niveau. Die Schwerpunkte im Bereich der angewandten Grundlagenforschung sind geeignet, im Hochschulbereich fortgeführt zu werden. (Wissenschaftsrat: Stellungnahme zu den außeruniversitären Forschungseinrichtungen der ehemaligen Akademie der Wissenschaften der DDR in den Fachgebieten Mathematik, Informatik, Automatisierung und Mechanik. Mainz 1991: 60)
> Der Wissenschaftsrat ist ebenfalls zu der Auffassung gelangt, daß für das ZKI-Berlin eine Fortführung in der bestehenden Form nicht empfohlen werden kann. (ebenda: 70)

Der Wissenschaftsrat schlug die Einrichtung eines Fraunhofer-Instituts in Berlin-Adlershof vor, wo die positiv begutachteten Aktivitäten des ZKI integriert werden sollten. Der grundlagenorientierte Teil der Arbeiten sollte an den Hochschulen der neuen Bundesländer, der anwendungsorientierte an den bereits bestehenden Fraunhofer-Instituten bzw. innerhalb der Institutionen der Gesellschaft für Mathematik und Datenverarbeitung weitergeführt werden. Die Stellungnahme des Wissenschaftsrates faßte die Forschungsaktivitäten der Akademie der Wissenschaften abschließend wie folgt zusammen:

> Bedingt durch den internationalen und für die gesamtwirtschaftliche Entwicklung mitentscheidenden Wettbewerb in den Forschungsgebieten Informatik, Automatisierung und Mechanik sowie des Embargos für Hochtechnologien gegenüber den Ländern des RGW sind die AdW-Einrichtungen IIR, IfA, ZKI-Berlin, ZKI-Dresden und IMech sehr stark durch Arbeiten der angewandten Forschung bestimmt, wobei ein vergleichsweise hoher Anteil an Industrieaufträgen mit Entwicklungscharakter durchgeführt wurde. Dabei haben die Versuche der ehemaligen DDR, Entwicklungen im westlichen Ausland produktorientiert nachzuvollziehen, zu einer relativ diskontinuierlichen Entwicklung von Forschungseinrichtungen, zu einem Defizit in der Grundlagenforschung und zu einer starken Zersplitterung von Arbeitszusammenhängen geführt. Diese Merkmale haben die vorliegenden Empfehlungen zum IIR, IfA, ZKI-Berlin, ZKI-Dresden und IMech stark bestimmt und sind letztlich die Ursache, daß keines der begutachteten Institute in der bestehenden Form zur Fortführung empfohlen wird. (ebenda: 139)

Gemäß der Empfehlungen des Wissenschaftsrats wurden die Institute der Akademie der Wissenschaften aufgelöst; die KI-Wissenschaftler suchten sich neue Wirkungsstätten.

> Die sind zum Teil jetzt bei der GMD FIRST. Das betrifft insbesondere die von den Programmiersprachen, Prolog. Dann sind welche zum Fraunhofer Institut gegangen. Andere sind in die Privatwirtschaft gegangen. Viele sind zu Software-Unternehmen in West-Berlin gegangen. Wenig in die Hochschulforschung. (Dörner im Gespräch, H-Halle)

Das Kombinat Robotron wurde 1990 aufgelöst. Die KI-Gruppe konnte zunächst vom mittelständischen Nachfolge-Betrieb SRS GmbH in Dresden übernommen, jedoch nicht auf Dauer gehalten werden, was zur völligen Auflösung der Robotron-KI-Gruppe führte.

> Die Folge: Keiner meiner ehemaligen Mitarbeiter ist mehr auf dem KI-Gebiet tätig, und ich habe einen Ruf an eine Universität in den Altbundesländern angenommen (beides - Weggang beziehungsweise Abdriften in fachfremde Gebiete ist für die Forschung in Ostdeutschland symptomatisch und gleichermaßen schädlich). (Helbig 1992: 76, R)

Der Wissenschaftsrat wurde auch um eine Stellungnahme zur künftigen Struktur des Hochschulwesens in den neuen Bundesländern gebeten, die im Juli 1991 vorlag. In der Informatik an den Hochschulen waren 1990 insgesamt 885 Wissenschaftler (davon 163 Hochschullehrer) lehrend und forschend tätig[12]. Der Wissenschaftsrat schlug einen Ausbau der Grundlagenforschung in der Informatik an den Hochschulen vor. Eine Begutachtung der universitären Forschungsaktivitäten auf dem Gebiet der Informatik und Künstlichen Intelligenz fand nicht statt. Entgegen der Intention des Wissenschaftsrates ist an den Hochschulen im KI-Bereich nach der Wiedervereinigung eine starke Tendenz zum "Zug gen Westen" zu beobachten:

> Zwei jüngere Kollegen sind weg. Viele Kollegen sind weg. Einer ist zu Siemens gegangen nach Augsburg. Der andere ist zu Software nach München gegangen. Und jetzt geht noch einer in die Nähe von Nürnberg. Aber ich habe mittlerweile gesehen, daß die Stellen in den alten Bundesländern für die KI auch selten geworden sind. Da kann man nicht einfach losgehen und sagen: "Ich bewerbe mich mal irgendwo", und dann klappt das. (Posthoff im Gespräch, H-Chemnitz)

---

[12] Zum Vergleich: An westdeutschen Hochschulen gab es 1990 in der Informatik 1336,5 Stellen für wissenschaftliches Personal (davon 386,5 Stellen für Professoren). Quelle: Statistisches Bundesamt "Bildung und Kultur", Reihe 4.4., Fachserie 11. Metzler-Poeschel, Stuttgart 1992.

> Es sind einige Leute weggegangen, weil sie einfach gewisse Zwänge gesehen haben. Die haben befürchtet, entlassen zu werden. Da sind wir etwas kleiner geworden. Die Berliner können sich nur noch auf Hans-Jürgen Burkhard an der Humboldt-Uni stützen. Die anderen sind ja auch alle weg. (Dörner im Gespräch, H-Halle)

Die rechentechnische Ausstattung der Hochschul-Institute wurde drastisch verbessert: 1990 wurden durch das Hochschulprogramm "Computer im Bildungswesen" (CiB) Finanzmittel zum Ankauf angemessener Rechentechnik bereitgestellt.

> Die IBM ist eingeflogen und hat dann ein Computerlabor hingestellt. Zwei sogar. Dann ist die VW-Stiftung gekommen und hat drei, glaube ich, mit PCs von Siemens ausgerüstet. MAC hat sich dann irgendwann auch gerührt und hat ein Labor mit 12 Rechnern ausgerüstet. (Dörner im Gespräch, H-Halle)

Die neue Rechentechnik erlaubte es, sich um KI-Forschungsprojekte beim BMFT zu bemühen. Zusammen mit westdeutschen Hochschulen wurden Verbundprojekte beantragt und vom BMFT genehmigt. Die Mittel aus diesen Projekten wurden unter anderem benutzt, um Rechner für die KI-Forschung zu finanzieren. Seither sind die Verbundprojekte das wesentliche Standbein der ostdeutschen KI-Forschung an den Hochschulen (BMFT-Projekt "Prokon" mit Hamburg, Halle, Chemnitz, Leipzig und Zwickau; BMFT-Projekt "Gosler" mit Berlin, Leipzig und Chemnitz; BMFT-Projekt "WISCON" mit Ilmenau, Leipzig, und dem Fraunhofer Institut IID; BMFT-Projekt "GRAWIS" mit GFAI, Leipzig, Merseburg und Stuttgart; BMFT-Projekt "VISAMAD" mit Dresden; DFG-Projekt "Fallbasierte Diagnose.." mit Berlin und Hamburg; weitere Projekte sind beantragt):

> Wir sind mit unseren beiden Verbundprojekten rundherum glücklich. Die Verbundprojekte sind für uns das Mittel, die Forschung überhaupt am Leben zu erhalten. (Posthoff im Gespräch, H-Chemnitz)

Projektfinanzierungen durch Industriepartner, die sich auch in Westdeutschland schwierig gestalten (vgl. Punkt 6 dieses Kapitels), kommen wegen der strukturellen Probleme der Region nicht in Betracht. Auf eine Förderung über spezielle Landesmittel ist im Hinblick auf die großen regionalen Schwierigkeiten ebenfalls nicht zu rechnen.

> Die Industrie, die interessiert gewesen wäre nach dem Umschwung noch, die gibt es ja fast nicht mehr. Die haben so gravierende Existenzprobleme, daß die weder Luft noch Geld haben, sich um solche Dinge zu kümmern. Da ist noch nichts zu machen. Und die neuen Firmen, die entstanden sind, können sich das ja gar nicht leisten. Die großen Software-Firmen haben

zwar ihre Ableger im Osten, aber das sind Verkaufsableger. Wir stützen uns ganz auf die Verbundprojekte. Wir werden versuchen, weitere Projekte zu akquirieren. Das Land Sachsen-Anhalt hat ähnlich wie die anderen Bundesländer so eine Ausschreibung. Da haben wir uns auch beworben. Es gibt aber materielle Schwierigkeiten. Die haben eben auch keine Leute, die das betreuen könnten, und zum zweiten haben die auch kein Geld. Da kann man sich ausrechnen, daß da nichts kommt. (Dörner im Gespräch, H-Halle)

4.4. KI-Forschung in der ehemaligen DDR: Zusammenfassung

Die aus der Binnenperspektive der KI-Wissenschaftler rekonstruierte Entwicklungsgeschichte der DDR-KI-Forschung zeigt eine im Blick auf sozialistische Regierungssysteme keineswegs überraschende, "geplante" Wissenschafts- und Technologiepolitik, die sämtliche Forschungs- und Entwicklungsinstanzen - von den Hochschulen, über außeruniversitäre, staatliche Forschungsinstitute zu den FuE-Abteilungen der Wirtschaftsunternehmen - miteinschließt. Die Forschung wird staatlich geplant, koordiniert und stark zentralisiert, was in den achtziger Jahren zu einer an den protegierten Institutionen gut ausgebauten Forschungsorganisation im KI-Bereich führt. Die ungleichen Kommunikations- und Karrierechancen der Wissenschaftler im Wissenschaftssystem (Hochschulen und Akademie), der starke Konkurrenzdruck durch zentralistische Forschungsfinanzierung, die durch die Embargopolitik bedingte schlechte Ausstattung mit Rechentechnik und relevanter Literatur und die späte staatliche Protektion der Informationstechnologien in der DDR verhindern in den siebziger Jahren den Übergang vom "Invisible College" zum funktionierenden wissenschaftlichen "Network" der KI-Scientific Community.

Das nach Mullins von den Wissenschaftlern selbst herzustellende, kommunikationsintensive "Network"-Stadium kann unter dieser Perspektive nicht entstehen. Eine der Entwicklung im westlichen Deutschland vergleichbare Entwicklung des "Findens" der Scientific Community in den siebziger Jahren kann nicht beobachtet werden. Angestoßen durch die Berichte zum japanischen "Fifth Generation Project" und den Aktivitäten des US-Verteidigungsministeriums wird gemäß der neuen Leitlinien der DDR-Technologie-Politik "Künstliche Intelligenz" als Hauptforschungsrichtung ab 1985 massiv gefördert, wobei sich die Forschung speziell am ZKI der Akademie der Wissenschaften konzentriert. Auch die Industrie, und hier insbesondere das VEB Kombinat Robotron wird - wie es das japanische Vorbild und die Entwicklungen in den USA nahelegen - verstärkt einbezogen. In der zweiten Hälfte der achtziger Jahre stellt sich die DDR-KI-Forschung als staatlich initiiertes und protegiertes "Cluster" dar, welches durch ökonomische, militärische und andere technologiepolitische Interessen der staatlichen Lenkung motiviert wird. Dabei gipfeln die Zentralisierungsbemühungen Ende der achtziger Jahre im Zusammenschluß der drei

"Cluster"-Institutionen ZKI, Robotron und TU Dresden im sogenannten "Hochschul-Industrie-Komplex".

Eine weitere Stellungnahme zu Gewichtungen der einzelnen Forschungsinstitutionen nach Qualität, Originalität, "Vorreiter-Funktionen" etc. in der KI-Forschung soll an dieser Stelle wegen der bereits erwähnten kontroversen Verhandlung dieses Themas unterbleiben[13]. Gemessen an internationalen Standards wird Qualität und Arbeitsfähigkeit der DDR-KI-Forschung negativ dadurch bestimmt, daß die Embargopolitik eine den Forschungsfragen angemessene Ausstattung mit Hard- und Software an den Hochschulen und in der Industrie verhinderte. Es gab Entwicklungsinseln wie die Akademie der Wissenschaften, welche bei der Umgehung der Embargobestimmungen staatlich protegiert wurden und so laut späterer Begutachtung des Wissenschaftsrats Forschung und Entwicklung gemäß internationalen Standards betreiben konnten. Im Hinblick auf die KI-Forschung im militärischen Bereich (besonders Bildverarbeitung an der Akademie der Wissenschaften und z.B. Carl Zeiss, Jena) kann ebenfalls von ausreichender Ausstattung ausgegangen werden; diese Informationen sind allerdings kaum recherchierbar. So belegt die Geschichte der KI-Scientific Community der DDR prototypisch die Abhängigkeit der Entwicklung einer Wissenschaftsgemeinschaft sowie des von dieser produzierten Wissens von gesellschaftlichen Bedingungen.

5. Wahlverwandtschaft oder Teufelspakt?
Wissenschaftspolitik und Wirtschaft adoptieren eine Wissenschaft

Dieser Abschnitt kehrt zur Entwicklungsgeschichte der westdeutschen KI-Forschung am Anfang der achtziger Jahre zurück. Nach Darstellung der wissenschaftssoziologisch relevanten Entwicklungsmomente der DDR-KI-Forschung taucht dabei die Frage auf, ob und - wenn ja - in welcher Hinsicht sich die Etablierung von High-Tech-Fächern in sozialistischen und in kapitalistischen Systemen unterscheidet.

5.1. Die Aufbruch-Phase: Der Anfang der achtziger Jahre (1980-1983)

Der bisherige Entwicklungsgang in Westdeutschland zeigt Ende der siebziger Jahre eine kleine Community, die, zunächst ohne größeres Aufsehen zu erregen, beginnt, sich unter kleinen Scharmützeln - aber durchaus im Rahmen "normaler" Entwicklungsmodelle (Mullins) - innerhalb des Wissenschaftsbetriebs zu etablieren. Die im Anhangskapitel beschriebene Forschungsorganisation zu

---

[13] Beinahe jede Ausgabe der vierteljährlich erscheinenden Zeitschrift "KI" enthält momentan einen Beitrag zu diesem Thema.

Beginn der neunziger Jahre zeigt eine auf etwa 1580 aktive Mitglieder angewachsene Scientific Community, die innerhalb einer politisch und wirtschaftlich stark protegierten und geförderten Forschungsorganisation forscht und entwickelt. Dieser große Schritt fällt in einen kleinen Zeitraum, dem sich die folgenden Ausführungen widmen.

5.1.1. Erwachendes Interesse am Thema "Expertensysteme"

Auf der 10. Jahrestagung der GI in Saarbrücken im Herbst 1980 hielt Edward A. Feigenbaum aus Stanford einen Hauptvortrag über Expertensysteme und Knowledge Engineering, in dem er darauf hinwies, daß KI-Forschung in den USA eines der am stärksten mit staatlichen und industriellen Mitteln geförderten Gebiete der Informatik sei, was auf die wachsende wirtschaftliche Bedeutung von Expertensystemen in den Staaten zurückgeführt werden könne. Dieser Gedanke wurde auf der GWAI 81 (German Workshop on Artificial Intelligence) von Peter Raulefs aufgegriffen.

> Raulefs hat, glaube ich, versucht, das große Rad zu drehen zu der Zeit. Er wollte so eine Rolle spielen wie Eddie Feigenbaum in den USA. Und zwar wissenschaftlich, aber auch kommerziell. Peter Raulefs hat eine wichtige Rolle gespielt in der Goldgräber-Stimmung, also Anfang der achtziger Jahre. Der hatte erst in Karlsruhe und dann in Kaiserslautern eine Professur und ist auf dieses Thema "Expertensysteme" draufgegangen. Er hat das sehr früh zu seinem Thema erklärt. Er selber ist von seiner Herkunft her Physiker und hat sich für diese ganzen ingenieurmäßigen Dinge interessiert. Und der hat das wirklich fortgebracht. (Christaller im Gespräch)

Angestoßen durch die Möglichkeit, auf dem Gebiet der Expertensysteme Fördermittel für die KI-Forschung zu akquirieren, diskutierten die Mitglieder der Fachgruppe Bibel, Raulefs, Siekmann und Wahlster am Rande der GWAI 81 folgende Punkte:

1. industrielle Anwendungen der KI
2. die Einrichtung eines nationalen KI-Forschungszentrums
3. Standards für erfolgreiche KI-Projekte
4. KI-Lehr- und Ausbildungsangebote an den Universitäten
5. Öffentlichkeitsarbeit
6. Planung einer KI-Summerschool

(Quelle: Dilger 1981: 53)

Die Industrie fing zu Beginn der achtziger Jahre langsam an, sich dem Thema "KI" zuzuwenden. Es gab im Wissenschaftlichen Zentrum der IBM Deutschland GmbH ein von Egbert Lehmann (mittlerweile aus der DDR geflüchtet) betreutes Sprachverarbeitungs-Projekt (das erste IBM-Projekt mit KI-Bezug (Prolog-Tool) fand schon 1979 in Zusammenarbeit mit der RWTH Aachen statt; außerdem gab es selbstverständlich bei IBM in den USA bereits Aktivitäten im KI-Bereich), im CAD-Bereich (Computer Aided Design) und in der Sprachverarbeitung Aktivitäten des Forschungslaboratoriums der Philips GmbH in Hamburg (BMFT-gefördert), BMFT-geförderte Aktivitäten von Text- und Bildverarbeitung in diversen Unternehmensteilen der AEG AG, ein Sprachverarbeitungsprojekt mit LISP-Aktivitäten im Bereich "Daten- und Informationssysteme" der Siemens AG in München bzw. die Teilnahme von Siemens am Universitätsprojekt SEKI (vgl. Punkt 5.1.2) sowie ein BMFT-gefördertes Spracherkennungs-Vorhaben, BMFT-geförderte Mustererkennungs-Aktivitäten sowohl bei der IBP Pietzsch GmbH in Ettlingen als auch der Leica Industrieverwaltung GmbH in Wetzlar und den Fraunhofer-Instituten IPK, IID und IPA. Das mit Forschung und Entwicklung für öffentliche und industrielle Auftraggeber betraute Frankfurter Battelle-Institut e.V. führte das Thema "Expertensysteme" in der Gruppe "Fortgeschrittene Informationstechnologien" ein. Einige deutsche Software-Häuser fingen ebenfalls an, sich mit KI-Techniken zu beschäftigen, wie zum Beispiel Epsilon (Gesellschaft für Softwaretechnik und Systementwicklung mbH) in Berlin mit Prolog-Programmiersystemen, die Triumph-Adler AG in Nürnberg mit wissensbasierter Dialogführung, Expertensystemen und maschineller Sprachverarbeitung oder die Nixdorf Computer AG in Paderborn mit Expertensystemen und Knowledge Engineering. Die Nixdorf Computer AG entwickelte als erstes Industrieunternehmen in der seit Anfang 1983 existierenden Projektgruppe "Expert Systems and Knowledge Engineering" eine eigene Expertensystem-Shell, genannt TWAICE.

> Faktisch ist es so, daß wir als Unternehmen die ersten waren, die ein entsprechendes Produkt auf dem Markt lanciert haben. Das war diese Expertensystem-Shell TWAICE, die wir auf der Cebit 84/85 (Computer-Messe, Anm.d.Verf.) das erste Mal vorgestellt haben. Wir hatten also das erste kommerzielle Produkt der ganzen Initiativen, die in den achtziger Jahren gestartet worden sind. (Harald Damskis, leitender Mitarbeiter der ehemaligen Geschäftsstelle "Consulting Expertensysteme" der Siemens Nixdorf AG)

Die Triumph-Adler AG und die Nixdorf Computer AG veröffentlichen im September 1983 die ersten beiden als solche ausgewiesenen KI-Stellenangebote für die Industrie im KI-Rundbrief:

> Wer sich für eine KI-Tätigkeit in der Industrie interessiert, wer auch schon etwas Ahnung mitbringt, z.B. über Expertensysteme, wer glaubt, daß etwas

mit aufbauen außer Arbeit auch Spaß macht, wer einen Chef will, der selbst aus der KI-Gemeinde stammt, der sollte mal überlegen, ob Nürnberg nicht ein attraktiver Wohnort ist. (Auszug aus einer Anzeige der Triumph-Adler AG im KI-Rundbrief 31, September 1983: 65)

Wir suchen 3 Systemingenieure mit folgenden Kenntnissen: - Ausbildung in und praktische Erfahrung in der Künstlichen Intelligenz - Prolog-Kenntnisse (ggf. auch LISP) - fließende Deutsch- und Englischkenntnisse in Wort und Schrift - womöglich promoviert auf einem Gebiet der Künstlichen Intelligenz. (Auszug aus einer Anzeige der Nixdorf Computer AG im KI-Rundbrief 31, September 1983: 66)

Trotz des eher zögerlichen Einstiegs wurden die Möglichkeiten, die in der Entwicklung von KI-Technologien speziell im Expertensystem-Bereich liegen, in ihren betriebs- und volkswirtschaftlichen Perspektiven durchaus erkannt und an internationalen Entwicklungsstandards gemessen (vgl. z.B. Göbel 1982: 158-167).

Im Frühjahr 1982 fand erstmals die neben der GWAI zweite große nationale Veranstaltung der deutschen KI-Forschung statt: die "Künstliche-Intelligenz-Frühjahrsschule" (KIFS), die seither jährlich abgehalten und Vorbild für die erwähnten DDR-KI-Sommerschulen wurde. Als weitere wichtige KI-Tagung wurde unter Beteiligung der deutschen KI-Forscher die Etablierung der "European Conference on Artificial Intelligence" (ECAI) beschlossen. Die GWAI 82 wurde von dem allmählich zum "Social Leader" avancierenden Wolfgang Wahlster geleitet. 12 Prozent der über 100 Teilnehmer kamen aus der Industrie (davon 6 Prozent allein von der Siemens AG), die "von Wolfgang Wahlster am Beginn der Tagung auch mit sichtlicher, aber erfrischend selbstbewußter Freude begrüßt" wurden (Reddig 1982).

Zur besseren Einschätzung der US-amerikanischen KI-Forschungssituation[14] reisten die deutschen KI-Wissenschaftler Wahlster und von Hahn im Jahr 1981 mit Unterstützung öffentlicher Forschungsgelder in die USA, wo die besondere Aufmerksamkeit den wissenschaftlichen Aktivitäten im Expertensystembereich und den auf diesen gerichteten Bemühungen der Industrie galt (vgl. Reiseberichte in KI-Rundbrief 24/25, September 1981: 37f).

---

[14] Weitere US-Reisen bzw. längere US-Aufenthalte unternahmen in dieser Zeit z.B. Günther Görz von Juni bis Dezember 1981, Claus Rollinger im September 1982, Thomas Christaller und Wolfgang Hoeppner im Spätsommer 1983.

5.1.2. Die Forschungsprojekte: HAM-ANS, SEKI, KIT und INFORM

Offizieller Grund der Vortragsreise war dabei die erfolgreiche Beendigung des bereits erwähnten DFG-Projektes HAM-RPM, welches im Rahmen der USA-Reise an den maßgeblichen amerikanischen Universitäten und auf der IJCAI 81 (International Joint Conference on Artificial Intelligence) vorgestellt wurde. Walther von Hahn erhielt in diesem Jahr für die Realisierung von HAM-RPM den "Forschungspreis Technische Kommunikation der SEL-Stiftung für technische und wirtschaftliche Kommunikationsforschung im Stifterverband für die Deutsche Wissenschaft". Wolfgang Wahlster stellte den Kontakt zur staatlichen Forschungsförderung her, indem er das Interesse des Leiters vom "Referat Informationstechnik" des BMFT für das Hamburger Sprachverarbeitungsprojekt weckte. Im Frühjahr 1981 bewilligte das BMFT im Rahmen der Fördermaßnahmen zur Informationstechnologie ein dreieinhalbjähriges Projekt zu "Entwurf und Implementation des anwendungsorientierten natürlichsprachlichen Systems HAM-ANS für den Zugang zu anderen Software-Produkten", welches ab 1.7.1981 an der Hamburger Forschungsstelle für Informationssysteme und Künstliche Intelligenz die Nachfolge des DFG-geförderten HAM-RPM antrat. Mit HAM-ANS übernahm das BMFT die Förderung eines KI-Sprachverarbeitungsprojekts, welches erstmals im relativ großen Rahmen aus dem Haushalt der Informationstechnik finanziert wurde. Das Fördervolumen betrug knapp 1,7 Millionen DM, wobei neben den Projektleitern von Hahn und Wahlster sechs Wissenschafter mitarbeiten sollten (Wolfgang Hoeppner, Anthony Jameson, Katharina Morik, Thomas Christaller, Heinz Marburger, Bernhard Nebel).

Die zu dieser Zeit in der Bundesrepublik wichtigsten Gebiete der KI-Forschung waren "Verarbeitung natürlicher Sprache" mit Schwerpunkt in Hamburg (Gruppe unter Leitung von Wahlster) und "Theorembeweisen" mit Schwerpunkt in Karlsruhe (Gruppen unter Leitung von Siekmann und Raulefs). Das Projekt SEKI wurde seit Anfang 1981 an den Informatik-Instituten der Universitäten Karlsruhe (Gruppe Raulefs) und Bonn in Zusammenarbeit mit der Siemens AG bearbeitet. Es ging um die Entwicklung eines integrierten Softwareentwicklungs- und Programmverifikationssystems bis zur Prototypenreife. Peter Raulefs, der neben Verifikationsmethoden auch das Thema Expertensysteme bearbeitete, stellte hier erste Kontakte zum BMFT her:

> Raulefs, der damals CDU-nah war, hat eine absolute Schlüsselrolle gespielt. Der hat die Technokraten im BMFT mobilisiert und gesagt: "Leute, hier läuft was, was wirtschaftlich absolut relevant ist", und die haben dann zunehmend auch gefördert. (Siekmann im Gespräch)

Im Dezember 1981 wurde das Projekt KIT "Kognitive Verfahren zur Informations-Extraktion und -Zusammenfassung aus Texten" als Grundlagenforschungsprojekt, gefördert von der Gesellschaft für Information und Dokumentation (GID), am Fachbereich Informatik im Institut für Angewandte Informatik der Technischen Universität Berlin für zunächst zwei Jahre bewilligt (Mitarbeiter: Christopher Habel, Carola Reddig, Claus-Rainer Rollinger, Helmar Gust u.a.). Nach Ende des Bewilligungszeitraums wurde KIT am 1.1.1984 in "Künstliche Intelligenz und Textverstehen" umbenannt; das Projekt bestand weiterhin aus zwei Teilprojekten, von denen eines vom BMFT und das andere von der Firma Nixdorf Computer AG finanziert wurde. Die KIT-Gruppe wurde 1984 durch einige der ehemaligen Mitarbeiter der HAM-ANS Gruppe verstärkt. Das Projekt INFORM "The Function of Integrated Information Manipulation Systems to Support Man-Machine Communication" wurde als BMFT-Projekt für 2 Jahre (1981/1982) am Institut für Informatik der Universität Stuttgart (Projektleiter: Rul Gunzenhäuser, Gerhard Fischer) angesiedelt.

5.1.3. Die Krise der Hamburger KI-Forschung

Hamburg war dank der Erfolge der HAM-RPM- bzw. der HAM-ANS-Gruppe sowie durch die Arbeiten der Nagel-Gruppe neben Karlsruhe der wichtigste Standort bundesdeutscher KI-Forschung (vgl. z.B. Punkt 5.1.6.: Den Gremien der GI standen überwiegend Hamburger vor). Doch die Wissenschaftspolitik des Hamburger Senats führte Anfang der achtziger Jahre zum Ausstieg aus der bisher protegierten Informatik-Förderung. Die von den Gewerkschaften angemahnte "unsoziale Politik" der Unterstützung von Rationalisierungs- und Automatisierungstechniken, die zum Verlust von Arbeitsplätzen und zur "Enthumanisierung" der Arbeitswelt zu führen schienen, sollte nicht länger das Bild der Universität bestimmen. Für die KI-Wissenschaftler, die bundesweit Karrierechancen erhielten, wurde Hamburg zum unattraktiven Standort.

> Ich erinnere mich noch: Ich hatte eine Symbolics-Maschine. Das war was ganz Tolles. Spezielle KI-Maschinen. Dafür habe ich damals 250000 DM gleich nach der Promotion aus Bonn gekriegt und wollte die Maschine in Hamburg aufbauen. Aber sogar das wurde mir in Hamburg nicht erlaubt damals. Das war ein Witz. Das Geld hatte man, und bekam nicht die Genehmigung, die Maschine in Hamburg aufzustellen. Es war wirklich eine Schildbürger-Situation. Und dann sind wir eben alle etwas frustriert weg. (Wahlster im Gespräch)

Die Abwanderung von Wolfgang Wahlster, der 1982 einen Ruf nach Saarbrücken erhielt, traf die Hamburger KI-Forschung neben dem Weggang von Hans-Hellmut Nagel am empfindlichsten. Ein Jahr später versuchte Wilfried Brauer, Wahlster auf eine C4-Stelle nach Hamburg zurückzuholen. Nach einem Gespräch mit dem damaligen Wissenschaftssenator Michael Meyer-Abich verzichtete Wahlster auf eine Rückkehr.

> Da bin ich dann aber nicht mehr hin, weil da ja Hamburg auf dem absteigenden Ast war. Da war ja diese Krise in der Hamburger Informatik. Da sind alle weggegangen. Da war wirklich die Tabula rasa. Da sind von 18 Professoren nur noch 5 dagewesen. Das hing im wesentlichen auch mit diesem Herrn Meyer-Abich zusammen. Mit dem habe ich mich ja schwer angelegt. Der hat mich noch persönlich eingeladen: "Wir wollen Sie wieder zurückgewinnen, aber wir werden die Informatik runterfahren." Der hat ja Informatik und Kernkraftwerke alles in einem Pott umgerührt und dann gesagt: "Das Ganze ist Teufelswerk." Das war keine Arbeitsbasis. Und da bin ich nicht wieder hingegangen. (Wahlster im Gespräch)

Wahlster blieb weiterhin Leiter der HAM-ANS-Gruppe, die sich nach Projekt-Ende im Dezember 1984 auflöste, wobei ein Großteil der Gruppe nach Berlin abwanderte, um dort vor allem in der KIT-Gruppe zu arbeiten.

5.1.4. Das japanische "Fifth Generation Computer Systems Project"

Doch nicht nur das US-amerikanische Vorbild der kommerziellen Nutzung von KI-Technologien im Expertensystem-Bereich bestimmte die Aktivitäten der Aufbruch-Phase. Die zweite, große High-Tech-Nation eröffnete Anfang der achtziger Jahre den modernisierungspolitischen Wettlauf um die Verfügung über KI-Technologien in der Weltmarkt-Konkurrenz. Im Oktober 1981 wurde vom Ministry of International Trade and Industry (MITI) in Japan eine Konferenz in Tokio über "Fifth Generation Computer Systems" initiiert, auf der die breit angelegte japanische Forschungsoffensive zur "Künstlichen Intelligenz", das mit 5 Milliarden DM ausgestattete "Fifth Generation Project", vorgestellt wurde:

> Japan has come to be considered an "economic power" by the other countries of the world.[...] By promoting this project, Japan is playing a leading role worldwide in the field of computer technology development. This effort will not only help our computer industry foster more creative technology, but will also provide our country with a means of bargaining power. (Konferenzleiter Moto-Oka, zitiert nach Bonse 1991: 68)

Die Konferenz in Tokio wurde von etwa 300 eingeladenen Teilnehmern aus allen Ländern besucht. Die Bundesrepublik Deutschland wurde durch eine Delegation unter Leitung von Dr. Marx vom BMFT vertreten. Dennoch reagierte die Bundesregierung erst 1983 mit ausgearbeiteten Förderungskonzepten.

> Eine bundesdeutsche, staatliche Reaktion auf die japanischen und amerikanischen KI-Programme versteht sich nicht von selbst. Denn die Bundesregierung hatte bis Anfang der 80er Jahre weder eigene politische Interessen an "Künstlicher Intelligenz" entwickelt, die den modernisierungspolitischen Interessen Japans und den primär machtpolitischen der

USA vergleichbar wären.[...] Motiv und Möglichkeiten einer bundesdeutschen Reaktion schienen demnach zunächst zu fehlen. (Bonse 1991: 77)

Auch die Umbildungen im Zuge des Regierungswechsels (Mißtrauensvotum im Oktober 1982; vorgezogene Bundestagswahl im März 1983; Vorstellung eines Papiers zur Informationstechnik Mai 1983) verzögerten die Verabschiedung eines Förderungskonzepts. Die sozialliberale Bundesregierung hatte ihrerseits auf die Etablierung einer eigenständigen staatlichen Forschungsplanung verzichtet (zu den Gründen vgl. z.B. Bonse 1991:16ff; Hack 1988: 137ff, Ronge 1986: 341ff), was ein einfaches Anknüpfen an vorhandene Mechanismen verhinderte.

5.1.5. Die ersten KI-Aktivitäten der Gesellschaft für Mathematik und Datenverarbeitung (GMD)

Eine der ersten Reaktionen der neuen Bundesregierung auf die informationstechnologische Herausforderung Japans und der USA war die Bereitstellung von Fördermitteln in der "hauseigenen" Forschungsinstitution des Bundes, der zu 90 Prozent aus Bundesmitteln finanzierten "Gesellschaft für Mathematik und Datenverarbeitung" (GMD). Auf der GWAI 82 wurde die Möglichkeit angeboten, - per Exkursion zur GMD - die erste in der Bundesrepublik installierte LISP-Maschine zu bewundern, welche die GMD-Wissenschaftler allerdings zunächst weniger zu KI-Zwecken einsetzten.

> Weil hier mehr Ressourcen sind, einfach auch an Geld, haben die ein Gerät beschafft, eine sogenannte LISP-Maschine. Aber es war keiner da, der damit umgehen konnte. Aber in der Hochschulszene waren natürlich jede Menge Leute, die danach jibberten, mit so einer Maschine zu arbeiten. (Christaller im Gespräch)

Die Gesellschaft für Mathematik und Datenverarbeitung war 1982 im Rahmen des Regierungswechsels komplett umstrukturiert worden. Der in Betriebswirtschaft ausgebildete Vorstandsvorsitzende Norbert Schiperski bereiste zunächst die USA und Japan, um die dortige Forschungsorganisation im Bereich der Informationstechnologien zu recherchieren.

> In den USA ist ihm dieses Gebiet "Expertensysteme" über den Weg gelaufen. Und als völlig Naiver, der für über 1000 Leute auf einmal die Verantwortung übernehmen und nach neuen Themen suchen sollte, hat er gesagt: "Spannendes Thema. Ist innerhalb der KI. Aber Expertensysteme macht hier keiner in Deutschland, außer dem Peter Raulefs. In der USA und in Japan reden sie alle davon, daß sie damit Geld verdienen wollen." Also

wurde hier eine Gruppe gegründet: ich glaube, so 4 oder 5 Leute im Sommer 1983. Die haben dann den Peter Raulefs als Berater eingekauft. Expertensystem-Gruppe, so hieß die damals. (Christaller im Gespräch)

Die Gruppe "Expertensysteme" wurde dem neu gegründeten "Institut für Angewandte Informationstechnik" angegliedert und sollte an einer wissensbasierten Expertensystem-Shell arbeiten, womit im Dezember 1983 begonnen wurde. Die LISP-Maschine von Symbolics stand ab November 1983 bereit. Die Gruppe setzte sich zunächst aus 11 Mitarbeitern zusammen (Gruppenleiter Dieter Bungers, Franco Di Primio, Eckehard Gross, Hans-Werner Güsgen, Hans-Werner Hein, Peter Henne, Walter Klar, Bernd S. Müller, Jochen Poetsch, Erich Rome und Jürgen Walther), sollte aber noch vergrößert werden.

5.1.6. Die Einrichtung des Fachausschusses 1.2. "Künstliche Intelligenz und Mustererkennung" in der Gesellschaft für Informatik

Nach einer Organisationsanpassung im Frühjahr 1983 wies die GI folgende Binnenstruktur auf: Fachbereiche (FB), Fachausschüsse (FA), Fachgruppen (FG) und Arbeitskreise (AK). Die KI-Forschung war bislang als Fachgruppe vertreten. Ihre beginnenden Erfolge veranlaßten Bemühungen zur "Anhebung" auf eine höhere Strukturebene. Zunächst wurde "KI" zum Fachausschuß angehoben:

> Ich habe die ersten Verhandlungen damals zusammen mit Bernd Neumann geführt. Das war eine wichtige Sache, das zum Fachausschuß anzuheben. Und das haben Bernd Neumann und ich damals zusammen ausgehandelt, gegen den Brauer. Die wollten das nicht. Dann haben wir gesagt: "Gut, dann gründen wir eine eigene Gesellschaft wie im Ausland auch" und sind unter Protest ausgezogen. Die ganzen Argumente: Die haben gesagt, KI ist nicht so bedeutend. Das ist ein Wischi-Waschi-Gebiet. Das sind nur flippige, futuristische Träume. Maschinen können nicht denken. Die Leute, die das machen, sind akademisch ja gar nicht ausgewiesen. Keiner von denen ist Prof, was im wesentlichen damals noch stimmte. Und, und, und. Und dann hat Brauer eine sehr gute Rolle gespielt, muß man sagen. Gegen seine Polemik. Nämlich er hat gesagt: "Hört mal Leute, wenn wir diesen jungen Männern hier jetzt nicht eine Heimat bieten, dann hauen die wirklich ab, und das ist ein Schaden für die Informatik. Wir brauchen die Erneuerung". Und mit diesem Argument hat er es durchgepokert. Uns sozusagen gewinnen lassen. (Siekmann im Gespräch)

Ab März 1983 galt folgende Organisationsstruktur:

    Fachbereich 1.: Grundlagen der Informatik und Künstliche Intelligenz
    (Sprecher: Brauer, Hamburg; Stellvertreter: Neumann, Hamburg)

        Fachausschuß 1.1.: Grundlagen der Informatik
        (mit Fachgruppen und Arbeitskreisen)

        Fachausschuß 1.2.: Künstliche Intelligenz und Mustererkennung
(Sprecher: Wahlster, Hamburg/Saarbrücken; Stellvertreter: Radig, Hamburg)

Fachgruppe 1. Deduktionssysteme (Sprecher: Richter, Aachen)
Fachgruppe 2. Expertensysteme (Sprecher: Raulefs, Kaiserslautern)
Fachgruppe 3. Natürlichsprachliche Systeme (Sprecher: Wahlster)
Fachgruppe 4. Theorie der Mustererkennung (Sprecher: Winkler, Karlsruhe)
Fachgruppe 5. Sprachanalyse (Sprecher: Niemann, Erlangen)
Fachgruppe 6. Bildanalyse und Bildverstehen (Sprecher: Radig)
Fachgruppe 7. Robotik (Sprecher: Neumann)

Arbeitskreis 1. KI-Programmierung (Sprecher: Stoyan, Erlangen)
Arbeitskreis 2. Kognition (Sprecher: Freksa, Hamburg)

                                  (Quelle: Wahlster 1983: 3)

5.1.7. Die "8. International Joint Conference on Artificial Intelligence" 1983 in Karlsruhe

In Punkt 3.3. dieses Kapitels wurde darauf hingewiesen, daß sich die deutschen KI-Wissenschaftler bereits sehr früh um die Austragung der größten KI-Tagung, der International Joint Conference on Artificial Intelligence (IJCAI) bemühten. Wie ausgeführt, wäre es beinahe schon 1979 gelungen, die in zweijährigen Abständen stattfindende IJCAI nach Deutschland zu holen. Vom 8. bis 12. August 1983 war es dann soweit. Unter dem General Chairman Saul Amarel und dem Program Chairman Alan Bundy richteten die Local Arrangement Chairmen Peter Raulefs[15], Jörg Siekmann und Graham Wrightson die IJCAI 83 in Karls-

---

[15] Die Konferenz-Eröffnungsrede von Peter Raulefs beschäftigt sich mit der Situation der deutschen KI-Forschung im Jahr 1983. (Quelle: KI-Rundbrief 31, September 1983: 21f). Einen weiteren Überblick über die deutsche KI-Forschung Anfang der achtziger Jahre gibt das von Bibel und Siekmann im Namen des Fachausschusses 6 der GI herausgegebene Handbuch "Studien- und Forschungsführer Künstliche Intelligenz" 1982. (beziehbar über die Gesellschaft für Informatik) sowie für die Zeit bis 1980 der Überblicksartikel von Peter Raulefs 1980: 50ff.

ruhe aus. An der Konferenz nahmen über 1500 KI-Wissenschaftler aus allen Ländern teil (die bis dahin größte IJCAI überhaupt). Finanziell unterstützt wurde die Ausrichtung von der DFG (60000 DM), vom Land Baden-Württemberg (12000 DM) und der Stadt Karlsruhe (30000 DM als Ausfallbürgschaft).

> Abgesehen von dieser internationalen Bedeutung hat die IJCAI-83 auch national - und das war schließlich ein wesentliches Motiv dafür, die Konferenz hier in Deutschland abzuhalten - ein enormes Echo gefunden. Zum ersten Mal hatte die deutsche Informatik eine internationale Konferenz von dieser Bedeutung und Größe nach Deutschland holen können, und das für die Presse interessante Thema "Künstliche Intelligenz" mag ein übriges getan haben, um einen für wissenschaftliche Konferenzen ungewöhnlich großen Pressewirbel zu entfachen: die Veranstalter haben sicher über 100 Interviews, Presseerklärungen etc. für die internationale und nationale Presse abgegeben, und wenn auch die offiziell angesetzte Pressekonferenz nicht gerade ein Erfolg war, so war das Gesamtinteresse und -Echo doch weit überdurchschnittlich. (Siekmann 1983: 13f)

Der angesprochene Mißerfolg der Pressekonferenz war maßgeblich durch ein Vorkommnis bestimmt, welches die KI-Forschung im Vorfelde der IJCAI in negative Schlagzeilen gebracht hatte. Die an der Produktion von Pershing II-Raketen beteiligte Firma "Marietta" hatte sich zur Industrieausstellung der Karlsruher IJCAI angemeldet, was die "Karlsruher Rundschau" eine Woche vor Beginn der Konferenz publizierte und was von überregionalen Zeitungen aufgenommen wurde. Es bildete sich die "Friedensinitiative Karlsruhe", der sich ca. 40 Organisationen anschlossen. Die Firma "Marietta" verzichtete daraufhin auf die geplante Ausstellung, was allerdings die Teilnehmer der Pressekonferenz nicht hinderte, ihre Aufmerksamkeit weiterhin vor allem diesem Thema zu widmen. Trotzdem war auch die Negativ-Presse (z.B. im "Tages-Anzeiger" vom 20.9.1983 "Künstliche Intelligenz kommt auf uns zu. Intelligente Computer erzeugen mehr und mehr große militärische Bedrohungen") dazu angetan, das Thema "KI" voranzubringen:

> Die Presse, wie man das macht. Der Wrightson, der kannte sich da aus. Der wußte, wie man das macht mit den Fachjournalisten. Wie man die dazu bringt. 1983 war die IJCAI mit hunderten von Journalisten, die eingeladen worden sind. Das ist nicht nur böse. Man denkt als Wissenschaftler, man ist in so einer Verteidigungsrolle, weil man da mitgemacht hat. Aber man kann nichts bewirken, wenn man das nicht macht. So ist das eben. In der großen Politik auch. (Siekmann im Gespräch)

5.1.8. KI-Forschung und die Massenmedien

Der "Fall Marietta" (Siekmann) machte deutlich, daß die deutsche KI-Forschung fortan mit einer interessierten Medien-Öffentlichkeit rechnen mußte. Schon 1980 beschäftigte sich eine STERN-Serie (Stern 3/1980: "Die Machtergreifung. Elektronengehirne werden die achtziger Jahre beherrschen". und Stern 4/1980: "Roboter bekommen Gefühle") mit KI-Themen. Die "Deutsche Universitätszeitung" (Nr. 6, 1981) stellte unter dem Titel "Was der Mensch kann, kann auch die Maschine - Eine junge Wissenschaft auf dem Vormarsch" die deutsche KI-Forschung vor, das "Hamburger Abendblatt" (14./15.11.1981) stellte die Hamburger KI-Sprachverarbeitung unter dem Titel "Der Computer ergreift das Wort" vor, ebenso wie die "Funkschau" (Nr.3, 1982), die unter dem Titel "Redepartner in Hamburg" ein Interview mit Walther von Hahn und Wolfgang Wahlster auswertete; die Wochenzeitung "Markt und Technik" (Nr. 13, 2.April 1982) veröffentlichte unter dem Titel "Künstliche Intelligenz eröffnet neue Perspektiven für Absolventen" einen Bericht über KI-Ausbildung und Berufschancen in der Bundesrepublik. Auch die "Berliner Zeitung" in der DDR stellte die Frage: "Haben wir bald die intelligenten Maschinen?" (11.12.1982).

Nachdem das Thema "KI" im Rahmen der IJCAI 83 zum Reiz- und Modethema geworden war, folgte eine Flut von Veröffentlichungen in lokalen, regionalen und überregionalen Zeitungen bzw. Zeitschriften, zum Beispiel in der "Quick" (Nr. 47, 17.11.1983) unter dem Titel "Der Computer wird immer intelligenter", in "Die Welt" (23.11.1983) mit der Überschrift "Reden wie mit Kollegen" oder in "BILD" (2.9.1983) als Schlagzeile der ersten Seite: "Beim Interview: Roboter Toby kniff mir in die Wade". Die KI-Scientific Community versuchte steuernd auf die Berichterstattung einzuwirken:

> Jeder von uns wird in den vergangenen Monaten die Gelegenheit gehabt haben, seine Disziplin, die KI, in der Presse, oder in Rundfunk und Fernsehen als Gegenstand von mehr oder minder sachkundigen und sorgfältigen Darstellungen zu finden. Die Fragen, die sich hierbei stellen, sind u.a.: - Inwieweit ist schlampige oder bewußt auf Sensationen ausgerichtete Information über die KI für die Disziplin schädlich? Inwieweit können wir, d.h. die betroffenen Wissenschaftler, durch umsichtigen und sorgfältigen Umgang mit Journalisten erreichen, daß die Darstellungen der KI in den Medien mit den Tatsachen übereinstimmen? - Welche sonstigen Maßnahmen sind geeignet, der durch die Medien angesprochenen Öffentlichkeit ein realistisches Bild von der KI zu vermitteln? (Habel/Rollinger 1983: 3)

5.1.9. Die Aufbruch-Phase: Zusammenfassung

Die Entwicklung der deutschen KI-Forschung zu Beginn der achtziger Jahre überfordert das Erklärungsangebot, welche Mullins für die weitere Entwicklung einer Scientific Community im Anschluß an das "Network"-Stadium bereithält. Die Geschichte der KI-Forschung in diesem Zeitraum umfaßt mehr als den erfolgreichen Etablierungsversuch eines Fachgebiets im Wissenschaftsbetrieb (vgl. Mullins 1973: 22-25). Deutsche Wissenschaftspolitiker, Leiter von öffentlichen Forschungs- und Entwicklungsinstitutionen, Mitglieder von Entwicklungsabteilungen in der Privatwirtschaft und KI-Wissenschaftler bereisen zu Beginn der achtziger Jahre internationale Konferenzen, hören Vorträge vor allem amerikanischer Wissenschaftler, rezipieren KI-Beiträge der Massenmedien und lesen Wirtschaftsbilanzen internationaler Unternehmen.

Die bis dahin eher um Aufmerksamkeit und Anerkennung kämpfende Scientific Community der deutschen KI-Forschung steht plötzlich im Mittelpunkt des öffentlichen Interesses: für die kritische Medienöffentlichkeit ein Stein des Anstosses (siehe Medienbeiträge zur "Machtergreifung durch intelligente Maschinen", die Karlsruher Friedensinitiative oder die Gründe für die Krise der Hamburger KI-Forschung), birgt die KI-Forschung für die Wissenschafts- und Technologiepolitik der neuen Bundesregierung sowie für die Wirtschaft doch gerade im "anstößigen" Bereich der Rationalisierung und Automatisierung von Industriearbeit Gewinnchancen, die sich volks- und betriebswirtschaftlich umsetzen lassen. Die Scientific Community richtet sich auf das diese Interessen provozierende Thema "Expertensysteme" ein, welches bis dahin in der deutschen KI-Forschung keine Rolle gespielt hat. Der plötzliche Bedeutungsgewinn der deutschen KI-Scientific Community wird maßgeblich durch die Austragung der größten internationalen KI-Konferenz IJCAI 1983 in Karlsruhe unterstützt. Die Community kann nicht nur ihre Stellung innerhalb der Oganisationsstruktur der Gesellschaft für Informatik maßgeblich verbessern, sondern bietet ihren Mitgliedern jetzt exklusive Karrierechancen, die den Vertretern der klassischen Informatik nicht zugänglich sind.

> Die Zeit, in der sich KI-Wissenschaftler in Deutschland als die "erniedrigten und beleidigten Parias" der Informatik fühlen mußten, ist ohnehin endgültig vorbei, und das Gebiet bekommt auch hierzulande (mit der landesüblichen Verspätung von ca. 10 Jahren) das positivistische Strahlemann-Image ("AI - the darling of computer science"), dessen enorme wissenschaftliche und technologische Bedeutung im Ausland längst anerkannt ist. Medien, Industrie und Forschungsinstitutionen laufen dem Gebiet (besser: dessen Repräsentanten) hinterher, und es ist bereits absehbar, daß jede Informatikfakultät auch etwas von diesem Glitzerding unter ihr Dach bringen möchte. Die DFG plant einen Sonderforschungsbereich, das BMFT plant ein größeres Förderungsprogramm für dieses Gebiet, und inzwischen werden auch Hochschulstellen und Industriestellen für die KI ausgeschrieben - mehr als man zur Zeit ernsthaft besetzen könnte. (Siekmann 1983: 14)

5.2. Die Durchbruch-Phase (1984-1989)

Im Dezember 1984 wurde der KI-Rundbrief bereits an 1150 Interessenten verschickt, von denen die meisten Mitglied in den entsprechenden KI-Gremien der Gesellschaft für Informatik waren. Das sprunghafte Anwachsen der Scientific Community wurde durch eine Offensive der bundesdeutschen Forschungsförderung initiiert und gestützt, die im März 1983 endgültig verabschiedet wurde. Im Bundesbericht Forschung wurden die Ziele der Förderung von Daten- bzw. Informationsverarbeitungs-Technologien definiert:

> Die im Zuge der bisherigen Förderung gewonnenen Erfahrungen und Ergebnisse lassen im Hinblick auf das weitere Zusammenwachsen von Datenverarbeitung, Textverarbeitung und Nachrichtentechnik drei Bereiche erkennen, in denen schwerpunktartige Förderung erforderlich erscheint. Dies ist erstens der rechnergestützte Entwurf von Computern und Software, ohne den komplexe Computer und größere Softwaresysteme nicht mehr zu entwickeln sind. Zweitens sind dies neue Rechnerstrukturen - eine Aufgabe, die eng mit Beschaffungsvorhaben für wissenschaftliche und staatliche Aufgaben gekoppelt ist. Schließlich ist drittens für Wissensverarbeitung und Mustererkennung eine Vielfalt von Problemen, von der Sprach- und Bilderkennung bis zur Wissensdarstellung und -verarbeitung zu lösen, um den Computer zu einem einfach handhabbaren "Denkzeug" zu machen. (Der Bundesminister für Forschung und Technologie (Hg.): Bundesbericht Forschung VII 1984, Bonn 1984: 116)

Die großen, deutschen Wirtschaftsunternehmen rüsteten sich ebenfalls, mit Hilfe von eigenen und eingekauften KI-Forschern bzw. -Entwicklern den neuen Markt zu erobern.

> Bei der AEG ist das etwa so 1984 angefangen, ohne daß man einen genauen Termin angeben könnte. Es ist halt so, daß gewisse Mitarbeiter gemerkt haben, daß sich da was tut, daß da unter Umständen etwas industrierelevant sein könnte. Dann sind so langsam zwei Gruppen entstanden. (Dr. Kurt Sundermeyer, KI-Forschungsgruppenleiter im Forschungsinstitut Berlin der Daimler Benz AG)

> Das war Mitte der achtziger Jahre im Grunde eine Vorinvestition von Nixdorf, die wir getätigt haben, um auf diesem Markt überhaupt präsent zu sein. Knowhow aufzubauen, Projekte zu akquirieren, erste Kunden zu gewinnen, die überhaupt das Risikopotential stemmen konnten mit uns. Die Entwicklung bei Siemens ist damals etwas anders verlaufen. Was Siemens im Gegensatz zu Nixdorf damals nicht gemacht hat, ist, daß sie sich nicht darauf konzentriert haben, vermarktungsfähige Produkte herzustellen. Siemens hat damals die Expertensystem-Shell S.1 aus den USA erworben, dieses Produkt auf seine Maschinen portiert und dort halt dem Markt verfügbar gemacht. (Damskis, Siemens Nixdorf, im Gespräch)

5.2.1. Der Sonderforschungsbereich "Künstliche Intelligenz -Wissensbasierte Systeme" der DFG

Die Deutsche Forschungsgemeinschaft richtete 1985 einen Sonderforschungsbereich (SFB) für das Thema "KI" ein. Der neue SFB 314 "Künstliche Intelligenz - Wissensbasierte Systeme" sollte bis 1989 etwa 19 Millionen DM erhalten, wobei 8 Millionen im Rahmen einer Sonderfinanzierung vom BMFT bereitgestellt wurden. Insgesamt 14 Forschungsprojekte wurden bisher vom SFB 314 gefördert. Wie kam es, daß die DFG als eingetragener Verein der deutschen Wissenschaftler ein Förderinstrument besaß, daß nicht nur einzelne Wissenschaftler, sondern eine Technologie als solche massiv unterstützen konnte - noch dazu im Einklang mit den Zentralisierungsbestrebungen der Forschungsförderungspolitik des Bundes?

> Wie kam es überhaupt zu diesem Förderinstrument Sonderforschungsbereiche? Das hat der Wissenschaftsrat erfunden, nicht die DFG. Ich war noch nicht zur Stunde Null da, aber ein halbes Jahr später. Wir haben vorgefunden diese zehn Seiten Text (vom Wissenschaftsrat), die Erwartung viel Geld und die Aufgabe, ein Verfahren zu entwickeln. Der Wissenschaftsrat hatte gewisse Dinge schon vorgegeben. Das war sehr gescheit konzipiert. Warum gab es überhaupt das Bedürfnis nach diesem Förderinstrument? Weil es eben in der Wissenschaft Aufgaben gibt, die nur erfüllt werden können, wenn mehrere Wissenschaftler über lange Zeit größere Anstrengungen unternehmen können. Das setzt voraus, daß sie finanziert werden. Da hat man gesagt, da muß es einen Finanzier geben, die DFG. Früher hatten wir als Thema für einen Sonderforschungsbereich so etwas wie KI-Forschung. Da ging es um die Entwicklung ganzer Forschungsfelder. (Thomas Leppien, Betreuer des Sonderforschungsbereichs 314 "Künstliche Intelligenz - Wissensbasierte Systeme" der Deutschen Forschungsgemeinschaft)

Der KI-SFB wurde nicht nur aus Mitteln der DFG finanziert, sondern bekam erhebliche Zuschüsse vom BMFT. So nahm die Bundesregierung nicht nur über förderstrategische Vorgaben (Wissenschaftsrat), sondern auch über finanzielle Zuwendungen mit klar bestimmter Zwecksetzung Einfluß auf die Forschungsförderung der DFG.

> Das Problem mit dem Geld ist gelöst worden mit Hilfe des BMFT. Es gab mal so eine Initiative, die von den Wissenschaftlern ausging. Da gab es auch Kontakte zur Industrie. Die öffentliche Hand müsse mehr für die Informatik tun. In diesem Zusammenhang ist die Empfehlung ausgesprochen worden, erheblich mehr auch für die Grundlagenforschung in der Informatik zu tun. Das BMFT meinte, es wäre sehr vernünftig, dieses gerade über die DFG zu tun. Das Ergebnis waren 100 Millionen an die DFG über fünf Jahre für die Informationstechnik. Von dem Geld ist auch einiges für die Sonderforschungsbereiche verwandt worden. Für bestimmte

Sonderforschungsbereiche, die wir dem BMFT vorgeschlagen haben, unter anderem den KI-SFB. Das hat erheblich geholfen und die Sache sehr erleichtert. Es war nicht schwierig für die KI, hier überhaupt Geld zu bekommen. Und die Hilfe des BMFT ermöglichte da vieles. Ich will nicht soweit gehen, zu sagen, wir hätten es auch sonst gemacht. Es traf sich. (Leppien im Gespräch)

Die Initiative zur Einrichtung des KI-SFB ging gemäß der DFG-Richtlinien von den KI-Wissenschaftlern aus, die ein förderpolitisches Novum beantragten. Statt an einer einzigen Universität angesiedelt zu werden, sollte der KI-SFB drei Standorte erhalten, die Universitäten Saarbrücken (Wahlster, Uszkoreit), Kaiserslautern (Siekmann, Richter) und Karlsruhe (Deussen, Schmitt, Nagel, Lockemann, Rembold, Dillmann, Schmidt, Weule) bzw. das Fraunhofer-Institut in Karlsruhe (Nagel, Steusloff, Syrbe). Dies bedeutete, daß der KI-SFB im Vergleich zu anderen Sonderforschungsbereichen sehr groß, d.h. sehr teuer werden würde. Doch nicht nur der potentielle Betreuer des KI-SFB, Thomas Leppien, sondern auch der Vorstand der DFG konnte von der Notwendigkeit dieser zunächst einmaligen Einrichtung überzeugt werden, was im wesentlichen auch durch die Unterstützung der BMFT-Mittel erleichtert wurde. Die Idee der drei Standorte wurde von dem KI-Wissenschaftler Deussen aus Karlsruhe vorgelegt, der als ehemaliger Senator der DFG über die Voraussetzungen der Einrichtung von SFB's hinreichend genau unterrichtet war. Wahlster, Siekmann und Raulefs fungierten als die anderen Initiatoren.

5.2.2. Das Bundesministerium für Forschung und Technologie (BMFT)

Das ausschlaggebende Förderprogramm des Bundesministeriums für Forschung und Technologie "Informationstechnik. Konzeption der Bundesregierung zur Förderung der Entwicklung der Mikroelektronik, der Informations- und Kommunikationstechniken" war Bestandteil der Regierungserklärung des Bundeskanzlers im Mai 1983 und wurde am 14. März 1984 verabschiedet. Die Fördermaßnahme 31 "Wissensverarbeitung und Mustererkennung"[16] beinhaltete die Fördermaßnahmen für die deutsche KI-Forschung. Allein für den Schwerpunkt "Wissensverarbeitung" (neben den Schwerpunkten Spracherkennung und Bildverarbeitung) stellte das BMFT für die Jahre 1984 bis 1988 Fördermittel in Höhe von 200 Millionen DM bereit. Die Erwartungen, die diese Investition begleiteten, deckten sich mit den Zielen der von der CDU-Bundesregierung propagierten Forschungs- und Technologiepolitik (zu den Zielen bundesdeutscher

---

[16] vgl. in KI-Rundbrief 35/36 (1984) die Bekanntmachung des für die KI-Forschung einschlägigen Förderprogramms durch das Bundesministerium für Forschung und Technologie mit einem Begleitschreiben des zuständigen BMFT-Referatsleiters Dr. Marx, welches an die Herausgeber des KI-Rundbriefs gerichtet ist.

FuT-Politik seit Mitte der achtziger Jahre vgl. besonders Kreibich 1986, Hartwich 1986 und Hack 1988):

> Auch wenn man hierbei zu einem beträchtlichen Teil optimistische Übertreibungen unterstellt und derartige Prognosen mit Zurückhaltung beurteilt, ist das geschätzte Wachstum des amerikanischen KI-Marktes um jährlich 40 % auf 1,3 Mrd. Dollar im Jahr 1991 zumindest eine beachtenswerte Trendaussage. Eine ähnliche Wachstumsdynamik wird für den deutschen KI-Markt prognostiziert: Fachleute erwarten eine Steigerung des KI-Anteils am EDV-Gesamtumsatz von unter 1% im Jahr 1986 auf 5% im Jahr 1990.[...] Die Bundesrepublik Deutschland als ein Industrieland, das aufgrund des hohen Exportanteils auf seine internationale Wettbewerbsfähigkeit angewiesen ist, muß bei den neuen KI-Technologien eine international ebenbürtige Position anstreben, um auf die zukünftigen Märkte vorbereitet zu sein. Angesichts der begrenzten FuE-Ressourcen im KI-Bereich gilt es, die FuE-Anstrengungen in der Bundesrepublik Deutschland hierfür zu verstärken und durch eine verbesserte Kooperation zwischen Wissenschaft und Industrie noch effizienter zu machen.[...] Als Ziel der Fördermaßnahme wurde angestrebt, die für die Wissensverarbeitung benötigten Technologien zu entwickeln und in Form von prototypischen Experten- und Dialogsystemen zu erproben. Im Bereich der Mustererkennung sollten komplexere Interpretationsaufgaben automatisch bewältigt werden, insbesondere bei der Auswertung von Sprache und Bildern. (Der Bundesminister für Forschung und Technologie (Hg.) 1988: 17f)

5.2.2.1. Die Verbundprojekte

Zur Erreichung dieser Ziele entwickelte das BMFT eine spezifische Förderstrategie, um Wissenschaft und Industrie stärker aneinander zu koppeln. Die Forschung sollte ausschließlich im Rahmen von Verbundprojekten stattfinden, in die Hochschulen, Forschungseinrichtungen und Industrie-Unternehmen gleichermaßen miteingebunden sein sollten. Als Ansprechpartner und Koordinatoren für die Fördervorhaben beauftragte das BMFT Wolfgang Wahlster (Natürlichsprachliche Systeme), Peter Raulefs (Expertensysteme), Dieter Bungers und Thomas Christaller (höhere Expertensystem-Werkzeuge), Hans-Hellmut Nagel und Rembold (Bildverstehen, Bildverarbeitung) sowie Hans Christian Schneider (Sprachverarbeitung).
Auf der im Oktober 1984 stattfindenden GWAI 84 stellte der zuständige Referent vom BMFT, Steffen Isensee, das BMFT-Förderprogramm der KI-Scientific Community vor. Nach dessen Bekanntwerden wurden zahlreiche Projektvorschläge von deutschen KI-Wissenschaftlern eingereicht.

> Es hat eine Wende stattgefunden, die eine fieberhafte Aktivität ausgelöst hat: Es werden allerorten - auch an solchen, an denen man es nicht vermutet

> hätte, - Forschungsprojekte vorbereitet, beantragt, diskutiert, begutachtet und - wenn die diversen Geldgeber es ermöglichen - auch durchgeführt. Dabei stehen produktorientierte Verbundvorhaben (wie es so schön neudeutsch heißt) hoch im Kurs. Man reist - nicht nur durch die deutschen Lande -, verhandelt und ist sehr beschäftigt, wird es in Zukunft auch weiter sein, da ein Minimum von zwei Kooperationspartnern zum guten Ton gehört. (Habel/ Rollinger 1984: 1)

Das BMFT förderte Industrie-Unternehmen zu 50 Prozent (d.h. die restlichen 50 Prozent waren vom Unternehmen selbst beizubringen). Hochschulen und Forschungseinrichtungen wurden bei meist grundlagenorientierten Projekten zu 75 Prozent gefördert (d.h. die restlichen 25 Prozent mußten - zusätzlich zu der bereits erwähnten 50-prozentigen Eigenbeteiligung - von den beteiligten Industrie-Partnern als Drittmittel beigesteuert werden). Es gab auch die Möglichkeit, daß ein Industriepartner, der zu 50 Prozent vom BMFT gefördert wurde, die anderen Projektpartner zu 100 Prozent mitfinanzierte. Dabei stellte man sich die in den Verbundvorhaben stattfindende Technologie-Entwicklung wie folgt vor:

> In allen Verbundvorhaben mußte eine klare Ergebnisorientierung erkennbar sein. Das heißt, daß die entwickelten KI-Methoden und -Verfahren durch Erprobung in prototypischen Anwendungssystemen ihre prinzipielle Brauchbarkeit zeigen sollten, um das spätere industrielle Umsetzen in Anwendungen zu erleichtern. (Der Bundesminister für Forschung und Technologie 1988: 23)

Die theoretischen Grundlagen für ein KI-Projekt, zum Beispiel im Expertensystem-Bereich, sollten von Hochschulwissenschaftlern erarbeitet werden: als Ergebnis ihrer Arbeit sollten *wissenschaftliche Erkenntnisse* vorgelegt werden. In den Forschungseinrichtungen (GMD, Fraunhofer-Institute, aber auch die später auf der Grundlage dieser Strategie entstehenden "mischfinanzierten" Institute wie das DFKI) sollte dagegen die Anwendungsorientierung im Rahmen der Grundlagenforschung im Mittelpunkt stehen: als Ergebnis dieser Bemühungen sollten erste *Prototypen* des mit dem Projekt zu realisierenden Systems bereitgestellt werden. Diese Prototypen sollten dann vermehrt von Firmen zur Produktreife geführt und später, zum Beispiel in Form eines kompletten, anwendungsfähigen Expertensystems, als *Produkt* vermarktet werden. Die Verbundvorhaben sollten diese förderpolitische Strategie umsetzen, indem alle an den Projekten beteiligten Partner von Anfang an miteinander kooperierten und sich die Übergänge der drei Bereiche "Erarbeitung theoretischer Grundlagen", "Prototypen-Entwicklung" und "Produkterstellung und -vermarktung" möglichst reibungslos gestalteten.

Bild 3
Schaubild: Die förderpolitische Strategie des BMFT

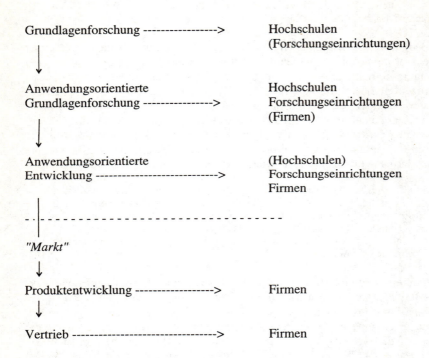

Im Zeitraum von 1984 bis 1988 wurden vom BMFT folgende Verbundvorhaben gefördert: *Im Bereich Wissensverarbeitung/Expertensysteme* das Projekt *LERNER* mit den Verbundpartnern TU Berlin, Nixdorf Computer AG und Stollmann GmbH (Laufzeit: 1985-1988, Gesamtfördersumme 6,9 Millionen DM); das Projekt *TEX-B* mit den Verbundpartnern GMD, Battelle-Institut, PCS GmbH, Siemens AG/ Fraunhofer Institut IITB (Laufzeit 1985-1989, Gesamtfördersumme 8,8 Millionen DM); das Projekt *TEX-I* mit den Verbundpartnern Bayer AG, ESG GmbH, Krupp Atlas Elektronik GmbH, Siemens AG/ Fraunhofer-Institut IITB, GMD (Laufzeit: 1985-1988, Gesamtfördersumme 10,4 Millionen DM); das Projekt *TEX-K* mit den Verbundpartnern Battelle-Institut, Philips GmbH, Siemens AG, URW GmbH/Uni Hamburg (Laufzeit: 1986-1989, Gesamtfördersumme 7,3 Millionen DM); das Projekt *WEREX* mit den Verbundpartnern ADV/ORGA F.A. Meyer AG, Danet GmbH, PCS GmbH, Siemens AG/GMD, Uni München (Laufzeit: 1985-1989, Gesamtfördersumme 11,3 Millionen DM); das Projekt *WISBER* mit den Verbundpartnern Uni Saarbrücken, Nixdorf Computer AG, SCS GmbH, Siemens AG/ Uni Hamburg (Laufzeit 1985-1988, Gesamtfördersumme 10 Millionen DM); das Projekt *WISDOM* mit den Verbundpartnern Systemtechnik Berner & Mattner, Triumph-Adler AG/ GMD, TU München, Uni Stuttgart (Laufzeit: 1984-1988, Gesamtfördersumme 22,6 Millionen DM). *Im Bereich Mustererkennung (Bild- und Sprachverarbeitung)* wurden folgende BMFT-Projekte gefördert: das Projekt *"Autonom mobile Systeme"* mit den Verbundpartnern Daimler Benz AG, Carl Schenck AG/ Fraunhofer-Institut IITB, Universität der Bundeswehr München, Uni Stuttgart (Laufzeit 1985-1989, Gesamtfördersumme 4,9 Millionen DM); das Projekt *"Dokumentenanalyse"* mit den Verbundpartnern AEG-Telefunken Kommunikationstechnik AG, Siemens AG, Philips Kommunikations-Industrie AG/ RWTH Aachen (Laufzeit: 1985-1988, Gesamtfördersumme 13,3 Millionen DM); das Projekt *"SPICOS"* mit den Verbundpartnern AEG-Telefunken Anlagentechnik AG, Philips Kommunikations-Industrie AG, Siemens AG/ TU Berlin, Uni Erlangen (Laufzeit: 1984-1987, Gesamtfördersumme 10,5 Millionen DM); das Projekt *VESPRA* mit den Verbundpartnern Daimler Benz AG, Nixdorf Computer AG, Standard Elektrik Lorenz AG/ TU Berlin, Fraunhofer-Institut IAO, TU Karlsruhe (Laufzeit: 1987-1990, Gesamtfördersumme 7 Millionen DM); das Projekt *"Sprachverstehende Systeme"* mit den Verbundpartnern AEG-Telefunken Anlagentechnik AG, Philips Kommunikations-Industrie AG, Siemens AG, Standard Elektrik Lorenz AG/ TU Berlin, Ruhr-Universität Bochum, Uni Erlangen, Uni München, Uni Regensburg (Laufzeit: 1988-1990, Gesamtfördersumme 13,8 Millionen DM), das Projekt *"Multisensorielles System zur Deutung industrieller Szenen"* mit den Verbundpartnern Heller Maschinenfabrik GmbH, Interatom GmbH, Kontron Bildanalyse GmbH, Fraunhofer-Institut IID, Daimler Benz AG, AEG AG, Krupp Atlas Elektronik GmbH, Philips GmbH, Siemens AG, Signum GmbH, Carl Zeiss (Laufzeit 1985-1989, keine Information über die Gesamtfördersumme). Bis 1988 investierte das BMFT 159 Millionen DM in die Verbundvorhaben der KI-Forschung; die zusätzlichen Eigenaufwendungen der Wirtschaft betrugen 135 Millionen DM.

Weitere öffentliche Fördermittel flossen aus Forschungsförder-Programmen der Europäischen Gemeinschaft in die deutsche KI-Forschung. Im Rahmen des ESPRIT-Programms wurden bis 1988 1,6 Millionen ECU für das Teilprogramm "Advanced Information Processing" aufgewendet, wobei etwa zwei Drittel der Projekte KI-Bezug (Schwerpunkt Expertensysteme) aufwiesen und knapp die Hälfte dieser KI-Projekte mit deutscher Beteiligung durchgeführt wurden. Fünf der zwölf bis 1988 angemeldeten EUREKA-Projekte mit KI-Bezug liefen ebenfalls mit deutscher Beteiligung.

5.2.2.2. Das "Deutsche Forschungszentrum für Künstliche Intelligenz" (DFKI)

Wie erwähnt diskutierten die KI-Wissenschaftler bereits auf der GWAI 1981 erste Visionen eines nationalen KI-Forschungszentrums. Auf der GWAI 1986 wurde der Scientific Community eine außergewöhnliche Fördermaßnahme des BMFT in Aussicht gestellt: das "Center of Excellence" sollte aus BMFT-Mitteln gegründet werden. Mit dieser Maßnahme reagierte das BMFT auf die Empfehlungen der sogenannten Queisser-Kommission:

> Ein von Bundesminister Dr. Riesenhuber eingesetzter Arbeitskreis von fünf Wissenschaftlern unter Vorsitz von Prof. Queisser hat die Empfehlung ausgesprochen, im Rahmen der Förderung der institutionellen Forschung und Entwicklung auf dem Gebiet der Informationstechnik die Zahl der auf diesem Gebiet tätigen Wissenschaftler innerhalb der nächsten Jahre mehr als zu verdoppeln. (Pressemitteilung des Bundesministers für Forschung und Technologie, abgedruckt in KI-Rundbrief 43, Oktober 1986: 106f)

Das auf dieser Grundlage erarbeitete "Rahmenkonzept zum Ausbau der Grundlagenforschung für die Informationstechnik" sollte bis 1992 verwirklicht sein. Neben dem Ausbau der Informationstechnik an bestehenden Forschungseinrichtungen sollte "die Projektförderung aus den Fachtiteln der Informationstechnik stärker auf Forschung im Vorlauf zur Industrie orientiert" und dafür gesorgt werden, "daß die Industrie sich an der Trägerschaft und Finanzierung von Forschungseinrichtungen beteiligt" (ebenda). Diese Ankündigungen lösten sofort eine Diskussion innerhalb der Scientific Community um die Aufgaben des neuen KI-Zentrums aus. Doch mit den Empfehlungen der Queisser-Kommission war die Ausrichtung des DFKI auf anwendungsorientierte Grundlagenforschung unter finanzieller Beteiligung der Industrie bereits vorgegeben.

> Solche Institutionen wie das DFKI sind nicht durch Baggern von unten entstanden. Da hat das BMFT einfach eine neue Förderrichtlinie herausgegeben und hat gesagt: Wir machen Zentralismus, Anfüllung einer kritischen Masse. Und dann ging es da los. (Dr. Heinz Marburger, Abteilungsleiter der Abteilung "Künstliche Intelligenz" im Mikroelektronik Anwendungszentrum Hamburg)

Das BMFT hatte in zwei Expertengesprächen die Stellungnahmen ausgewählter Professoren der Informatik gehört. Auch eine Abordnung der KI-Scientific Community (Christaller, Morik, Hauenschild, Busemann, Owsnicki) wurde im August 1986 von Regierungsdirektor Steffen Isensee eingeladen, um über die inhaltliche Ausrichtung des "Centers of Excellence" zu diskutieren. Kurz nach Bekanntgabe der Gründungsabsicht lud das BMFT auch mehrere Vertreter der Industrie ein, um über Standort und Aufgaben des neuen Forschungszentrums zu beraten. Doch die Entscheidungen wurden unter Beteiligung nur weniger, ausgesuchter KI-Wissenschaftler und Industrieller getroffen.

Mehrere Bundesländer bewarben sich um die Ansiedelung des DFKI bzw. gründeten - nachdem Rheinland-Pfalz und das Saarland den Zuschlag erhalten hatten - eigene KI-Zentren (FAW/Baden-Württemberg, FORWISS/Bayern, LKI/Hamburg, KI-NRW/Nordrhein-Westfalen).

Die Bundesländer Saarland und Rheinland-Pfalz hatten im Hinblick auf das DFKI ein gutes Angebot gemacht. Maßgeblich war jedoch die Entscheidung der Industrie, denn

> die Standortwahl für das DFKI wurde in die Hände der beteiligten Firmen gelegt. Unter vier Standortbewerbungen entschieden sie sich für Kaiserslautern/Saarbrücken. (Isensee 1988: 26)

Die Standorte verfügten durch die dort bereits angesiedelte KI-Forschung in den Informatik-Fachbereichen - gefördert durch den Sonderforschungsbereich 314 - über eine hohe Kapazität an KI-Wissenschaftlern.

> So etwas macht man ja nicht auf der grünen Wiese. Im übrigen gibt es da ja auch Konkurrenz. Zum Standort. Wenn da nicht genug wissenschaftliche Substanz gewesen wäre, dann hätte man in der Konkurrenz nicht gesiegt. Und der wissenschaftliche Background ist durch den SFB ganz deutlich angereichert worden. Sowohl im Hinblick auf die jüngeren Wissenschaftler als auch auf die Berufungspolitik. (Leppien im Gespräch)

Diese Standorte verfügten darüberhinaus über die "intellectual and social leaders" der deutschen KI-Forschung (Wahlster und Siekmann), die dem BMFT seit Beginn der KI-Förderung als Verhandlungspartner und Gutachter bekannt waren. Nach Entscheidung für die Standorte Saarbrücken und Kaiserslautern und gemäß der trägerschaftlichen und forschungsprogrammatischen Empfehlungen der Queisser-Kommission mußte ein Programm für die Forschungsausrichtung des DFKI definiert werden. Den Auftrag zur Programmgestaltung erhielt Wolfgang Wahlster.

> Der Wolfgang Wahlster ist ein sehr, sehr guter Mann. Er hat auch einen Blick dafür, was sexy ist in der Forschung und versteht es, da auch draufzuspringen und sowas dann durchzuführen und zu verkaufen. (Christaller im Gespräch)

Die Scientific Community wurde nicht in den Prozeß der Realisierung des KI-Zentrums miteinbezogen, was zu heftigen Reaktionen auf den zur gleichen Zeit stattfindenden Tagungen, im Fachausschuß der GI und im KI-Rundbrief führte. Einziger Tagesordnungspunkt der Sitzung des Fachausschusses auf der GWAI 86 war die Diskussion um das KI-Zentrum. Hier verkündeten Jörg Siekmann,

Wolfgang Wahlster und Bernd Neumann, daß die Entscheidung für den Standort des DFKI bereits so gut wie gefallen sei:
Es wurde deutlich,

> daß viele Teilnehmer dieser Sitzung ganz außerordentlich ge- und betroffen waren über die Art und Weise, wie hier das "Fell des Bären" klammheimlich aufgeteilt werden sollte und immer wieder die Befürchtung laut wurde, daß man damit der KI in Deutschland einen "Bärendienst" erweisen könnte.[...] Betroffen gemacht hat mich bei dieser Angelegenheit, daß selbst offizielle Fachgruppensprecher offensichtlich aus allen Wolken fielen, als am Mittwoch abend sowohl der Standort Kaiserslautern/Saarbrücken als auch die Organisationsstruktur für die Spitze des Zentrums sowie eine Reihe von Personalentscheidungen verkündet wurden, ohne daß darüber auf irgendeiner Sitzung des Fachausschusses beraten worden wäre[...]; Betroffen gmacht hat mich bei dieser ganzen Angelegenheit,[...] daß die Informationsbereitschaft derjenigen Professoren, die Gespräche mit dem BMFT geführt hatten, an einigen sehr wesentlichen Stellen nahezu Null war. (Bartsch-Spörl 1986: 5f)

> Eine Evaluation verschiedener Standorte lehnte Prof. Bernd Neumann aber entschieden ab. Der immer wieder vorgebrachte Vorschlag scheiterte schließlich daran, daß die Beteiligten, Prof. Jörg Siekmann und Prof. Wolfgang Wahlster, keinen Sinn in neuerlichen Diskussionen auch des Standortes sahen. (Christaller/Morik 1986: 11)

Selbst die Gremienvertreter im Fachausschuß wurden nicht in den Prozeß der Gründung und Realisierung des KI-Zentrums einbezogen. Die interessierte Community hatte nur am Stammtisch Gelegenheit, den Informations- und Diskussionsbedarf zu stillen:

> Und dann natürlich das Default-Thema der Pausen- und Biertischgespräche: das KI-Zentrum. Die Sache ist zu ernst, um sie in zwei Sätzen in einem Tagungsbericht abzuhandeln. Nur soviel - es wurde heftigst diskutiert, auch außerhalb der offiziellen Gremien. In diesem Zusammenhang aber folgendes: Eigentlich sind die Sitzungen des Fachausschusses doch öffentlich?[...] Die offizielle Erörterung des Wann und Warum und Wie und vor allem Wo des KI-Zentrums hätte sicher eigentlich mehr Leute interessiert, als dann Zuhörer da waren. (Güsgen/Hertzberg/Lischka/Voß 1986: 19)

Im Juli 1988 wurde das "Deutsche Forschungszentrum für Künstliche Intelligenz" (DFKI) in Saarbrücken eröffnet. Der Finanzaufwand von BMFT und Industrie wurde insgesamt auf 150 bis 200 Millionen DM für die ersten zehn Jahre veranschlagt (Schwärtzel 1988: 27). Das BMFT verpflichtete sich, während dieser zehn Jahre zunächst drei Viertel und später zwei Drittel der gesamten DFKI-Forschungsprojekte zu 100 Prozent zu finanzieren, was eine jährliche BMFT-Fördersumme von 10 bis 15 Millionen DM erforderte (vgl. Barth 1989: 240).

5.2.3. Die Initiative der Bundesländer

Die förderpolitische Entscheidung des BMFT für die Konzentrierung der KI-Förderung auf das DFKI löste fieberhafte Aktivitäten in den nicht am DFKI beteiligten Bundesländern aus. Die nicht am DFKI beteiligten Wissenschaftler der Scientific Community hegten größte Befürchtungen:

> Wir waren es. Es waren die Forscher, die gesagt haben: "Der Bund konzentriert seine Mittel in einer fragwürdigen Aktion auf einen Standort." Was ist mit den restlichen Standorten? Ich gehöre auch zu denen, die in partnerschaftlichen, europäischen Projekten darunter gelitten haben. Wir hatten ein Eureka-Projekt, das ganz ausdrücklich mit der Begründung nicht gefördert worden ist, daß das BMFT KI nur noch am DFKI fördert und nirgendwo sonst. Das haben viele erlebt. Und das ist nach wie vor eine kritische Situation. Jetzt gerade, wo die Mittel knapper werden. (Cremers im Gespräch)

Die Reaktion der Landesforschungsförderung auf die DFKI-Förderung des BMFT wurde maßgeblich durch die nicht am DFKI beteiligten KI-Wissenschaftler der Scientific Community angeregt, doch die KI-Wissenschaftler rannten mit ihrer DFKI-Kritik offene Türen ein:

> Wir hatten die allergrößten Schwierigkeiten. Die hatten die Mittel, Gäste einzuladen, Forschungsprogramme mit längerem Atem durchzuziehen. Wir würden es schwer haben, unsere Leute hier zu halten, interessante Doktoranden. Das heißt, wir mußten etwas tun. Nur ein mehrdimensionales Gesamtszenario hat, glaube ich, verhindern geholfen, daß der Brain-Run stattgefunden hat, den sie alle befürchtet haben. Aber das war nicht Sache der Hochschulpolitiker oder Ministerien. Es waren die Wissenschaftler selbst. Natürlich ist es schön, daß wir auf offene Ohren stießen. Bei den Landesinitiativen handelt es sich um Initiativen, die gewissermaßen unter strukturpolitischen Gesichtspunkten, unter regionalpolitischen Gesichtspunkten, interessant sind. Wir haben ein Szenario gehabt, wo der Bund ganz ausdrücklich seine Finanzmittel und seine Förderabsichten auf einen Ort konzentrieren wollte, hinsichtlich der Grundlagenforschung. (Cremers im Gespräch)

Die Ankündigung des BMFT, zusammen mit der Industrie intensiv die deutsche KI-Forschung zu fördern, veranlaßte die Bundesländer, die nicht den Zuschlag für das DFKI erhalten hatten, sich ebenfalls um die Einrichtung von regionalen

KI-Zentren zu bemühen. Das erste Zentrum entstand im Oktober 1987 in Baden-Württemberg.

> Überlegungen zur Gründung einer Forschungseinrichtung für Künstliche Intelligenz wurden von der Landesregierung erstmalig Ende 1986 angestellt. Eine Konzeption wurde in Zusammenarbeit mit Experten aus Wirtschaft und Wissenschaft ausgearbeitet und im Mai 1987 vorgelegt. Im Oktober 1987 wurden zwischen dem Land und den beteiligten Unternehmen die Gründungsverträge für das Forschungsinstitut für Anwendungsorientierte Wissensverarbeitung (FAW) in Ulm unterzeichnet. Das Land beteiligte sich im Jahr 1991 mit rund 3 Millionen DM an der Finanzierung des Instituts, dessen Gesamtetat bei 12 Millionen lag. Grundsätzliche Strategie ist, daß anwendungsorientierte Forschung in Zukunft in Baden-Württemberg überwiegend über Verbundprojekte gefördert werden soll. (Auszug aus einem Brief des Ministeriums für Wirtschaft, Mittelstand und Technologie, Baden-Württemberg, an die Verfasserin)

Die BMFT-Förderstrategie wurde von der Landesregierung in Baden-Württemberg kopiert und - natürlich mit geringerem Finanzaufwand - nachvollzogen. Die Umsetzung der bekannten Strategie im Ulmer Forschungsinstitut sah wie folgt aus:

> Das geht bei uns so: Wir haben einige Millionen pro Jahr für Vorlaufforschung, wo wir in die Zukunft investieren. Da bauen wir uns das Knowhow, mit dem wir in einigen Jahren Geld verdienen. Da ist die wesentliche Forderung, daß das drei Jahre später zu Industrie-Aufträgen führt. Wir akquirieren sehr aktiv. Ich fahre viel rum und halte viele Vorträge. Wir sagen, was wir können, und die Leute sagen, was sie brauchen. Dann findet sich unter Umständen ein Konsortium. Das ist ein sehr komplizierter Prozeß. So eine Akquirierung kann ein oder zwei Jahre dauern. Ein sehr komplizierter Prozeß. Es muß im Endeffekt vermarktbar sein. (Radermacher im Gespräch)

Auch das Land Nordrhein-Westfalen förderte ab 1986 im Rahmen der Technologieförderung des Ministeriums für Wirtschaft, Mittelstand und Technologie insgesamt 18 Verbundprojekte im Rahmen des Forschungsverbunds "KI-NRW". Die Förderung belief sich auf 29,4 Millionen DM, wobei die Gesamtkosten der Projekte bei 41,5 Millionen DM lagen.

> Bei den geförderten Projekten handelt es sich vor allem um Projekte der Expertensystemtechnologie, wobei Anwender und Entwickler zusammengearbeitet haben. Die Projekte stellen einen repräsentativen Querschnitt von der industriellen Anwendung bishin zum Dienstleistungsbereich dar. (Auszug aus einem Brief des Ministeriums für Wirtschaft, Mittelstand und Technologie, Nordrhein-Westfalen, an die Verfasserin)

Für die Landesinitiative gilt, daß die Anwendungsorientierung im Vordergrund stand. Nicht nur als Katalysatoren für die typische Grundlagenforschung, sondern eben auch als Transfer-Möglichkeiten für das Wissen, das auf diesem Sektor im Entstehen begriffen war. (Cremers im Gespräch)

Nordrhein-Westfalen schuf wie Bayern sogenannte "Spitzenforschungsstellen" (zusätzliche Lehrstühle für KI und andere High-Tech-Disziplinen) an den Hochschulen. Bayern gründete 1988 das "Bayerische Forschungszentrum für wissensbasierte Systeme" (FORWISS).

Das FORWISS ist durch das DFKI ausgelöst und durch den Franz Josef Strauss, der eifersüchtig auf die Späthschen Pläne schielte, da in Ulm dieses FAW zu machen. Außerdem waren die Wissenschaftler hier der Meinung, daß das mit dem DFKI und dem FAW nicht das Richtige ist und daß man in Bayern was viel Besseres machen kann. Das Land stützt die Sache auch weit mehr als in den anderen Fällen. Wir können durch diese Staatsunterstützung gut mit der Industrie umgehen. Wir haben eine Menge Möglichkeiten, so ein Projekt anzuschieben. Wir können erstmal was vorfinanzieren. Es gibt hier den Förderkreis, und der hat ein dickes Bankkonto. Das hilft uns. (Stoyan im Gespräch)

Auch die Hamburger Wirtschaftsbehörde entschloß sich zu einer Anschubfinanzierung für ein der Universität Hamburg angegliedertes KI-Institut. Im Herbst 1988 nahm das "Labor für Künstliche Intelligenz" unter Leitung von Bernd Neumann seine Arbeit auf, die als "Durchführung von Projekten zwischen KI-Forschern der Universität und Firmen vorzugsweise des Hamburger Wirtschaftsraumes" definiert wurde (vgl. Arbeitsgemeinschaft 1990: 26).
  Die Forschungsförderung der Länder übernahm so die förderpolitische Strategie des BMFT (siehe Schaubild) und übertrug diese auf regionalpolitische Interessen. Den Zentralisationsbemühungen des BMFT hinsichtlich der deutschen KI-Forschung stand damit eine starke Föderalisierungstendenz durch regionalpolitische Strategien der Landesforschungsförderung entgegen, ohne daß jedoch förderpolitische Alternativen zum Grundkonzept der BMFT-Strategie entwickelt wurden. Die Initiative für die verschiedenen Landesaktivitäten ging in starkem Maße von den jeweils ansässigen KI-Wissenschaftlern aus, deren Aufgabe es nicht sein konnte, ein förderpolitisches Alternativkonzept zu entwerfen.

5.2.4. Die Initiative der deutschen Wirtschaft

Die deutschen Wirtschaftsunternehmen stiegen Mitte der achtziger Jahre als Kooperationspartner der BMFT-Verbundprojekte bzw. als Finanziers der KI-Institute in das KI-Geschäft ein. Dabei umfaßte die Palette der aktiv Beteiligten die ganze Breite der an kommerzieller oder innerbetrieblicher Umsetzbarkeit der neuen Datenverarbeitungs- bzw. Informationstechnologien interessierten Unternehmen (Computerhersteller, Software-Hersteller, Automobil-Industrie, Chemie-Industrie etc.). Dieser Einstieg wurde jedoch nicht nur über finanzielle Beteiligungen, sondern über den Aufbau von eigenem technologischen Knowhow realisiert: viele Großunternehmen richteten in ihren hauseigenen Forschungs- und Entwicklungsabteilungen (FuE-Abteilungen) Schwerpunkte für KI-Gruppen ein, entsandten wissenschaftliche Mitarbeiter zwecks Wissenstransfers in die mitfinanzierten KI-Institute bzw. Drittmittel-Projekte oder gründeten gleich ganze Niederlassungen, die sich vorwiegend mit KI-Themen beschäftigen sollten.

Die "Zentrale Forschung und Entwicklung" (ZFE) der Siemens AG zum Beispiel entwickelte KI-Techniken zur Lösung von Software-Problemen im eigenen Haus.

> Das war interessant für mich, das zu sehen. Damals, als ich mit Siemens zu tun hatte, war es so, daß die einzelnen Bereiche gewisse Mittel hatten, mit denen sie eigene Projekte machen konnten. Die Mehrzahl ihrer Mittel aber mußten sie einwerben dadurch, daß sie mit bestimmten Unternehmensbereichen Projekte machten. Sie müssen also rumgehen im Unternehmen und fragen: "Habt ihr nicht ein interessantes Forschungsthema, oder wir schlagen euch eins vor!" Dann mußten die Unternehmensbereiche das auch mitfinanzieren. Und zwar zum größeren Teil. (Görz im Gespräch)

Als "Software-Entwicklungs-Dependance" mit KI-Schwerpunkten gründete die Siemens AG 1984 zusammen mit der französischen Firma BULL und der englischen Firma ICL das "European Computer-Industry Research Centre" (ECRC).

> Die Aufgabe des ECRC ist Grundlagenforschung und zwar die sogenannte anwendungsorientierte Grundlagenforschung. Was man hier macht, muß zumindest potentiell in Produkte umsetzbar sein. Aber unsere Aufgabe ist es nicht, Produkte zu entwickeln. Wir stellen Technologie zur Verfügung, die die Mutterfirmen dann aufbereiten können und Produkte entwickeln. Und dann können die sich sogar Konkurrenz machen damit. Am Anfang, als das ECRC eingerichtet worden ist, sind fast alle Mitarbeiter aus den Mutterfirmen gekommen, für eine gewisse Zeit hier abgestellt. Die sollten nach Ablauf ihres Vertrages wieder zurückkehren. (Eisinger im Gespräch)

Ähnlich wie in der ZFE der Siemens AG wurde bei Daimler Benz die Forschung und Entwicklung auf die Belange des eigenen Unternehmens konzentriert.

> Die grundlagenorientierten Arbeiten - das sind die, für die wir in den Firmenbereichen noch keine Finanzpartner gefunden haben werden zentral von der Holding finanziert. Im Laufe der Zeit müssen diese Holding-

finanzierten Projekte, wenn sie denn weiterlaufen sollen, peau a peau von Unternehmensbereichen mitgetragen werden. (Sundermeyer im Gespräch)

Die Daimler Benz AG gründete mit dem Systemhaus DEBIS eine eigene "Software-Entwicklungs-Dependance", in der allerdings wenig KI-Forschung betrieben wurde. Anders sah es bei der Dependance des Volkswagen-Konzerns, der VW-GEDAS, aus.

> Die VW-GEDAS ist Ende 1983 gegründet worden, mit dem Ziel als Beteiligungsgesellschaft von Volkswagen Dienstleistungen im technischen Datenverarbeitungsbereich für den VW-Konzern zu bringen. 1988 wurde die Entscheidung gefällt, nicht mehr ausschließlich für VW zu arbeiten. 1987 ist Volkswagen an uns herangetreten und hat gesagt: "Expertensysteme ist doch eigentlich eine Technologie, von der wir uns vorstellen können, daß die für uns auch interessant ist. Wollt ihr bei der VW-GEDAS euch nicht mal ein bißchen darum kümmern?" Da haben wir also so einen strategischen Auftrag bekommen und haben uns gemeinsam mit Volkswagen das Thema mal so ein bißchen angeguckt. Da war auch ein riesiger Publicity-Rummel. (Dipl. Ing. Jürgen Beste, Leiter der Fachgruppe "BABYLON" der VW-GEDAS in Berlin)

Auch kleinere Software-Firmen mit ersten Erfahrungen im KI-Bereich stiegen in das Geschäft mit der KI ein, wobei man sich zunächst an den Aktivitäten der Großunternehmen beteiligte.

> Wir saßen damals bei SUN im Haus. Die waren damals noch recht klein, und ich kannte den Deutschland-Geschäftsführer. Wir standen eines Tages vor dem Aufzug, und da haben die gesagt: "Da kommt nächste Woche eine Delegation von VW. Die wollen irgendetwas mit KI machen. Wollen Sie nicht mal dazukommen?" Auf die Art und Weise habe ich die VW-Leute kennengelernt. Da war die Bereitschaft ziemlich groß, was Neues zu probieren. Geld spielte auch überhaupt keine Rolle. Schnell etwas zu haben, war viel wichtiger. (Dr. Ing. Brigitte Bartsch-Spörl, Unternehmerin und Forschungsgruppenleiterin der BSR Consulting GmbH in München)

Nachdem der Gang der Hochschulforschung im vorangegangenen ausführlich beleuchtet worden ist, soll jetzt die KI-Industrie-Forschung bzw. -Entwicklung am Beispiel eines anwendungsorientierten Grundlagenprojekts und einer marktorientierten Produktentwicklung vorgestellt werden. Im folgenden wird die größte KI-Forschungs-Offensive eines deutschen Wirtschaftsunternehmens, das Grundlagenforschungsprojekt "LILOG" der IBM Deutschland GmbH, aus der Sicht der Beteiligten vorgestellt. Dann wird der Gang eines der beiden in Deutschland entwickelten, komplexen Expertensystem-Werkzeuge, von den ersten wissenschaftlichen Ergebnissen bis zur Produktentwicklung aus der Perspektive der Forscher, Entwickler und Verkaufsbeauftragten rekonstruiert: das

Projekt und Produkt BABYLON. Die Perspektive der Entwickler und Verkaufsbeauftragten des Produktes BABYLON sind Gegenstand von Punkt 5.3.1. dieses Kapitels.

5.2.4.1. LILOG

Während im Grundlagenforschungsbereich an den Hochschulen KI-Projekte um das Thema "Verarbeitung natürlicher Sprache" zum Hauptarbeitsgebiet der Scientific Community zählten, gab es bei der industriellen Umsetzung sprachverstehender Systeme noch große Schwierigkeiten. Im Wissenschaftlichen Zentrum der IBM Deutschland GmbH lief seit 1983 das bereits erwähnte LEX-Projekt zur Entwicklung eines Expertensystems für das Lesen juristischer Texte.

> Ich bin 1984 Assistent von Professor Ganzhorn geworden. Ganzhorn war damals Geschäftsführer und verantwortlich für Forschung und Entwicklung. Irgendwann kamen über Ganzhorns Schreibtisch vier Folien, daß wir doch mal ein Grundlagenprojekt auf dem Gebiet der Linguistik machen sollten. Die Folien hatte er aus dem Wissenschaftlichen Zentrum. Die haben in dem LEX-Projekt gesehen, daß sie nicht alles abdecken können, was sie machen wollen und haben dann gesagt, daß wir mal ein Projekt machen sollten, wo es an das Eingemachte, an die Grundlagen, geht. Damit wir eine vernünftige Technologie kriegen, auf der wir in Zukunft aufbauen können, um Projekte wie LEX oder was auch immer machen zu können. Ganzhorn hat mir das gegeben und hat gesagt: "Gucken Sie doch mal, ob Sie daraus was machen können". (Herzog im Gespräch)

Das daraufhin initiierte Grundlagenforschungsprojekt "LILOG" (Linguistische und Logische Methoden und Werkzeuge) sollte in der Planungsphase im Rahmen der Verbundprojekte des BMFT finanziert werden. Ein Konsortium von Kooperationspartnern stellte den entsprechenden Antrag.

> Und dann haben wir zusammen einen Antrag gestellt beim BMFT, und der ist nicht genehmigt worden. Weil IBM's Patentrichtlinien und die BMFT-Vorschriften, wie so etwas zu handhaben sei: da waren Welten dazwischen. Und es war ein juristisches Problem, das nicht aus der Welt zu schaffen war. (Bartsch-Spörl im Gespräch)

> Das BMFT hat IBM Deutschland sehr lange als amerikanische Firma angeschaut. Das ist inzwischen wohl nicht mehr so. Es gab am Anfang von LILOG einige Gespräche, ob das Ganze nicht als Verbundvorhaben vom BMFT gefördert werden könne. Es gab viele Gründe, warum das nicht gelungen ist, die sicherlich nicht nur auf einer Seite lagen. Es gab damals sicherlich noch von beiden Seiten Berührungsängste. Die IBM war damals sicherlich nicht so nach aussen offen, wie sie es heute ist. Ich gebrauche da eigentlich gern das Bild: Da sind sich zwei Schlachtschiffe im Nebel

begegnet. Man hat kurz die Kapitäne auf der anderen Brücke gesehen und hat ein paar Informationen ausgetauscht. Und dann sind die Schlachtschiffe wieder im Nebel verschwunden. Wir haben ganz konkret damals noch sehr viel mehr Zwänge gehabt in unserer Vertragsgestaltung, und beim BMFT war es sicherlich immer noch das Problem, daß unter Umständen Ergebnisse aus so einem öffentlich geförderten Projekt nach USA geflossen wären. Mein Argument war immer: was sollen die Amerikaner mit einem deutschen textverstehenden System anfangen? Aber es gab damals auch diesen Skandal, daß ein anderer großer Hersteller einen großen Betrag für die Halbleiter-Förderung bekommen hat und dann diese Technologien in Japan eingekauft hat. Da hat der Herr Riesenhuber ganz schön Prügel einstecken müssen in der Öffentlichkeit. Da wollte er wahrscheinlich nicht noch einmal ein Risiko eingehen. (Herzog im Gespräch)

Nach Scheitern der Verhandlungen wurde beschlossen, das Projekt allein zu finanzieren. Die Entscheidung, ein relativ großes Projekt für eine neue, wenig erprobte Technologie aufzusetzen, das reinen Grundlagenforschungs-Charakter tragen sollte, mußte vor der IBM-Geschäftsführung ausreichend motiviert werden.

In dem Fall hat das die Geschäftsführung entschieden. Da habe ich für Ganzhorn einen Satz Folien gemacht. Damit ist er in die Geschäftsführung gegangen und hat gesagt: "Wir brauchen so ein Projekt, damit wir auch noch im Jahr 2000 wettbewerbsfähig sind". Wenn jemand wie Ganzhorn, der eben verantwortlich war für Entwicklung und Forschung, sich hinstellt und sowas sagt, dann ist das so. Manchmal hat man in der Industrie auch Vorteile. Manche Entscheidungsprozesse laufen dann doch schneller. (Herzog im Gespräch)

Die Wissenschaftler für die Durchführung des Projekts wurden im wesentlichen nicht aus bestehenden FuE-Gruppen bei IBM sondern aus der KI-Scientific Community rekrutiert. Dabei gab es eine groß angelegte Kooperation mit fünf deutschen Hochschulen. Teilweise wurden den KI-Wissenschaftlern zeitlich befristete Gastwissenschaftler-Stellen, aber auch Lebenszeit-Stellen bei IBM angeboten. Am 1.April 1985 wurde die Abteilung LILOG gegründet.

Wir haben dann 85 mit der Definition angefangen. Als ich da hingekommen bin, war ja der Herzog der Manager von dem ganzen Verein. Da gab es eine Truppe von sechs Leuten, die angeheuert und frisch angestellt waren. Und wir haben uns halt hingesetzt und uns LILOG ausgedacht. Und ein Jahr später fing das mehr oder minder offiziell an. Das war mit Rohrer aus Stuttgart, Christopher Habel aus Hamburg, Siegfried Kanngießer aus Osnabrück, Bernd Walter, der damals noch in Aachen war. (Rollinger im Gespräch)

Auf einem großen Kongreß der IBM in Bad Neuenahr im Jahr 1987 stellte die Gruppe das Projekt LILOG der wissenschaftlichen Öffentlichkeit vor. Der sprachverarbeitende Teil der KI-Scientific Community wurde fast geschlossen eingeladen und mit dem Projekt bekannt gemacht.

> Da sind sehr viele Leute aus der KI-Szene eingeladen gewesen. Rollinger, Hajo Novak und Birgit Wesche hatten auf Grund ihrer Vorgeschichte in der KI eine ganze Menge Kontakte. Die haben dann eben eine Einladungsliste erstellt, wo sehr viele Leute aus der KI drauf waren. Wir sind da alle zusammengekommen. (Görz im Gespräch)

Im Laufe der Zeit entwickelte sich LILOG zum alternativen "Karriere-Sprungbrett" für die Mitglieder der Scientific Community, die nicht im Dunstkreis der Seilschaft um Wolfgang Wahlster und Jörg Siekmann an den DFKI-Aktivitäten bzw. den BMFT-geförderten Verbundvorhaben partizipieren konnten. Die Mitarbeit in LILOG "produzierte" wissenschaftliche Karrieren.

> Wir waren alle da. Wahlster nicht. Der hatte da schon andere Funktionen. Von denen, die schon eine Reihe von Jahren in der KI gearbeitet haben, kann man sagen: fast alle. Mit Ausnahme der Bildverarbeitung, weil es mit Bildverarbeitung wirklich nichts zu tun hatte. Aber von denen, die ich so kenne: Wachsmuth, Christaller... Es waren fast alle. Ich wüßte nur ganz wenige, die gar nichts damit zu tun hatten. Das hat so einen Durchlauferhitzer-Effekt gehabt. Viele sind durchgelaufen, und für viele war es ein gewisser Karriereschritt. (Görz im Gespräch)

> Die LILOG-Jahre waren für mich vielleicht die spannendsten Jahre in meiner Laufbahn überhaupt. Ich bekam noch dreimal das Angebot, bei IBM zu bleiben. Herr Herzog, den ich als einen großen Förderer meiner Karriere rechne, hat dann im entscheidenden Moment gesagt: "Wenn es Ihnen so schwer fällt, das hier in Stuttgart zu machen, warum machen Sie es dann nicht in Osnabrück?" Das hat dazu geführt, daß das Osnabrücker Teilprojekt um eine gewichtige Stelle aufgebohrt wurde. (Wachsmuth im Gespräch)

> Wir haben 200 referierte Publikationen aus dem Projekt gehabt, mindestens 10 Dissertationen und 3 oder 4 Habilitationen. Aus dem LILOG-Projekt heraus sind ziemlich unmittelbar 12 Leute Professor geworden. (Herzog im Gespräch)

> Das war für IBM auch eine enorme Publicity. Das war faktische Wissenschaftsförderung und Förderung einzelner Personen. Aber es war auch diese enorme Publicity, die das Ganze hatte. LILOG hatte durch die Qualität der Arbeit ein sehr, sehr hohes Ansehen. Durch LILOG hat IBM ihr Image in der Wissenschaftsszene sehr verbessern können. Hat wunderbar geklappt. In dieser Hinsicht war es ein Riesenerfolg. (Görz im Gespräch)

Das Projekt wurde für ein Grundlagenprojekt sehr groß. Man gründete ein "Institut für Wissensbasierte Systeme" innerhalb der IBM mit Sitz in Stuttgart, wobei LILOG nur eines - wenn auch das größte - von etwa zehn dort bearbeiteten Projekten im KI-Bereich war.

> Wir sind dann gewaltig gewachsen. Am Anfang ein halbes Stockwerk und am Schluß drei Stockwerke. LILOG alleine waren 1990 sicherlich dreißig Leute. Dann arbeiteten nochmal soviele in anderen Projekten des IWBS, und dann gab es nochmal genausoviele, die in Heidelberg im Wissenschaftlichen Zentrum gearbeitet haben. Alle auf dem Gebiet KI. LILOG hat immer die Hälfte der Mittel beansprucht. Der Rest die andere Hälfte.
> (Herzog im Gespräch)

Im Dezember 1991 wurde das IBM-Projekt LILOG offiziell beendet. Die wissenschaftlichen Ergebnisse wurden in über 230 "Technical Reports" festgehalten. Ein Industrie-Projekt im KI-Bereich mit ähnlicher finanzieller und personeller Ausstattung sowie ähnlicher Außenwirksamkeit - noch dazu im Grundlagenforschungsbereich - ist von keinem anderen deutschen Industrie-Unternehmen aufgesetzt worden.

5.2.4.2. BABYLON

Die idealtypische Rekonstruktion des Entwicklungsganges eines der beiden in Deutschland entwickelten, komplexen Expertensystem-Werkzeuge beginnt in diesem Abschnitt mit den bereits geschilderten Aktivitäten der "Expertensystem-Gruppe" bei der GMD, die sich auf die Erstellung eines komplexen Expertensystem-Werkzeugs zur Software-Entwicklung richteten.

> Ein hervorzuhebendes FuE-Ergebnis aus dieser GMD-Gruppe ist das Werkzeugsystem BABYLON für die Entwicklung von Expertensystemen.
> (Der Bundesminister für Forschung und Technologie 1988: 12)

In dieses Werkzeug wurden von Seiten des BMFT große Hoffnungen gesetzt, da es sich um das einzige, mit Hilfe öffentlicher Förderung entwickelte Expertensystem-Werkzeug in Deutschland handelte (neben BABYLON gab es mit vergleichbarer Aufgabenstellung und Komplexität TWAICE von der Nixdorf Computer AG).

> Der Franco Di Primio hat damals das Babylon gemacht. Als ich im Januar 1985 hierher kam, liefen schon die Vorbereitungen für die Cebit 1985. Auf der Cebit ist dann das Babylon vorgestellt worden. Wir waren damals alle sehr, sehr guter Hoffnung, daß wir mit der Industrie mithalten können. Wir

waren sehr euphorisch hier auf dem ganzen Flur, das Ding wirklich rüberzubringen. (Christaller im Gespräch)

BABYLON diente als methodische Grundlage der beiden BMFT-Verbundprojekte TEX-I und WEREX, an denen die Expertensystem-Gruppe der GMD als Kooperationspartner beteiligt war, wobei das Projekt WEREX von der GMD koordiniert wurde. Als wissenschaftliches Ziel von WEREX wurde angestrebt, ein für zukünftige Entwicklungen offenes Werkzeug zu entwickeln, das bei Abschluß des Vorhabens Schritt halten konnte mit den in den USA weiterentwickelten Systemen (vgl. Bundesminister für Forschung und Technologie 1988: 56).

5.2.5. Die Durchbruch-Phase: Zusammenfassung

Die zweite Hälfte der achtziger Jahre ist durch den engen Schulterschluß der SPE-Community gekennzeichnet. Der "Scientific Part" dieser Community wächst in dieser Zeit der massiven öffentlichen und privatwirtschaftlichen Förderung auf über 5000 Mitglieder (Mitgliederzahl des Fachausschusses "Künstliche Intelligenz und Mustererkennung" im Jahr 1989). Maßgebliche Vertreter der Wissenschaftspolitik und der deutschen Wirtschaftsunternehmen sind auf Tagungen und Konferenzen der Scientific Community als Gesprächspartner integriert. Die Interaktions- und Kommunikationsstrukturen sind durch persönliche Beziehungen und institutionalisierte Gesprächs- und Handlungszusammenhänge befestigt. Die für die Förderung zuständigen Wissenschaftspolitiker unterhalten sich nicht nur mit den "social and intellectual leaders" der Scientific Community (S-P-Beziehung der SPE-Community), sondern auch mit Nicht-Mitgliedern der einschlägigen Gremien:

> Der Isensee hat das über Jahre miterlebt. Isensee war jemand, der zu relativ vielen Leuten guten Kontakt hatte. Ich habe mal eine Nacht lang mit ihm diskutiert, warum er jetzt Konnektionismus fördern will. Mit ihm konnte man reden über die Dinge. (Bartsch-Spörl im Gespräch)

Maßgebliche Mitarbeiter von Wirtschaftsunternehmen werden zu akzeptierten und gefragten Gesprächs- und Kooperationspartnern öffentlicher Forschungsförderung sogar in Bereichen reiner Grundlagenforschung (P-E-Beziehung der SPE-Community):

> Wir sind Gründungsmitglied eines Sonderforschungsbereichs. Wobei die IBM natürlich nie Geld von der DFG gekriegt hat. Das ist klar. Da freue ich mich noch heute sehr, daß mir das in Zusammenarbeit mit dem Herrn Leppien gelungen ist. Das haben wir gut hingekriegt. Ganz einfach, weil beide Partner wollten. (Herzog im Gespräch)

Die Vertreter von Wirtschaftsunternehmen geben nicht nur Inhalte des "System of Knowledge" der KI-Forschung vor (S-E-Beziehung der SPE-Community),

> KI ist von führenden Leuten, wie zum Beispiel dem Herrn Schwärtzel von Siemens, als das definiert worden, was man in der Industrie aus diesen Gedanken machen kann. Und so wird es in der Tat heute gebraucht. (Bibel im Gespräch)

sondern unterstützen auch den Status der Scientific Community im Wissenschaftsbetrieb.

> Als ich Sprecher war, ist die KI in der Gesellschaft für Informatik zum Fachbereich angehoben worden. Das durchzupokern war das härteste, was ich überhaupt je in meinem Leben gemacht habe. Sie können sich nicht vorstellen, wie hart so etwas ausgekämpft wird. Wie das lief. Da kriegt man wirklich ein Gefühl dafür, wie schwer es ist, neue Gebiete gegen etablierte Vereine durchzusetzen. Wir hätten es nicht geschafft, wenn wir nicht ein paar wirkliche Förderer gehabt hätten, die auch richtig einflußreich waren. Das war der damalige Präsident der GI und Schwärtzel aus der Industrie. Schwärtzel hat das auch gesehen. Der reiste viel international rum. Der hat die wirtschaftliche Bedeutung der KI gesehen. Der wollte uns gewinnen lassen. (Siekmann im Gespräch)[17]

Vertreter von Interessenlagen aus den drei Bereichen Wissenschaft, Politik und Wirtschaft finden sich in der zweiten Hälfte der achtziger Jahren zu einem Konglomerat zusammen, auf dessen Grundlage die im Anhangskapitel beschriebene Forschungsorganisation entsteht.

> Da ist unheimlich hoch gepokert worden. Das ist eine Mischung zwischen Politik und Marktinteressen. Und um so signifikante Beträge durchzusetzen, schreibt man nicht mehr als Einzelwissenschaftler seine Papiere. Da braucht man eine Lobby und Institutionen. Aber wenn man im Prinzip glaubt, an der KI ist wirklich was dran, dann sagt man: "Wollen wir es jetzt? Ist es

---

[17] Zum Zustandekommen des Fachbereichs die Version von Jörg Siekmann: "Das war wie Lobby. Telefonate, Rumlaufen. Entscheidende Augenblicke waren: Macht der Fachbereich 2 mit? Einer der anderen Fachbereiche war sowieso vehement dagegen. Hätte Fachbereich 2 auch "Nein" gesagt, hätten wir es nicht geschafft. Das hätte für zehn Jahre... Wenn man die Wahl verliert, das weiß jeder. Wenn wir das verloren hätten... Und das entscheidende Zünglein an der Waage war der Fachbereich 2. Der Vorsitzende vom Fachbereich 2 war bei IBM jemand, der Oberboß. Da bin ich hingefahren, und habe ihm gesagt, daß ich mit ihm reden will. Da bin ich reingegangen, habe die Tür zugemacht und habe gesagt: "So, ich gehe jetzt hier nicht eher raus, als bis Sie sich entscheiden". Er hat gesagt: "Was glauben Sie, wo Sie sind?" Ich habe gesagt: "Das ist mir vollkommen egal. Ich schließe die Tür ab. Ich gehe hier nicht raus, bis wir zu einer Entscheidung kommen". So bin ich mit dem in Clinch gegangen, und das fand der gut. Das war so ein Typ. So ist das. Das ist der Einfluß von Personen. Und am Schluß hat er gesagt: "Naja, ich bin zwar nicht dafür, aber der Fachbereich 2 wird nicht mit "Nein" stimmen"."

jetzt wichtig? Wollen wir es umsetzen oder nicht?" Und wenn man es umsetzen will, dann muß man diesen soziologischen und politischen Kram mitmachen. Sonst kommt es eben nicht. Und das heißt, daß man wichtige Leute in der Politik kennt, mit denen man das eben durchpokern kann, mit denen das geht vor allen Dingen. Das hat eine absolute Schlüsselrolle gespielt. Wir sind jetzt wer. Es ist unheimlich viel Geld in die KI geflossen. (Siekmann im Gespräch)

Die KI-Aktivitäten in der Bundesrepublik haben erst richtig angefangen mit den entsprechenden Fördermöglichkeiten, die der Bund, das BMFT, zur Verfügung gestellt hat. Das sind ja gewaltige Summen. Vielleicht im Vergleich zur Kernforschung nicht so gewaltig, aber zum Aufbau von Knowhow in der Industrie und in der Wissenschaft. (Damskis im Gespräch)

Doch die entstandene SPE-Community ist ein labiler Verbund, der sich im wesentlichen über das "Do-ut-des-Prinzip" (lat.: "Ich gebe, damit du gibst") stabilisiert. Erwartungsenttäuschungen im Hinblick auf die "Erfolge" der entstandenen Forschungsorganisation können kaum kompensiert werden. Diese "Erfolge" werden von den Vertretern der drei Interessengruppen verschieden definiert: während der Erfolgsmaßstab für den "Scientific Part" vor allen Dingen die Qualität wissenschaftlicher Erkenntnisse nach Maßgabe der Anerkennung durch die internationale Scientific Community ist, stellt der "Economic Part" auf die mit der neuen Technologie erfolgte oder nicht erfolgte Gewinnmaximierung ab. Der "Political Part" hingegen mißt den Erfolg der Forschungsorganisation am Funktionieren der förderpolitischen Strategie, also an der Koordination der beiden anderen Orientierungen.

5.3. Die Einbruch-Phase: Muß sich Forschung in barer Münze auszahlen?

The Party is over. (Siekmann im Gespräch)

Die Etablierung der KI-Forschungsorganisation in der zweiten Hälfte der achtziger Jahre war notwendigerweise eine "Voraus-Investition": die Entwicklung und Förderung einer neuen Technologie barg erstens die bekannte Ungewißheit jeder Innovationssteuerung (vgl. z.B. Weingart 1976, van den Daele/Krohn/ Weingart 1979, Jokisch (Hg.) 1982, Weingart (Hg.) 1989), d.h. ob die Produktion neuer Erkenntnisse tatsächlich ein von externen Faktoren (Arbeitsbedingungen, Ausstattung mit materiellen und personellen Kapazitäten etc.) provozierter und gesteuerter Prozeß sei oder von anderen Faktoren abhänge. Zweitens konnte die industrielle Umsetzbarkeit wissenschaftlicher Erkenntnisse für den KI-Bereich nur prognostiziert, aber nicht sicher vorausgesetzt werden. Die Vertreter der politischen Förderstrategie und der Wirtschaftsunternehmen mußten den Versprechungen der KI-Wissenschaftler und den internationalen

Trendanalysen Glauben schenken. Die KI-Förderstrategie, wissenschaftliche Erkenntnisse zunächst in Prototypen und dann in marktfähige Produkte zu überführen, war zum Zeitpunkt ihrer Einführung ein Konstrukt der Wissenschaftspolitik, ohne daß in dieser Hinsicht auf vorhandene Strukturen Bezug genommen werden konnte. Die labile SPE-Community erwartete schnelle Erfolge, so daß schon bald nach Einsetzen der massiven Förderung erste Reaktionen den Gang der deutschen KI-Forschung dokumentierten.

5.3.1. Der Einbruch des Marktes: BABYLON

Getragen vom BMFT und vom Bundeswirtschaftsministerium wurde Mitte der achtziger Jahre der "Modellversuch für die Gründung technologieorientierter Unternehmen" gestartet, wofür 100 Millionen DM bereitgestellt wurden. Die Bundesländer ergänzten diese Maßnahme durch Förderung der Einrichtung sogenannter "Technologie-Parks". Der Leiter der GMD-Gruppe "Expertensysteme", Dieter Bungers, beschloß 1987, sich mit dem wissenschaftlich erfolgreichen Expertensystem-Werkzeug BABYLON selbständig zu machen. Er verließ die GMD und gründete ein eigenes Software-Unternehmen, um BABYLON zu vermarkten. Eine Symbolics-Version von BABYLON sollte 70 000 DM kosten.

> Peng... Die Infovation GmbH ist gegründet, und wir suchen jetzt Mitarbeiter für das Gebiet Wissensbasierte Systeme. Aufgaben: Weiterentwicklung des Werkzeuges BABYLON. (Auszug aus einer Stellenanzeige im KI-Rundbrief 45, April 1987: 144)

> Das ist schief gegangen. Zu dem Zeitpunkt, wo er nämlich die Firma gründete und gerade dabei war, brach der gesamte Expertensystem- und LISP-Maschinen-Markt ein. Die Verkaufszahlen gingen drastisch zurück. Der Einbruch lag daran, daß die LISP-Maschinen sehr dezidierte Rechner waren und nirgendwo außerhalb der Forschung in die Organisationsstrukturen reinpaßten, womit natürlich auch alle Systeme, die darauf liefen, in großen Organisationen wie Automobilfirmen oder Chemie-Konzernen nirgendwo reingepaßt haben. Und die Forschungsabteilungen, also Hochschulen, GMD und die Forschungsabteilungen in der Industrie, kaufen sich solche Geräte einmal und in begrenzter Stückzahl. Und dann nie wieder. Der Massenmarkt entsteht da nicht.
> Und dann genau in diesem Sommer 1987. Das war dramatisch. Wir hatten hier mit Mühe und Not mit unseren Juristen so einen Lizenzvertrag mit Bungers ausgehandelt. Und auf einmal sagte Bungers: "Ich will von dem BABYLON nichts mehr wissen". Weil er damit überhaupt kein Geld verdiente. Er machte nur Verluste. Er ist dann so ein bißchen umgestiegen und hat andere Sachen gemacht. Inzwischen ist die Firma pleite gegangen. Er ist

inzwischen wieder bei der GMD, aber nicht mehr im KI-Bereich. (Christaller im Gespräch)

Die Entstehung eines Massenmarktes für KI-Produkte wurde durch mehrere Gründe verhindert. Zum einen fehlte die Marktreife der Produkte: die Software-Lösungen der KI-Produkte orientierten sich zu wenig an den Problemen der Anwender. Außerdem konnten sie nicht in die bereits bestehenden Hard- und Software-Ausstattungen der Anwender integriert werden.

Zum anderen erlebte der ganze Software-Markt in der zweiten Hälfte der achtziger Jahre eine tiefe Rezession, die nicht dazu angetan war, einer neuen, wenig erprobten Technologie zur Durchsetzung zu verhelfen. Die an den BMFT-Verbundprojekten beteiligten Firmen, welche die Umsetzung der förderpolitischen Strategie der Bundesregierung sichern sollten, mußten um ihre Existenz kämpfen.

> Oberflächlich gesehen war es so, daß 1988/89, als das BABYLON-Projekt zu Ende war, die Informatik-Industrie hier in Deutschland einen großen Schock erlebt hat: ADV/ORGA ist pleite gegangen, Nixdorf war kurz darauf pleite, PCS war pleite, Mannesmann-Kienzle hing in den Seilen und so weiter. Und alle diese deutschen Firmen haben massive Förderungen vom BMFT bekommen. Wir als Wissenschaftler durften ja auch bei den Verbundvorhaben nur mit solchen Firmen kooperieren, um zu sehen, daß irgendetwas entsteht. Und auf einmal waren die alle pleite. Ich bezweifle, daß sie auch sonst in der Lage gewesen wären, aus unseren Ergebnissen Produkte zu erzeugen. Aber sei es drum. In dieser speziellen Situation waren die natürlich erst recht nicht bereit. Alle sagten: "Nein, kommt überhaupt nicht in Frage". Da standen wir da. Und keiner wollte das haben. Und Millionen waren da hineingeflossen. (Christaller im Gespräch)

BABYLON war wie erwähnt Gegenstand des WEREX-Verbundprojektes. Nach der mißlungenen Vermarktung durch die INFOVATION sollte der Versuch unternommen werden, das Werkzeug innerhalb der Expertensystem-Gruppe der GMD zu einem Produkt zu entwickeln. Schon während des Verbundprojekts eröffnete sich eine zweite Chance, BABYLON zu vermarkten. Die VW-GEDAS, die wie erwähnt nach einem Expertensystem-Werkzeug für die Volkswagen AG suchen sollte, meldete Interesse an BABYLON an.

> Dann sind wir auf das BABYLON gekommen von der GMD. Zu Christaller hatten wir Kontakt. INFOVATION haben wir kennengelernt, und auch BABYLON angeguckt. Dann hatte ich die Idee, aus BABYLON für Volkswagen das Expertensystem-Werkzeug für das ganze Unternehmen zu machen. Da hat Volkswagen gesagt: "Nee, das brauchen wir nicht. Und wenn, dann macht aus BABYLON ein Produkt. Wenn das Produkt gut ist, dann kaufen wir das auch und setzen das auch ein. Ihr habt jede Unterstüt-

zung von uns. Aber wir bezahlen euch nicht die Entwicklung". (Beste im Gespräch)

Die Entwicklung wurde zusammen mit der GMD-Forschungsgruppe "Künstliche Intelligenz" (der ehemaligen Expertensystem-Gruppe) durchgeführt und endete 1990 mit der Fertigstellung der Version BABYLON 3.0, lauffähig auf SUN-Rechnern. Diese Realisierung von Intentionen der BMFT-Förderstrategie wurde von den beteiligten Wissenschaftlern zwar als strategischer Erfolg gewertet, aber für nicht kompatibel mit wissenschaftlichen Interessenlagen gehalten.

> Da macht sich keiner eine Vorstellung, was sowas im Forschungsbereich eigentlich heißt. Das mache ich auch nie wieder. Würde ich auch keinem empfehlen. Wer immer das vorhaben sollte, der ist entweder genauso naiv, wie ich es damals gewesen bin, oder der ist einfach dumm. Wenn Sie Wissenschaftler, junge Leute, zwei Jahre in ein solches Projekt reinstecken, dann machen die keine Wissenschaft mehr. Wenn die Leute aber eigentlich vorhatten, eine Promotion zu schreiben, dann halten Sie die zwei Jahre davon ab. Das zweite ist, es ist ein enormer Leistungsdruck, und es müssen nur Kompromisse gemacht werden. Man kann sich vorher vornehmen, was man will, so ein Projekt hat seine eigene Dynamik, speziell solche Software-Projekte. Es ist praktisch nicht vorhersagbar, was da alles passieren kann. Und irgendwelche Aufwandsabschätzungen sind meistens eh für die Katz. Das ist aber allgemein so. Es ist nur Krisenmanagement. Das ist ein Alptraum. Man kann das machen: Wenn ich in einer Firma wäre, dann würde ich mir auch zutrauen, das alltäglich zu machen und damit mein Geld zu verdienen. Aber das in einem Forschungskontext zu machen, da macht man nur Leute mit kaputt. Und es kommt auch letztlich nicht die Qualität heraus, die man bekommt mit Leuten, die einfach eine dicke Haut haben und sich auch mal hinsetzen können und ihren Stiefel runtermachen, die dann keinen anderen Ehrgeiz haben, als ein Programm zum Laufen zu bringen. Aber wenn jemand publizieren will und Vorträge halten will und die Diss voranbringen will und sich mit Kollegen unterhalten und neue Ideen entwickeln will, das war ja alles zwei Jahre lang strikt verboten. Und dann sieht man drumherum, wie die Leute Karriere machen. Das ist dann die Situation. Wenn man dann noch auf einem Zeitvertrag sitzt, dann sieht das doppelt hart aus. Dann läuft die Zeit sowieso, und am Ende der Zeit stellt man fest, daß man im Arbeitszeugnis bescheinigt kriegt, daß man an so einem Produktentwicklungsprojekt teilgenommen hat. Aha, wie interessant. (Christaller im Gespräch)

Die VW-GEDAS hatte zusammen mit sieben beteiligten GMD-Mitarbeitern über zwei Jahre etwa 36 Mannjahre in die Entwicklung von BABYLON investiert. Nach Ende des Projkts wurde BABYLON der VW-GEDAS zur Vermarktung übergeben.

Wir haben die Produktentwicklung abgeschlossen, und die VW-GEDAS hat es wirklich übernommen. Und wir sind außen vor. Wir haben unseren Job getan. Die müssen das jetzt verkaufen, und das ist deren Bier. Da kann kein Wissenschaftler mehr für verantwortlich gemacht werden. Das finde ich wichtig. (Christaller im Gespräch)

Doch auch der zweite Anlauf scheiterte. Die durchgezogene Förderstrategie widersprach nicht nur wissenschaftlichen Interessenlagen, sondern erfüllte auch nicht die in sie gesetzten Hoffnungen des Wirtschaftsunternehmens: eine Erwartungsenttäuschung, die auch andere Firmen mit KI-Produkten hinnehmen mußten.

Wir dachten, mit BABYLON kann uns überhaupt nichts passieren. Irgendwann muß man sich aber wirklich mal fragen: "Gibt es diesen Markt überhaupt?" Von den Firmen, die sich mit Expertensystem-Technologie, KI, auseinandersetzen, schreibt im Moment keine schwarze Zahlen. Auch wir nicht, das gebe ich ganz ehrlich zu. Mit dem Thema BABYLON schreiben wir im Moment keine schwarzen Zahlen. Die KI kommt in der Industrie nicht zum Zuge. (Beste im Gespräch)

Die Kunden fragen immer nach Referenzen. Da beißt sich die Katze in den Schwanz. Es gibt kaum Referenzen, erfolgreiche Referenzen in Deutschland. Weder mit BABYLON noch mit anderen Werkzeugen. (Dipl. Inform. Volker Wenning, Mitarbeiter Produktvertrieb und Projektakquisition bei der VW-GEDAS in Berlin)

Die Firmen, vor allem amerikanische Firmen, die das produziert und vertrieben haben, haben da wohl eine falsche Rechnung gemacht. In den USA sah es zuerst so aus, als ob sie dort den Sprung schaffen könnten in die eigentlichen Organisationen hinein, also in die produktiven Bereiche. Das ist dort nicht gelungen, und hier in Deutschland ist es erst recht nicht gelungen. (Christaller im Gespräch)

In der Industrie hat die KI offenbar ihren Höhepunkt überschritten. Es gibt jetzt sogar aktive Antipathien gegen diesen Begriff. Die KI hat viele Versprechungen gemacht, die jetzt nicht eingelöst worden sind. "Wir haben es einfach mal probiert, und es war nichts". Das ist die Stimmung. Es ist nicht ganz klar, ob wir uns überhaupt als KI-Institut verstehen. Der Schwerpunkt ändert sich gerade. Wir befinden uns in einer Umbruchphase. Es kommen jetzt andere Gesichtspunkte hinzu. Das Problem ist, daß im Moment noch nicht richtig klar ist, was werden soll. Wir sind mitten in der Umbruchphase, wo wir wissen, daß die alte Richtung nicht mehr das Hauptzugpferd sein kann, aber was nun dafür der Ersatz sein soll, das ist nicht ganz klar. (Eisinger im Gespräch)

Doch nicht nur die Industrie-Unternehmen bemerkten die fehlende Adäquatheit der förderpolitischen Strategie bzw. wurden durch den Einbruch des Marktes davon abgehalten, diese umzusetzen. Die Möglichkeit der technischen Umsetzung und wirtschaftlichen Nutzung der KI motivierte wie erwähnt die Gründung der KI-Institute in der zweiten Hälfte der achtziger Jahre, die anteilig aus öffentlicher und privatwirtschaftlicher Förderung finanziert wurden. Wie gingen die KI-Institute mit den Schwierigkeiten des förderstrategischen Anspruchs um?

5.3.2. Der Überlebenskampf der "mischfinanzierten" KI-Institute

> Die ganzen KI-Institute, alle wie sie da sind, sind noch nicht einmal im Ansatz so weit. Geschweige denn, daß die von jemandem bescheinigt bekommen: "Wir haben etwas von euch übernommen, für das wir dankbar sind, und wir hoffen, daß wir am Markt damit Erfolg haben". (Christaller im Gespräch)

Das BMFT wollte mit der Finanzierung des Deutschen Forschungszentrums für Künstliche Intelligenz (DFKI) keine Dauerlast übernehmen und hatte die Förderung auf zehn Jahre begrenzt. Danach sollten die Projekte des DFKI zum größten Teil von Wirtschaftsunternehmen finanziert werden. Diese Strategie wurde durch die Mißerfolge der KI-Produkte auf dem Markt in Frage gestellt. Der erwartete "Run" der Wirtschaftsunternehmen auf das DFKI - und damit der im Hinblick auf das Unternehmenskonzept intendierte Erfolg - blieb aus.

> Die Schwierigkeiten, die die im DFKI jetzt haben, resultieren aus den Schwierigkeiten, die die Industrie jetzt hat. In Bereichen, in denen rote Zahlen geschrieben werden, ist es natürlich sehr schwer, Gelder freizustellen für Dinge, die nicht unmittelbar Gewinn bringen. (Leppien im Gespräch)

Im DFKI wurde mit Hilfe der massiven Förderung ein großes Potential an Forschungskompetenz zentralisiert. KI-Wissenschaftler mit hoher wissenschaftlicher Reputation arbeiteten im Rahmen ihrer wissenschaftlichen Interessen an spezialisierten Forschungsfragen. Die Orientierung auf vorwettbewerbliche Grundlagenforschung erlaubte, wie es schien, ein hohes Maß an wissenschaftlicher Freiheit, wobei auch nur diese - nach Vorstellungen der Wissenschaftler - wirkliche Innovation leisten würde. Doch der Anspruch der förderpolitischen Strategien widersprach den wissenschaftlichen Interessenlagen:

> Die haben nur Probleme. Sobald Sie da reingucken und sehen, wo Leute Erfolg haben, da haben sie wissenschaftlichen Erfolg. Das habe ich auch nicht anders erwartet. Aber Produkte entwickeln, auch Vorprodukte oder so etwas, das ist ein Business, das wir alle nicht gelernt haben als Wissenschaftler. Da würde ich nie Wissenschaftler für einstellen. Das DFKI ist stolz darauf - mit Recht -, daß sie auf manchen Gebieten die besten Leute eingekauft haben, die es gibt. Von denen ist aber kein einziger in der Lage,

> auch nur irgendein Teilergebnis seiner wissenschaftlichen Forschung an irgendein Industrie-Management zu verkaufen. Geschweige denn, dafür Geld zu bekommen. (Christaller im Gespräch)

> Ein DFKI-ler ist für mich im wesentlichen wissenschaftsorientiert. Nicht mal anwendungsorientiert. Das ist ein Grundlagenforscher. Mit der Anwendung kommen die überhaupt nicht zusammen. Und sie verstehen sich ja auch als Grundlagenforscher. Da sitzen die wissenschaftlichen Highlights, wo dann zum Beispiel im Bereich Wissensrepräsentation das Letzte aus KL-One rausgequetscht wird. Das ist alles wichtig. Ich will das nicht runterspielen. (Marburger im Gespräch)

> Hier am DFKI ist alles zu stark an Aufträge und den unmittelbaren Erfolg gebunden. Die jungen Leute können das doch gar nicht. Die sind so in diesem Profilierungsdruck in einem bestimmten Bereich. Da fehlt uns was. (Siekmann im Gespräch)

Die KI-Institute der anderen Bundesländer, die nicht an den BMFT-Fördermitteln partizipierten, waren noch viel stärker an den Erfolg technischer und kommerzieller Umsetzung im KI-Bereich gebunden. Die Abfederungsmöglichkeit der Konsequenzen bei einem Mißerfolg des Unternehmenskonzepts - wie im DFKI durch für zehn Jahre garantierte BMFT-Mittel - fehlte den KI-Instituten der Landes-Initiativen völlig. Ein Mißerfolg der förderpolitischen Strategie würde sich sofort und direkt bemerkbar machen.

> Eine Rückkopplungsform ist, daß bei uns die Leitungsebene natürlich sofort entlassen wird. Das ist ein ganz einfacher Rückkopplungsmechanismus. Wir müssen unsere Leute entlassen. Die Leute, die da waren, kriegen viel schlechter eine Stelle. Unser Image als Wissenschaftler ist ruiniert. Es gibt keine Gehaltserhöhungen und nichts. Das ist ganz einfach. Das hat von allen das Verhalten geändert. Und zwar zu einer realistischeren Perspektive. (Radermacher im Gespräch)

Eine erste Reaktion auf die beginnende Finanzierungskrise war die Gründung der "Arbeitsgemeinschaft deutscher KI-Institute" (AKI) im Jahr 1990, denn es war

> absehbar, daß das, was an öffentlicher Förderung möglich war, im wesentlichen verteilt war. Das heißt, die Situation, wo man sich wirklich Konkurrenz machen mußte um größere Töpfe, um Forschungsmittel, war jedenfalls im Institutionalisierungsbereich vorbei. In diesem Szenario - Töpfe im wesentlichen verteilt, Aufgaben von der Institutionalisierung her auch verteilt - war es für uns natürlich zu sagen: "Jetzt versuchen wir, vielleicht aus einer Kooperation etwas zu machen". Es sollte aus unserer eigenen Motivation als Forscher ein Mechanismus geschaffen werden, das DFKI etwas besser zu nutzen. Beziehungsweise auch Aufgaben, die

zunächst einmal am DFKI angesiedelt worden waren, qua Anwendungsorientierung dann eben auch auf die Regionen zu verteilen. (Cremers im Gespräch)

Doch auch der kooperative Zusammenschluß von DFKI, FAW, LKI, KI-NRW und FORWISS konnte die strukturelle Krise der deutschen KI-Forschung nicht aufhalten. Knapp zwei Jahre nach Gründung der AKI diskutierten die Geschäftsführer der KI-Institute am 13. Januar 1992 die mittlerweile sich akut zuspitzende Finanzierungskrise und entwickelten ein Not-Programm zum Krisenmanagement. Auf den beiden folgenden Seiten ist ein Rundbrief des FORWISS-Geschäftsführers Dr. Uwe Haass an die Mitglieder des FORWISS-Direktoriums und die Forschungsgruppenleiter des Instituts abgedruckt, der das Geschäftsführer-Treffen zusammenfaßt. Dieser Brief umfaßt Informationen über alle Interessengruppen der SPE-Community in der Erfahrung mit der eingeschlagenen Förderstrategie[18] und steht an Stelle einer Zusammenfassung des Abschnittes über die "Einbruch-Phase".

---

[18] Dieser Brief gelangte - wie oft in solchen Dingen - durch einen Zufall und nicht durch eine Indiskretion in die Hände der Verfasserin.

BAYERISCHES FORSCHUNGSZENTRUM FÜR WISSENSBASIERTE SYSTEME
ERLANGEN — MÜNCHEN — PASSAU

Bayerisches Forschungszentrum für Wissensbasierte Systeme (FORWISS)
Geschäftsführung, Am Weichselgarten 7, D - 8520 Erlangen-Tennenlohe

Dr. Uwe L. Haass
Geschäftsführer
Tel. (09131) 691-191
Fax (09131) 691-185
Erlangen, den 14.01.92
UH/ro

Rundbrief an die Mitglieder des Direktoriums und Forschungsgruppenleiter von FORWISS

Treffen der Geschäftsführer der AKI, 13.1.92 in Bonn

Sehr geehrte Herren,

aus aktuellem Anlaß wurden beim gestrigen Treffen der Geschäftsführer fast alle Punkte der Tagesordnung auf einen späteren Termin verschoben, dafür nur ein Thema diskutiert: die tiefe Vertrauenskrise, in der die deutschen KI-Institute offensichtlich zur Zeit stecken, und das bisherige Unvermögen der AKI, dem entgegenzuwirken.

Den aktuellen Anlaß zu dieser Diskussion lieferten die Vertreter von FAW und DFKI, die über kürzlich abgehaltene Kuratoriums- bzw. Gesellschafterversammlungen berichteten. Hiernach ergibt sich das folgende Bild:

1. mehrere Großfirmen, insbesondere aus der EDV- und Automobilbranche, möchten ihre Beteiligungen an den KI-Instituten aufgeben, ihre finanzielle Beteiligung drastisch verringern, bzw. sich aus Verbindlichkeiten jeglicher Art zurückziehen.

2. Begründet wird dies nicht nur mit der schlechten Ertragslage der Firmen; wesentlich bedenklicher ist das vielzitierte Argument, daß die Firmen keinen unmittelbaren, kurzfristigen Nutzen in der KI-Forschung sehen.

3. Das BMFT vermißt Erfolgsmeldungen in der KI-Forschung; der Haushalt im Referat 4 (MDgt Dr. Werner Gries) wurde um 25 % gekürzt. Herr Gries hat offenbar in einem informellen Gespräch den Vorschlag der AKI-Leiter, ein Verbundprojekt über 150 Mio DM zur Erforschung eines Haushalts- und Betreuungsroboters durchzuführen, abgewiesen. Auf der anderen Seite hält das BMFT Geld bereit für das Projekt Verbmobil (Automatisches Übersetzen, Computer-Linguistik), sowie für die Bereiche Neuronale Netze und Fuzzy Logik. Offensichtlich sind die Abgeordneten hier noch bereit, Forschungsgelder zu bewilligen.

4. Als ein besonders großes Problem wird der "Domino-Effekt" gesehen: sobald die KI-Forschung von einigen wenigen Individuen diskreditiert wird, schließen sich andere sofort an. Sobald eine Firma aus einer Beteiligung aussteigt, folgen andere. Viele Entscheidungsträger lassen sich von der "Atmosphäre" beeinflussen, verstehen aber von der Materie wenig.

Geschäftsführer, Zentrale Verwaltung, Informationen:
Am Weichselgarten 7 D-8520 Erlangen-Tennenlohe
Tel.: +49 9131 691 190, Fax: ...185

5. Nicht nur FAW und DFKI spüren einen scharfen Gegenwind; auch der KI-Verbund Nordrhein-Westfalen und das KI-Labor Hamburg berichten von massiven Kürzungen bzw. dem Ausbleiben von Anschlußaufträgen. FORWISS kann sich zwar (noch) einer gesunden finanziellen Basis erfreuen, doch gibt es auch bei uns ernstzunehmende Kritik aus dem Kuratorium und dem Förderkreis.

In einem ersten Gespräch mit Prof. Armin Cremers, dem gegenwärtigen Sprecher der AKI, unterbreiteten die Geschäftsführer die folgenden Vorschläge:

1. Die AKI-Leiter sind ganz dringlich gefordert, die zunehmende Kritik an den ausbleibenden wirtschaftlichen Erfolgen der KI-Forschung in Deutschland abzufangen. Statt über Wissenschaftspreise und den Austausch von Wissenschaftlern zu diskutieren, sollten die Leiter der AKI-Institute in Zukunft alle erdenklichen Maßnahmen ergreifen, um das Vertrauen in den Nutzen der KI-Forschung wieder herzustellen.

2. AKI sollte hierzu "ganz oben", d.h. in Spitzengesprächen bei Ministerien, der Wirtschaft und den Verbänden vorstellig werden. Die zur Zeit von einigen AKI-Instituten angedachten gemeinsamen Beteiligungen an Messen und Tagungen sowie gemeinsame Broschüren sind eher als flankierende Maßnahme zu verstehen.

3. Die AKI muß ihre Basis erweitern:

    -   Einbeziehung anderer KI-Initiativen (z.B. der im November 1991 gegründeten Berliner Arbeitsgemeinschaft);

    -   Einbeziehung von Instituten, die nicht nur "upstream" wissenschaftlich arbeiten, sondern auch "downstream" erfolgreich mit der Industrie zusammenarbeiten (Robotertechnik, IAO Stuttgart, usw.);

    -   Einbeziehung der Wirtschaft.

    -   Einbeziehung von Neuronalen Netzen, Fuzzy Logik.

4. Es sollte deutlich gemacht werden, daß "alle an einem Strang ziehen". Alle Institute sind gefordert, der gegenwärtigen Vertrauenskrise entgegenzuwirken. Aber auch die einzelnen Mitarbeiter, die in einigen Instituten (Hamburg, NRW) bereits nur noch Einjahresverträge erhalten (beim FAW laufen <u>alle</u> Verträge am 31.12.92 aus), müssen in dieser konzertierten Aktion mitwirken.

5. AKI muß sofort handeln (spätestens auf dem für Anfang März vorgesehenen Treffen sollten sich die Institutsleiter ausschließlich dem geschilderten Problem widmen).

Mit freundlichem Gruß,

Dr. Uwe L. Haass
Geschäftsführer

5.3.3. Der Status Quo der neunziger Jahre:
Normalisierung eines Mega-Trends oder klammheimlicher Ausstieg?

Die mit dem vorangegangenen Brief dokumentierte Krise der deutschen KI-Forschung dauerte an. Das FAW konnte seine Situation zunächst durch Verlagerung der Forschungsschwerpunkte auf andere Software-Bereiche verbessern, wenn auch nicht völlig stabilisieren. Das Förderkonzept des KI-NRW wurde gemäß des gekürzten Finanz-Etats umstrukturiert, wobei sich der Schwerpunkt ebenfalls von reinen KI-Projekten zu Forschungen im Bereich anwendungsorientierter Problemlösungen mit Hilfe eines Gemisches von Software-Techniken verlagerte. Die sieben KI-Wissenschaftler am LKI sollten bis Mitte der neunziger Jahre als Teilnehmer zweier BMFT-Verbundprojekte arbeiten. Das FORWISS wurde weiterhin intensiv durch den Bayerischen Förderkreis unterstützt. Insgesamt wurden die landesfinanzierten, technologieorientierten KI-Initiativen stark eingeschränkt. Die KI-Wissenschaftler an den Hochschulen und Forschungseinrichtungen sahen sich nach anderen Finanzierungsmöglichkeiten um.

Bereits 1991 wechselten die beiden für die Fördermaßnahmen verantwortlichen BMFT-Mitarbeiter Marx und Isensee ihren Arbeitsplatz und verließen das Referat[19] Informationstechnik des BMFT. Ende April 1993 veranstalteten die

---

[19] Die Verfasserin wollte mit dem jetzt das Referat für Öffentlichkeitsarbeit des BMFT betreuenden Regierungsdirektor Isensee über die Geschichte der deutschen KI-Forschung sprechen. Mancher Leser wird sich vielleicht schon gewundert haben, warum keine Interview-Statements dieses so wichtigen BMFT-Mitarbeiters einbezogen wurden. Folgende Odyssee verhinderte dies: Ein Telefonat mit Herrn Isensee ergab, daß dieser nicht mehr "autorisiert" sei, über KI zu sprechen; die Verfasserin solle die Erlaubnis des jetzigen Referatsleiters, Dr. Reuse, einholen. Nach zweimonatiger Belagerung der Telefonleitung des Referats erhielt die Verfasserin einen Anruf des stellvertretenden Referatsleiters Hölters, in dem dieser deutlich machte, daß das "alles nicht so einfach wäre" und daß die Erlaubnis nicht erteilt werden könne. Nach dem (etwas beleidigten) Hinweis der Verfasserin, daß sie keine Sensationsjournalistin sondern Wissenschaftssoziologin sei, wollte selbige mit dem im gleichen Haus sitzenden Herrn Isensee verbunden werden, um diesem endgültig den abschlägigen Bescheid mitzuteilen. Die Verbindung wurde allerdings nicht durch Herrn Hölters hergestellt, da dieser ablehnte, das Gespräch zu "lancieren". Die Verfasserin schrieb daraufhin an den für die Öffentlichkeitsarbeit des Referates zuständigen Dr. Wolf beim BMFT-Projektträger für Informationstechnik. Diese allerdings erst kurze Zeit bestehende Institution sollte zumindest Informationen wie Förderkataloge und bereits publiziertes Material zur Verfügung stellen. Dr. Wolf erwies sich als freundlich und kooperativ, teilte jedoch mit, daß er erst die Erlaubnis des Referatsleiters Dr. Reuse einholen müsse und sich dann melden wolle. Nach daraufhin zweimonatiger Gesprächspause schrieb die Verfasserin an den Bundesminister für Forschung und Technologie Dr. Wissmann und bat um Informationen über die KI-Fördermaßnahmen des BMFT sowie um die Erlaubnis, mit Herrn Isensee sprechen zu dürfen. Der Forschungsminister wies daraufhin den Vertreter des Projektträgers Informationstechnik, Dr. Wolf, an, mit der Verfasserin Kontakt aufzunehmen. Das gewünschte Gespräch mit Herrn Isensee wurde mit keinem Wort erwähnt und mußte - da die Arbeit inzwischen fertiggestellt war - unterbleiben.

neuen Referatsleiter des BMFT ein sogenanntes "Status-Seminar" für den KI-Bereich. Alle geförderten Verbundprojekte sowie die Projekte des DFKI wurden mit ihren Ergebnissen vorgestellt und diskutiert. Weiterhin wurde eine Evaluation der deutschen KI-Forschung durch die internationale Unternehmensberatungsfirma Arthur D. Little International Inc. in Aussicht gestellt, die nach BMFT-Auftrag bereits im Mai 1993 ihre Arbeit aufnam. Die Firma verschickte in der ersten Phase der Evaluierung einen Erhebungsbogen an die BMFT-geförderten KI-Wissenschaftler, mit dessen Hilfe

> die Auswirkungen des laufenden Programms analysiert und Optionen für die Zukunft erarbeitet und diskutiert werden sollen. Im Rahmen der Arbeiten zu dieser Studie diskutieren wir mit Ihnen verschiedene Aspekte und Fragestellungen aus dem Bereich der KI-Forschung und der kommerziellen Nutzung der dort erarbeiteten Ergebnisse. (Arthur D. Little International Inc. 1993, Erläuterungen zum Erhebungsbogen: 1)

Der Erhebungsbogen umfaßte Fragen zur Organisationsstruktur der KI-Institute bzw. zu Projektgruppen, Fragen zur KI-Forschungsförderung, Fragen zur Einschätzung von KI-Forschungsergebnissen und Fragen zu KI-Anwendungen und dem industriellen Umfeld. Es ist zu vermuten, daß das BMFT einen wohlbegründeten Ausstieg aus der breit angelegten KI-Forschungsförderung vorbereitet, die bisher - allein das BMFT - über 250 Millionen DM kostete.

Die BMFT-Förderung von KI-Verbundvorhaben wurde zunächst auf folgende Projekte mit einer Laufzeit bis höchstens 1996 beschränkt:. *BEHAVIOR* (Verbundpartner: Uni Hamburg, Siemens AG, STN Systemtechnik Nord GmbH, Fraunhofer-Institut IID, GMD; Laufzeit: 1990-1994); *PROKON* (Verbundpartner: Uni Hamburg, TH Chemnitz, Uni Halle, TH Leipzig, TH Zwickau; Laufzeit: 1991-1995); *MABO* (Verbundpartner: Uni Kiel; Laufzeit: 1991-1994); *VISAMAD* (Verbundpartner: TU Berlin, TU Dresden, GFAI e.V.; Laufzeit: 1991-1993); *GOSLER* (Verbundpartner: TH Chemnitz, HU Berlin, TH Leipzig; Laufzeit: 1991-1994); *APPLY* (Verbundpartner: Uni Kiel, das ehemalige ZKI der Akademie der Wissenschaften, GMD; Laufzeit: 1991-1994); *GRAWIS* (Verbundpartner: Uni Stuttgart, TH Leipzig, TH Merseburg, GFAI e.V.; Laufzeit: 1991-1994); *WISCON* (Verbundpartner: Fraunhofer-Institut IID, TH Ilmenau, TH Leipzig; Laufzeit: 1991-1994) und *FABEL* (Verbundpartner: GMD, BSR Consulting GmbH, Uni Freiburg, Uni Karlsruhe, HTWK Leipzig, TU Dresden; Laufzeit: 1992-1996).

Bereits in den Jahren 1990 und 1991 lief die BMFT-geförderte Definitionsphase des Verbundvorhabens VERBMOBIL bei der Siemens AG. Nach Ablauf der oben genannten Verbundvorhaben will sich das BMFT ausschließlich auf dieses Großprojekt, welches 15 Jahre laufen und jährlich mit 15 Millionen DM unterstützt werden soll, konzentrieren. Das Projekt soll vom Haupt-Kooperationspartner DFKI koordiniert werden: Firmen wie Hochschulen versuchten, sich in der Ausschreibungskonkurrenz eine Beteiligung an VERBMOBIL zu sichern.

> Wir gehören ja zum Beispiel jetzt auch zu den Anbietern von VERBMOBIL. Wir machen das nicht so wie andere Firmen im großen Maßstab, aber es gibt auch BMFT-geförderte Projekte. (Herzog im Gespräch)

Zu den Kooperationspartnern der Vorläuferprojekte VERBMOBIL-ASL-NORD bzw. VERBMOBIL-ASL-SÜD und VERBMOBIL-ASL-PHONDAT gehörten laut BMFT-Förderkatalog 1992: Siemens AG, TU Braunschweig, TU Dresden, TU München, Uni Bielefeld, Standard Elektrik Lorenz AG (SEL), Telefunken Systemtechnik GmbH, das ehemalige Zentralinstitut für Sprachwissenschaft der Akademie der Wissenschaften, Uni München, Uni Regensburg, Uni Hamburg, Uni Kiel und Uni Erlangen-Nürnberg. Es ist zu erwarten, daß diese Kooperationspartner sich um eine Beteiligung an VERBMOBIL bewerben werden. Zum Zeitpunkt des Abschlusses dieser Arbeit lag noch keine endgültige Liste der beteiligten Hochschulen und Firmen vor. Die Chancen, mit der Förderung von VERBMOBIL die Mängel der förderpolitischen Strategie zu beheben, werden von Mitgliedern der KI-Scientific Community als gering beurteilt:

> Wenn Sie sich das VERBMOBIL anschauen - alles, was ich da bisher gehört habe, ich bin nicht in dem Vorbereitungskreis, ich weiß das nur aus zweiter Hand, was sich da so alles abspielt an Unsäglichkeiten - das ist ein Technologieprogramm. Einige Leute würden natürlich sagen, das sei Wissenschaft. Aber das stimmt einfach nicht. Man macht jetzt schon bei der großen Menge an wirklich absolut ungeklärten Grundlagenproblemen Netzpläne. Hat technologische Ziele. Das paßt überhaupt nicht zusammen. Und es ist klar, wie es laufen wird. Es ist absehbar eigentlich, wie das kommen wird. Natürlich wird irgendetwas in vier Jahren da sein, ein Demonstrator. Aber der ist natürlich in keiner Weise die Lösung einer Reihe von Problemen, wo man heute Schwierigkeiten hat, diese richtig präzise zu formulieren. Daß man es wenigstens operationalisieren kann, und das muß man ja, wenn man es mit formalen Methoden bearbeiten will. Da ist wieder klar: Da tritt das BMFT in seiner genuinen Rolle auf, die es eben überall hatte. Ob es in der Raumfahrt ist - wo Sie hingucken - alle BMFT-Programme... Das ist doch keine Grundlagenforschungsförderung. (Görz im Gespräch)

IV. Wie entsteht und etabliert sich ein deutsches Hochtechnologie-Fach? Ergebnisse der vorgelegten Studie

Diese Studie hat die Entstehung und Etablierung eines High-Tech-Fachs am Material der deutschen KI-Forschung aus Berichten der an der Entwicklung des Fachs beteiligten Wissenschaftler, Wissenschaftspolitiker und Beschäftigten der Wirtschaftsunternehmen idealtypisch rekonstruiert. Das Schwergewicht lag dabei auf der Darstellung der Motive, Strategien und Interessenlagen der verschiedenen Interessengruppen, die im Rahmen sozialer Aushandlungsprozesse den Gang der Wissensproduktion und Institutionalisierung bestimmen. Bevor die Ergebnisse im einzelnen vorgestellt werden, soll ein kurzer Blick auf die Entwicklungsgeschichte der amerikanischen KI-Forschung belegen, daß sich zwar viele der in dieser Studie aufgezeigten Entwicklungsphänomene auch international feststellen lassen, einige jedoch als stark abhängig von den umgebenden, deutschen Bedingungen gelten müssen.

1. KI-Forschung in Deutschland und in den USA: Gemeinsamkeiten und Unterschiede

> Ein Eindruck ist sicher der, daß die deutsche KI viel vernünftiger ist als die amerikanische. Mit vernünftig meine ich sensibel. Die euphorischen Zukunftsvisionen, die unsere Leute haben, sind hier entweder nicht da, oder es wird nicht darüber gesprochen. Sie sind nicht die Hauptmotivation. Hier ist die KI viel pragmatischer. (Prof. Dr. em. Joseph Weizenbaum, Massachusetts Institute of Technology (MIT)/USA im Gespräch)

Der amerikanische KI-Wissenschaftler Joseph Weizenbaum, der mit seinem Buch "Die Macht der Computer und die Ohnmacht der Vernunft" (1977) die kritische Diskussion um ethische Probleme in und mit der KI-Forschung eröffnete, stellt der deutschen KI-Forschung ein gutes Zeugnis im Vergleich zur US-Forschungssituation aus, wobei sich das Gespräch mit der Autorin auf die Motivlagen und die auf deren Grundlage produzierten Wissensinhalte der KI-Forscher beschränkte. Ein ausführlicher Vergleich zwischen der Sozialgeschichte des amerikanischen "Artificial Intelligence"-Programms und dem hier nachgezeichneten Entwicklungsgang der deutschen KI-Forschung ist auf Grund der zu Beginn der Arbeit vorgestellten defizitären Literaturlage nur bedingt möglich.

Die Arbeiten von McCorduck, Fleck, Schopman und Bloomfield bieten sich in Ansätzen für einen Vergleichsversuch an, obwohl sie KI-Forschung nicht als Hochtechnologie-Fach sondern als Institutionalisierung einer faszinierenden

Forschungsidee thematisieren. Die folgenden Informationen zur US-amerikanischen Entwicklung sind diesen Arbeiten entnommen, weshalb sich der in Aussicht gestellte Vergleich auf das "Invisible College"- und "Network"-Stadium beider Forschungsorganisationen bezieht, die durch das Thema "Expertensysteme" bestimmte "Take off"-Phase der kommerziellen Nutzungsorientierung jedoch nicht mehr beleuchten kann. Der Vergleich ist somit auf die Entstehungsgeschichte des "Networks", die Zusammensetzung und Struktur der Scientific Community und die frühen Beziehungen der Scientific Community zu politischen bzw. wirtschaftlichen Akteuren beschränkt.

> Wir schlagen vor, daß ein zehn Mann starkes Team eine zweimonatige Studie über künstliche Intelligenz im Sommer 1956 im Dartmouth College in Hanover, New Hampshire, durchführt. Die Studie soll von der Annahme ausgehen, daß jeder Lernaspekt oder jeder andere Wesenszug der Intelligenz im Prinzip so exakt beschrieben werden kann, daß man eine Maschine dazu bringen kann, ihn zu simulieren. (Vorschlag der amerikanischen KI-Pioniere John McCarthy, Marvin Minsky, Nathaniel Rochester und Claude Shannon an die Rockefeller Foundation; zitiert nach McCorduck 1987: 97)

Die als Geburtsstunde der amerikanischen KI-Forschung bezeichnete sogenannte Dartmouth-Konferenz im Sommer 1956 begründete eine wissenschaftliche Disziplin, deren Mitgliederzahl 1977 laut Eintrag der hauptsächlich von Amerikanern besuchten Tagung "International Joint Conference on Artificial Intelligence" auf über 1000 aktive Forscher angestiegen war. Dieser Anstieg dokumentiert einen allmählichen Entwicklungsgang der Community in den sechziger und siebziger Jahren, der im Gegensatz zur "Explosion" der Scientific Community in Deutschland eher langsam vonstatten ging. Das für die Entwicklung der Scientific Community in den USA und Großbritannien belegte langsame Ansteigen der Mitgliederzahl der Scientific Community vollzog sich an Hand stammbaumartig nachzuweisender Lehrer-Schüler-Beziehungen (vgl. Fleck 1982: 180), die eine "Kontinuität der Generationen" bis zur Network-Größe der Scientific Community gewährleisteten. Fleck hält diese Generationen-Kontinuität sogar für ein notwendiges Korrelat der spezifischen KI-Wissensinhalte:

> This craft and constructive nature of work in the area ensures that it is extremely unlikely that the specifically AI approach, even in broad terms, would be developed spontaneously and independently outside the community of people already using it. (Fleck 1982: 202)

Demgegenüber wird Flecks Vermutung durch die in Deutschland stattfindende Entwicklung widerlegt: Im Zeitraum von 1983 bis 1985 schwoll die Scientific Community durch das Eingreifen des BMFT und der Industrie-Unternehmen um ein Vielfaches an, ohne daß zu diesem Zeitpunkt eine Rekrutierung der Forscher aus eigenen Reihen auch nur denkbar gewesen wäre. Erste Absolventen einer KI-spezifischen Ausbildung gab es erst Ende der achtziger Jahre; die deutschen "KI-Pioniere" des Invisible College- und frühen Network-Stadiums waren zu wenige, um die plötzlich auftretende Nachfrage selbst oder mit Hilfe persönlich instruierter Proselyten befriedigen zu können. In der Bundesrepublik setzte eine hektische Phase der autodidaktischen Aneignung relevanten KI-Wissens ein, so daß nach kurzer Zeit sowohl an beinahe jeder deutschen Hochschule als auch in den FuE-Abteilungen einschlägiger Wirtschaftsunternehmen über KI-Expertise verfügt wurde. Die KI-Pioniere standen dieser "Autodidakten"-Schwemme zunächst skeptisch gegenüber:

> Als die Expertensysteme populär wurden, sind immer mehr Leute auf den fahrenden Zug aufgesprungen. Plötzlich hat ja jeder Expertensysteme gemacht. Diese ganzen Hochschullehrer, die da behaupteten, KI zu machen, die wurden nicht respektiert. Das waren die Trittbrettfahrer. (Rollinger im Gespräch)

Die Pioniere wurden weniger als Lehrer und Mentoren, jedoch intensiv als institutionelle Wegbereiter in den Prozeß des Anwachsens der Scientific Community miteinbezogen. Das in den USA und Großbritannien beobachtete Auseinanderfallen von "social" und "intellectual leadership" (vgl. Fleck 1982: 200; McCorduck 1987: 112f) in der Scientific Community kann für Deutschland nicht festgestellt werden. Die systematisch an KI-Themen arbeitenden "Pioniere" wurden von der großen Menge der "Autodidakten" als unangefochtene "intellectual leaders" behandelt, da die Zugehörigkeit zur KI-Scientific Community für die meisten "Autodidakten" nur eine Ad-Hoc-Allianz war, deren Bestehen sich nach wissenschaftlichen oder wirtschaftlichen Erfolgskriterien richtete. Den hauptsächlich an KI-Themen arbeitenden "Pionieren" oblag es darum allein, Tagungen zu organisieren, Lehre im KI-Bereich zu initiieren und institutionelle Rahmenstrukturen zu schaffen. Diese Entwicklung von der "intellectual" zur "social leadership" wurde durch das "Peer Review"-System (die Begutachtung und Planung von Forschungs-anträgen und -aktivitäten deutscher Wissenschaftler durch andere Wissenschaftler des gleichen Fachs mit hoher wissenschaftlicher Reputation) der bundesdeutschen Forschungsförderung verstärkt. Die intellektuellen Führungsfiguren wurden wegen ihrer hohen wissenschaftlichen Reputation zu Gutachtern der Forschungsförderung und strukturierten durch ihre Entscheidungen die Forschungslandschaft.

Dieses für deutsche Hochtechnologie-Fächer typische Zusammenfallen von "intellectual" und "social leadership" führt dazu, daß deutsche Spitzenwissenschaftler im Zuge der Fachentwicklung das "Opfer des Intellekts" (Max Weber) bringen müssen: da sie als intellektuelle Vordenker den zu transportierenden Wissensinhalten am dauerhaftesten verbunden sind, sind sie als einzige prädestiniert für den mühsamen Gang durch die Institutionen, der für die Fachetablierung der neuen Disziplin unumgänglich ist. Das ist kein Projekt auf Zeit, da der erreichte Status Quo gesichert und verwaltet werden muß, so daß diese Wissenschaftler dem aktiven Forschungsprozeß dauerhaft entzogen sind und lediglich administrativ agieren:

> Wenn Sie mich fragen, womit ich mich beschäftige, müßte es besser heißen: Womit möchte ich mich beschäftigen? In der letzten Zeit hatte ich achtzig bis neunzig Prozent meiner Zeit mit Projektbetreuung zu tun. Ich kann keine durchgehende eigene Forschung machen. (Neumann im Gespräch)

> Ich bereue, daß ich aus Kanada zurückgekommen bin. Denn die Situation ist schlecht. Seit ich hier bin, tue ich nichts anderes als verwalten. Daß das Geld kommt, daß hier der Laden läuft und so weiter. Ich komme nicht dazu, daß ich eine Arbeit schreibe. Ich kann eigentlich selber nicht mehr forschen. (Bibel im Gespräch)

> Die müssen da reingehen. Hochschullehrer gehen ab ins Management. Die akademische Situation für die ist ziemlich prekär. Sie können sich nicht offiziell weiterqualifizieren, sie müssen es aber. Und sie dürfen offiziell nicht einfach nur Manager sein. (Rollinger im Gespräch)

Dem Zwang zur Weiterqualifikation sind nur die kompetentesten, qualifiziertesten Wissenschaftler nicht ausgesetzt, was dazu führt, daß ausgerechnet sie exklusiv Verwaltungsaufgaben übernehmen. Dieses forschungsstrukturelle Problem stellt sich in der US-amerikanischen Entwicklung wegen des anderen Begutachtungs- und Protektionssystems der Forschungsförderung nicht. Der Hauptfinanzier der amerikanischen KI-Forschung, die "Advanced Research Projects Agency of the Department of Defense" (ARPA), vergab bis 1974 75 Prozent der in den USA insgesamt für KI-Forschung bereitgestellten Mittel nach eigenem Urteil, ohne das problematische "Peer Review"-System zu benutzen. So konnten auch jüngere, akademisch noch nicht hochqualifizierte Forscher ohne Protektion durch Spitzenwissenschaftler (und ohne Verwaltungsaufgaben zwangsweise an diese zu delegieren und sie damit dem Forschungsprozeß zu entziehen) in den Genuß von Fördergeldern für erfolgversprechende Projekte kommen; eine Möglichkeit, der deutsche KI-Wissenschaftler den Erfolg der amerikanischen KI-Forschung zuschreiben:

> Die haben einfach mehr Freiheit, zu forschen. Man hat nicht diese Mühle, die man durch die deutsche Forschungssituation hat. In Deutschland sind doch die Leute erst akzeptiert und etabliert, wenn sie bei der C4-Stufe angekommen sind. Das ist einfach hinderlich für die richtige Forschung. Man muß sich hier zu langsam durchkämpfen. Jemand wie Wolfgang Wahlster hatte schon als Nicht-Promovierter eine Position in der Szene, die

weit über den Status hinausging. Aber das ist einer von X. In den USA ist sowas normal. Das ist der wesentliche Unterschied. (Habel im Gespräch)

Die Art der Forschungsfinanzierung im KI-Bereich ist ein weiteres wichtiges Unterscheidungskriterium zwischen deutscher und amerikanischer KI-Forschung. Während in Deutschland Wissenschaftspolitik und Wirtschaft 1984 etwa zeitgleich auf die Verheißungen der KI-Forschung mit Investitionen reagierten, wurde die breite kommerzielle Orientierung der KI-Forschung in den USA erst Mitte der siebziger Jahre mit dem Thema "Expertensysteme" relevant, wogegen die Wissenschaftspolitik auf dem Umweg über die Rüstungspolitik als "major sponsor of AI research" (Reddy 1988: 9) schon die beginnende KI-Forschung protegierte und förderte. Die behauptete Kompatibilität der Interessenlagen innerhalb der SPE-Community wird durch diese frühe Reaktion weiter belegt (ähnlich auch Bloomfield 1987: 75 und Bonse 1991: 39):

> For the war related work of the scientists and engineers, their ability to invent, experiment, and theorize, derived not only from the power of their intellects and imaginations but from the power of their patrons as well. It was the political and military power of established institutions which rendered their often fantastic ideas viable and their unwieldly and expensive inventions practical.[...] And while the new technologies and theories, formally deterministic and intrinsically compelling, compounded the traditional compulsions and enthusiasms of the scientific community, they reflected also the needs of those in command, adding immeasurably to their power to control, and fuelling their own delusions of omnipotence. Thus, the world of science and power, having converged in spirit and deed, gave rise together to a shared worldview of total control. (Noble 1984: 55f)

Die hauptsächlich vom Militär subventionierte KI-Forschung wandte sich in zivilen Projekten zunächst dem Theorembeweisen und der Entwicklung von Schachprogrammen zu. Die von der Airforce finanzierte RAND Corporation in Santa Monica fungierte - ähnlich wie die IBM Deutschland GmbH - als "Durchlauf-Erhitzer" (Görz) für die frühe US-KI-Forschung; viele der amerikanischen KI-Wissenschaftler sind bei RAND zum ersten Mal mit KI-Ideen konfrontiert worden bzw. haben dort eine Zeitlang gearbeitet oder hospitiert. Dabei war die unmittelbare Anwendungsorientierung zunächst nicht wichtig.

Die Frage "Können Maschinen denken?", die in der deutschen Forschungslandschaft höchstens philosophische Diskurse beschäftigt, in der KI-Forschungspraxis jedoch zugunsten der Bearbeitung technischer Probleme in den Hintergrund tritt, spielt bis heute eine nicht zu unterschätzende Rolle in der amerikanischen KI-Forschung:

> Minskys Ziel ist es, durch die KI den Tod zu besiegen. Viele Europäer glauben, unsere Minskys seien eine verrückte Randerscheinung. Daß diese Haltung nicht repräsentativ ist für die amerikanische Computer Science.

> Das stimmt nicht. Es geht tief. Sie sind keine Randerscheinung. Viele der Informatik-Studenten am MIT, in Stanford und am Carnegie Mellon sind von diesen Ideen völlig mitgezogen. Und das sehe ich nicht hier in Deutschland, jedenfalls nicht bei den offiziellen Vertretern der KI. In Amerika sind es die Offiziellen. Es gibt natürlich auch KI-Leute in Amerika, die das sehr bedauern. (Weizenbaum im Gespräch)

Das MIT, Stanford und Carnegie Mellon (vgl. zur Klassifikation der Forschungszentren McCorduck 1987: 114f) sind bis heute die Stätten, an denen in den USA hochprotegierte, universitäre KI-Forschung betrieben wird. Diese Forschungszentralisierung ist zum Teil wie in der Bundesrepublik Produkt wissenschaftspolitischer Strategien, da die ARPA im wesentlichen diese vier Universitäten unterstützte, ergibt sich aber auch aus der bereits angesprochenen "Kontinuität der Generationen" (vgl. die Anekdoten zur "geistigen Beerbung" bei McCorduck 1987: 112).

Amerikanische Industrie-Unternehmen wurden zwar früh auf die beginnende KI-Forschung aufmerksam (Nathaniel Rochester als Mitglied des Vorschlags-Komitees der Dartmouth Konferenz 1956 war z.B. IBM-Mitarbeiter), veranschlagten die kommerzielle Nutzbarkeit von Schach- oder Dameprogrammen bzw. Theorembeweisern jedoch zunächst niedrig. Dies änderte sich erst mit dem Aufkommen des Themas "Expertensysteme" zu Beginn der achtziger Jahre:

> And during the early 1980s, there appears an initial emergence of "AI-Technology", where specific lines of research, considered to have commercial potential are being picked up out of the university context, along with supporting personnel, and transferred for industrial development. (Fleck 1982: 173f)

Über die folgende Phase der amerikanischen KI-Forschung als Hochtechnologie-Fach mit entsprechender industrieller Beteiligung liegen keine Informationen vor. Die Ausdifferenzierung der Forschungsthemen entspricht der hier vorgestellten bundesdeutschen Situation; über Einzelheiten des Zustandekommens der amerikanischen SPE-Community können hier keine Aussagen gemacht werden, dennoch gibt es Hinweise auf Gemeinsamkeiten der Entwicklung: "The AI community is well organized and well funded, and its culture fits its dreams: it has its high priests, its greedy businessmen, its canny politicians" (Athanasiou 1985: 14). Eine entsprechende Untersuchung der amerikanischen Entwicklung steht noch aus. Wie aus der diesen Vergleich abschließenden Bemerkung Joseph Weizenbaums geschlossen werden kann, scheint die amerikanische KI-Forschung einen ähnlichen Entwicklungsgang durchlaufen zu haben wie die deutsche und momentan ebenfalls vom Auseinanderbrechen des labilen Verbunds ihrer SPE-Community bedroht zu sein.

Wenn sich die Wirtschaft jetzt aus der akademischen Forschung ein bißchen zurückzieht, dann hat das mit Geldfragen zu tun. Geld wird knapp. Es ist keine Entscheidung, daß es sich nicht lohnt. Die haben einfach kein Geld. Vielleicht zieht sich die Wirtschaft auch nur aus den Institutionen zurück, die nicht so gut sind. Alle wollen eine viel größere Zusammenarbeit zwischen Forschung und Wirtschaft, auch am MIT. Darüber wird gesprochen. Aber es ist eine schwierige Zeit. (Weizenbaum im Gespräch)

Zusammenfassend kann festgestellt werden, daß in den für diese Studie wichtigen Gesichtspunkten von einer überwiegenden Gemeinsamkeit der Entwicklungsverläufe beider Forschungsorganisationen zu sprechen ist. Unterschiede sind auf die Stellung der USA als Weltmacht (KI als Rüstungstechnologie) und als Vorreiter der internationalen Technologie-Entwicklung (Formulierung des Forschungsprogramms, höhere Finanzierung) zurückzuführen. Die Akteure der SPE-Community unterscheiden sich zwar, dennoch bildet sich diese nach den gleichen Kriterien aus wie in Deutschland.

2. Die Scientific-Political-Economic Community eines Hochtechnologie-Fachs

Im Anschluß soll der Idealtypus "Entstehung und Etablierung eines deutschen Hochtechnologie-Fachs" vorgestellt werden, wobei zunächst ebenfalls idealtypisch zu skizzieren ist, was aus wissenschaftssoziologischer Perspektive ein Hochtechnologie-Fach ausmacht. High-Tech-Fächer können im Sinne dieser Arbeit über ihre Scientific Community, die zu einem bestimmten Zeitpunkt der Fach-Entwicklung zu einer Scientific-Political-Economic Community (SPE-Community) wird, definiert werden. Diese Definition bietet sich an, da sie die ungünstige Alternative zwischen zwei Begriffen von "Hochtechnologie" aus der bisherigen Literatur zum Thema umgeht: die Identifizierung von Hochtechnologien mit modernen Informationstechnologien (vgl. Rammert 1993), die zu Beginn der Arbeit zugrundegelegt wurde, steht einer Begriffsbestimmung (vgl. Freeman 1986) gegenüber, die "Hochtechnologie" zum Auslöser technologisch bedingter, industrieller Revolutionen macht (wonach auch die Dampfmaschine als Hochtechnologie zu bezeichnen wäre).

> In the first case, analysis focusses on microelectronics, computers, and associated information technology industries and services. In the second case, however, all new technologies which have appeared in the last few decades, such as bioengineering, laser technology and aerospace as well as microelectronics and computers, must be included in the high-technology sector. (Aydalot/Keeble 1988: 6)

Da Biotechnologien und Raumfahrt-Technik nicht nur im "common sense" als Hochtechnologien gelten, sondern auch vermutet werden kann, daß die damit verbundenen Forschungsdisziplinen ähnliche Entwicklungsgänge durchlaufen und eine vergleichbare Forschungsorganisation ausgebildet haben wie die deutsche KI-Forschung, ist es sinnvoll, sich für die Vorteile einer "weiten" Definition von Hochtechnologie-Fächern zu entscheiden. Um die oben angedeuteten Nachteile mangelnder Merkmale zu vermeiden, wird hier eine streng soziologische Definition vorgeschlagen: "Hochtechnologie-Fächer" sind durch Wissenschaftspolitik und Wirtschaft hochprotegierte Forschungsorganisationen, die als spezifische Interaktionsgemeinschaft der am Forschungsprozeß Beteiligten eine SPE-Community ausgebildet haben.

2.1. Die Wissenschaftler und ihre Interessenlagen: Der "Scientific Part" der SPE-Community

Wie läßt sich der "Scientific Part", die High-Tech-Wissenschaftler, innerhalb der entstehenden Community typisieren? Die Scientific Community eines High-Tech-Fachs vertritt ein im traditionellen Wissenschaftskanon noch nicht integriertes Forschungsprogramm. Die Wissenschaftler, die das neue Gebiet vertreten, kommen aus verschiedenen Fachrichtungen oder sind zumindest interdisziplinär orientiert. Die Nicht-Integrierbarkeit des neuen Ansatzes in den traditionellen Fächer-Kanon erfordert die Abgrenzung der Wissenschaftler gegen die Herkunftswissenschaften, was zur radikalen Vertretung des neuen "Paradigmas" führt. Dabei gehört der legitimierende Bezug zu den Herkunftsfächern jedoch weiterhin zum Selbstverständnis und zur Selbstbeschreibung der neuen Community. Es entwickelt sich eine starke Fach-Identität, wobei sich die Community nach außen als elitär und "closed" darstellt. Diese Selbstdarstellung wird durch den Konkurrenz- und Abgrenzungsdruck verstärkt, den die massiven Fördermaßnahmen der Wissenschaftspolitik und Wirtschaft im weiteren Verlauf der Fach-Entwicklung erzeugen.

Ein Teil der entstehenden Scientific Community liefert "Ideen" und bemüht sich um die theoretische Konkretisierung und Weiterführung des Forschungsprogramms. Der andere, weitaus größere Teil der sich formierenden Scientific Community setzt sich mit der technischen Umsetzung und Verwertung dieser "Ideen" auseinander. Diese Aufgabenteilung innerhalb der Scientific Community zwischen primär "wissenschaftlicher" bzw. innovativer und primär "technischer" bzw. produktiver Orientierung setzt die fachliche Interdisziplinarität der Community voraus. Zwischen beiden Orientierungen - aber auch jeweils innerhalb der beiden - kommt es zu Schulbildungen.

Der Verwertungsbezug der "technischen Orientierung" ist bereits Bestandteil des Forschungsprogramms. Er eröffnet die High-Tech-Perspektive und dient als

Anknüpfungspunkt für die spätere "Adoption" der neuen Scientific Community durch Wissenschaftspolitik und Wirtschaft. Die technische Umsetzung der "Ideen" aus dem wissenschaftlich orientierten Bereich erfolgt nach pragmatischen Gesichtspunkten und wird in hochspezialisierten, arbeitsteilig organisierten Forschungs- und Entwicklungskontexten verwirklicht.

Die hohen fachlichen Anforderungen der technischen Umsetzung im High-Tech-Bereich, die starke Spezialisierung der einzelnen Arbeitsgebiete und der Zeit- bzw. Erfolgsdruck durch die förderstrategischen Maßgaben von Wissenschaftspolitik und Wirtschaft führen dazu, daß die Forschungs- und Entwicklungsarbeit von gerade ausgebildeten, d.h. jungen (in der Regel männlichen) Wissenschaftlern im Rahmen von Forschungsprojekten ("Big Science") ausgeführt wird, die, ohne Verwaltungs- und Organisationsaufgaben erfüllen zu müssen, auf dem neuesten Kenntnisstand "Up-To-Date" operieren können. Dabei orientiert sich die Scientific Community des entstehenden High-Tech-Fachs in Deutschland stark an internationalen, vor allem US-amerikanischen Entwicklungen des gleichen Forschungsprogramms, welche den Start der deutschen Aktivitäten begründet oder zumindest initiiert haben.

Nach der "Adoption" der neuen Scientific Community durch Wissenschaftspolitik und Wirtschaft verändert sich die Arbeitssituation der bisher meist an den Hochschulen arbeitenden Wissenschaftler. Die FuE-Abteilungen der Wirtschaftsunternehmen bieten den mit der neuen Technologie vertrauten Wissenschaftlern Karrierechancen bzw. ergreifen Weiterbildungsmaßnahmen, um ihr eigenes Fachpersonal in Bezug auf die neue Technologie zu schulen. Unternehmen aus der Privatwirtschaft beteiligen sich an Forschungseinrichtungen und - über die Bereitstellung von Drittmitteln - an Forschungsprojekten der Hochschulen.

Die an den Hochschulen und hochschulnahen Einrichtungen arbeitenden Wissenschaftler sind meist wissenschaftsorientiert und in der Grundlagenforschung bzw. anwendungsorientierten Grundlagenforschung tätig. Das Motiv der Arbeit ist die Produktion neuer, wissenschaftlicher Erkenntnisse in Bezug auf die jeweils untersuchte Technologie. Das ingenieurwissenschaftliche Interesse an der technischen Umsetzung der wissenschaftlichen Ergebnisse endet beim Aufzeigen von deren Möglichkeit. Dagegen arbeiten die Wissenschaftler in den FuE-Abteilungen der Privatwirtschaft bzw. der marktabhängigen Forschungsinstitute selten wissenschafts- oder technologieorientiert. Hier richtet sich das Hauptinteresse auf anwendungsorientierte Problemlösungen, die im Rahmen eines Kundenauftrags bzw. eines Angebots an potentielle Kunden für konkrete Anwenderprobleme entworfen werden. Die Technologie wird nur insofern einbezogen bzw. weiterentwickelt, als dies nach Maßgabe des Problems angemessen erscheint.

2.2. Die Vertreter der deutschen Wissenschaftspolitik und ihre Interessenlagen: Der "Political Part" der SPE-Community

Im Bereich der deutschen Hochtechnologie-Förderung wird die Hoheit der Bundesländer in der Wissenschaftsförderung durch massive Eingriffe der Bundespolitik unterlaufen. Das Steuerinstrument der Forschungs- und Technologie-Politik (FuT-Politik) ist dabei der Markt, an dem sich die Technologieförderung orientiert. "FuT-Politik entsagt damit - jedenfalls inhaltlich - jedes "aktiven" Charakters; sie reagiert vor allem auf Entwicklungen in den USA und Japan - den Konkurrenten am Weltmarkt, an denen sich die BRD als besonders exportabhängiges Land orientiert" (Bonse 1991: 29). Die Entwicklung von Hochtechnologien wird zunächst durch massive "Anschub-Förderung" initiiert. Die Anschub-Förderung setzt dabei auf eine "Privatisierung" der Technologieförderung, die von den deutschen Wirtschaftsunternehmen zuletzt allein getragen werden soll.

Die Förderstrategie zielt auf die Koordination dieses Privatisierungsprozesses. Die neue Technologie muß sich verkaufen lassen: gefördert werden wissenschaftliche Forschungsprogramme, die in dieser Hinsicht Erfolg versprechen. In der Auswahl der zu fördernden Forschungsprogramme lassen sich die Vertreter der FuT-Politik von an potentiellen Fördermaßnahmen partizipierenden Wissenschaftlern einer Scientific Community und Industriellen beraten. Die Formulierung und Umsetzung der konkreten Fördermaßnahmen wird von einzelnen Vertretern der FuT-Politik getragen, deren technologisches Knowhow im wesentlichen von der Qualität der gutachterlichen Beratung durch die Interessenvertreter der Scientific Community abhängt.

Die förderpolitischen Maßnahmen werden in Programmen formuliert, die den Transfer zwischen der Produktion wissenschaftlicher Ergebnisse und der kommerziellen Nutzung der entstehenden Technologien beschleunigen sollen (sogenanntes "Science Push"-Modell). Die dabei verfolgte Strategie soll die Privatisierung und Kommerzialisierung von Forschung ermöglichen. Um Wissenschaft und Industrie stärker aneinander zu koppeln, findet die geförderte Forschung fast ausschließlich im Rahmen von Verbundprojekten statt, in die Hochschulen, Forschungseinrichtungen und Industrie-Unternehmen gleichermaßen miteingebunden sind. Die theoretischen Grundlagen für ein Forschungsprojekt werden dabei von Hochschulwissenschaftlern erarbeitet: als Ergebnis ihrer Arbeit sollen *wissenschaftliche Erkenntnisse* vorgelegt werden. In den Forschungseinrichtungen steht dagegen die Anwendungsorientierung im Rahmen der Grundlagenforschung im Mittelpunkt: als Ergebnis dieser Bemühungen sollen *Prototypen* des zu realisierenden Systems bereitgestellt werden. Diese Prototypen sollen dann vermehrt von Firmen zur Produktreife geführt und später als *Produkt* vermarktet werden. Die Verbundvorhaben versuchen, diese förderpolitische Strategie umzusetzen, indem alle an den Projekten beteiligten Partner von Anfang an miteinander kooperieren und sich die Übergänge der drei Bereiche "Erarbeitung theoretischer Grundlagen", "Prototypen-Entwicklung" und "Produkt-erstellung und -vermarktung" möglichst reibungslos gestalten.

Eine weitere förderpolitische Maßnahme ist die Gründung und Finanzierung von zentralen Forschungseinrichtungen, welche die synergetische Kopplung der marktausgerichteten Wirtschaft und der universitären Forschung im Bereich des neuen Forschungsprogramms sichern sollen. Dabei werden neben der intensiven staatlichen Förderung maßgebliche Finanzierungsanteile von Wirtschaftsunternehmen übernommen.

Die Forschungsförderung der Länder übernimmt diese förderpolitische Strategie und überträgt sie auf regionalpolitische Interessen. Den Zentralisationsbemühungen des BMFT hinsichtlich der Hochtechnologie-Forschung steht damit eine starke Föderalisierungstendenz durch regionalpolitische Strategien der Landesforschungsförderung entgegen, ohne daß jedoch förderpolitische Alternativen zur bundespolitischen Förderstrategie entwickelt werden.

2.3. Die Vertreter der deutschen Wirtschaftsunternehmen und ihre Interessenlagen: Der "Economic Part" der SPE-Community

Die deutschen Wirtschaftsunternehmen als Kooperationspartner der Verbundprojekte bzw. als Finanziers neu geschaffener Forschungseinrichtungen beschränken sich nicht auf finanzielle Beteiligungen, sondern realisieren den Aufbau von eigenem technologischen Knowhow: viele Großunternehmen richten in ihren hauseigenen Forschungs- und Entwicklungsabteilungen (FuE-Abteilungen) Forschungsgruppen für die neue Technologie ein, entsenden wissenschaftliche Mitarbeiter zwecks Wissenstransfers in die mitfinanzierten Forschungseinrichtungen bzw. Drittmittel-Projekte oder gründen gleich ganze Niederlassungen, die sich vorwiegend mit der neuen Technologie und ihrer Vermarktung beschäftigen sollen. Neben den hauptsächlich betriebenen anwendungsorientierten Umsetzungen der neuen Technologie gibt es in den FuE-Abteilungen der Großunternehmen auch grundlagenorientierte Forschungsprojekte und Entwicklungsvorhaben, die zum alternativen "Karriere-Sprungbrett" für Mitglieder der Scientific Community werden.

Die Forschung und Entwicklung in privaten Wirtschaftsunternehmen weist große Unterschiede zur Hochschul- bzw. hochschulnahen Forschung auf. Mit der Arbeitssituation an Hochschulen vergleichbare reine Forschungsgruppen in der Privatwirtschaft sind kaum zu finden. Die in den Unternehmen tätigen Wissenschaftler werden flexibel nach Art der schnell wechselnden Aufgabenstellungen eingesetzt und haben meist keine explizite Ausbildung im Bereich der neuen Technologie. Die Personalsituation in der Privatwirtschaft ist durch starke

Fluktuation gekennzeichnet. Geforscht und entwickelt wird nicht - wie in der Hochschulforschung - an einer Technologie, sondern an konkreten Problemstellungen aus der Praxis der Unternehmen (vgl. Rammert 1988).

2.4. Zusammenfassung: Die Integration der Orientierungen und die Kompatibilität der Interessenlagen in der SPE-Community

Der labile Verbund der SPE-Community kann nur durch die Kompatibilität der Interessenlagen ihrer Mitglieder aufrechterhalten werden. Die Kompatibilität der Interessen von Wissenschaftspolitik und Wirtschaft richtet sich in Deutschland nach dem Erfolg der vorgestellten Prinzipien einer marktgeleiteten Forschungs- und Technologiepolitik bzw. nach der Prosperität der deutschen Wirtschaft. Solange die Wirtschaftsunternehmen die Strategie der Privatisierung von Forschungsförderung für eine bestimmte Technologie als auch betriebsstrategisch lohnenswert mittragen, also bereit und in der Lage sind, zu investieren und die Finanzierung abschließend ganz zu übernehmen, tauchen keine Probleme auf. Die wissenschaftspolitischen Interessen, Forschungsförderung an private Unternehmen zu delegieren, sind als politische Großstrategien insoweit stabil, als sie nur durch einen in diesem Fall sehr unwahrscheinlichen, grundsätzlichen Richtungswechsel der Forschungspolitik ausgetauscht werden könnten.

Die Labilität der SPE-Community wird durch den Risikoparameter, den die zu fördernde bzw. zu vermarktende Technologie bildet und die vom Scientific Part entwickelt und verantwortet werden muß, hervorgerufen. Hier wird die Kompatibilität der Interessenlagen zunächst über die außerwissenschaftlichen Interessen der Wissenschaftler an Forschungsfinanzierung, Prestige-Gewinn und Zukunftschancen etc. gesichert. Eine durch Wissenschaftspolitik und Wirtschaft hochprotegierte Forschungsorganisation bietet besondere Karrieremöglichkeiten, für deren Erhalt eine große Anzahl von Wissenschaftlern den Interessen der anderen Mitglieder der SPE-Community zuarbeitet. Die "Anwendungsorientierung", die technische Umsetzbarkeit und marktgerechte Präsentation spielen bei der Wahl der Forschungsthemen und den Forschungszielen eine große Rolle; der wissenschaftliche Erfolg eines Projekts wird auch an dessen kommerziellem Erfolg gemessen.

Wichtig für die Auswahl des durch Politik und Wirtschaft zu fördernden wissenschaftlichen Gebiets und für den letztlichen Erfolg der SPE-Community ist jedoch die Kompatibilität der wissenschaftspolitischen und wirtschaftlichen Ziele mit den innerwissenschaftlichen Bedingungen des zu fördernden Feldes. Hier geht es um die in wissenschaftssoziologischen Hypothesen behauptete interdependente Beziehung von Wissensinhalten und Sozialstrukturen (vgl. Whitley 1984), die am Beispiel der deutschen KI-Forschung besonders gut nachvollzogen werden kann.

Lilienfeld (1978) sieht einen Zusammenhang zwischen KI-Forschung und der Karriere von Systemtheorien, welche er auf die Entwicklung des bürokratischen Kapitalismus und die Ziele von administrativen und technokratischen Eliten zurückführt. Weizenbaum (1977) beschreibt die Entwicklung der KI-Forschung als wissenschaftlichen Ausdruck des Siegeszuges der instrumentellen Vernunft, die in allen Bereichen das kognitive Interesse an Vorhersagbarkeit, Berechenbarkeit und Kontrolle geweckt hat. Der in solchen Arbeiten theoretisch hergeleitete Bezug (vgl. auch Noble 1984, Athanasiou 1985, Heintz 1993) kann mit Hilfe des hier vorgelegten empirischen Befundes unterstützt werden. Das dargestellte innerwissenschaftliche Interesse, kognitive Verarbeitungsvorgänge mit Hilfe einer bestimmten forschungsleitenden Idee verstehen zu wollen, wird mit Hilfe von deren technischer Realisation auf dem Computer umgesetzt. Dabei ermöglicht es die forschungsleitende Idee der KI-Forschung nicht nur, kognitive Leistungen auf den Computer zu bringen, sie erfordert es sogar als Beleg für den heuristischen Wert des Modells. Ein Bestandteil der "Shared Beliefs" der KI-Wissenschaftler ist der Glaube an die Möglichkeit, kognitive Leistungen technisch zu reproduzieren. Damit ist die technische Umsetzung, also die Verwertbarkeit als "Technologie", bereits den innerwissenschaftlichen Implikationen des Forschungsprogramms eingeschrieben. Die meisten Wissenschaftler des Fachs arbeiten an damit verbundenen ingenieurwissenschaftlichen Fragestellungen der technischen Umsetzung.

Die Interessenvertreter von Wissenschaftspolitik und Wirtschaft treffen auf eine innerwissenschaftliche Orientierung, welche die Vorteile der neuen Informationstechnologien in besonderer Weise zu verwirklichen verspricht[*]. Dieses "Versprechen" muß so plausibel sein, daß auf Grundlage der politischen Förderstrategie (wissenschaftliche Ergebnisse - Prototypen - Produkte) nicht nur die Anschubförderung durch die Wissenschaftspolitik gewährt wird, sondern auch die Wirtschaftsunternehmen bereit sind, auf dieses "Versprechen" hin zu investieren. Es beginnt ein zäher Aushandlungsprozeß, in dessen Verlauf Wissenschaftspolitiker und Wirtschaftsunternehmer massiven Einfluß auf die Inhalte des zu fördernden Forschungsprogramms nehmen und Wissenschaftler zu forschungspolitischen Entscheidungsträgern bzw. zu Handelsvertretern kommerzieller Produkte werden: die SPE-Community entsteht.

---

[*] Neben den in dieser Arbeit vorgebrachten Gründen, warum die neuen Informationstechnologien politisch und wirtschaftlich "gewollt" werden, vgl. dazu ähnlich z.B. Nelson/Winter 1977, Bammé u.a. 1983, Wolters 1984, Athanasiou 1985, Bruder (Hg.) 1986, Hartwich (Hg.) 1986, Kreibich 1986, Görz 1987, Malsch 1987, Aydalot/Keeble (Hg.) 1988, Hack 1988, Rammert 1988, Blumberger/Huelsman (Hg.) 1989, Hilpert 1989, Bonse 1991.

3. Der Idealtypus "Entstehung und Etablierung eines deutschen Hochtechnologie-Fachs"

Die ersten Entstehungszusammenhänge eines deutschen Hochtechnologie-Fachs unterscheiden sich nicht wesentlich von denen anderer Wissenschaften. Die "Karriere" der Scientific Community beginnt mit dem "Invisible College"-Stadium: an ähnlichen Forschungsthemen arbeitende Wissenschaftler verteilen sich auf mehrere Standorte und verschiedene Fachgebiete. Die Kontakte sind nicht institutionalisiert und - wenn vorhanden - zufällig. Die fachlichen Interessen der Mitglieder des "Invisible College" sind wesentlich durch entsprechende Entwicklungen in den USA inspiriert und praktisch angestoßen. Eigenwillige Studienfach-Kombinationen kompensieren die fehlende Hochschul-Infrastruktur für den neuen Wissenschaftsbereich. Die Akzeptanz der Mitgliedergruppen im "Invisible College" ist innerhalb des herkömmlichen Wissenschaftsbetriebs je nach Forschungsschwerpunkten und fachlicher Herkunft unterschiedlich. Teilweise kommt es zu heftigen Konfrontationen mit etablierten Fächern, die ähnliche Forschungsthemen bearbeiten. Die Etablierungschancen des neuen Fachs richten sich nach der "Politik" der Akteure, der jeweiligen Ausgangsposition im Hinblick auf Konkurrenz um Forschungsthemen, Karrierechancen und Fördermittel und nach den Bedingungen der jeweiligen Standorte im deutschen Hochschulmilieu bzw. deren unterschiedlicher Innovationsfreudigkeit. Die Entwicklung der neuen Scientific Community zum "Network" ist erreicht, wenn die Wissenschaftler des "Invisible College" anfangen, zusammenzuarbeiten, sich aufeinander zu beziehen und sich gegenseitig zu zitieren. Der Übergang vom "Invisible College" zum "Network" vollzieht sich relativ schnell und wird mit einiger Professionalität in das wissenschaftliche Institutionengefüge eingepaßt. Dieser schnelle und intensive Zusammenschluß ist durch den starken Druck begünstigt, dem die neue Scientific Community von Seiten der konkurrierenden Fächer ausgesetzt ist.

Die Erfolge im Anfangsstadium der beginnenden Etablierung werden wesentlich über den Einfluß und das Engagement von Einzelpersonen erreicht. Doch nicht nur die interne Organisation und personelle Besetzung der Scientific Community spielt bei der Durchsetzung des neuen Forschungsprogramms eine Rolle; ohne die nötige finanzielle, d.h. also auch wissenschaftspolitische Unterstützung von Forschungsprojekten schon im frühen Stadium der Wissenschaftsentwicklung kann die "kritische Masse" an Wissenschaftlern für eine stabile Etablierung als Scientific Community nicht lange gehalten werden. Die einsetzende öffentliche Forschungsförderung bezieht sich auf den Stellenwert des neuen Forschungsprogramms als "moderne Schlüsseltechnologie" und eröffnet im Hinblick auf die Förderperspektiven Karrierechancen für Wissenschaftler, die an den neuen Technologien forschen und entwickeln.

Wissenschaftspolitiker, Leiter von öffentlichen Forschungs- und Entwicklungsinstitutionen, Mitglieder von Entwicklungsabteilungen in der Privatwirtschaft und Wissenschaftler werden durch internationale Konferenzen und Wirtschaftsbilanzen internationaler Unternehmen auf Entwicklungen aufmerksam, welche die kommerzielle Nutzbarkeit des neuen Forschungsprogramms versprechen. Die bis dahin eher um Aufmerksamkeit und Anerkennung ringende neue Scientific Community wird plötzlich zum Gegenstand des öffentlichen Interesses: die Wissenschafts- und Technologiepolitik der Bundesregierung und die deutschen Wirtschaftsunternehmen verbinden mit dem neuen Forschungsprogramm Chancen, die sich volks- und betriebswirtschaftlich umsetzen lassen. Die Scientific Community richtet sich auf die solche Interessen provozierenden Forschungsthemen ein. Mit Hilfe der massiv einsetzenden Fördermaßnahmen kann die Community nicht nur ihre Stellung innerhalb des Wissenschaftsbetriebs verbessern, sondern bietet ihren Mitgliedern jetzt exklusive Karrierechancen, die den Vertretern der konkurrierenden Fächer nicht zugänglich sind.

Es entsteht die hier so bezeichnete Scientific-Political-Economic-Community (SPE-Community). Der "Scientific Part" arbeitet in einer hochprotegierten, gut ausgebauten Forschungsorganisation. Die Situation der Forscher an Hochschulen und hochschulnahen Einrichtungen reflektiert den Zustand eines sicher etablierten Fachs (vgl. Anhangskapitel). Bestimmend ist das erkennbare Bemühen der Bundesförderung um Zentralisierung der Forschungsaktivitäten an wenigen Standorten der Bundesrepublik. Diesen vom Bund ausgehenden Zentralisierungsbestrebungen steht der Konkurrenzdruck der Hochschulen untereinander und die durch Wettbewerb gekennzeichnete Standortpolitik der Bundesländer entgegen, so daß faktisch an beinahe jeder Hochschule der Bundesrepublik Forschung im Rahmen des neuen Forschungsprogramms betrieben wird. Der konsensual als Wachstumssektor definierte Hochtechnologie-Bereich wird von der Wissenschaftspolitik der Bundesländer nicht freiwillig an zentrale Institutionen delegiert, sondern in Verbindung mit der Regionalwirtschaft durch Länderinteressen protegiert und an den Hochschulen regional vertreten. Diese Föderalisierung wird durch die Berufungspolitik der Bundesländer, durch spezielle Landes-Förderprogramme, durch finanzielle Unterstützung von Seiten der Regionalwirtschaft und durch die Eigeninteressen der Wissenschaftler (z.B. Wahl des Hochschulortes) unterstützt und durchgesetzt.

Die SPE-Community verfügt über funktionierende Kommunikations- und Interaktionsstrukturen. Maßgebliche Vertreter der Wissenschaftspolitik und der deutschen Wirtschaftsunternehmen sind auf Tagungen und Konferenzen der Scientific Community als Gesprächspartner integriert. Die Kommunikationsstrukturen sind durch persönliche Beziehungen und institutionalisierte Gesprächs- und Handlungszusammenhänge befestigt. (S-P-Beziehung der SPE-Community). Maßgebliche Mitarbeiter von Wirtschaftsunternehmen werden zu

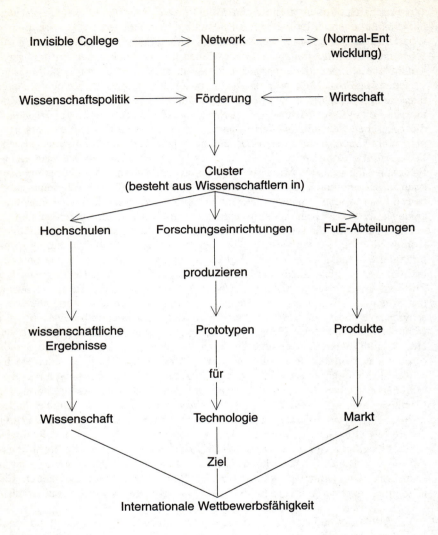

akzeptierten und gefragten Gesprächs- und Kooperationspartnern öffentlicher Forschungsförderung (P-E-Beziehung der SPE-Community). Die Vertreter von Wirtschaftsunternehmen geben nicht nur Inhalte des neuen Forschungsprogramms vor (S-E-Beziehung der SPE-Community), sondern unterstützen auch den Status der Scientific Community im Wissenschaftsbetrieb.

Die entstandene SPE-Community ist ein labiler Verbund, der sich im wesentlichen über das "Do-ut-des-Prinzip" stabilisiert. Erwartungsenttäuschungen im Hinblick auf die "Erfolge" der entstandenen Forschungsorganisation können kaum kompensiert werden. Diese "Erfolge" werden von den Vertretern der drei Interessengruppen verschieden definiert: während der Erfolgsmaßstab für den "Scientific Part" vor allen Dingen die Qualität wissenschaftlicher Erkenntnisse nach Maßgabe der Anerkennung durch die internationale Scientific Community ist, stellt der "Economic Part" auf die mit der neuen Technologie erfolgte oder nicht erfolgte Gewinnmaximierung ab. Der "Political Part" hingegen mißt den Erfolg der Forschungsorganisation am Funktionieren der förderpolitischen Strategie, also an der Koordination der beiden anderen Orientierungen.

4. Das Scheitern der SPE-Community im Fall der deutschen KI-Forschung

Die in dieser Studie rekonstruierte Sozialgeschichte der deutschen KI-Forschung endet mit einem Offenbarungseid der bisherigen Förderstrategie und nicht mit einer Bankrotterklärung der KI-Forschung*. Die Qualität der wissenschaftlichen Ergebnisse der deutschen KI-Forscher ist international anerkannt.

> Da kann ich insofern etwas autorisiert sagen, weil ich im Moment Präsident des Weltverbandes der KI bin. Erstmal schon die Tatsache, daß ich gewählt wurde. Es sind immerhin an die 40 000 Mitglieder-Gesellschaften. Rein qualitativ hat Deutschland ein Niveau erreicht, wo wir wirklich auf vielen Gebieten mit Amerika, Japan und anderen europäischen Ländern auf jeden Fall konkurrenzfähig sind. Auf der IJCAI in Sydney 1991 - es werden immer nur 18 Prozent der eingereichten Papiere akzeptiert - hat Deutschland für Europa am besten abgeschnitten. Ich würde sagen, im Moment sind wir in Europa führend an Quantität und Qualität. (Wahlster im Gespräch)

Die dokumentierten Entwicklungen der "Einbruch-Phase" zeigen jedoch, daß das wissenschaftliche Renommee der deutschen KI-Forschung kein Hauptziel der Hochtechnologie-Etablierung ist. Der forschungspolitische Zusammenschluß der SPE-Community wird labil durch die verschiedenen Erfolgsdefinitionen der Interessengruppen. Der "Economic Part" mißt den Erfolg am "Marktwert" der KI-Forschungsergebnisse, der "Political Part" an der erfolgten "Privatisierung" der Forschungsfinanzierung. Es ist nicht so, daß sich die Ergebnisse der KI-Forschung überhaupt nicht in marktfähige Produkte umsetzen ließen - nur die erwartete "Übernahme" der KI-Forschungsfinanzierung durch die deutsche Wirtschaft ist bis jetzt ausgeblieben und bis auf weiteres auch nicht in Sicht. Die Konsequenzen für die deutsche KI-Forschung sind noch nicht absehbar:

> Gefährlich ist das schon. Wenn der allgemeine Konsens jetzt ist: "Es hat nichts gebracht. Wir haben da mal wieder so ein Gebiet gefördert, was eine Seifenblase war" und die Förderung zurückgefahren wird. Naja, dann sieht es mal wieder schlecht aus für das ganze Gebiet. Wenn man in Jahrhunderten denkt, ist das vielleicht nicht so wichtig. Aber für uns... (Siekmann im Gespräch)

---

* Das von Fleck (1982) dokumentierte Scheitern der einst so renommierten britischen KI-Forschung hat auf den Offenbarungseid der Förderstrategie nicht gewartet. Hier hat der schon öfter erwähnte Lighthill-Report (vgl. Lighthill 1973) das Entstehen der SPE-Community verhindert; ein weiteres Zeichen dafür, wie labil ein solcher Hochtechnologiefach-Zusammenschluß ist.

Die Gründe für den Mißerfolg der Förderstrategie im Falle der KI-Forschung sind vielfältig; einige treffen nicht nur für die KI-Forschung, sondern auch für die Förderung anderer Hochtechnologie-Bereiche zu.

4.1. Wieviel "Steuerung" verträgt Hochtechnologie-Forschung?

Ein Vergleich zwischen dem strukturellen Aufbau der KI-Forschungsorganisation in der ehemaligen DDR und der westdeutschen KI-Forschung zeigt, daß sozialistische und kapitalistische Systeme unter anderen Vorzeichen und anderen Legitimationsmechanismen ähnliche Hochtechnologie-Forschungsorganisationen erzeugen, wobei die staatliche Planung der Forschungsorganisation in beiden Fällen zentralistisch und monopolistisch verläuft. Diesen zentralistischen und monopolistischen Bestrebungen[20] der FuT-Politik stehen in kapitalistischen Systemen jedoch vitale Interessen der anderen Mitglieder der SPE-Community entgegen, die eine vollständige Durchsetzung der politischen Förderstrategie verhindern. Die im vorangegangenen Schaubild dargestellte idealtypische Entwicklung eines Hochtechnologie-Fachs wird durch diesbezüglich divergierende Interessen bestimmt und gegebenenfalls gestört.

Zum einen verhindern Patentbestimmungen, Verflechtung in internationale Konzerne und Bestimmungen zur kommerziellen Vertraulichkeit die effiziente Zusammenarbeit von staatlicher Forschungsförderung und privaten Wirtschaftsunternehmen (P-E-Beziehung der SPE-Community). Wirtschaftsunternehmen investieren nicht in erster Linie in die internationale Wettbewerbsfähigkeit ihres Standortes bzw. eines ihrer Standorte sondern in die internationale Wettbewerbsfähigkeit ihres Unternehmens. Die von der staatlichen Forschungspolitik vertretenen nationalen Interessen werden von den Wirtschaftsunternehmen nur in Ad-Hoc-Allianzen, die mit dem Ziel der Gewinnmaximierung des Unternehmens kompatibel sein müssen, mitgetragen. Dadurch wird gerade die Einbeziehung der Großunternehmen als meist transnationale Konzerne mit internationalen Kundenbeziehungen erheblich erschwert. Der Zusammenschluß mehrerer Wirtschaftsunternehmen beispielsweise im Rahmen von Verbundprojekten oder gemeinsam finanzierten Forschungseinrichtungen wird als strategische Allianz ebenfalls nur bis zu dem Punkt mitgetragen, an dem die an einer Produktentwicklung beteiligten Unternehmen sich gegenseitig Konkurrenz machen müssen. Die zunehmende Internationalisierung der Wirtschaftsbeziehungen und die Verschärfung des Konkurrenzdrucks auf dem Weltmarkt sprechen nicht dafür, daß sich die heute protegierten Formen der Kooperation von staatlicher FuT-Politik und privaten Wirtschaftsunternehmen in Zukunft erfolgreicher gestaltet. Diese von den Wirtschaftsunternehmen aus-

---

[20] vgl. Ahrweiler 1995

gehenden Bestrebungen zur Föderalisierung der Forschungsorganisation wird von der Wissenschaftspolitik der Landesregierungen noch verstärkt.

Die Kompatibilität der Interessenlagen, die zur nach Definition aller Beteiligten "erfolgreichen" Etablierung eines Hochtechnologie-Fachs führt, basiert für konkrete Projekte auf Ad-Hoc-Allianzen, die strategisch gewählt werden und sehr anfällig für Mißerfolge sind. Übereinkünfte über die gemeinsame Durchführung von Forschungsprojekten werden jeweils für den Einzelfall hergestellt. Die Interessenlagen der verschiedenen Gruppen der SPE-Community können jedoch strukturell so erheblich divergieren, daß Aufkündigungen der Ad-Hoc-Allianzen wahrscheinlich sind und keine Ausnahme bilden.

4.2. Die Tücke des Objekts: Ergebnisse-Prototypen-Produkte

Neben diesen für alle Hochtechnologie-Forschung geltenden Restriktionen kann im Fall der KI-Forschung als weiterer Grund für das Versagen des Förderkonzepts die mangelnde technische Umsetzbarkeit der förderstrategischen "Idee", wissenschaftliche Ergebnisse über Prototypen-Entwicklungen in marktfähige Produkte überführen zu können, genannt werden. Auch hier muß davon ausgegangen werden, daß diese "Idee" nicht nur als Strategie der kommerziellen Nutzung von KI-Forschungsergebnissen untauglich ist, sondern auch in Bezug auf andere Hochtechnologie-Bereiche zu kurz greift.

> Das trifft weder für die KI noch für irgendetwas anderes zu. Der Prozeß ist sehr schwierig. Das läuft im Prinzip alles sehr sehr evolutionär. Und nur über Köpfe. Das Problem ist ja, ein Produkt ist nicht einfach, einen Prototyp nehmen und vermarkten. Sondern ein Produkt heißt: Da muß Dokumentation geschrieben werden, da muß man auf einmal Wartungskonzepte haben, da muß man überlegen, wie man Fehler verbessert. Da muß man eine Wartungsorganisation haben, da muß man einen Vertrieb haben. Da muß man natürlich auch einen Markt für haben. Man muß auch gucken, daß da möglichst wenig Fehler drin sind, weil Kunden, wenn sie gutes Geld für was ausgeben, dann wollen sie auch haben, daß das Ding fehlerfrei läuft. Das sind natürlich alles Sachen, dafür haben typischerweise die An-Institute gar keine Infrastruktur. Und sie haben auch nicht den Typ von Mitarbeitern, der das machen kann. Weil das unter Umständen eine ganz andere Qualifikation erfordert, als sich hinzusetzen zwei Jahre und einen Prototyp zu bauen. (Herzog im Gespräch)

Die Schwierigkeiten des Technologie-Transfers zeigen, daß die institutionelle Verteilung der Aufgaben nicht adäquat geregelt ist. Die unterschiedlichen Orientierungen von Forschern und Entwicklern in Hochschulen und in der Privatwirtschaft verstärken die "Kluft" zwischen Grundlagenforschung und Anwendung. Im Fall der KI-Forschung mehren sich Stimmen aus der Scientific

Community, die nach hinlänglichen Erfahrungen mit Umsetzungsversuchen der förderstrategischen "Idee", diese für untauglich erklären.

> Die Leute, die sowas machen - das ist ja nicht nur BMFT, das sind ja auch Wissenschaftler und Industrieleute dabei -, die haben die Vorstellung, wenn sie KI sagen, denken sie, das wäre eine Technologie. Es wäre sowas wie eine bestimmte Form von Chip-Design oder so. Das ist es nicht. KI - das heißt für mich: Was ist Denken? Die Frage ist bis heute nicht beantwortet. Wenn ich versuche, diese Frage zu beantworten, indem ich ein Technologietransfer-Zentrum gründe, dann kann ich todsicher sein, daß da nichts bei rauskommt. Und es kommt auch nichts bei raus. Das heißt nicht, daß in der KI-Forschung nicht Dinge entstehen, die in ganz bestimmten Formen dann nachher in Produkten wieder erscheinen. Das ist sowas wie dieser Teflonpfanneneffekt bei der Raumfahrt zum Beispiel. Da freuen wir uns alle, daß es das Teflon gibt und daß man das auch für Pfannen benutzen kann, aber rechtfertigt das den Aufwand, die Raumfahrt zu fördern? Hätte man das nicht direkter bekommen können? Da kann man sich streiten, aber immerhin kann man sagen, daß solche Dinge daraus entstanden sind. Das ist alles wunderbar und trefflich. Hat aber alles noch nichts mit Produkten zu tun. Wenn ich dann aber bereit bin, irgendeine Form von Wissenschaft zu fördern, also zum Beispiel Philosophie, Psychologie oder was auch immer, die ja letztlich Teilaspekte von dieser Frage zu beantworten suchen, dann kann ich sagen, daß sei Grundlagenforschung. So, und was kommt dabei raus, was ich möglicherweise in anderen Zusammenhängen gebrauchen kann? Also interdisziplinär, zum Beispiel. Und dann kann ich überlegen, gezielt oder wenn es sich ergibt, daß Dinge entstehen, die tatsächlich auch praktisch sind, aber in völlig anderen Zusammenhängen. Und das ist die große Verwechslung, die die Leute haben. Erstens halten sie KI für eine Technologie, was nicht stimmt. Und ich glaube, Deutschland ist mit eines der einzigen Länder, in denen dieser Glaube aus irgendeinem Grunde so weit verbreitet ist. Und das zweite ist, ich kann mir sehr wohl vorstellen, daß die gesamten KI-Institute auf Grund ihrer Struktur und ihrer Finanzierung über kurz oder lang dichtmachen müssen. Man hat die KI als Technologie gemeint, und dieser Mißerfolg, der da entsteht, trifft die KI als Wissenschaft. Da wird man sich nicht wehren können dagegen. (Christaller im Gespräch)

Die Konsequenz wäre, die wissenschaftlich renommierte deutsche KI-Forschung als Grundlagenwissenschaft zu fördern. Der Ausstieg aus dem Hochtechnologie-Konzept wird zwar immer mehr befürwortet, aber von den meisten Mitgliedern der SPE-Community in gleicher Weise gefürchtet. Die Wissenschaftler verbinden mit einem solchen Ausstieg nicht nur einen Prestige-Verlust sondern auch massive Einbußen von Karrierechancen durch den Wegfall der High-Tech-Forschungsorganisation. Die Vertreter der Wissenschaftspolitik müßten im Falle des Ausstiegs den immensen finanziellen Aufwand, der mit dem Auf- und Ausbau der KI-Forschungsorganisation verbunden war, rechtfertigen. Die Förderung neuer Bereiche ist zwar immer eine Voraus-Investition, da keine sicheren

Prognosen über den Ausgang des Förderunternehmens abgegeben werden können und eine zögerliche Reaktion den Anschluß an internationale Technologie-Standards verhindern könnte. Doch die im Fall der KI-Forschung nachgezeichnete Entwicklung dokumentiert eine förderstrategische Beratung, die einige Fragen offenläßt.

Nur dem "Economic Part" fällt der Ausstieg relativ (d.h. natürlich bis auf die finanziellen Einbußen) leicht: die Schadensbegrenzung wird innerhalb des Unternehmens durch Umverteilung der Entwicklungsausgaben und personelle Veränderung ausgehandelt: die Rechenschaftspflicht endet an der Tür des Unternehmens. Demzufolge ist der "Economic Part" der erste, der den Ausstieg realisiert, wobei die momentane Krise der Wirtschaftsunternehmen, die von einer Rezession auf dem gesamten Informatik-Sektor betroffen sind und weitere Forschungs- und Entwicklungsausgaben scheuen, die Entscheidung für den Ausstieg erleichtert und beschleunigt. Ob im Fall der deutschen KI-Forschung die Ad-Hoc-Allianz der SPE-Community stabilisiert werden kann oder ob der befürchtete, von einigen Interessengruppen aber bereits eingeleitete Ausstieg aus der SPE-Community zu einer grundsätzlichen Neuorientierung der KI-Forschung führen kann und wird, muß sich in den nächsten Jahren erweisen.

> Die Zauberlehrlinge. Über diese Maschinerie ist die KI etabliert worden. Aber wofür sind wir diesen Teufelspakt eingegangen? (Siekmann im Gespräch)

5. Die SPE-Community als empirischer Befund: Plädoyer für eine Revision wissenschaftssoziologischer Analyse-Konzepte

Der eingangs gegebene Literaturüberblick zeigt wenig Möglichkeiten, die Ergebnisse der hier vorgelegten Studie in bisherige wissenschaftssoziologische Analyse-Konzepte zu integrieren. Die Reduktion der bestimmenden Parameter für die Entwicklung eines Hochtechnologie-Fachs auf politische oder ökonomische Funktionslogiken eignet sich zur Beschreibung der komplex vernetzten Handlungsabläufe ebensowenig wie Systemtheorien zur Ausdifferenzierung sozialer Systeme.

Letztere können die gerade für Hochtechnologie-Fächer typische, systemtranszendierende Forschungsorganisation nicht adäquat erfassen. Die Handlungen in Hochtechnologie-Fächern lassen sich nicht ohne weiteres in vorwiegend wissenschaftlich, vorwiegend politisch oder vorwiegend wirtschaftlich orientierte klassifizieren. Die relevanten Handlungszusammenhänge zeichnen sich fast durchgängig durch ihre Mehrfach-Orientierung aus, über deren Verwirklichung der Erfolg der Forschungsorganisation definiert wird. Wissenschaftspolitik gibt nicht nur als externer Faktor die groben Inhalte von Forschungsprogrammen vor: Einrichtungen wie die "Projektträger" des BMFT zeigen, daß Wissenschaftspolitik selbst wissenschaftliche Expertise entwickelt, um konkret bei der Projekt-gestaltung und -durchführung im Sinne einer Fusion wissenschaftlicher und wissenschaftspolitischer Orientierungen mitzuwirken.

Der Erwerb wissenschaftlicher Expertise in Wirtschaftsunternehmen ist keine neue Erscheinung, muß aber in diesem Zusammenhang ebenfalls angeführt werden: Der Aufbau unternehmenseigener FuE-Abteilungen mit selbständiger Grundlagenforschung, die Entsendungen von Firmenmitarbeitern in universitäre Forschungskontexte, die Beteiligung an Projekt- und sogar Institutsfinanzierungen im Forschungsbereich, legen Zeugnis ab für die Fusion wirtschaftlicher und wissenschaftlicher Orientierungen.

Die wissenschaftliche Orientierung selbst, die gerade in systemtheoretischen Ansätzen immer wieder angeführt wird, um von einer "Autonomie" des Forschungshandelns oder des Systems "Wissenschaft" zu sprechen, kann in Hochtechnologie-Fächern nicht mehr sinnvoll isoliert werden. Das Forschungsprogramm eines solchen Fachs besitzt - wie mehrfach ausgeführt - bereits eine wahlverwandtschaftliche Kompatibilität zu hier genannten politischen und ökonomischen Orientierungen. Die Handlungen zur Umsetzung des Forschungsprogramms verwirklichen diese Orientierungen in konkreten Forschungsprojekten. Hochtechnologie-Wissenschaftler treffen durch das "Peer Review"-System der Begutachtung wissenschaftspolitisch relevante Entscheidungen und exekutieren damit - ebenso wie mit der Durchführung von genehmigten Forschungsprojekten - wissenschaftspolitische Strategien. Strategiepapiere werden in Zusammenarbeit mit Wissenschaftspolitikern und Wirtschaftsunternehmern entworfen.

Handlungsbestimmende Mitglieder der SPE-Community sind "Multi-Experten" (herausragende Beispiele der KI-Forschung sind Wolfgang Wahlster/ DFKI, Herbert Schwärtzel/Siemens AG, Steffen Isensee/BMFT), deren Handlungen und Handlungsanweisungen durch eine Integration wissenschaftlicher, politischer und wirtschaftlicher Orientierungen gekennzeichnet sind. Diese Integration geht über die bloße Konzession an mehr als eine Orientierung hinaus; es handelt sich hier nicht um die "ärgerliche Tatsache Gesellschaft" (Dahrendorf), der bei der Durchsetzung von singulär orientierten Handlungszielen Tribut gezahlt werden müßte. Der Erfolg des Aushandlungsprozesses in Bezug auf die verschiedenen Interessenlagen der Akteure bemißt sich daran, inwieweit tatsächlich eine strukturelle Integration der Orientierungen ermöglicht werden kann. Die Integration der verschiedenen Orientierungen wird in der funktionierenden SPE-Community verwirklicht; die Bedingungen dieser Integration und gegenseitigen Durchdringung müßten Gegenstand der soziologischen Analyse sein.

Systemtheoretische Differenzierungstheorien können einen begrifflichen Rahmen anbieten, um die integrierten und integrierenden Faktoren idealtypisch zu beschreiben. Idealtypische Begriffe sind jedoch heuristisches Hilfsmittel und nicht Abbildung sozialer Wirklichkeit. Empirisch kann in Bezug auf Hochtechnologie-Fächer nicht mehr von einer Ausdifferenzierung sozialer Systeme, sondern muß von einer wechselseitigen Durchdringung der verschiedenen Orientierungen gesprochen werden. Inwieweit Idealtypen von Prozessen, die in der sozialen Wirklichkeit gerade verabschiedet werden, zur Analyse des Gegenstandsbereichs heuristisch wertvoll sind und ob diese nicht besser durch eine empirisch revidierte, der tatsächlichen Entwicklung angepaßtere Terminologie ersetzt werden sollten, muß der weiteren Begriffsarbeit wissenschaftssoziologischer Konzepte überlassen bleiben.

Im Sinne dieses Buches wird einer akteurtheoretischen Perspektive auf die Handlungsabläufe in einem Hochtechnologie-Fach der Vorzug gegeben, die nicht versucht, eine theoretisch geleitete Strukturierung des Gegenstandsbereichs vorzugeben, sondern als phänomenologische Betrachtung dem empirisch Vorgefundenen Raum lassen will. Die Gefahr vergrössert sich anderenfalls,

> daß das geschichtliche Wissen hier einmal als Diener der Theorie erscheint statt umgekehrt.[...] Logische Ordnung der Begriffe einerseits und empirische Anordnung des Begriffenen in Raum, Zeit und ursächliche Verknüpfung andererseits erscheinen dann so miteinander verkittet, daß die Versuchung, der Wirklichkeit Gewalt anzutun, um die reale Geltung der Konstruktion in der Wirklichkeit zu erhärten, fast unwiderstehlich wird. (Weber 1988a: 204)

Anhangskapitel: Die Forschungsorganisation im KI-Bereich

Wie sieht die Forschungsorganisation eines Hochtechnologie-Fachs im einzelnen aus? Die als Anhang konzipierte, ausführliche Präsentation stellt Institute, Projekte, Finanzierungen und Personal vor (Stand 1993).

1. KI-Forschung an Hochschulen

Die hier vorgelegten Zahlen sind einer empirischen Untersuchung aus den Jahren 1992/93 entnommen. Gegenstand der Untersuchung war die Organisation der KI-Forschung an bundesdeutschen Hochschulen (Universitäten, Fachhochschulen) und hochschulnahen Einrichtungen[21]. Als Grundlage der Erhebung diente der von Bibel u.a. 1987 herausgegebene "Studien- und Forschungsführer Künstliche Intelligenz". Die dort vorgefundene Aufzählung bundesdeutscher KI-Institute wurde mit Hilfe von Vorlesungsverzeichnissen, Konferenzberichten, Zeitschriftenartikeln, KI-Datenbanken und Gesprächen mit KI-Wissenschaftlern erweitert. Die folgende Darstellung der KI-Scientific Community enthält alle kontaktierten Forschungsgruppen, die ihre Arbeit selbst als "KI-Forschung" bzw. "KI-Entwicklung" bezeichnen[22].

Die Untersuchung der KI-Forschungsaktivitäten an Hochschulen und universitätsnahen Einrichtungen erfaßte 131 KI-Gruppen in 57 Universitäts-Städten der Bundesrepublik. Die folgende Karte[23] vermittelt einen ersten geographischen Eindruck, wo in Deutschland überall KI-Forschung betrieben wird.

---

[21] Als "hochschulnahe Einrichtung" wurde eine Forschung und Entwicklung betreibende Institution definiert, deren Arbeit und Selbstverständnis im Bereich zwischen Hochschulforschung und der Forschung bzw. Entwicklung in Wirtschaftsunternehmen angesiedelt ist. Der rechtliche Status dieser Institutionen im sogenannten vorwettbewerblichen Bereich ist meist der von GmbH's bzw. Stiftungen des öffentlichen oder bürgerlichen Rechts. Der Bezug zu den Hochschulen wird durch Rahmen- oder Kooperationsverträge hergestellt.

[22] Die Selbstbeschreibung als "KI-Gruppe" zum alleinigen Zugehörigkeitskriterium zu machen, bot sich aus drei Gründen an: Erstens konnte so eine Definition von KI vermieden werden, die den Bereich unnötig "von außen" vorstrukturiert hätte. Zweitens sind objektive Zugehörigkeitskriterien innerhalb der KI-Scientific Community selbst keineswegs konsensual verfügbar oder gebräuchlich. Drittens scheitern herkömmliche wissenschaftssoziologische Methoden, wie die Analyse der Zitationspraxis etc., an der US-amerikanischen Publikationsorientierung der KI-Wissenschaftler. Da fast ausschließlich amerikanische Arbeiten zitiert werden, ist eine Identifikation der nationalen Scientific Community über gegenseitige Zitationen nicht möglich.

[23] Wie im weiteren deutlich wird, ist die Aussagekraft einer bloß geographischen Veranschaulichung der Forschungslandschaft jedoch begrenzt, da zwischen der KI-Forschung in Saarbrücken und beispielsweise Bamberg Gewichtungsunterschiede bestehen, die mit den Metaphern von "Zentrum" und "Peripherie" beschrieben werden müssen. Im Anhang findet sich die genaue Aufschlüsselung der umseitigen "KI-Deutschlandkarte" nach Instituten bzw. Arbeitsgruppen mit Namen und Adressen.

Karte 1
KI-Forschung an Hochschulen und hochschulnahen Einrichtungen

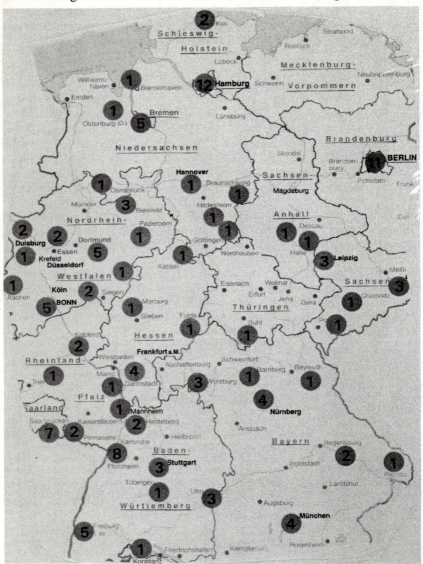

(Zahlen in den Punkten = Anzahl der KI-Gruppen am Standort)

Tabelle 1: KI-Forschungsgruppen in deutschen Städten

Stadt	Institut
01099 Dresden[1]	Lehrgebiet Wissensverarbeitung
01099 Dresden[2]	Lehrgebiet Bildverarbeitung
01099 Dresden[3]	Lehrgebiet Neuroinformatik
04109 Leipzig[1]	Lehrstuhl Theoretische Informatik..
04109 Leipzig[2]	Fachbereich Automatisierung
04416 Leipzig[3]	Institut f. Maschinen..
06120 Halle	Institut für Informatik
06217 Merseburg	Institut für Informatik
08060 Zwickau	Inst. Maschinen-Bauelemente
09111 Chemnitz	Lehrstuhl f. Th. Informatik und KI
10117 Berlin[1]	FB Informatik, HU
10117 Berlin[2]	Fachbereich Psychologie, HU
10587 Berlin[3]	Projektgruppe KIT, TU
10587 Berlin[4]	Einheit Wissensbasierte Systeme, TU
10587 Berlin[5]	FG Systemanalyse und EDV, TU
10587 Berlin[6]	Produktionstechnisches Zentrum der TU
10587 Berlin[7]	Fraunhofer-Institut IPK
12439 Berlin[8]	GMD-FIRST
13353 Berlin[9]	KI-Labor, FB Informatik, TFH
14195 Berlin[10]	AB Informationswissenschaft, FU
14109 Berlin[11]	Hahn-Meitner-Institut, Abt. D1
21071 Hamburg[1]	AB Stadtökologie, TU Hamburg-Harburg
21071 Hamburg[2]	AB Technische Informatik I, TU
21071 Hamburg[3]	AB Technische Informatik II, TU
21071 Hamburg[4]	AB Regelungstechnik, TU
21071 Hamburg[5]	AB Fertigungstechnik I, TU
21071 Hamburg[6]	AB Arbeitswissenschaft, TU
22765 Hamburg[7]	AB Kognitive Systeme
22765 Hamburg[8]	AB Wissens- und Sprachverarbeitung
22765 Hamburg[9]	AB Natürlichsprachliche Systeme
22765 Hamburg[10]	FB Elektrotechnik/Informatik, FHS
22765 Hamburg[11]	Labor für Künstliche Intelligenz

Forts. nächste Seite

Stadt	Institut
22765 Hamburg[12]	Graduiertenkolleg Kogn.wissenschaft
24105 Kiel[1]	Projektzentrum Ökosystemforschung
24118 Kiel[2]	Institut f. Informatik/Mathematik
28359 Bremen[1]	BIGLab, Studiengang Informatik
28359 Bremen[2]	KI-Labor, FB Mathematik u. Informatik
28359 Bremen[3]	Institut für Projektmanagement, FB 7
28359 Bremen[4]	Zentrum für Kognitionswissenschaft
28359 Bremen[5]	Graduiertenkolleg Raumorientierung
26111 Oldenburg	Inst. f. Kognitionsforschung
27570 Bremerhaven	Fachrichtung Systemanalyse
30167 Hannover	Th. Nachrichtentechnik/Inf.verarb.
31139 Hildesheim	Inst. f. Angew. Sprachwissenschaft
33098 Paderborn	Fachgebiet Angewandte Datentechnik
33615 Bielefeld[1]	Inf.technik/Technische Fakultät
33615 Bielefeld[2]	Computerlinguistik
33615 Bielefeld[3]	Lehrstuhl für Künstliche Intelligenz
34132 Kassel	Inst. f. Meß- u. Automatisierungst.
35037 Marburg	AG Angewandte Physik u. Biophysik
36037 Fulda	Angewandte Informatik/Mathematik
38106 Braunschweig	Abt. f. Digitale Signalverarbeitung
38678 Clausthal	Lehrstuhl für Regeltechnik
42119 Wuppertal	Fachbereich Physik
44227 Dortmund[1]	Lehrstuhl I, FB Informatik
44227 Dortmund[2]	Lehrstuhl II, FB Informatik
44227 Dortmund[3]	Lehrstuhl VIII, FB Informatik
44227 Dortmund[4]	Lehrstuhl XI, Fachbereich Informatik
44227 Dortmund[5]	Institut für Roboterforschung
44780 Bochum[1]	Institut für Neuroinformatik
44780 Bochum[2]	Sprachwissenschaftliches Institut
45141 Essen	Fachbereich Kommunikationswissen.
47198 Duisburg[1]	Fachgeb. Datenverarbeitung/Elek.tech.
47198 Duisburg[2]	Fachgebiet Computerlinguistik
49074 Osnabrück	AB Computerlinguistik u. KI

Forts. nächste Seite

Stadt	Institut
52074 Aachen	Lehrstuhl V, Fachbereich Informatik
53117 Bonn[1]	Institut für Informatik I
53117 Bonn[2]	Institut für Informatik II
53117 Bonn[3]	Institut für Informatik III
53117 Bonn[4]	Institut für Informatik VI
53757 St.Augustin	Angewandte Informationstechnik/GMD
54296 Trier	Allgemeine Psychologie
55128 Mainz	Institut für Informatik
56075 Koblenz[1]	Institut für Computerlinguistik
56075 Koblenz[2]	AG Künstliche Intelligenz
58097 Hagen[1]	Bereich Informatik VII/KI
58097 Hagen[2]	Praktische Informatik II
64283 Darmstadt[1]	FG Intellektik
64283 Darmstadt[2]	AB Inferenzsysteme/FB Informatik
64283 Darmstadt[3]	IPSI/GMD
64283 Darmstadt[4]	Fraunhofer Gesellschaft/ZGDV
66123 Saarbrücken[1]	DFKI
66123 Saarbrücken[2]	Fachbereich Informatik
66041 Saarbrücken[3]	Fachrichtung Computerlinguistik
66041 Saarbrücken[4]	Max-Planck-Institut Informatik
66041 Saarbrücken[5]	Graduiertenkolleg Kognitionswiss.
66041 Saarbrücken[6]	Fachrichtung Psychologie
66386 Sankt Ingbert	Fraunhofer-Institut IZFP
67663 Kaiserslautern[1]	DFKI
67663 Kaiserslautern[2]	Fachbereich Informatik
68259 Mannheim	Lehrstuhl für Informatik V
69117 Heidelberg[1]	Studiengang Computerlinguistik
69117 Heidelberg[2]	Abt. Medizinische Informatik
70569 Stuttgart[1]	Inst. f. masch. Sprachverarbeitung
70569 Stuttgart[2]	Abt. Intelligente Systeme
70569 Stuttgart[3]	Fraunhofer-Institut/IAO
72074 Tübingen	Seminar für Sprachwissenschaft
76131 Karlsruhe[1]	Inst. f. Logik/Komplexität/Ded.syst.

Forts. nächste Seite

Stadt	Institut
76131 Karlsruhe[2]	Inst. f. Algorithmen/Kogn. Systeme
76131 Karlsruhe[3]	Inst. f. Programmstrukt./Datenorg.
76131 Karlsruhe[4]	Inst. f. Prozeßrechentechnik/Robotik
76131 Karlsruhe[5]	Inst. f. Werkzeugmasch./Betriebstech.
76131 Karlsruhe[6]	Fraunhofer-Institut IITB
76131 Karlsruhe[7]	Fraunhofer-Institut IID
76275 Ettlingen	FIM/FGAN
78464 Konstanz	Fachgebiet Informationswissenschaft
79098 Freiburg[1]	Abt. Kognitionswissenschaft/IIG
79098 Freiburg[2]	Abt. Modellbildung u. soz. Folgen/IIG
79098 Freiburg[3]	Psychologisches Institut
79098 Freiburg[4]	Linguistische Informatik/Comp.ling.
79098 Freiburg[5]	Graduiertenkolleg
81667 München[1]	Fakultät für Informatik/TU
81667 München[2]	FORWISS
81667 München[3]	FG Intellektik/TU
85579 Neubiberg	Institut für Systemdynamik
89081 Ulm[1]	FAW
89081 Ulm[2]	Abteilung für Künstliche Intelligenz
89081 Ulm[3]	Abteilung für Neuroinformatik
91054 Erlangen[1]	Lehrstuhl für Künstliche Intelligenz
91054 Erlangen[2]	Lehrstuhl für Mustererkennung
91058 Erlangen[3]	FORWISS
91465 Neuherberg	MEDIS/GSF
93053 Regensburg[1]	Ling. Informationswissenschaft
93053 Regensburg[2]	FG Kognitionswissenschaft
94032 Passau	FORWISS
95447 Bayreuth	Lehrstuhl II für Mathematik
96047 Bamberg	Lehrstuhl Psychologie II
97070 Würzburg[1]	Lehrstuhl für Künstliche Intelligenz
97070 Würzburg[2]	Lehrstuhl für Verteilte Systeme
97070 Würzburg[3]	Lehrstuhl f. Informatik I
98693 Ilmenau	Inst. f. Automatisierungstechnik..

Die letzte Aktualisierung der vorliegenden Liste basiert auf einer Anfrage, welche an die KI-Institute 1993 verschickt wurde. Gefragt wurde nach KI-Forschungsschwerpunkten, personeller und organisatorischer Struktur der Institute, abgeschlossenen, laufenden und geplanten KI-Projekten, Kooperationspartnern und nach Instituts- bzw. Projektfinanzierungen. Trotz Bemühens um Vollständigkeit werden einige KI-Gruppen auf der Liste fehlen bzw. nicht in aller Ausführlichkeit dargestellt sein[24].

Die aufgeführten KI-Standorte sind nur bedingt miteinander vergleichbar. Zunächst kann als Schwierigkeit der institutionellen Beschreibung gelten, daß die Hochschulen bzw. hochschulnahen Einrichtungen keine identischen Bezeichnungen für ihre Organisationseinheiten besitzen. Es gibt Fakultäten, Fachbereiche, Institute, Fachgebiete, Forschungsgruppen, Fachgruppen, Arbeitsgruppen, Lehrstühle, Abteilungen usw., ohne daß eine einheitliche hierarchische Struktur die Vergleichbarkeit zwischen den einzelnen Organisationseinheiten gewährleisten könnte. Dieser mißliche Umstand mag in obiger Liste dazu geführt haben, daß manche KI-Gruppen nicht explizit, sondern nur unter einer übergeordneten Organisationseinheit aufgeführt sind[25].

Eine weitere Schwierigkeit bei der vergleichenden Beschreibung deutscher KI-Standorte besteht in folgendem Umstand: Während an großen Standorten in mehreren Gruppen bis zu 100 KI-Wissenschaftler beschäftigt sind, werden daneben Standorte aufgeführt, deren einzige KI-Gruppe lediglich aus zwei oder drei Wissenschaftlern besteht. Zur weiteren Beschreibung der KI-Forschungsorganisation werden die Standorte darum durch die Kategorien "Zentrum", "intermediärer Bereich" und "Peripherie" klassifiziert.

Die großen KI-Standorte sind Produkte eines Bemühens zur Forschungszentralisierung, welches gleichmäßig von Wissenschaftlern, Wissenschaftspolitikern der Länder und des Bundes sowie der Regionalwirtschaft getragen wird. Die deutsche KI-Forschungslandschaft zeichnet sich durch mehrere "Cluster-Bewegungen" aus, deren Initiation und Entwicklung bereits ausführlich dargestellt wurde. Ein Ergebnis dieser "Cluster-Bewegungen" sind fünf große KI-Zentren, die sich zur sogenannten "Arbeitsgemeinschaft der deutschen KI-Institute" (AKI) zusammengeschlossen haben. Die fünf Gründungsinstitute der AKI sind teilweise selbst schon Zusammenschlüsse von mehreren KI-Standorten zu einer artifiziellen Einheit, wie beispielsweise das AKI-Gründungsinstitut FORWISS, das aus mehreren KI-Gruppen in Erlangen, München und Passau besteht. Neben den AKI-Instituten gibt es weitere KI-Standorte mit großen Forschungsgruppen, die ihre Bedeutung zum einen der Initiative der ansässigen KI-Wissenschaftler und zum anderen der Integration in laufende BMFT-Ver-

---

[24] Obgleich die meisten KI-Wissenschaftler dank der interdisziplinären Aufgeschlossenheit der KI-Forschung sehr kooperativ waren, sind manche Institute wegen mangelnder Auskunftsbereitschaft leider "black boxes" geblieben.

[25] Es ist also wahrscheinlich, daß es noch mehr KI-Gruppen gibt.

bundprojekte, DFG-Fördermaßnahmen oder im Größenverhältnis vergleichbaren Finanzierungen verdanken. Da teilweise Forschungsgruppen der neuen Bundesländer durch Maßnahmen zur Forschungsförderung in BMFT-Verbundprojekte integriert worden sind, ohne daß man darum von einem KI-Zentrum sprechen könnte, wird im folgenden allein die Anzahl der am jeweiligen Standort arbeitenden KI-Wissenschaftler (mehr als 20) zum Kriterium für die Kategorie "KI-Zentrum" gewählt. Es wird dabei vorausgesetzt, daß die wissenschaftliche Leistung eines KI-Standorts mit seiner Größe korreliert.

Da bei dieser Zuordnung kleine, aber wissenschaftlich hochqualifizierte KI-Forschungsgruppen, die sich erst im Aufbau befinden, herausfallen, wird als zweite Kategorie ein "intermediärer Bereich" angeführt. Hier ist Zuordnungskriterium zunächst wiederum die Gruppengröße (mindestens 5), zusätzlich aber auch die Teilnahme an mindestens einem, im Rahmen der KI-Forschung ausgewiesenen BMFT-, DFG-, Europa- oder (größeren) Industrie-Projekt. Die dritte Kategorie "Peripherie" ist damit einschlägig für kleine KI-Gruppen ohne Anbindung an größere KI-Förderungsmaßnahmen. Institute, die zwar in der Lehre KI vertreten, aber keine eigene KI-Forschung betreiben, wurden nicht in die Liste aufgenommen.

Im folgenden werden die KI-Gruppen der einzelnen Standorte mit Forschungsschwerpunkten, laufenden Projekten nebst deren Förderung und Zahl der wissenschaftlichen Mitarbeiter (d.h. Mitarbeiter mit mindestens Diplom oder vergleichbarem Abschluß) vorgestellt. Dabei wurden alle Angaben so übernommen, wie sie von den Gruppen selbst abgegeben wurden. Dies erschwert zwar ein "Querlesen" und Vergleichen der Forschungsschwerpunkte, verhindert aber eine unzulässige Vergröberung der Information.

1.1. Die KI-Zentren

In der Bundesrepublik Deutschland gibt es mehrere Standorte, die als "KI-Zentren" im Sinne obiger Kriterien bezeichnet werden können. Diese sind meist institutionell mit anderen Standorten in Organisationseinheiten verbunden, erfüllen aber auch als Einzelstandorte die Bedingungen für eine Klassifikation als "KI-Zentrum".

Die Forschungsaktivitäten der deutschen "KI-Zentren" sind institutionell am deutlichsten durch die "Arbeitsgemeinschaft der deutschen KI-Institute" (AKI) zusammengefaßt. In den folgenden Abschnitten sind die Forschungsschwerpunkte und Forschungsprojekte der fünf Gründungs-Institute der AKI zusammengestellt. Daneben finden sich Informationen zur organisatorischen und personellen Zusammensetzung der KI-Gruppen. Im Anschluß an jede AKI-Instituts-Beschreibung folgt die Charakterisierung weiterer KI-Aktivitäten am AKI-

Standort, so daß die Gesamtaktivitäten eines Standorts jeweils unter dem jeweiligen AKI-Institut subsumiert sind.

1.1.1. Die "Arbeitsgemeinschaft der deutschen KI-Institute" (AKI) und weitere KI-Gruppen an den AKI-Standorten

1.1.1.1. Das "Deutsche Forschungszentrum für Künstliche Intelligenz" (DFKI)

Das "Deutsche Forschungszentrum für Künstliche Intelligenz" (DFKI) ist eine gemeinnützige GmbH mit den Gesellschaftern ADV/ORGA AG, AEG (Daimler Benz) AG, Fraunhofer Institut für Informations- und Datenverarbeitung GmbH, Gesellschaft für Mathematik und Datenverarbeitung mbH, IBM Deutschland GmbH, Insiders GmbH, Krupp Atlas Elektronik GmbH, Mannesmann-Kienzle GmbH, Philips AG, Siemens AG und Siemens Nixdorf Informationssysteme AG. Diese Gesellschafter sind Partner eines Rahmenvertrages mit dem Bundesministerium für Forschung und Technologie (BMFT), den Ländern Rheinland Pfalz und Saarland sowie den Universitäten in Kaiserslautern und Saarbrücken. Aufgabe des DFKI ist die "synergetische Kopplung" der Forschungsinteressen der Wirtschaft und der angewandten Forschung als Bindeglied zwischen marktausgerichteter Wirtschaft und universitärer Forschung. Dem 1988 gegründeten DFKI ist über einen Zeitraum von 10 Jahren eine Förderung vom BMFT für die Durchführung anwendungsorientierter Grundlagenforschung zugesagt. Weitere Finanzierungsanteile tragen die Gesellschafter, die Länder Rheinland Pfalz und Saarland sowie externe Partner über Drittmittelprojekte.

An den beiden Standorten des DFKI, Saarbrücken und Kaiserslautern, arbeiten insgesamt 96 Mitarbeiter (Saarbrücken = 60; Kaiserslautern = 36) in den Forschungsbereichen "Intelligente Benutzer-Schnittstellen" (Saarbrücken), "Intelligente Ingenieursysteme" (Kaiserslautern), "Deduktions- und Multiagenten-Systeme" (Saarbrücken), "Dokumentenanalyse- und Bürosysteme" (Kaiserslautern), "Computerlinguistik" (Saarbrücken) und "Programmiersysteme" (Saarbrücken). Aufgeteilt in mehrere Forschungsgruppen wird an 16 Projekten (Saarbrücken = 10; Kaiserslautern = 6) gearbeitet. Davon sind 9 Projekte BMFT-gefördert; die anderen finanzieren sich über die DFKI-Gesellschafter bzw. über Drittmittel.

Weitere KI-Forschung in Kaiserslautern und Saarbrücken:

Am Fachbereich Informatik der Universität Kaiserslautern laufen 2 im DFG-Sonderforschungsbereich 314 geförderte Projekte zu den Forschungsschwerpunkten "Deduktion", "Lernen" und "Expertensysteme". Auch DFG-gefördert ist das dritte Projekt des Fachbereichs, welches ebenfalls dem Forschungsschwerpunkt "Deduktion" zugeordnet werden kann. Die 3 Projekte werden von 10 wissenschaftlichen Mitarbeitern betreut.

Auch am Fachbereich Informatik in Saarbrücken laufen zwei DFG-Projekte im SFB 314 zu den Forschungsschwerpunkten "Sprachverarbeitung" und "Bildverarbeitung". Die "Fachrichtung Computerlinguistik" an der Universität des Saarlandes bearbeitet schwerpunktmäßig die Themen "Sprachverarbeitung" und "Automatisches Beweisen". Zwei Projekte (1 SFB 314) werden von 5 wissenschaftlichen Mitarbeitern betreut. Das Graduiertenkolleg "Kognitionswissenschaft: Empirie, Modellbildung, Implementation" betreut 30 Kollgiaten (15 Stipendiaten). In der "Fachrichtung Psychologie" der Universität arbeiten 5 wissenschaftliche Mitarbeiter an 2 Forschungsprojekten (1 DFG, 1 Unimittel) in den Bereichen "Modellierung menschlichen Regelverhaltens" und "Multi-Agenten-Systeme".

1.1.1.2. Das "Bayerische Forschungszentrum für wissensbasierte Systeme" (FORWISS)

Das "Bayerische Forschungszentrum für wissensbasierte Systeme" (FORWISS) ist ein gemeinsames Institut der drei Träger-Universitäten Erlangen, Passau und der TU München. Die Aufgabe des FORWISS ist als anwendungsorientierte Grundlagenforschung definiert, die in enger aber vorwettbewerblicher Kooperation mit Partnern aus der Wirtschaft durchgeführt werden soll. Dazu wurde mit Beteiligung von etwa 135 Firmen und den drei Industrie- und Handelskammern Erlangen-Nürnberg, München und Passau/Oberbayern der sogenannte "Förderkreis der Bayerischen Wirtschaft für das Bayerische Forschungszentrum für wissensbasierte Systeme (KI) e.V." gegründet. Der Förderkreis stellt dem FORWISS Finanzmittel zur Verfügung, die neben der staatlichen Grundfinanzierung und den Einnahmen aus Drittmittelprojekten den Finanzierungsaufwand des Instituts decken.

Am Institut gibt es sechs ständige Forschungsgruppen und einen Arbeitskreis: In Erlangen befinden sich die Forschungsgruppen "Wissenserwerb", "Wissensverarbeitung", "Wirtschaftsinformatik" und der Arbeitsbereich "Neuronale Netze und Fuzzy Logic" (insgesamt 35 wissenschaftliche Mitarbeiter). Hier wird an 18 KI-Projekten gearbeitet, die aus Eigenmitteln, Drittmitteln der Wirtschaft und Mitteln der DFG finanziert werden. Unter dem Oberbegriff "Wissensbasierte Systeme" gibt es - wie in München und Passau auch - folgende Forschungsschwerpunkte: Mustererkennung, Bildverstehen, Wissensakquisition, Wartung von Wissensbasen, Mensch-Maschine-Kommunikation, Hypertext, Multimedia, Objektorientierte Systeme, Expertensysteme, Wissensbasiertes Software Engineering, Planen, Konfigurieren und Natürlichsprachliche Systeme.

An diesen Forschungsschwerpunkten arbeiten in München die Forschungsgruppen "Wissensbasen" und "Kognitive Systeme" mit 9 Wissenschaftlern in 4 KI-Projekten. In Passau werden in der Forschungsgruppe "Programmiersysteme" 6 Projekte von 5 Mitarbeitern betreut. Dabei besteht an allen Standorten die Bemühung, Projekte ortsübergreifend durchzuführen, so daß eine ausschließliche territoriale Zuweisung nicht möglich ist. Insgesamt sind am FORWISS 49 KI-Wissenschaftler beschäftigt.

Weitere KI-Forschung in Erlangen und München:

Am "Lehrstuhl für Informatik VIII (Künstliche Intelligenz)" des "Instituts für mathematische Maschinen und Datenverarbeitung" (IMMD) in Erlangen gibt es folgende Forschungsschwerpunkte: "Sprachverarbeitung", "Wissensrepräsentation", "Parallelverarbeitung", "Wissensbasierte Systeme", "LISP", "Prolog", "Wissenserwerb" und "Planen". 4 Wissenschaftler betreuen ein BMFT-Projekt und ein Drittmittelprojekt.

Der "Lehrstuhl für Informatik V (Mustererkennung)" am gleichen Institut hat als Forschungsschwerpunkte "Bildanalyse", "Sprachverarbeitung" und "Dialog". 6 Projekte werden von 18 wissenschaftlichen Mitarbeitern bearbeitet. Von den Projekten ist eines BMFT-gefördert; drei der anderen sind DFG-Projekte (eines im SFB 182), die beiden anderen sind Industrie- bzw. Esprit-gefördert.

An der Technischen Universität München, die bereits - wie weiter oben beschrieben - am FORWISS beteiligt ist, wurde nach dem Vorbild in Darmstadt eine zweite "Forschungsgruppe Intellektik" gegründet. Ähnlich wie in Darmstadt wird hier an den Themen "Automatisches Beweisen", "Logische Programmierung" und "Wissensbasierte Systeme" gearbeitet. Die Gruppe besteht aus 15 wissenschaftlichen Mitarbeitern und betreut 6 KI-Projekte, die im DFG-Sonderforschungsbereich 342, von der DFG, von der EG und aus Unimitteln finanziert werden.

Ebenfalls an der Technischen Universität in München besteht der Arbeitsbereich "Theoretische Informatik und Grundlagen der KI", an dem folgende Forschungsschwerpunkte bearbeitet werden: "Wissensrepräsentation", "Konnektionistische Systeme", und "Verteiltes maschinelles Lernen". 4 KI-Mitarbeiter beschäftigen sich mit 2 Projekten, von denen eines vom BMFT, das andere von der Siemens AG gefördert ist.

Bei der GSF (neuerdings Forschungszentrum für Umwelt und Gesundheit) wird am "Institut für Medizinische Informatik und Systemforschung" (MEDIS) in Neuherberg ebenfalls KI-Forschung mit den Schwerpunkten "Informationssysteme", "Wissensbasierte Systeme" und "Bildverarbeitung" betrieben. BMFT-gefördert läuft das Großprojekt MEDWIS, an dem etwa 30 Wissenschaftler arbeiten.

1.1.1.3. Das "Forschungsinstitut für anwendungsorientierte Wissensverarbeitung" (FAW)

Das "Forschungsinstitut für anwendungsorientierte Wissensverarbeitung" (FAW) in Ulm wird vom Land Baden-Württemberg, der Daimler Benz AG, von der Hewlett Packard GmbH, der IBM Deutschland GmbH, der Mannesmann Kienzle GmbH, der Robert Bosch GmbH, der Siemens AG und von der Siemens Nixdorf Informationssysteme AG in Form einer Stiftung des öffentlichen Rechts getragen. Etwa 68 Wissenschaftler arbeiten in 25 Forschungsprojekten aus den Bereichen "Integrierte Produktionssysteme", "Büroautomation", "Umweltinformationssysteme", "Assistenzsysteme" und "Verteiltes Ressourcenmanagement". Auch das FAW versteht sich als Bindeglied zwischen universitärer Forschung und Industrieforschung. Die Hälfte der Institutsmitarbeiter werden von den sieben Industriestiftern und dem Land Baden-Württemberg finanziert. Das Institut hat einen Kooperationsvertrag mit der Universität Ulm und ist mit seiner Gründung 1987 das älteste der fünf AKI-Institute.

Weitere KI-Forschung in Ulm:

An der Fakultät für Informatik der Universität Ulm gibt es zwei weitere KI-Institute. Zum einen arbeiten in der "Abteilung für Künstliche Intelligenz" 7 Wissenschaftler an 2 KI-Projekten - eines vom BMFT, das andere vom Bundesamt für Sicherheit in der Informationstechnik gefördert. Die Forschungsschwerpunkte sind: "Automatisches Beweisen", "Wissensrepräsentation" und "Wissensbasiertes Software Engineering".
 Die "Abteilung Neuroinformatik" an derselben Fakultät hat die Forschungsschwerpunkte "Spracherkennung", "Parallele Implementation von Neuronalen Netzen und Assoziativspeichern", "Hybride Systeme", "Informationstheorie" und "Theorie Neuronaler Netze". Hier läuft ein DFG-Projekt im DFG-Schwerpunktprogramm "Physiologie und Theorie Neuronaler Netze" und ein BMFT-Verbundprojekt. Die weiteren Projekte werden aus Landes-Drittmitteln (Landesforschungsschwerpunkt) und Unimitteln finanziert. Insgesamt gibt es 15 wissenschaftliche Mitarbeiter.

1.1.1.4. Der "Forschungsverbund Anwendungen der Künstlichen Intelligenz in Nordrhein-Westfalen (KI-NRW)

Der Forschungsverbund "Anwendungen der Künstlichen Intelligenz in Nordrhein-Westfalen" (KI-NRW) ist ein Zusammenschluß nordrhein-westfälischer Forschungsgruppen der Universitäten Aachen, Bielefeld, Bonn, Dortmund,

Duisburg, Essen, Hagen, Paderborn und Wuppertal sowie der GMD in Sankt Augustin. Durch enge Kooperation sind die Universität Düsseldorf sowie das "Fraunhofer-Institut für Materialfluß und Logistik" in Dortmund an den Forschungsverbund angebunden. Weitere KI-Gruppen in NRW nehmen am wissenschaftlichen Austausch und an Kooperationen teil, ohne direkt an den Fördermaßnahmen zu partizipieren. KI-NRW ist in Form eines gemeinsamen Forschungsprogramms organisiert, welches im Auftrag des Ministeriums für Wissenschaft und Forschung des Landes Nordrhein-Westfalen in anwendungsorientierte Verbundprojekte im Rahmen von Schwerpunktbereichen gegliedert ist. Die Aufgaben des KI-NRW sind neben der konkreten Projektarbeit die gezielte KI-Nachwuchsförderung, der Wissenstransfer in Industrie und Wirtschaft sowie die Zusammenarbeit mit verwandten Programmen und Initiativen, insbesondere auf europäischer Ebene.

Forschungsschwerpunkte bzw. geförderte Schwerpunktbereiche sind "Expertensysteme", "Wissensverarbeitung und hochparallele Systeme", "Natürlichsprachliche Systeme", "Integrierte Technikfolgenabschätzung", "Computer Supported Cooperative Work" und "Intelligente Peripherik".

Die KI-Mitarbeiterzahl im gesamten KI-NRW schlüsselt sich wie folgt auf: Am Institut für Informatik III der Universität Bonn 17 wissenschaftliche Mitarbeiter, am Fachbereich Physik der Universität-Gesamthochschule Wuppertal 3 Mitarbeiter, im Institut für Angewandte Informationstechnik der GMD in Sankt Augustin 53 Mitarbeiter, am Fachbereich Elektrotechnik/Datenverarbeitung der Universität-Gesamthochschule Duisburg 3 Mitarbeiter, am Fachbereich Informatik V der RWTH Aachen 6 Mitarbeiter, am Fachbereich Praktische Informatik der Universität-Gesamthochschule Paderborn 7 Mitarbeiter, am Lehrstuhl für Computerlinguistik der Universität Bielefeld 7 Wissenschaftler, in der Arbeitsgruppe "Wissensbasierte Systeme (KI)" der Technischen Fakultät an der Universität Bielefeld 5 Mitarbeiter, am Lehrstuhl für Künstliche Intelligenz der Fakultät für Linguistik und Literaturwissenschaft der Universität Bielefeld 1 Mitarbeiter, am Fachbereich Praktische Informatik I der Fernuniversität-Gesamthochschule Hagen 20 Mitarbeiter, am Fraunhofer Institut für Materialfluß und Logistik in Dortmund 7 Mitarbeiter und am Fachbereich Kommunikationswissenschaft der Universität-Gesamthochschule Essen einige Mitarbeiter.

Außerhalb der KI-NRW-Förderung laufen folgende KI-Forschungsaktivitäten an anderen Instituten: am Institut für Informatik I der Universität Bonn im Schwerpunkt "Maschinelles Beweisen" mehrere Mitarbeiter, am Institut für Informatik II der Universität Bonn im Schwerpunkt "Neuroinformatik" und "Vision" mehrere Mitarbeiter, am Institut für Informatik VI der Universität Bonn im Schwerpunkt "Neuronale Netze" und "Robotik" 11 Mitarbeiter, im Fachbereich Computerlinguistik der Universität-Gesamthochschule Duisburg 3 Mitarbeiter, im Fachbereich Elektrotechnik der Universität-Gesamthochschule Wuppertal am Lehrstuhl für Automatisierungstechnik 3 Mitarbeiter im Schwerpunkt KI-

Methoden, am Sprachwissenschaftlichen Institut der Ruhr-Universität Bochum in den Bereichen "Sprachverarbeitung" und "Konnektionismus" 3 Mitarbeiter, im Institut für Neuroinformatik der Universität Bochum mehrere Mitarbeiter.

1.1.1.5. Das Labor für Künstliche Intelligenz (LKI)

Das "Labor für Künstliche Intelligenz" (LKI) ist eine Einrichtung der Universität Hamburg am Fachbereich Informatik. Auch hier steht die anwendungsorientierte Forschung im Mittelpunkt. Mit Anschubförderung durch die Hamburger Wirtschaftsbehörde finden im KI-Labor kooperative Projekte mit Firmen vorzugsweise des Hamburger Wirtschaftsraumes statt. Im LKI selbst arbeitet eine kleine Mitarbeitergruppe (7 Wissenschaftler), die jedoch eng mit den drei KI-Arbeitsbereichen am Fachbereich Informatik (etwa 70 Mitarbeiter) kooperiert. 4 KI-Projekte decken die Forschungsschwerpunkte "Expertensysteme" (Diagnose und Konfigurierung), "Bildverarbeitung", "Informationssysteme" und "Robotik" ab.

Weitere KI-Forschung in Hamburg:

Die drei KI-Arbeitsbereiche am Fachbereich Informatik der Universität Hamburg lassen Hamburg (neben der Stellung des LKI als Gründungs-Institut der AKI) vom Kriterium der Gruppengröße her zum zentralen KI-Standort werden. Am "AB Kognitive Systeme" (KOGS) arbeiten 23 wissenschaftliche Mitarbeiter an 8 KI-Projekten. Diese Projekte werden vom BMFT, von der EG und von der Industrie finanziert. Forschungsschwerpunkte sind "Neuronale Netze", "Bildverarbeitung", "Höhere Bilddeutung", "Visualisierung" und "Expertensysteme" (Diagnose und Konfigurierung). Am "AB Wissens- und Sprachverarbeitung" (WSV) arbeiten 9 wissenschaftliche Mitarbeiter an mehreren Forschungsprojekten. Im angeschlossenen "Graduiertenkolleg Kognitionswissenschaft" werden 22 Kollegiaten betreut. Am "AB Natürlichsprachliche Systeme" (NatS) bearbeiten 15 Wissenschaftler die Forschungsthemen "Sprachverarbeitung" und "Expertensysteme". Es laufen 5 KI-Projekte, von denen 2 vom BMFT, eines von der DFG und die beiden restlichen von Industriepartnern finanziert werden. Im Arbeitsbereich "Technische Informatik I" der Technischen Universität Hamburg-Harburg wird an den Forschungsschwerpunkten "Bildverarbeitung" und "Parallele Rechnerarchitekturen" mit 13 Mitarbeitern an 7 Drittmittel-Projekten (DFG, Industrie, Esprit) gearbeitet. Im Arbeitsbereich "Arbeitswissenschaft" geht es in einem BMFT-geförderten Projekt um "Wissensbasierte Systeme" (2 Mitarbeiter). Der Arbeitsbereich "Regelungstechnik" beschäftigt sich unter Mitarbeit von 4 Wissenschaftlern mit einem Projekt zu Anwendungen der KI in der Regelungs- und Automatisierungstechnik. Im Arbeitsbereich "Technische

Informatik II" geht es in 2 Projekten um "Neuronale Netze" (3 Mitarbeiter). Der Arbeitsbereich "Fertigungs-technik I" bearbeitet 1 DFG-Projekt zum Thema "Wissensbasierte Systeme" mit mehreren Mitarbeitern.

1.1.2. Der DFG-Sonderforschungsbereich 314:
"Künstliche Intelligenz - Wissensbasierte Systeme" und weitere KI-Gruppen in Karlsruhe

Am Sonderforschungsbereich 314 "Künstliche Intelligenz - Wissensbasierte Systeme" beteiligen sich die Universitäten Karlsruhe, Kaiserslautern und Saarbrücken sowie das Fraunhofer-Institut für Informations- und Datenverarbeitung (IITB) in Karlsruhe.

Am SFB 314 sind die Universitäten Kaiserslautern und Saarbrücken mit ihren jeweiligen Informatik-Fachbereichen beteiligt, wobei in Saarbrücken auch die "Fachrichtung Computerlinguistik" integriert ist. Im SFB laufen 17 Forschungsprojekte zu den Forschungsschwerpunkten "Bildverarbeitung", "Robotik", "Kommunikative Systeme", "Inferenzverfahren", "Wissensbasiertes Beweisen", "Expertensysteme" (Planen, Konfigurieren, Lernen, Diagnose), "Natürlichsprachliche Systeme" und "Prolog". Finanziert wird der SFB nicht nur von der Deutschen Forschungsgemeinschaft DFG sondern zu großen Teilen aus Sondermitteln, die das Bundesministerium für Forschung und Technologie BMFT der DFG für Zwecke der Grundlagenforschung in der Informatik zur Verfügung gestellt hat.

In Karlsruhe sind das "Institut für Logik, Komplexität und Deduktionssysteme" (9 Mitarbeiter), das "Institut für Algorithmen und Kognitive Systeme" (10 Mitarbeiter), das "Institut für Programmstrukturen und Datenorganisation" (4 Mitarbeiter), das "Institut für Prozeßrechentechnik und Robotik" (10 Mitarbeiter) und das "Institut für Werkzeugmaschinen und Betriebstechnik" (10 Mitarbeiter) Teilnehmer am SFB. Am "Institut für Prozeßrechentechnik und Robotik" laufen außerhalb des SFB 314 noch zwei weitere DFG-Projekte und ein Esprit-Projekt (insgesamt 6 Wissenschaftler) im KI-Bereich. Das IITB der Fraunhofer Gesellschaft hat zwei Institute, die sich mit KI-Technologie beschäftigen. Das "Institut für Informationsverarbeitung" ist beteiligt am SFB 314. Am "Institut für Datenverarbeitung" arbeitet die "Abteilung Prozeßleittechnik und technische Expertensysteme" mit 15 Wissenschaftlern an den Themen "Expertensysteme" (Diagnose und Konfigurieren) und "Mensch-Maschine-Schnittstellen". Es laufen 2 BMFT-Projekte, ein Projekt im SFB 314, ein Esprit-Projekt und ein Industrie-Projekt.

Weitere KI-Forschung in Karlsruhe:

In Ettlingen bei Karlsruhe befindet sich das "Forschungsinstitut für Informationsverarbeitung und Mustererkennung" (FIM) der "Forschungsgesellschaft für Angewandte Naturwissenschaften" FGAN. Die Informationen über die Arbeit des Instituts sind dürftig, da das FIM im Rahmen einer Ressortforschung des Bundesministers für Verteidigung tätig ist und aus diesem Grunde das Forschungsprogramm nicht offenlegen darf. Es arbeiten 38 wissenschaftliche Mitarbeiter im KI-Bereich.

1.1.3. "Die Gesellschaft für Mathematik und Datenverarbeitung" (GMD)

Die Gesellschaft für Mathematik und Datenverarbeitung GMD ist eine Großforschungseinrichtung des Bundes sowie der Länder Nordrhein-Westfalen und Hessen. Sie betreibt Forschung und Entwicklung auf dem Gebiet der Informationstechnologie im Vorfeld des industriellen Wettbewerbs, um die Wettbewerbsfähigkeit der deutschen Wirtschaft auf diesen Gebieten zu sichern und zu steigern.
    In Sankt Augustin befindet sich das "Institut für Angewandte Informationstechnik" der GMD, wo das Leitthema "Assistenz-Computer" bearbeitet wird. Die drei Forschungsgebiete des Instituts heißen "Kooperationssysteme", "Mensch-Maschine-Kommunikation" und "Künstliche Intelligenz", wobei auch in den beiden ersten Gebieten KI-Forschung betrieben wird.
    Im Forschungsgebiet "Künstliche Intelligenz" dreht sich die Forschung schwerpunktmäßig um "Wissensmodellierung", "Wissensakquisition", "Lernen", "Planen", "Neuronale Netze", und "Nichtmonotone Logik". 53 wissenschaftliche Mitarbeiter arbeiten an 9 Projekten, die neben der Bundesförderung aus EG-Mitteln und NRW-Fördermitteln finanziert werden. Im "Forschungsbereich Mensch-Maschine-Kommunikation" läuft 1 Projekt mit 4 Mitarbeitern zu den Schwerpunkten "Wissensbasierte Benutzerschnittstellen" und "Adaptive Benutzerschnittstellen". Im Darmstädter Institut für Integrierte Publikations- und Informationssysteme (IPSI) werden die KI-Forschungsschwerpunkte "Sprachverarbeitung" und "Bildverarbeitung" im Rahmen wissensbasierter Systeme bearbeitet. 13 wissenschaftliche Mitarbeiter betreuen 4 verschiedene KI-Projekte. Im Berliner "Institut für Rechnerarchitektur und Softwaretechnik" GMD-FIRST wird an "Innovativen Sprachen in der Software-Technik" gearbeitet (keine Information über Projekte und Mitarbeiter).

1.1.4. Die "Berliner Interessengemeinschaft Künstliche Intelligenz" (BIG-KI)

Die "Berliner Interessengemeinschaft Künstliche Intelligenz" BIG-KI ist eine Vereinigung zur Förderung des Informationsaustausches unter KI-Forschern und KI-Anwendern. Im folgenden werden die in BIG-KI beteiligten KI-Gruppen an Hochschulen und hochschulnahen Einrichtungen vorgestellt.

1.1.4.1. KI-Forschung an der Humboldt-Universität

Am Fachbereich Informatik der Humboldt-Universität arbeiten 16 wissenschaftliche Mitarbeiter im "Institut für Wissensverarbeitung, Datenbanken und Datenanalyse" an folgenden Forschungsschwerpunkten: "Prolog", "Verteilte KI", "Fallbasiertes Schließen" und "Wissensverarbeitung". Die beiden Projekte sind BMFT- und DFG-gefördert.

Am Fachbereich Psychologie der Humboldt-Universität wird schwerpunktmäßig an "Neuronalen Netzen" und "Wissensverarbeitung" geforscht. Es gibt 1 DFG-gefördertes KI-Projekt.

1.1.4.2. KI-Forschung an der Freien Universität

Im Fachbereich Kommunikationswissenschaften der Freien Universität gibt es den "Arbeitsbereich Informationswissenschaft". Hier wird mit 9 Wissenschaftlern an den Forschungsschwerpunkten "Wissensbasierte Systeme", "Wissensrepräsentation", "Maschinelles Lernen und Planen" sowie "Bildverarbeitung" gearbeitet. Eines der 3 KI-Projekte wird von der DFG, die beiden anderen aus Unimitteln finanziert.

Das KI-Projekt am Fachbereich Psychologie der Humboldt-Universität wird in Zusammenarbeit mit dem "Labor für Psychophysiologie am Rudolf-Virchow-Krankenhaus" durchgeführt.

1.1.4.3. KI-Forschung an der Technischen Universität

Am Fachbereich Informatik der Technischen Universität arbeitet die KI-Projektgruppe KIT an den Forschungsschwerpunkten "Wissensrepräsentation" und "Sprachverarbeitung". 7 wissenschaftliche Mitarbeiter arbeiten an 2 Projekten, von denen eines EG-gefördert ist und das andere aus Unimitteln finanziert wird.

Im Institut für Angewandte Informatik, "Einheit Wissensbasierte Systeme", gibt es folgende Forschungsschwerpunkte: "Expertsysteme" und "Natürlichsprachliche Systeme". 7 wissenschaftliche Mitarbeiter arbeiten an einem aus Unimitteln finanzierten Projekt.

1.1.4.4. KI-Forschung an der Technischen Fachhochschule

Im "KI-Labor" der TFH geht es um "Simulation Neuronaler Netze" und "Expertensysteme" (keine Projekte).

1.1.4.5. KI-Forschung an universitätsnahen Einrichtungen

Das "Fraunhofer-Institut für Produktionsanlagen und Konstruktionstechnik" (IPK) hat eine Arbeitsgruppe "Arbeitsinformatik", die sich schwerpunktmäßig mit "Rechnerunterstützung für Problemlösen" beschäftigt. 6 wissenschaftliche Mitarbeiter arbeiten an einem DFG-Projekt. In der "Außenstelle Prozeßoptimierung" am Fraunhoferinstitut für Informations- und Datenverarbeitung wird am Forschungsschwerpunkt "Maschinelles Lernen" gearbeitet (kein Projekt).

Am Hahn-Meitner-Institut (HMI) arbeitet eine kleine Gruppe (4 Mitarbeiter) an den Forschungsschwerpunkten "Wissensakquisition" und "Planen". Die beiden behandelten Projekte laufen HMI-intern.

1.1.5. Weitere zentrale Einzel-Standorte

1.1.5.1. Bremen

In Bremen gibt es ein neu eingerichtetes "KI-Labor" am Fachbereich 3 (Mathematik und Informatik). Die Forschungsschwerpunkte sind: "Expertensysteme" (in Umwelt und Medizin), "Modellbasiertes Schließen", "Lernen" und "Neuronale Netze". 20 Mitarbeiter betreuen 7 Projekte, von denen 3 EG-, eines DFG- und die restlichen über andere Drittmittel gefördert sind. Das "Bildverarbeitungs- und Grafiklabor" (BIGLab) des Studiengangs Informatik an der Universität Bremen arbeitet mit 15 wissenschaftlichen Mitarbeitern an den Themen "Systemanalyse/Theorie der Informatik", "Theorie der Programmierung" sowie "Graphische Datenverarbeitung und interaktive Systeme". Es laufen mehrere Forschungsprojekte.

Im "Zentrum für Kognitionswissenschaft" der Universität sind gleich mehrere Institute, die über die funktionalen Prinzipien natürlicher, kognitiver Systeme arbeiten, zusammengeschlossen: das "Institut für Hirnforschung", das "Institut für Theoretische Physik und Theoretische Neurowissenschaften", das "Institut für Psychologie und Kognitionsforschung" und das "Institut für

Formale Methoden von Software-Technologien". In jedem dieser Institute arbeitet eine kleine Gruppe von Mitarbeitern an den Schwerpunkten des "Zentrums". Neben Hausmitteln der Universität sowie besonderer finanzieller Unterstützung des Senators für Wissenschaft und Bildung in Bremen werden die Arbeiten des "Zentrums" von der DFG, unter anderem im Rahmen des "Graduiertenkollegs Raumorientierung und Handlungsorganisation autonomer Systeme" (angestrebte Zahl der Kollegiaten: 26), unterstützt. Assoziierte Mitglieder des Zentrums sind das schon angesprochene "KI-Labor" in Bremen, das Bremer "Institut für Didaktik der Physik", die "Industrielle-Roboter-Gruppe" des Fachbereichs 4 und das "Institut für Kognitive Psychologie" der Universität Oldenburg.

1.1.5.2. Darmstadt

In Darmstadt gibt es an der Technischen Hochschule weitere KI-Gruppen, die - zusammen mit der Gruppe des IPSI - Darmstadt zum zentralen KI-Standort werden lassen. In der "Forschungsgruppe Intellektik" beschäftigen sich 12 KI-Wissenschaftler mit den Forschungsschwerpunkten "Deduktion", "Wissensrepräsentation", "Logische Programmierung", "Deduktive Plangenerierung" und "Konnektionistische Systeme". Die 5 dort laufenden KI-Projekte werden vom BMFT, von der EG, aus Unimitteln, von der DFG und von der Siemens AG gefördert.

Am Fachbereich Informatik der Technischen Hochschule gibt es ferner das "Institut für Programm- und Informationssysteme", an dem 4 KI-Wissenschaftler die Forschungsschwerpunkte "Deduktionssysteme", "Automatisches Beweisen", und "Induktionsbeweisen" bearbeiten. Die 2 Projekte des Instituts sind DFG-gefördert.

1.1.5.3. Stuttgart

Das "Institut für Maschinelle Sprachverarbeitung" (IMS) der Uni Stuttgart hat folgende Forschungsschwerpunkte: "Computerlinguistik", "Maschinelle Übersetzung", "Lexika" und "Natürlichsprachliche Systeme". 25 wissenschaftliche Mitarbeiter arbeiten in 5 Projekten, von denen 2 DFG-, und je eins EG-, DFG-, Industrie- und Landesmittelgefördert sind.

Am Institut für Informatik der Universität Stuttgart gibt es außerdem die Abteilung "Intelligente Systeme" mit den Forschungsschwerpunkten "Natürlichsprachliche Systeme", "Wissensrepräsentation" und "Maschinelles Lernen". 5 wissenschaftliche Mitarbeiter arbeiten in 2 Projekten, die Esprit- bzw. Landesmittelfinanziert sind.

Am Fraunhofer-Institut für Arbeitswissenschaft und Organisation wird in den Bereichen "Wissensbasierte Systeme" und "Sprachliche und graphische Benutzerschnittstellen" gearbeitet. Es gibt unter anderen Einrichtungen ein "Expertensystemlabor" (mehrere Projekte).

1.1.5.4. Freiburg

Im "Institut für Informatik und Gesellschaft" befassen sich zwei Arbeitsgruppen mit KI-Forschung. In der Abteilung "Kognitionswissenschaft" befindet sich der zur Zeit einzige deutsche Lehrstuhl für Kognitionswissenschaft. So sind die Forschungsschwerpunkte auch deutlich akzentuiert als "Kognitive Modellierung" und "Sprachverarbeitung". 10 wissenschaftliche Mitarbeiter arbeiten in 3 Projekten, die BMFT- und DFG-gefördert sind.
Die Abteilung "Modellbildung und soziale Folgen" arbeitet mit 8 Wissenschaftlern an folgenden Forschungsschwerpunkten: "Natürlichsprachliche Systeme", "Konnektionistische Mustererkennung" und "Wissensbasierte Systeme". 5 Projekte werden meist aus Unimitteln, eines davon vom BMFT finanziert.
Am Psychologischen Institut der Universität arbeitet die Forschungsgruppe "Kognitive Systeme" mit 9 Wissenschaftlern an 3 DFG-Forschungsprojekten. Schwerpunkte der Forschung sind: "Kognitionswissenschaft", "Wissenserwerb", "Wissensrepräsentation", "Planen" und "Wissensbasierte Systeme". Das Graduiertenkolleg "Menschliche und Maschinelle Intelligenz" hat im April 1993 seine Arbeit mit zunächst 6 Stipendiaten aufgenommen. In der "Arbeitsgruppe Linguistische Informatik/Computerlinguistik" an der Philosophischen Fakultät sind die Forschungsschwerpunkte "Textverstehen", "Parsing", "Wissensrepräsentation" und "Lernen". Es gibt 4 Drittmittel-Projekte mit 7 wissenschaftlichen Mitarbeitern.

1.2. Die KI-Standorte im intermediären Bereich

Die KI-Standorte im intermediären Bereich sind durch mindestens 5 wissenschaftliche Mitarbeiter und mindestens ein im Rahmen der KI-Forschung ausgewiesenes Großprojekt gekennzeichnet. Die Reihenfolge der Nennungen entspricht den in der obigen Liste aufgeführten Postleitzahlen.

Dresden:
An der Fakultät für Informatik gibt es ein "Institut Künstliche Intelligenz", an dem im Arbeitsbereich "Wissensverarbeitung" schwerpunktmäßig über "Wissensbasierte Systeme" geforscht wird. 9 wissenschaftliche Mitarbeiter betreuen 1 BMFT-Projekt und ein aus Unimitteln finanziertes Projekt. Im Arbeitsbereich "Erkennende Systeme und Bildverarbeitung" sind die Forschungsschwerpunkte "Bildverarbeitung", "Doku-

mentenanalyse" und "Mustererkennung". Es läuft ein DFG-Projekt, welches von 3 Mitarbeitern betreut wird. Der Arbeitsbereich "Neuronale Informationsverarbeitung" beschäftigt sich mit "Neuronalen Netzen" (für technische Anwendungen). Ein Drittmittelprojekt wird von 3 wissenschaftlichen Mitarbeitern betreut.

Leipzig:
Am "Lehrstuhl für Theoretische Informatik und Grundlagen der KI" der Hochschule für Technik, Wirtschaft und Kultur in Leipzig arbeiten 12 Wissenschaftler an 1 DFG- und 3 BMFT-Projekten. Der Forschungsschwerpunkt heißt "Algorithmisches Lernen".

Kiel:
Am "Projektzentrum Ökosystemforschung" der Christian-Albrechts-Universität wird schwerpunktmäßig zu "Expertensystemen" (Bereich Ökologie), "Fuzzy Logic" und "Artificial Life" gearbeitet. 6 Wissenschaftler arbeiten im Rahmen eines BMFT-Projektes zur Ökosystemforschung. Am "Institut für Informatik und Praktische Mathematik" der Kieler Universität wird im Haus I mit einer 3-köpfigen Wissenschaftlergruppe ebenfalls am obigen Projekt gearbeitet.
Mit 4 Wissenschaftlern arbeitet das Haus II des gleichen Instituts an einem BMFT-Projekt. Die Forschungsschwerpunkte der Gruppe sind "Expertensysteme" und "KI-Software-Technologie".

Hannover:
Am "Institut für Theoretische Nachrichtentechnik und Informationsverarbeitung" der Universität Hannover beschäftigt sich eine 8-köpfige Wissenschaftlergruppe mit den Forschungsschwerpunkten ""Wissensbasierte Konfiguration von Bildanalyseprozessen", "Bildverarbeitung" und "Wissensakquisition". Es laufen 8 Projekte, von denen eines DFG-gefördert ist; die anderen Projekte finanzieren sich aus Unimitteln oder über Drittmittel.

Braunschweig:
Am Institut für Nachrichtentechnik läuft ein BMFT-Projekt mit 6 Mitarbeitern zum Forschungsschwerpunkt "Wissensbasierte Spracherkennungssysteme".

Marburg:
An der Philipps-Universität läuft in der Arbeitsgruppe "Angewandte Physik und Biophysik" unter Mitarbeit von 6 Wissenschaftlern ein Projekt der Stiftung Volkswagenwerk zu den Forschungsschwerpunkten "Visuelle Mustererkennung" und "Neuronale Netze".

Halle:
Am "Institut für Informatik" der Martin-Luther-Universität beschäftigt sich die 8-köpfige Arbeitsgruppe "Künstliche Intelligenz" mit den Forschungsschwerpunkten "Expertensysteme" und "Wissensbasiertes Konfigurieren". Es läuft ein BMFT-gefördertes Forschungsprojekt.

Osnabrück:
Im Arbeitsbereich "Computerlinguistik und Künstliche Intelligenz" gibt es folgende Forschungsschwerpunkte: "Generierung natürlicher Sprache", "Lexika" und "Präsuppositionen". 5 wissenschaftliche Mitarbeiter betreuen 2 KI-Projekte, von denen das eine DFG-gefördert ist und das andere von der Industrie finanziert wird.

Koblenz:
Am "Institut für Computerlinguistik" werden 5 aus Unimitteln finanzierte KI-Projekte von 6 Mitarbeitern betreut. Forschungsschwerpunkte sind: "Sprachverarbeitung" und "Kognitionswissenschaft". Die "Arbeitsgruppe KI" am Institut für Informatik arbeitet mit 2 Mitarbeitern an "Deduktion", "Wissensrepräsentation" und "Logischer Programmierung". Keine Projekte.

Mannheim:
Am "Lehrstuhl für Informatik V" werden die Forschungsschwerpunkte "Parallelverarbeitung", "Mustererkennung", "Neuronale Netze" und "Genetische Algorithmen" bearbeitet. Es laufen 5 KI-Projekte, die DFG- bzw. Industrie-gefördert sind. Insgesamt gibt es 16 wissenschaftliche Mitarbeiter.

Heidelberg:
Am Institut für Medizinische Biometrie und Informatik wird in der "Abt. Medizinische Informatik" an 4 Projekten zum Thema "Wissensbasierte Systeme" (Bereich Medizin) gearbeitet. 2 Projekte werden im Rahmen des BMFT-Großprojektes MEDWIS gefördert. Ein weiteres Projekt finanziert sich über Drittmittel, das letzte über Unimittel. Es gibt insgesamt 18 wissenschaftliche Mitarbeiter. Am "Lehrstuhl für Computerlinguistik" laufen Forschungsaktivitäten zu "Sprachverarbeitung", "Wissensbasierten Systemen", "Syntaxanalyse" und "Logischer Semantik". Es gibt ein Esprit-gefördertes KI-Projekt, an dem 5 wissenschaftliche Mitarbeiter arbeiten.

Tübingen:
Am Seminar für Sprachwissenschaft arbeiten in der Abteilung Computerlinguistik 12 wissenschaftliche Mitarbeiter an 4 Projekten (1 BMFT, 1DFG, 2 EG) zu den Themen "Parsing", "Generierung", "Lexikalische Wissensbasen" und "Maschinelle Übersetzung".

Konstanz:
Die "Informationswissenschaft" an der Universität Konstanz hat die Forschungsschwerpunkte "Benutzerschnittstellen" und "Wissensrepräsentation". Es läuft ein DFG-gefördertes Forschungsprojekt, an dem 5 Wissenschaftler arbeiten.

Regensburg:
Am Institut für Psychologie gibt es eine Forschungsgruppe "Kognitionswissenschaft", deren Forschungsschwerpunkte "Expertensysteme", "Wissensakquisition" und "Sprachverarbeitung" sind. 3 wissenschaftliche Mitarbeiter bearbeiten 3 Drittmittelfinanzierte und mehrere aus Unimitteln finanzierte Projekte. An der Fakultät für Sprach- und Literaturwissenschaften wird im Fachgebiet "Linguistische Informationswissenschaft" (LIR) vorwiegend an "Mensch-Maschine-Kommunikation", "Sprach-

erkennung", "Graphischen Benutzeroberflächen" und "Software-Ergonomie" geforscht. 9 wissenschaftliche Mitarbeiter betreuen 3 Projekte, die aus Industrie- bzw. Landesmitteln finanziert werden.

Würzburg:
Am Institut für Informatik wird an drei Lehrstühlen KI-Forschung betrieben. Der "Lehrstuhl für Künstliche Intelligenz" forscht mit 6 Mitarbeitern an "Expertensystemen" (Diagnose, Zuordnung), "Problemlösen" und "Tutorsystemen". Es laufen 2 BMFT-Projekte. Am "Lehrstuhl für Verteilte Systeme (Informatik III)" arbeiten 7 wissenschaftliche Mitarbeiter an den Forschungsschwerpunkten "Kommunikationssysteme", "Leistungsbewertung von Rechnernetzen", "Neuronale Netze" sowie "Modellbildung und -analyse von Fertigungssystemen". Es laufen 4 Projekte, von denen eines DFG-gefördert ist, die anderen über andere Drittmittel (IBM, Telekom) finanziert werden. Am "Lehrstuhl für Informatik I (Informationsstrukturen und Wissensbasierte Systeme)" wird mit 6 Mitarbeitern über "Deduktive Datenbanken", "Induktives Lernen und Klassifizieren" sowie über "Robotik/Vision" gearbeitet. Es laufen 3 Projekte, von denen 2 DFG- und eines BMFT-gefördert sind.

1.3. Die KI-Standorte in der Peripherie

Oldenburg:
Im Institut für Kognitionsforschung am Lehrstuhl für Allgemeine Psychologie bearbeiten 4 wissenschaftliche Mitarbeiter 1 DFG-Projekt im Bereich "Kognitionswissenschaft".

Bremerhaven:
Am Fachbereich Transportwesen und Systemanalyse der Hochschule Bremerhaven arbeitet eine kleine Gruppe an Lehrprojekten zu "Expertensystemen", "Neuronalen Netzen" und "Prolog".

Hildesheim:
"Institut für Angewandte Sprachwissenschaft" an der Universität Hildesheim. Forschungsschwerpunkte: "Computerlinguistik" und "Maschinelle Übersetzung", 1 KI-Projekt (beantragt), BMFT-gefördert mit 2 wissenschaftlichen Mitarbeitern.

Kassel:
An der Universität/Gesamthochschule Kassel wird im Institut für Meß- und Automatisierungstechnik schwerpunktmäßig über "Wissensbasierte Systeme" geforscht. 1 EG-gefördertes Projekt wird von 3 Mitarbeitern betreut.

Trier:
Am Fachbereich Psychologie gibt es einen Schwerpunkt über "Tutorielle Systeme" und "Benutzermodelle". 4 Mitarbeiter betreuen 1 DFG-Projekt in diesem Bereich.

Mainz:
Am Institut für Informatik der Johannes-Gutenberg-Universität forschen 4 wissenschaftliche Mitarbeiter an den Schwerpunkten "Wissensbasierte Informationssysteme", "Wissensrepräsentation" und "Neuronale Netze". Es gibt 3 Projekte, die von der Industrie bzw. aus Landesmitteln finanziert werden.

Bamberg:
Am "Lehrstuhl Psychologie II" wird schwerpunktmäßig über die "Simulation psychischer Prozesse beim Planen und Entscheiden" geforscht. Es laufen 2 Projekte, von denen das eine DFG- gefördert ist und das andere von der Max-Planck-Gesellschaft mitfinanziert wird. Insgesamt gibt es 3 wissenschaftliche Mitarbeiter.

Chemnitz:
An der Technischen Universität am Fachbereich Informatik beschäftigt sich der "Lehrstuhl für Theoretische Informatik und KI" mit den Forschungsschwerpunkten "Fuzzy Logic", "Expertensysteme", "Wissensverarbeitung", "Intelligente Lehrsysteme" und "Maschinelles Lernen". Es laufen 2 BMFT-Projekte, die von 4 Mitarbeitern betreut werden.

1.4. Die demographische Struktur der KI-Scientific Community

An deutschen Universitäten und universitätsnahen Einrichtungen sind insgesamt circa 1040 KI-Wissenschaftler und Wissenschaftlerinnen beschäftigt. Die empirische Untersuchung der Forschungsorganisation schloß die organisatorische und personelle Struktur der KI-Institute ein. Geschlecht, Alter und Studienabschlüsse wurden über die Personalverwaltungen der Institute erfragt, wobei nicht alle Institute auskunftsbereit bzw. auskunftsfähig waren. Alle weiteren Angaben sind der Auswertung eines Fragebogens entnommen, der in den Jahren 1992/93 an 800 Wissenschaftler der oben genannten KI-Gruppen verschickt wurde. 206 ausgefüllte Fragebögen konnten ausgewertet werden. Da in diesem Fall der Fragebogen fast an die ganze Grundgesamtheit verschickt wurde, lag zur Auswertung eine relativ große Stichprobe aus dieser Grundgesamtheit, nämlich 25,75 Prozent, vor. Ob diese 25,75 Prozent für die Grundgesamtheit wirklich repräsentativ sind, konnte - da keine weiteren Daten über diese Grundgesamtheit verfügbar waren - nur an Hand zweier Tests überprüft werden. Die Variablen "Geschlecht" und "Alter" des Fragebogens wurden mit den statistischen Angaben der Personalverwaltungen verglichen: Die Personalverwaltungen gaben den Frauenanteil mit 15,3 Prozent an; die Auswertung des Fragebogens ermittelte 15,0 Prozent. Die Angaben variieren hier nicht signifikant. Anders ist es beim "Alter". Hier kann festgestellt werden, daß mehr Wissenschaftler mittleren Alters geantwortet haben, als dies für deren Verteilung in der Grundgesamtheit laut Angabe der Personalverwaltungen repräsentativ wäre. Der hierdurch entstehende Fehler ist systematisch und muß bei der Interpretation der Ergebnisse berücksichtigt werden.

Bild 5

Alter laut Personalverwaltungen
(873 Befragte)

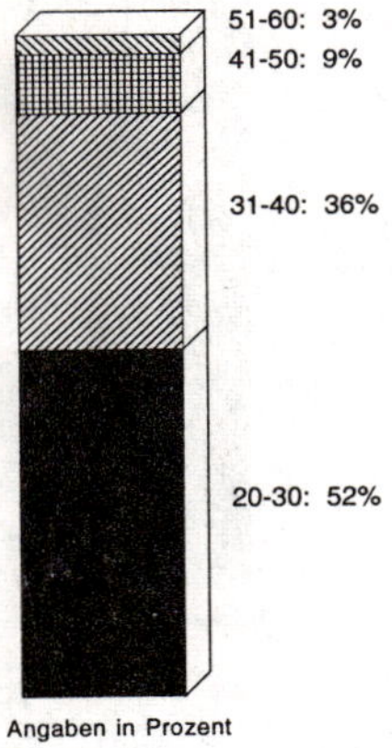

51-60: 3%
41-50: 9%
31-40: 36%
20-30: 52%

Angaben in Prozent

Bild 6

Alter laut Fragebogen
(206 Befragte)

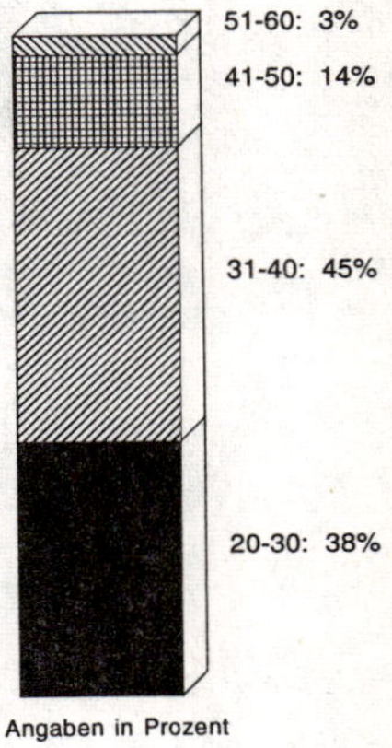

51-60: 3%
41-50: 14%
31-40: 45%
20-30: 38%

Angaben in Prozent

In der sozialwissenschaftlichen Statistik wird ein solcher Fehler oft mit einer Hochrechnung ausgeglichen. Dieses Verfahren ist jedoch umstritten[26] und würde in diesem Fall - da weitere Testmöglichkeiten ausfallen - auch wenig nutzbringend sein. Deshalb wird die Einschränkung der Repräsentativität hinsichtlich der Altersstruktur mit den beiden vorangegangenen Bildern lediglich veranschaulicht und ist bei der Interpretation der Ergebnisse mitzubedenken.

---

[26] siehe zum Beispiel Günter Rothe "Wie (un)wichtig sind Gewichtungen?" in ZUMA-Nachrichten, 26 (Mai 1990), S. 31-56 und dort das Literaturverzeichnis.

1.4.1. Geschlechterverhältnis und Altersstruktur

Bild 7

Geschlechterverhältnis
(873 Befragte)

Bild 8

Alter laut Personalverwaltungen
(873 Befragte)

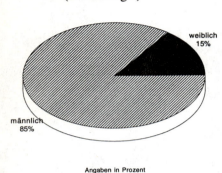

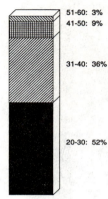

Bemerkenswert ist, daß in der KI-Forschung sehr wenig ältere Forscher tätig sind (da Angaben über das Durchschnittsalter der Forscher anderer Wissenschaftsdisziplinen nicht vorlagen, kann kein Vergleich durchgeführt werden). Die Altersstruktur der KI-Wissenschaftler an den Instituten zeigt, daß im wesentlichen junge Wissenschaftler an der Forschung beteiligt sind. Von 873 gemeldeten Wissenschaftlern waren 768 unter 41 Jahre alt.

Ebenfalls bemerkenswert ist der Frauenanteil in der KI-Forschung. Im Vergleich mit dem Anteil der erwerbstätigen Frauen in der Informatik insgesamt (9,7 Prozent; Zahlen aus Informatik Spektrum, Bd.15, H.3 (1992), S. 175) ist der Frauenanteil in der KI-Forschung vergleichsweise hoch: von 873 Gemeldeten waren 742 männlich und 131 weiblich, wobei der Frauenanteil in den einzelnen KI-Instituten stark variiert. Der vergleichsweise hohe Anteil an Wissenschaftlerinnen mag zum einen daran liegen, daß - wie die folgenden Graphiken in Bezug auf die Abschlüsse im Studienfach zeigen - die KI-Forschung ihre Mitarbeiter teilweise aus Wissenschaften mit einem traditionell höheren Frauenanteil rekrutiert. Zum anderen bevorzugen Informatikerinnen nach einer Studie von Schinzel/Funken "Randgebiete" der Informatik[27].

---

[27] vgl. Schinzel/Funken: "Zur Lage des weiblichen wissenschaftlichen Nachwuchses in der Informatik" in Langeneder, W. u.a. (Hg.) 1992.

1.4.2. Studienabschlüsse

Bild 9
Abschluß im Studienfach
(873 Befragte)

Bild 10
Andere Studienabschlüsse
(436 Befragte)

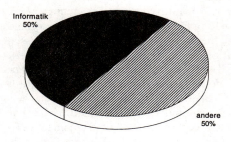

Studienabschluß	Prozent
Dipl.Ing.	22
Dipl.Math.	17
Dipl.Phys.	8
Dipl.psych.	5
Linguistik	5
Dipl.Biol.	1
Sonstige	42

1.4.3. Auslandsstudium bzw. Forschungsaufenthalte im Ausland

18 Prozent der deutschen KI-Wissenschaftler haben auch im Ausland studiert oder längere Zeit wissenschaftlich gearbeitet. In deutschen KI-Gruppen arbeiteten zum Zeitpunkt der Befragung etwa 10 Prozent ausländische Wissenschaftler. Dies deutet auf einen hohen Grad internationaler Verflechtung der KI-Forschung hin. Viele, nämlich 15 Prozent, sind in den USA gewesen; Groß Britannien besuchten 3 Prozent, Frankreich 2,4 Prozent, die ehemalige UDSSR 2 Prozent und Japan 0,5 Prozent (Mehrfachnennungen möglich).

Damit ist die starke Bindung der deutschen KI-Forschung an die USA als Mutterland der Computer Science immer noch deutlich, obgleich ansonsten die erreichte Eigenständigkeit der deutschen KI-Forschung betont wird. Zur wissenschaftlichen Reputation gehört jedoch immer noch ein längerer Forschungsaufenthalt in den Staaten. Auch die Veröffentlichungspraxis weist auf die Orientierung an amerikanischen Forschungskontexten hin:

> Wir haben jetzt einen ganz großen Erfolg in unserer Gruppe. Da hat ein Student, der noch nicht einmal sein Diplom hat, im "Artificial Intelligence Journal" eine Arbeit veröffentlicht. Da schlecken sich die Professoren die Finger, wenn sie das mal schaffen. Und der hat noch nicht mal Diplom. Wir sind eben eine sehr lebendige Gruppe. Sehr viel Knowhow (Bibel im Gespräch).

1.4.4. Arbeitssituation an den Instituten

In den Instituten arbeiten 75 Prozent der Wissenschaftler an Forschungsprojekten. Das heißt, daß der nicht projektgebundene Anteil der Wissenschaftler an den Hochschulen und hochschulnahen Einrichtungen sehr gering ist. Der hohe Anteil projektgebundener Arbeit weist auf externe Forschungsfinanzierung durch öffentliche oder privatwirtschaftliche Förderinstitutionen hin.

Die Erledigung wissenschaftlicher Arbeit innerhalb von Forschungsprojekten ist dabei ein für Hochtechnologie-Disziplinen typisches Vorgehen, welches erst seit Mitte der vierziger Jahre - und hier zunächst in den USA - die Wissenschaftslandschaft prägt. Das in der soziologischen Fachliteratur als "Big Science" bezeichnete Vorgehen beinhaltet, daß der "institutionelle Rahmen der Forschung, die arbeitsteilige Organisation der Forschung, ihre Einteilung in schrittweise oder parallel zu bewältigende Unteraufgaben, die Bereitstellung von technischem Personal, die langfristige, administrative und industrielle Förderung etc. zum integrierenden Bestandteil von Forschung" wird (Mainzer 1979: 119). Berufsstatus und akademische Qualifikation der KI-Wissenschaftler an den Instituten veranschaulichen die beiden folgenden Bilder:

Bild 11 *Bild 12*

Akademische Qualifikation Beruflicher Status
(206 Befragte) (206 Befragte)

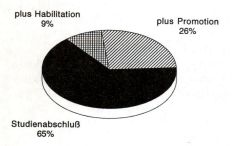

Als persönliche Forschungsschwerpunkte gaben die Befragten in vorfindlichen Antwortkategorien bei Möglichkeit von Mehrfachnennungen und freier Formulierung folgendes an:

Bild 13

Forschungsschwerpunkte
(206 Befragte)

KI-Thema	Prozent
Expertensysteme	34
Sprachverarbeitung	25
Kognitive Systeme	22
Programmiersprachen	16
Bildverarbeitung	13
Neuronale Netzwerke	14
Maschinelles Lernen	13
Wissensrepräsentation	7
Robotik	5
Automatisches Beweisen	5
Benutzerschnittstellen	4
Maschinelles Planen	3
Tutorsysteme	3
Sonstige	12

1.5. Zusammenfassung des ersten Teils

Zusammenfassend läßt sich sagen, daß die Situation der deutschen KI-Forschung an Hochschulen und hochschulnahen Einrichtungen den Zustand eines sicher etablierten Faches reflektiert. Bestimmend ist das erkennbare Bemühen des Bundes um Zentralisierung der Forschungsaktivitäten an wenigen Standorten der Bundesrepublik vor allem am DFKI. Diesen vom Bund ausgehenden Zentralisierungsbestrebungen steht allerdings der Konkurrenzdruck der Hochschulen untereinander und die durch Wettbewerb gekennzeichnete Standortpolitik der Bundesländer entgegen, so daß faktisch an beinahe jeder Hochschule der Bundesrepublik KI-Forschung mehr oder weniger aufwendig betrieben wird. Der konsensual als Wachstumssektor definierte Hochtechnologie-Bereich - so auch die KI-Forschung - wird nicht an zentrale Institutionen delegiert, sondern in Verbindung mit der Regionalwirtschaft durch Länderinteressen protegiert und an den Hochschulen regional vertreten. Diese Föderalisierung wird durch die Berufungspolitik der Bundesländer, durch spezielle Landes-Förderprogramme, durch finanzielle Unterstützung von Seiten der Regionalwirtschaft und durch die Eigeninteressen der Wissenschaftler (z.B. Wahl des Hochschulortes) unterstützt und durchgesetzt. Die Entwicklung dieser beiden gegenläufigen Strategien der Forschungsorganisation wurde bereits nachgezeichnet.

Die an den Standorten beschäftigten KI-Wissenschaftler weisen folgende Merkmale auf, die das idealtypische Profil von Hochtechnologie-Forschern skizzieren helfen: Im Durchschnitt sehr junge Wissenschaftler mit unterschiedlichen Studienabschlüssen arbeiten an interdisziplinären Fragestellungen, deren internationale Relevanz durch ständigen personellen Austausch der Wissenschaftler zwischen den High-Tech-Nationen belegt ist. Die wissenschaftliche Arbeit wird im Rahmen von Forschungsprojekten mit öffentlicher oder industrieller Finanzierung durchgeführt.

Nachdem der erste Teil dieses Anhangskapitels die Situation der deutschen KI-Forschung an Hochschulen und hochschulnahen Einrichtungen vorgestellt hat, befaßt sich der zweite Teil mit der Lage der deutschen KI-Forschung in privaten Wirtschaftsunternehmen. Damit sind nicht nur Software-Häuser gemeint, sondern jegliche private Wirtschaftsunternehmen, die Forschung und Entwicklung im KI-Bereich betreiben, also zum Beispiel auch Unternehmen der Automobilindustrie.

2. KI-Forschung in der Privatwirtschaft

Ursprünglich sollte der zweite Teil dieses Anhangskapitels in Aufbau und Gliederung dem ersten Teil folgen, um die Forschungssituation an den Hochschulen und in der Wirtschaft miteinander vergleichen zu können. Dieser Plan mußte nach Vorliegen der Ergebnisse fallengelassen werden. Die Unterschiede zwischen der Hochschul- bzw. hochschulnahen Forschung und der Forschung in der Privatwirtschaft waren so groß, daß selbst auf beide anwendbare Kriterien der Vergleichbarkeit kaum formuliert werden konnten.

Für die Darstellung der momentanen Forschungsorganisation wird an dieser Stelle lediglich konstatiert, daß erstens mit der Arbeitssituation an den Hochschulen vergleichbare "KI-Gruppen" in der Privatwirtschaft kaum zu finden sind. Die in den Unternehmen tätigen Wissenschaftler werden flexibel nach Art der schnell wechselnden Aufgabenstellungen eingesetzt und sind meist keine ausgebildeten KI-Wissenschaftler. Zudem ist die Personalsituation in der Privatwirtschaft durch starke Fluktuation gekennzeichnet. Zweitens ist der Begriff "KI" kompromitiert und wird kaum verwendet. Geforscht und entwickelt wird nicht - wie in der Hochschulforschung - an einer Technologie, sondern an konkreten Problemstellungen aus der Praxis der Unternehmen. Als "KI-Systeme" bezeichnete Produkte bestehen zu etwa 80 Prozent aus herkömmlicher Software-Technologie und nur zu ca. 20 Prozent aus KI-Anwendungen. Dabei reduzieren sich die Inhalte der KI in den FuE-Abteilungen der Privatwirtschaft auf den Expertensystem-Bereich.

Die Liste der im KI-Bereich forschenden und entwickelnden Unternehmen, die auf den folgenden Seiten zu finden ist, wurde ausgehend vom "Euro-KI-Führer 1991" zusammengestellt[28]. Die Erweiterungen bzw. Streichungen basieren auf Konferenzberichten, Zeitschriftenartikeln, KI-Datenbanken und Gesprächen mit KI-Wissenschaftlern. Alle auf der folgenden Karte verzeichneten und in der anschließenden Liste genannten Unternehmen sind im Expertensystem-Bereich tätig.

Dabei wurden nur Unternehmen in die Liste aufgenommen, die Forschung und Entwicklung betreiben. Der Begriff "Entwicklung" wurde sehr weit gefaßt: in der Liste enthalten sind auch Firmen, die nur geringfügige Veränderungen (Spezifikationen für Anwender etc.) an KI-Systemen vornehmen.

---

[28] Ursprünglich sollte der "Euro-KI-Führer" 1993 neu erscheinen. Jean Fritz Himmler vom Oldenbourg-Verlag gab jedoch an, "daß die Szene momentan zu wacklig sei", aber im Herbst 1993 eine Publikation geplant sei, "wo ein bißchen mehr drin ist als nur KI". (Telefon-Gespräch mit der Verfasserin).

2.1. Die KI-Standorte

Karte 2
KI-Forschung in der Privatwirtschaft

(Zahlen in den Punkten = Anzahl der Firmen am Standort)

Tabelle 2
KI-Firmen-Forschungsgruppen in deutschen Städten

Stadt	Firma
10559 Berlin[1]	Daimler Benz AG
10587 Berlin[2]	VW-GEDAS mbH
12161 Berlin[3]	Expert Informatik GmbH
13355 Berlin[4]	Brainware GmbH
13507 Berlin[5]	ubis GmbH
20095 Hamburg[1]	HBT GmbH
21129 Hamburg[2]	MAZ Hamburg
22339 Hamburg[3]	STN Systemtechnik Nord GmbH
22419 Hamburg[4]	Cap Gemini SCS BeCom GmbH
42103 Wuppertal	InterProject DV-Consulting GmbH
44227 Dortmund[1]	NEXUS GmbH
44227 Dortmund[2]	MB Data Research
45145 Essen	Krupp Forschungsinstitut
52076 Aachen	GEI GmbH
53173 Bonn[1]	Institut für Angewandte Mikro-E.
53227 Bonn[2]	DETECON GmbH
53840 Troisdorf	Software Union GmbH
60311 Frankfurt[1]	ICARUS GmbH
60486 Frankfurt[2]	Battelle Ingenieurtechnik GmbH
64293 Darmstadt[1]	Danet GmbH
64295 Darmstadt[2]	TEKNON GmbH
64297 Darmstadt[3]	Software AG
65760 Eschborn/Ts.	Symbolics GmbH
66113 Saarbrücken	IDS Prof. Scheer GmbH
67663 Kaiserslautern	tecinno GmbH
70174 Stuttgart[1]	usp.
70174 Stuttgart[2]	Robert Bosch GmbH
71032 Stuttgart[3]	IBM Deutschland GmbH
74080 Heidenheim	R.O.S.E. Informatik GmbH
76137 Karlsruhe	ibek GmbH
88045 Friedrichshafen	Dornier Deutsche Aerospace

Forts. nächste Seite

Stadt	Firma
80335 München[1]	ESG GmbH
80339 München[2]	ExperTeam GmbH
80339 München[3]	GOPAS SOFTWARE GmbH
80339 München[4]	InterFace Computer GmbH
80339 München[5]	PLANWARE GmbH
80805 München[6]	Siemens Nixdorf Informationssysteme
80807 München[7]	Information Builders Deutschland
81539 München[8]	BSR Consulting GmbH
81739 München[9]	Siemens AG
81925 München[10]	ECRC GmbH
90766 Fürth	CREATIVE SOFT GmbH
91058 Erlangen	CAT Software GmbH

Ebensowenig wie die Liste der Hochschul-Institute und hochschulnahen Einrichtungen erhebt diese Aufstellung Anspruch auf Vollständigkeit[29]. Dabei verändert sich die Situation durch den Wettbewerbsdruck und die auch in der Bundesrepublik spürbare wirtschaftliche Rezession ständig. Außer in den Forschungsabteilungen der Großunternehmen, die relativ konstant über Jahre an erfolgsversprechenden Forschungsthemen arbeiten können, wird die Arbeit der FuE-Abteilungen ständig der Marktlage angepaßt. Die schwierige Situation der KI auf dem Markt hat seit Ende der achtziger Jahre zu einer starken Reduzierung der KI-Forschungsaktivitäten besonders in kleinen und mittleren Unternehmen geführt, die noch weiter anhält. Während der Untersuchung im Rahmen dieser Arbeit stellten mehrere Unternehmen ihre KI-Forschungsaktivitäten ein:

> Leider können wir Ihnen keine Unterstützung anbieten, da wir durch mangelnde Möglichkeiten am Markt in 1991 keine KI-Projekte abgewickelt haben. Auch für 1992 haben wir keine Aktivitäten in diesem Bereich geplant (CAP debis Industrie GmbH, Brief vom 24.2. 1992)

---

29 Adressen der Unternehmen befinden sich im Anhang.

2.2. Die Großunternehmen

2.2.1. Die Siemens AG

Bei der Siemens AG arbeiten in der "Zentrale Forschung und Entwicklung" (ZFE) 6 Forschungsgruppen im KI-Bereich. Die Gruppe "Wissensbasierte Systeme" besteht aus 11 wissenschaftlichen Mitarbeitern, die Gruppe "Neuronale Netze (Software)" aus 13 Mitarbeitern, die Gruppe "Neuronale Netze (Hardware)" aus 8 und die Gruppe "Fuzzy Logic" aus 13 Mitarbeitern. In der Gruppe "Kooperationssysteme und Nebenläufigkeit" arbeiten 5 wissenschaftliche Mitarbeiter an KI-Techniken. Die Gruppe "Verifikationsmethoden" hat 7 wissenschaftliche Mitarbeiter. In der Siemens AG liefen bis zum Zeitpunkt dieser Befragung mindestens 94 Expertensystemprojekte mit einem Umfang von etwa 413 Mannjahren. Der Bereich Forschung und Entwicklung ist bei Siemens an Hand sogenannter Kerntechnologien organisiert, zu denen auch die Wissens-, Bild- und Sprachverarbeitung zählt.

Die Siemens Nixdorf Informationssysteme AG (SNI) arbeitet im FuE-Bereich eng mit der ZFE (Siemens) zusammen. Die Geschäftsstelle "CASE/Innovative Techniken" arbeitet an der Entwicklung wissensbasierter Systeme mit 25 Mitarbeitern. In Frankfurt gibt es eine Gruppe zu "Neuronalen Netzwerken", welche 7 wissenschaftliche Mitarbeiter beschäftigt. Bei der hundertprozentigen SNI-Tochter SIETEC Consulting GmbH in München-Perlach arbeiten 5 Mitarbeiter. Zusammen mit 15 SIETEC-Mitarbeitern in Paderborn und den ausländischen Niederlassungen konnten etwa 40 noch laufende oder abgeschlossene Expertensystem-Projekte in den letzten 8 Jahren durchgeführt werden. Das "European Computer Industry Research Centre" (ECRC) ist ein gemeinsames Unternehmen der drei Firmen Siemens AG (Deutschland), Bull AG (Frankreich) und ICL (England). Hier arbeiten 23 Wissenschaftler an 4 Forschungsprojekten mit KI-Bezug (Themen: Problemlösen, Logisches Programmieren, Verteilte KI).

2.2.2 Die IBM Deutschland GmbH

Die KI-Aktivitäten der IBM Deutschland GmbH wurden bereits ausführlich dargestellt. Die IBM besitzt zwei Software-Labors in Stuttgart und je ein kleines Software-Labor in Hannover und Berlin. KI-Aktivitäten finden vor allem in Böblingen und im Wissenschaftlichen Zentrum der IBM in Heidelberg statt. Zur Zeit läuft in Zusammenarbeit mit der Stadt Hannover ein KI-Projekt zur "Umweltverträglichkeitsprüfung" für die EXPO 2000, an dem vor allem die Böblinger Labors arbeiten. In dieses LILOG-Nachfolge-Projekt wurden einige der ehemaligen LILOG-Mitarbeiter übernommen. Da sich das Projekt bereits in der Abschlußphase befindet, werden hier keine näheren Angaben über die demographische Zusammensetzung der Mitarbeiter einbezogen. Die IBM Deutschland Informationssysteme GmbH ist darüberhinaus Projektpartner im BMFT-Großprojekt VERBMOBIL, welches bereits angesprochen wurde. Die Größe und Zusammensetzung der Projektgruppe war zum Zeitpunkt des Abschlusses dieser Arbeit noch nicht bekannt. In Sindelfingen arbeitet die Gruppe "Wissensbasierte Systeme" in der IBM Deutschland Produktion GmbH an den Forschungsschwerpunkten "Wissensbasierte Systeme", "Expertensysteme", "Neuronale Netze" und "Bildverarbeitung". Es laufen 3 KI-Projekte mit insgesamt 8 wissenschaftlichen Mitarbeitern. Eines dieser Projekte wird in Zusammenarbeit mit einer Gruppe des Technischen Außendienstes der IBM Deutschland Informationssysteme GmbH in Mainz (4 ständige Mitarbeiter) durchgeführt. Zwei Gruppen im Wissenschaftlichen Zentrum der IBM in Heidelberg arbeiten ebenfalls im KI-Bereich.

2.2.3. Die Daimler Benz AG

Mit der Gründung des Daimler Benz Konzerns wurden KI-Aktivitäten mehrerer Unternehmen zusammengefaßt. Trotz des Zusammenschlusses eines "DB-Expertensystem-Entwicklerkreises" waren die FuE-Aktivitäten der verschiedenen Unternehmensbereiche 1993 noch nicht soweit koordiniert, daß eine Übersicht über alle im Konzern laufenden KI-Aktivitäten erstellt werden konnte. Dazu wurden - wie in anderen Wirtschaftsunternehmen auch - die FuE-Ausgaben des Konzerns in den neunziger Jahren drastisch gesenkt, was zu einer empfindlichen Reduzierung des Etats für KI-Forschung führte. Die beiden größten KI-Gruppen des Konzerns (die einzigen, die auch explizit dieses Label führen) sind im Forschungszentrum Berlin-Moabit ansässig: die Gruppe "Wissensbasierte Systeme" mit etwa 12 Mitarbeitern und die Gruppe "Neuronale Netze" mit ca. der gleichen Anzahl an Mitarbeitern. In Ulm arbeiten im "Institut für Informationstechnik und Spracherkennung" einige Mitarbeiter an wissensbasierter Sprachverarbeitung bzw. Spracherkennung mit Neuronalen Netzwerken. Diverse, teilweise abgeschlossene Expertensystem-Aktivitäten laufen in weiteren Teilen des Konzerns: im Systemhaus "debis", bei der "Bodan Software", bei der "Dornier", bei der "inpro", bei der "GEI" und bei der "MB AG" (vgl. A. Wodtko: "Expertensysteme in der Daimler Benz AG"), wobei jedoch die dafür abgestellten ständigen Gruppen extrem klein sind.

2.3. Die Software-Häuser[30]

Tabelle 3
KI-Projekte und deren Mitarbeiter in den Software-Häusern

Firma	Projekte	Mitarbeiter
Expert Informatik GmbH	mehrere	27
ubis GmbH	mehrere	10
VW-GEDAS mbH	3	10
GFAI e.V.	2	4
MAZ	3	7
Cap-Gemini SCS BeCom GmbH	mehrere	3
Hamburger Berater Team GmbH	mehrere	3
STN Systemtechnik NORD GmbH	2	20
Krupp Forschungsinstitut	7	5
NEXUS GmbH	6	10
MB Data Research GmbH	2	2
Detecon	1	1
Institut f. Angewandte Mikro-E.	1	2
InterProject	1	3
Battelle Ingenieurtechnik GmbH	mehrere	15
ICARUS GmbH	mehrere	4
Danet GmbH	3	8
Software AG	mehrere	10
TEKNON GmbH	3	40
symbolics	3	15
tecinno	2	3
SEL AG	1	2
Telefunken Systemtechnik GmbH	1	3
ibek mehrere	4	
R.O.S.E.	mehrere	2
Experteam	mehrere	38

Forts. nächste Seite

---

[30] Geordnet nach der Liste der Postleitzahlen. Die Eintragung "mehrere" in der Kategorie "Projekte" umschreibt den Umstand, daß Firmen häufig keine den Hochschul-Projekten vergleichbare FuE-Strukturen haben. Knowhow und Mitarbeiter werden flexibel in unterschiedlichen Bereichen eingesetzt.

Firma	Projekte	Mitarbeiter
GOPAS SOFTWARE GmbH	mehrere	1
Information Builders	1	4
InterFace Computer GmbH	2	5
Planware DV-Systeme GmbH	mehrere	3
BSR Consulting GmbH	1	2
ESG GmbH	5	15
CREATIVE SOFT GmbH	mehrere	5
S.E.P.P. GmbH	1	2

Diese Aufstellung stellt in mindestens dreifacher Hinsicht eine "Begradigung" der tatsächlichen Verhältnisse in der Privatwirtschaft dar, um die Vergleichbarkeit mit der Hochschul- und hochschulnahen Forschung zu bewahren. Zunächst wird in den wenigsten Firmen geforscht. Forschungsgruppen können sich in der Regel nur die Großunternehmen leisten. Die wissenschaftliche Arbeit in den kleinen und mittleren Unternehmen beschränkt sich auf Entwicklungen bereits vorhandener Systeme, die für die jeweiligen Kunden an diverse Umgebungen adaptiert oder für kundenspezifische Problemstellungen ausgerüstet werden.

Weiterhin sind die "KI-Anteile" der Unternehmens-Produkte erstens sehr klein, zweitens meist nicht mehr spezifizierbar und drittens für die Produktdefinition weder wesentlich noch werbewirksam. In den meisten Firmen hat "das Thema explizit an Bedeutung verloren und hat Einzug in verschiedene Projekte gehalten" (Systemtechnik Berner & Mattner, Brief vom 14.2.1992). Ein durchschnittliches "KI-Projekt" in der Privatwirtschaft ist also etwas anderes als ein KI-Projekt an Hochschulen oder hochschulnahen Einrichtungen.

Das Problem der Mitarbeiter-Zuordnung wurde schon angesprochen. Die wenigsten Unternehmen können es sich leisten, Mitarbeiter auf Dauer für FuE-Arbeit an einem bestimmten Thema abzustellen. So reflektiert die obige Liste den zum Zeitpunkt der Untersuchung aktuellen Stand, aus dem lediglich Trendaussagen ableitbar sind.

2.4. Die demographische Struktur der KI-Scientific-Community

In der deutschen Privatwirtschaft sind unter Berücksichtigung der eben benannten Erhebungsprobleme etwa 540 KI-Wissenschaftler und Wissenschaftlerinnen beschäftigt. Die Untersuchung der einschlägigen FuE-Gruppen in den Unternehmen sollte eine demographische Beschreibung dieser Gruppen ermöglichen. Die Leiter der Gruppen gaben selbst Auskunft über Geschlecht, Alter und Studienabschlüsse der Gruppenmitglieder. Dabei mußte das Alter über Spannbreite und Durchschnitt erfragt werden, da meist keine genauen Angaben für eine Einordnung in Altersklassen verfügbar waren. Angaben zu Auslandsaufenthalten, Forschungsschwerpunkten der einzelnen Wissenschaftler und Berufsstatus bzw. akademischer Qualifikation entfielen wegen mangelnder Auskunftsbereitschaft. Als Grund für die fehlende Auskunftsbereitschaft, welche die Auswertung der analog zur Hochschul-Befragung durchgeführten Fragebogenaktion in der Privatwirtschaft über ausbleibende Rückläufe verhinderte, wurde durchweg der auf den Mitarbeitern lastende Zeitdruck angegeben (von 400 verschickten Fragebögen kamen nur 37 ausgefüllt zurück). Die Angaben über Geschlecht, Alter und Studienabschlüsse wurden von fast allen Unternehmen freundlicherweise bereitgestellt, so daß Auskünfte über 323 Mitarbeiter vorliegen.

2.4.1. Geschlechterverhältnis und Altersstruktur

Bild 14

Geschlechterverhältnis
(323 Befragte)

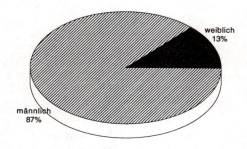

Angaben in Prozent

Der Anteil weiblichen Personals in den FuE-Abteilungen der Privatwirtschaft ist um 2 Prozent geringer als in den Hochschulen und hochschulnahen Einrichtungen, aber immer noch höher als der bereits zum Vergleich herangezogene Anteil der erwerbstätigen Frauen in der Informatik insgesamt. Mit einem Durchschnittsalter von 31,7 Jahren ist auch hier der Trend zu eher jungen Mitarbeitern und Mitarbeiterinnen zu beobachten.

2.4.2. Studienabschlüsse

Bild 15

Abschluß im Studienfach
(323 Befragte)

Bild 16

Andere Studienabschlüsse
(323 Befragte)

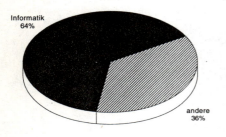

Angaben in Prozent

Studienabschluß	Prozent
Dipl. Ing.	43
Dipl. Math.	27
Dipl. Phys.	15
Linguistik	3
Dipl. Psych.	1
Dipl. Biol.	1
Sonstige	10

3. Zusammenfassung

Die deutsche Forschungsorganisation im KI-Bereich umfaßt Aktivitäten an Hochschulen, hochschulnahen Einrichtungen und in den FuE-Abteilungen der Privatwirtschaft. Bestimmend ist das erkennbare Bemühen der Bundesförderung um Zentralisierung der Forschungsaktivitäten an wenigen Standorten der Bundesrepublik, vor allem am DFKI. Diesen Zentralisierungsbestrebungen steht allerdings der Konkurrenzdruck der Hochschulen untereinander und die durch Wettbewerb gekennzeichnete Standortpolitik der Bundesländer entgegen, so daß faktisch an beinahe jeder Hochschule der Bundesrepublik KI-Forschung mehr oder weniger aufwendig betrieben wird. Der konsensual als Wachstumssektor definierte Hochtechnologie-Bereich - so auch die KI-Forschung - wird nicht an zentrale Institutionen delegiert, sondern in Verbindung mit der Regionalwirtschaft durch Länderinteressen protegiert und an den Hochschulen regional vertreten. Diese Föderalisierung wird durch die Berufungspolitik der Bundesländer, durch spezielle Landes-Förderprogramme, durch finanzielle Unterstützung von Seiten der Regionalwirtschaft und durch die Eigeninteressen der Wissenschaftler (z.B. Wahl des Hochschulortes) unterstützt und durchgesetzt. Die Entwicklung dieser beiden gegenläufigen Strategien der Forschungsorganisation wurde bereits nachgezeichnet.

Die Lage der KI-Forschung und -Entwicklung in privaten Wirtschaftsunternehmen weist auf große Unterschiede zwischen der Hochschul- bzw. hochschulnahen Forschung und der Forschung in der Privatwirtschaft hin. Mit der Arbeitssituation an Hochschulen vergleichbare "KI-Gruppen" in der Privatwirtschaft sind kaum zu finden. Die in den Unternehmen tätigen Wissenschaftler werden flexibel nach Art der schnell wechselnden Aufgabenstellungen eingesetzt und haben meist keine explizite Ausbildung im KI-Bereich. Zudem ist die Personalsituation in der Privatwirtschaft durch starke Fluktuation gekennzeichnet. Der Begriff "KI" ist kompromitiert und wird kaum verwendet. Geforscht und entwickelt wird nicht - wie in der Hochschulforschung - an einer Technologie, sondern an konkreten Problemstellungen aus der Praxis der Unternehmen. Als "KI-Systeme" bezeichnete Produkte bestehen zu etwa 80 Prozent aus herkömmlicher Software-Technologie und nur zu ca. 20 Prozent aus KI-Anwendungen. Dabei reduzieren sich die Inhalte der KI in den FuE-Abteilungen der Privatwirtschaft auf den Expertensystem-Bereich.

Literatur

Ahrweiler, P.: KI-West und KI-Ost. in W. Rammert (Hg.): Soziologie - Informatik - Künstliche Intelligenz. Campus, Frankfurt/New York 1995 (im Erscheinen).

Andrews, F.M. (Hg.): Scientific Productivity. The Effectiveness of Research Groups in Six Countries. Cambridge University Press/UNESCO, Cambridge/London/New York/Melbourne/Paris 1979.

Arbeitsgemeinschaft der deutschen KI-Institute (Hg.): Festschrift anläßlich der Gründung der Arbeitsgemeinschaft der deutschen KI-Institute. Forschungsinstitut für Anwendungsorientierte Wissensverarbeitung, Ulm 1990.

Athanasiou, T.: Artificial Intelligence: Cleverly Disguised Politics. in T.Solomides/L.Levidow (Hg.): Compulsive Technology. Free Association Books, London 1985.

Autorenkollektiv unter der Leitung von E.Jobst/M.Nier: Mikroelektronik und künstliche Intelligenz. Akademie-Verlag, Berlin 1987.

Aydalot,P./D.Keeble (Hg.): High Technology Industry and Innovative Environments. Routledge, London/New York 1988.

Bammé, A. u.a.: Maschinen-Menschen. Mensch-Maschinen. Rowohlt, Reinbek bei Hamburg 1983.

Barth, G.: Das Deutsche Forschungszentrum für Künstliche Intelligenz. in W.Brauer/ C.Freksa (Hg.): Wissensbasierte Systeme. 3. Internationaler GI-Kongreß München, Oktober 1989. Proceedings. Berlin 1989.

Bartsch-Spörl, B.: Einige Gedankensplitter zur Nachtsitzung des Fachausschusses 1.2 am Rande der GWAI-86. in Rundbrief des Fachausschusses 1.2 Künstliche Intelligenz & Mustererkennung in der Gesellschaft für Informatik, 43, 1986.

Becker,B./T.Herrmann/E.Steven (Hg.): Zur Diskrepanz zwischen Expertensystem-entwicklung und -einsatz. Arbeitspapiere der GMD 641, Heft 4, 1992.

Becker, B.: Künstliche Intelligenz. Konzepte, Systeme, Verheißungen. Campus, Frankfurt/New York 1992.

Bibel,W./H.-H.Nagel: AI-Research in the Federal Republic of Germany. in Rundbrief der Fachgruppe Künstliche Intelligenz in der Gesellschaft für Informatik, 10, 1977.

Bibel, W.: Anmerkungen des Herausgebers. in Rundbrief der Fachgruppe Künstliche Intelligenz in der Gesellschaft für Informatik, 13, 1978.

Bibel, W. u.a. (Hg.): Studien- und Forschungsführer Künstliche Intelligenz. Springer, Berlin/Heidelberg 1987.

Bloomfield, B.: The Culture of Artificial Intelligence. in B. Bloomfield (Hg.): The Question of Artificial Intelligence. Croom Helm, London/New York/Sydney 1987.
Bloomfield, B. (Hg.): The Question of Artificial Intelligence. Philosophical and Sociological Perspectives. Croom Helm, London/New York/Sydney 1987.
Bloomfield, B.: On Speaking About Computing. in Sociology 23, 1989.
Blumberger,W./H.Huelsman (Hg.): Menschen, Zwänge, Denkmaschinen. Zur technologischen Formierung der Gesellschaft. Profil, München 1989.
Boden, M. (Hg.): The Philosophy of Artificial Intelligence. Oxford University Press, Oxford 1990.
Böhme,G./W.van den Daele/W.Krohn: Die Finalisierung der Wissenschaft. in Zeitschrift für Soziologie 2, 1973.
Böhme,G./W.van den Daele/W.Krohn: Die Verwissenschaftlichung von Technologie. in Starnberger Studien I: Die gesellschaftliche Orientierung des wissenschaftlichen Fortschritts. Suhrkamp, Frankfurt/Main 1978.
Bonse, E.: Wissen ist Macht. Modernisierungspolitik am Beispiel der "Künstlichen Intelligenz". Dr. Kovac, Hamburg 1991.
Box,S./S.Cotgrove: Scientific Identity, Occupational Selection, and Role Strain. in British Journal of Sociology 17, 1966.
Bräunling, G.: Ansätze, Konzepte und Instrumente staatlicher Technologiepolitik. in H.-H. Hartwich (Hg.): Politik und die Macht der Technik. Westdeutscher Verlag, Opladen 1986.
Brauer,W./C.Freksa (Hg.): Wissensbasierte Systeme. 3. Internationaler GI-Kongreß München, Oktober 1989. Proceedings. Springer, Berlin 1989.
Brödner,P./D.Krüger/B.Senf: Der programmierte Kopf. Eine Sozialgeschichte der Datenverarbeitung. Wagenbach, Berlin 1981.
Bruder, W. (Hg.): Forschungs- und Technologiepolitik in der Bundesrepublik Deutschland. Westdeutscher Verlag, Opladen 1986.
Bruder,W./N.Dose: Forschungs- und Technologiepolitik in der Bundesrepublik Deutschland. in W. Bruder (Hg.): Forschungs- und Technologiepolitik in der Bundesrepublik Deutschland. Westdeutscher Verlag, Opladen 1986.
Bühl, W.: Einführung in die Wissenschaftssoziologie. C.H. Beck, München 1974.
Bullinger,H.-J./K.Kornwachs: Expertensysteme. Anwendungen und Auswirkungen im Produktionsbetrieb. C. H. Beck, München 1990.
Chomsky, N.:Cartesian Linguistics. Harper & Row, New York 1966.
Chomsky, N.: On the Biological Basis of Language Capacities. in R.W. Rieber (Hg.): The Neuropsychology of Language. Plenum Press, New York 1976.

Christaller,T./K.Morik: AK "Strukturfragen der KI" im FA 1.2 informiert. in Rundbrief des Fachausschusses 1.2 Künstliche Intelligenz & Mustererkennung in der Gesellschaft für Informatik, 43, 1986.

Clark, T.N.: Die Stadien wissenschaftlicher Institutionalisierung. in P. Weingart (Hg.): Wissenschaftssoziologie II. Determinanten wissenschaftlicher Entwicklung. Fischer, Frankfurt/Main 1974.

Coy,W./L.Bonsiepen: Erfahrung und Berechnung. Kritik der Expertensystemtechnik. Springer, Berlin 1989.

Coy, W.: Industrieroboter. Zur Archäologie der 2. Schöpfung. Rotbuch, Berlin 1985.

Cremers, A. u.a. (Hg.): Künstliche Intelligenz. Leitvorstellungen und Verantwortbarkeit. VDI-Report 17, 1992.

Daiser, W.: Künstliche-Intelligenz-Forschung und ihre epistemologischen Grundlagen. Peter Lang, Frankfurt/Bern/New York/ Nancy 1985.

Der Bundesminister für Forschung und Technologie (Hg.): Bundesbericht Forschung VI, Bonn 1979.

Der Bundesminister für Forschung und Technologie (Hg.): Bundesbericht Forschung VII, Bonn 1984.

Der Bundesminister für Forschung und Technologie (Hg.): Künstliche Intelligenz: Wissensverarbeitung und Mustererkennung. Bonn 1988.

Der Bundesminister für Forschung und Technologie (Hg.): Neurobiologie/ Hirnforschung - Neuroinformatik, Künstliche Intelligenz. Bonn 1991.

Diederich, J.: Trends im Konnektionismus. in KI 1, 1988.

Dilger, W.: Bericht über den German Workshop on Artificial Intelligence in Bad Honnef (GWAI 1981). in Rundbrief der Fachgruppe Künstliche Intelligenz in der Gesellschaft für Informatik, 23, 1981.

Dörner, H.: Leserbrief. KI in der DDR - Ein Erfahrungsbericht. in KI2, 1992.

Dreyfus, H.: Was Computer nicht können: die Grenzen künstlicher Intelligenz. Athenäum, Frankfurt/Main 1989.

Dreyfus,H./S.E.Dreyfus: Mind over Machine. Free Press, New York 1986.

Edge, D.O./M.Mulkay: Fallstudien zu wissenschaftlichen Spezialgebieten. in N.Stehr/R.König (Hg.): Wissenschaftssoziologie. Sonderheft 18 der Kölner Zeitschrift für Soziologie und Sozialpsychologie 1975.

Eisenberg, P. (Hg.): Semantik und Künstliche Intelligenz. Bd.2. Walter de Gruyter, Berlin/New York 1977.

Elias, N.: Sociology of Knowledge: New Perspectives. in Sociology 5, 1971.

Elias, N./H. Martins/R. Whitley (Hg.): Scientific Establishments and Hierarchies. D.Reidel Publishing Company, Dordrecht/Boston/London 1982.

Esser, J.: Does Industrial Policy Matter? Zum Einfluß industriepolitischer Konzepte auf die Technikentwicklung. in G. Fleischmann/J. Esser (Hg.): Technikentwicklung als sozialer Prozeß. Suhrkamp, Frankfurt/Main 1989.

Euro-KI-Führer 1991, Oldenbourg Verlag, München 1991.

Feigenbaum, E.A./P.McCorduck: The Fifth Generation. Pan, London 1984.

Feigl, H.: The "Mental" and the "Physical". University of Minnesota Press, Minneapolis 1967.

Fleck, J.: Development and Establishment in Artificial Intelligence. in Elias,N./H.Martins/R.Whitley (Hg.): Scientific Establishments and Hierachies. D. Reidel, Dordrecht/Boston/London 1982.

Fleck, L.: Genesis and Development of a Scientific Fact. Chicago University Press, Chicago 1979.

Fleischmann,G./J.Esser (Hg.): Technikentwicklung als sozialer Prozeß. Suhrkamp, Frankfurt/Main 1989.

Fodor, J.: Representations: Philosophical Essays on the Foundations of Cognitive Science. MIT Press, Cambridge (Mass.) 1981.

Fodor, J.: The Modularity of Mind. MIT Press, Cambridge (Mass.) 1983.

Forsythe, D.: Artificial Intelligence Invents Itself: Collective Identity and Boundary Maintenance in an Emergent Scientific Discipline. Manuskript, Pittsburgh 1988.

Frank, U.: Expertensysteme: Neue Automatisierungspotentiale im Büro- und Verwaltungsbereich? Gabler, Wiesbaden 1988.

Freeman, C.: The Role of Technical Change in National Economic Development. in A.Amin/J.B.Goddard (Hg.): Technological Change, Industrial Restructuring and Regional Development. Allen and Unwin, London 1986.

Göbel, H.J.: Wissen ist Macht. in Capital 5, 1982.

Görz, G.: Möglichkeiten der Automatisierung kognitiver Leistungen. Zur Problematik der Künstlichen Intelligenz. in Technik und Gesellschaft, Jb. 4, 1987.

Görz, G. (Hg.): Einführung in die künstliche Intelligenz. Addison-Wesley, Bonn u.a. 1993.

Grabowski, J.: Dokumentation zur KI-Forschung in Ostdeutschland. in KI 2, 1991.

Grabowski, J.: Leserbrief. KI in Ostdeutschland. in KI 1, 1992.

Graßhoff, G.: Rekonstruktion der Methoden wissenschaftlicher Entdeckungen am Beispiel der Entdeckungsgeschichte der Harnstoff-Synthese durch Hans Krebs. Studien aus dem Philosophischen Seminar der Universität Hamburg, Bd. 21, 1993.

Günther, G.: Idee und Grundriß einer nicht-Aristotelischen Logik: die Idee und ihre philosophischen Voraussetzungen. Meiner, Hamburg 1978.

Güsgen, H.-W./J. Hertzberg/C. Lischka/H. Voss: Neues aus Niederösterreich - Nachlese zur GWAI-86/2.OGAI-Tagung. in Rundbrief des Fachausschusses 1.2 Künstliche Intelligenz & Mustererkennung in der Gesellschaft für Informatik, 43, 1986.

Habel, C./C.-R.Rollinger: Über den Umgang mit den Medien. in Rundbrief der Fachgruppe Künstliche Intelligenz in der Gesellschaft für Informatik, 32, 1983.

Habel,C./C.-R.Rollinger: Editorial. in Rundbrief der Fachgruppe Künstliche Intelligenz in der Gesellschaft für Informatik, 35/36, 1984.

Habel,C./S.Kanngießer/G.Strube: Editorial "Kognitionswissenschaft". in Kognitionswissenschaft 1, 1990.

Hack,L./I.Hack: Die Wirklichkeit, die Wissen schafft. Zum wechselseitigen Begründungsverhältnis von "Verwissenschaftlichung der Industrie" und "Industrialisierung der Wissenschaft". Campus, Frankfurt/New York 1985.

Hack, L.: Vor der Vollendung der Tatsachen. Die Rolle von Wissenschaft und Technologie in der dritten Phase der industriellen Revolution. Suhrkamp, Frankfurt/Main 1988.

Hagstrom, W.O.: The Scientific Community. Basic Books, New York 1965.

Hartwich, H.-H. (Hg.): Politik und die Macht der Technik. Westdeutscher Verlag, Opladen 1986.

Hartwich, H.-H.: Technik als staatliche Gestaltungsaufgabe. in H.-H. Hartwich (Hg.): Politik und die Macht der Technik. Westdeutscher Verlag, Opladen 1986.

Hauff,V./F.Scharpf: Modernisierung der Volkswirtschaft. Technologiepolitik als Strukturpolitik. Suhrkamp, Frankfurt/Main 1975.

Haug, H.: Wissenschaft zu Diensten. GMD strebt nach Spitzenpositionen. in Computer Magazin 9, 1988.

Heintz, B.: Die Herrschaft der Regel. Zur Grundlagengeschichte des Computers. Campus, Frankfurt/New York 1993.

Hejl, P. M.: Konstruktion der sozialen Konstruktion: Grundlinien einer konstruktivistischen Sozialtheorie. in S. Schmidt (Hg.): Der Diskurs des Radikalen Konstruktivismus. Suhrkamp, Frankfurt/Main 1987.

Helbig, H.: Leserbrief: "Addendum zur KI-Forschung in Ostdeutschland". in KI 3, 1991.

Helbig, H.: Leserbrief. KI-Forschung im Kombinat Robotron. Eine Replik zu H. Dörners "Erfahrungsbericht". in KI 4, 1992.

Herbst,T./D.Heath/H.-M.Dederding: Grimm's Grandchildren. Current Topics in German Linguistics. Longman, London/New York 1980.

Herzog,O./C.-R.Rollinger: Text Understanding in LILOG. Final Report on the IBM Germany LILOG-Project. Springer, Berlin/Heidelberg 1991.

Hilpert, U.: Staatliche Forschungs- und Technologiepolitik und offizielle Wissenschaft. Westdeutscher Verlag, Opladen 1989.

Hoeppner, W.: Konnektionismus, Künstliche Intelligenz und Informatik - Beziehungen und Bedenken. in KI 4, 1988.

Hofmann-Grüneberg, F.: Radikal-empiristische Wahrheitstheorie. Hölder-Pichler-Tempsky, Wien 1988.
Hofstadter,D./D.C.Dennett (Hg.): Einsicht ins Ich. Klett-Cotta, Stuttgart 1988.
Hughes, T.P.: The Electrification of America. The System Builders. in Technology and Culture 20, 1979.
Institut für Gesellschaft und Wissenschaft Erlangen (Hg.): Das Wissenschaftssystem der DDR. Campus, Frankfurt/New York 1979.
Isensee,S./H.Schwärtzel/G.Barth/T.Christaller: Das Deutsche Forschungszentrum für Künstliche Intelligenz (DFKI) - Ein forschungspolitisches Novum nimmt Gestalt an. in KI 3, 1988.
Jokisch, R. (Hg.): Techniksoziologie. Suhrkamp, Frankfurt/Main 1982.
Käsler, D.: Die frühe deutsche Soziologie 1909 bis 1934 und ihre Entstehungsmilieus. Eine wissenschaftssoziologische Untersuchung. Westdeutscher Verlag, Opladen 1984.
Keck, O.: Der Schnelle Brüter. Eine Fallstudie über Entscheidungsprozesse in der Großtechnik. Campus, Frankfurt/New York 1984.
Kitschelt, W.: Kernenergie-Politik. Arena eines gesellschaftlichen Konflikts. Campus, Frankfurt/New York 1980.
Knorr-Cetina, K.: Die Fabrikation von Erkenntnis. Zur Anthropologie der Naturwissenschaft. Suhrkamp, Frankfurt/Main 1984.
Knorr,K./R.Krohn/R.Whitley (Hg.): The Social Process of Scientific Investigation. D. Reidel Publishing Company, Dordrecht/Boston/London 1980.
Kobsa, A.: KI in der DDR. in KI 2, 1988.
Koch, D.: Leserbrief. Die Privilegien der Verkrusteten oder die Verkrustung der Privilegierten. in KI 1, 1993.
Kolvenbach, M./A.Lötscher/H.D.Lutz (Hg.): Künstliche Intelligenz und natürliche Sprache. Sprachverstehen und Problemlösen mit dem Computer. Gunter Narr, Tübingen 1979.
Kornhauser, W.: Scientists in Industry: Conflict and Accomodation. University of California Press, Berkeley 1962.
Krämer, S.: Symbolische Maschinen. Die Idee der Formalisierung in geschichtlichem Abriß. Wissenschaftliche Buchgesellschaft, Darmstadt 1988.
Kreibich, R.: Die Wissenschaftsgesellschaft. Von Galilei bis zur High-Tech-Revolution. Suhrkamp, Frankfurt/Main 1986.
Krohn, R.: The Social Shaping of Science. Greenwood, Westport 1971.
Krohn, W./G.Küppers: Wissenschaft als selbstorganisierendes System. Eine neue Sicht alter Probleme. in dies. (Hg.): Selbstorganisation. Aspekte einer wissenschaftlichen Revolution. Vieweg, Braunschweig/Wiesbaden 1990.

Krohn,W./W.Rammert: Technologie-Entwicklung: Autonomer Prozeß und industrielle Strategie. in W. Rammert: Technik aus soziologischer Perspektive. Westdeutscher Verlag, Opladen 1993.

Kuhn, T. S.: Die Entstehung des Neuen. Suhrkamp, Frankfurt/Main 1978.

Kuhn, T. S.: Die Struktur wissenschaftlicher Revolutionen. Suhrkamp, Frankfurt/Main 1976.

Lehner, F.: Strukturen und Strategien der Technologiepolitik. Eine vergleichende Analyse. in H.-H. Hartwich (Hg.): Politik und die Macht der Technik. Westdeutscher Verlag, Opladen 1986.

Leitpapier "Assistenz-Computer" des Instituts für Angewandte Informationstechnik der GMD, 2, 1990.

Lighthill, Sir J.: Artificial Intelligence: A General Survey. Science Research Council, London 1973.

Lilienfeld, R.: The Rise of Systems Theory. John Wiley, New York 1978.

Lischka, C.: Konnektionismus, KI und Informatik - Einige Anmerkungen. in KI 3, 1989.

Lück, H.E. u.a. (Hg.): Geschichte der Psychologie. Urban & Schwarzenberg, München/Wien/Baltimore 1984.

Luhmann, N.: Soziologische Aufklärung. Aufsätze zur Theorie sozialer Systeme (Bd.1). Westdeutscher Verlag, Opladen 1970.

Luhmann, N.: Soziale Systeme. Suhrkamp, Frankfurt/Main 1987.

Luhmann, N.: Soziologische Aufklärung. Konstruktivistische Perspektiven. (Bd. 5). Westdeutscher Verlag, Opladen 1990.

Lutz, B.: Der kurze Traum immerwährender Prosperität. Eine Neuinterpretation der industriell-kapitalistischen Entwicklung im Europa des 20. Jahrhunderts. Campus, Frankfurt/New York 1984.

Lutz,B./M.Moldaschl (Hg.): Expertensysteme und industrielle Facharbeit. Campus, Frankfurt/Main 1989.

Mainzer, K.: Entwicklungsfaktoren der Informatik in der Bundesrepublik Deutschland. in: van den Daele, W. u.a. (Hg.): Geplante Forschung. Suhrkamp, Frankfurt/Main 1979.

Malsch, T.: Die Informatisierung des betrieblichen Erfahrungswissens und der "Imperialismus der instrumentellen Vernunft". in Zeitschrift für Soziologie 16, H.2, 1987.

Mannheim, K.: Ideologie und Utopie. Cohen, Bonn 1929.

Marchand, H.: Leserbrief. in Rundbrief der Fachgruppe Künstliche Intelligenz in der Gesellschaft für Informatik, 19, 1979.

Marcson, S.: The Scientist in American Industry. Harper, New York 1972.

Maturana,H./F.Varela: Der Baum der Erkenntnis. Die biologischen Wurzeln des menschlichen Erkennens. Goldmann, Bern/München 1991.

McCorduck, P.: Denkmaschinen. Die Geschichte der künstlichen Intelligenz. Markt & Technik, Haar b. München 1987.

Meja,V./N.Stehr (Hg.): Der Streit um die Wissenssoziologie. 2 Bände. Suhrkamp, Frankfurt/Main 1982.

Mertens, P.: Expertensysteme in den betrieblichen Funktionsbereichen - Chancen, Erfolge, Mißerfolge. in Schriften zur Unternehmensführung 36, 1988.

Merton, R.K.: Science, Technology and Society in Seventeenth-Century England. Harper & Row, New York 1970.

Minsky, M. (Hg.): Semantic Information Processing. MIT Press, Cambridge (Mass.) 1968.

Minsky, M.: A Framework for Representing Knowledge. in: TINLAP-Proceedings, 1975 (Theoretical Issues in Natural Language Processing). Bolt Beranek and Newman Inc., Cambridge (Mass.) 1975).

Moravec, H.: Mind Children: The Future of Robot and Human Intelligence. Harvard University Press, Cambridge (Mass.) 1989.

Mulkay, M.: The Sociology of Science in the West. in Current Sociology 28, 1980.

Mullins, N.: Theories and Theory Groups in Contemporary American Sociology. Harper & Row, New York 1973.

Münch, D. (Hg.): Kognitionswissenschaft. Grundlagen, Probleme, Perspektiven. Suhrkamp, Frankfurt/Main 1992.

Nagel,E./J.R.Newman: Der Gödelsche Beweis. Oldenbourg, München 1987.

Nagi,S.Z./R.G.Corwin (Hg.): The Social Contexts of Research. Wiley-Interscience, London/New York/Sydney/Toronto 1972.

Narr,W.-D./C.Offe: Was heißt hier Strukturpolitik? Neokorporatismus als Rettung aus der Krise? in Technologie und Politik 6, 1976.

Naschold, F.: Politik und Produktion. Thesen zu Politik und Technologieentwicklung. in H.-H. Hartwich: Politik und die Macht der Technik. Westdeutscher Verlag, Opladen 1986.

Nelson,R.R./S.Winter: In Search of a Useful Theory of Innovation. in K.A. Stroetmann (Hg.): Innovation, Economic Change and Technology Policies. Birkhäuser, Basel 1977.

Newell, A.: The Knowledge Level. in Artificial Intelligence 18, 1982.

Noble, D.F.: Forces of Production. Alfred A. Knopf, New York 1984.

Osthoff,H./K.Brugmann: Morphologische Untersuchungen auf dem Gebiete der indogermanischen Sprachen. (Leipzig 1878) Nachdruck Olms, Hildesheim 1974.

Petersohn, U.: Leserbrief. Einige ergänzende Mosaiksplitter zur ostdeutschen KI-Forschung im Dresdener Raum. in KI 4, 1991.

Pinch,T.J./W.E.Bijker: The Social Construction of Facts and Artefacts: or How the Sociology of Science and the Sociology of Technology Might Benefit Each Other. in Social Studies of Science 14, 1984.

Pitral,J./E.Sandewall u.a.: Panel on AI in Western Europe. in Proceedings of the 5th IJCAI, Cambridge (Mass.) 1977.
Plessner, H.: Der Weg der Soziologie in Deutschland. in Merkur, 14, H.1, 1960.
Popper,K.R./J.Eccles: Das Ich und sein Gehirn. Piper, München/Zürich 1982.
Prewo, R.: Max Webers Wissenschaftsprogramm. Suhrkamp, Frankfurt/Main 1989.
Puppe, F.: Problemlösungsmethoden in Expertensystemen. Springer, Berlin 1990.
Putnam, H.: After Ayer, after Empiricism. in Partisan Review 2, 1984.
Rammert, W.: Soziale Dynamik der technischen Entwicklung. Westdeutscher Verlag, Opladen 1983.
Rammert, W.: Das Innovationsdilemma. Westdeutscher Verlag, Opladen 1988.
Rammert,W./G.Bechmann (Hg.): Computer, Medien, Gesellschaft. Campus, Frankfurt/Main 1989.
Rammert, W.: Technikgenese und der Einsatz von Expertensystemen aus sozialwissenschaftlicher Sicht. in KI 4, 1990.
Rammert, W. (Hg.): Computerwelten - Alltagswelten. Wie verändert der Computer die soziale Wirklichkeit? Westdeutscher Verlag, Opladen 1990.
Rammert, W.: Technik aus soziologischer Perspektive. Westdeutscher Verlag, Opladen 1993.
Rammert, W.: Wie TA und KI einander näherkommen - Probleme und Ergebnisse einer integrierten Technikfolgenabschätzung von Expertensystemen. in KI 3, 1993.
Raulefs, P.: Bemerkungen zur Podiumsdiskussion "AI in Western Europe" (5. IJCAI 1977). in Rundbrief der Fachgruppe Künstliche Intelligenz in der Gesellschaft für Informatik, 11, 1977.
Raulefs, P.: Artificial Intelligence Research in West Germany. in Rundbrief der Fachgruppe Künstliche Intelligenz in der Gesellschaft für Informatik, 20, 1980.
Reddig, C.: GWAI-82, Bad Honnef. Fachtagung der GI für KI. in Rundbrief der Fachgruppe Künstliche Intelligenz in der Gesellschaft für Informatik, 28, 1982.
Reddy, R.: Foundations and Grand Challenges of Artificial Intelligence. in AI Magazine, Winter 1988.
Retz-Schmidt, G.: Eindrücke von einer Vortragsreise in die DDR. in KI 1, 1990.
Rhenius, D.: Arbeitstagung "Kognitive Psychologie" vom 2.5.4.1978 in Hamburg. in Rundbrief der Fachgruppe Künstliche Intelligenz in der Gesellschaft für Informatik, 13, 1978.
Riegas,V./C.Vetter: Gespräch mit Humberto R. Maturana. in dies. (Hg.): Zur Biologie der Kognition. Suhrkamp, Frankfurt/Main 1991.

Riegas,V./C.Vetter (Hg.): Zur Biologie der Kognition. Suhrkamp, Frankfurt/Main 1991.
Ropohl, G.: Eine Systemtheorie der Technik. Hanser, München/Wien 1979.
Ronge, V.: Forschungspolitik als Strukturpolitik. Piper, München 1977.
Ronge, V.: Die Forschungspolitik im politischen Gesamtprozeß. in W. Bruder (Hg.): Forschungs- und Technologiepolitik in der Bundesrepublik Deutschland. Westdeutscher Verlag, Opladen 1986.
Rothe, G.: Wie (un)wichtig sind Gewichtungen? in ZUMA-Nachrichten, 26 (Mai 1990).
Samlowski, W.: Tiger im Tank - Esel am Steuer? in KI 3, 1991.
Schank,R.C./K.Colby (Hg.): Computer Models of Thought and Language. Freeman, San Francisco 1973.
Schefe, P.:Gibt es eine sozialorientierte KI? in KI 4, 1990.
Schinzel,B./C.Funken: Zur Lage des weiblichen wissenschaftlichen Nachwuchses. in W. Langeneder u.a. (Hg.): "Informatik - cui bono?" Tagungsband. Springer, Berlin 1992.
Schnelle, H.: Über den Stand der Forschung zur automatischen Sprachbearbeitung im deutschen Sprachraum. in H. Marchl (Hg.): Beiträge zur Sprachkunde und Informationsverarbeitung, Heft 2, 1963.
Schopman, J.: Frames of Artificial Intelligence. in B. Bloomfield (Hg.): The Question of Artificial Intelligence. Croom Helm, London/New York/Sydney 1987.
Schubert, I. u.a.: Chancen und Risiken des Einsatzes von Expertensystemen. Oldenbourg, München 1987.
Schwärtzel, H.: Das DFKI aus industrieller Sicht. in KI 3, 1988.
Schwartz, R.D.: Artificial Intelligence as a Sociological Phenomenon. in Canadian Journal of Sociology 14, 2, 1989.
Searle, J.: Geist, Hirn und Wissenschaft. Suhrkamp, Frankfurt/Main 1986.
Seetzen,J./R.Stransfeld: Perspektiven der Expertensystemanwendungen und Begründung für eine Technikfolgenabschätzung. VDI/VDE-Technologiezentrum, Berlin 1989.
Seim, K.: Juristische Expertensysteme in Deutschland - Ein Überblick. in KI 3, 1991.
Siekmann, J.: Berichte. IJCAI-83. in Rundbrief der Fachgruppe Künstliche Intelligenz in der Gesellschaft für Informatik, 31, 1983.
Siekmann, J.: Editorial. in KI 3, 1992.
Solomonides,T./L.Levidow (Hg.): Compulsive Technology. Free Association Books, London 1985.
Sgall, P.: Linguistik und KI. in Zeitschrift für Literaturwissenschaft und Linguistik 6, 1976.
Statistisches Bundesamt (Hg.): Reihe 4.4. "Bildung und Kultur", Fachserie 11. Metzler-Poeschel, Stuttgart 1992.

Steger,U./F.Wiebecke: Technologiepolitik als Industriepolitik. in W. Bruder (Hg.): Forschungs- und Technologiepolitik in der Bundesrepublik Deutschland. Westdeutscher Verlag, Opladen 1986.

Stehr,N./R.König (Hg.): Wissenschaftssoziologie. Sonderheft 18 der Kölner Zeitschrift für Soziologie und Sozialpsychologie. Westdeutscher Verlag, Opladen 1975.

Stillings, N.A. u.a.: Cognitive Science. An Introduction. MIT Press, Cambridge (Mass.) 1987.

Storer, N.W.: The Social System of Science. Holt, Reinhard and Winston, New York/Chicago/San Francisco/Toronto/London 1966.

Storer,N.W./T.Parsons: The Disciplines as a Differentiating Force. in E. Montgomery (Hg.): The Foundation of Access to Knowledge. A Symposium. Syracuse U.P. 1968.

Strasser,H./K.D.Knorr (Hg.): Wissenschaftssteuerung. Soziale Prozesse der Wissenschaftsentwicklung. Campus, Frankfurt/New York 1976.

Strube, G.: Wider die Computermetapher. Die starke KI-Hypothese und ihre Mißdeutungen. in W. Langeneder u.a. (Hg.): "Informatik - cui bono?" Tagungsband. Springer, Berlin 1992.

Strube, G. (Hg.): Kapitel "Kognition". in G. Görz (Hg.): Einführung in die künstliche Intelligenz. Addison-Wesley, Bonn u.a. 1993.

Torrance, S. (Hg.): The Mind and the Machine. Philosophical Aspects of Artificial Intelligence. Ellis Horwood, Chichester 1984.

Touraine, A.: Le Retour de l'Acteur. Fayard, Paris 1984.

Turkle, S.: Die Wunschmaschine. Der Computer als zweites Ich. Rowohlt, Reinbek bei Hamburg 1984.

Ungeheuer, G.: Sprache und Kommunikation. Helmut Buske, Hamburg 1972.

Väth, W.: Konservative Modernisierungspolitik - ein Widerspruch in sich? Zur Neuausrichtung der Forschungs- und Technologiepolitik der Bundesregierung. in Prokla 56, 1984.

Varela, F.: Kognitionswissenschaft - Kognitionstechnik. Suhrkamp, Frankfurt/Main 1990.

van den Daele, W.: The Social Construction of Science. in E. Mendelsohn u.a. (Hg.): The Social Production of Scientific Knowledge. Sociology of the Sciences Yearbook I. Reidel, Dordrecht 1977.

van den Daele,W./W.Krohn/P.Weingart (Hg.): Geplante Forschung. Vergleichende Studien über den Einfluß politischer Programme auf die Wissenschaftsentwicklung. Suhrkamp, Frankfurt/Main 1979.

von Alemann,U./J.Liesenfeld/G.Simonis: Technologiepolitik - Ansichten und Aussichten in den achtziger Jahren. in Gewerkschaftliche Monatshefte 5, 1986.

von Alemann, U. u.a. (Hg.): Technologiepolitik: Grundlagen und Perspektiven in der Bundesrepublik Deutschland und in Frankreich. Suhrkamp, Frankfurt/Main 1988.

von Hahn, W.: Künstliche Intelligenz. SEL-Stiftungsreihe 2. Hg. von der SEL-Stiftung für technische und wirtschaftliche Kommunikationsforschung im Stifterverband für die Deutsche Wissenschaft. Essen 1985.

von Hayek, F.A.: The Sensory Order. Routledge & Kegan Paul, London/ University of Chicago Press, Chicago 1952.

von Neumann, J.: The General and Logical Theory of Automata. in Jeffres, L. (Hg.): Cerebral Mechanisms in Behavior: The Hixon Symposium. Wiley, New York 1951.

von Schelting, A.: Max Webers Wissenschaftslehre. J.C.B. Mohr (Paul Siebeck), Tübingen 1934.

Wahlster, W.: Neuorganisation des bisherigen Fachausschusses "Kognitive Systeme". in Rundbrief der Fachgruppe Künstliche Intelligenz in der Gesellschaft für Informatik, 29, 1983.

Wahlster, W.: Beitrag im Jahresbericht der Studienstiftung des Deutschen Volkes, Bonn 1992.

Weber, M.: Wirtschaft und Gesellschaft. J.C.B. Mohr, Tübingen 1985.

Weber, M.: Gesammelte Aufsätze zur Wissenschaftslehre. J.C.B. Mohr, Tübingen 1988a.

Weber, M.: Gesammelte Aufsätze zur Religionssoziologie I. J.C.B. Mohr, Tübingen 1988b.

Weingart, P.: Wissensproduktion und soziale Struktur. Suhrkamp, Frankfurt/ Main 1976.

Weingart, P. (Hg.): Wissenschaftssoziologie I. Wissenschaftliche Entwicklung als sozialer Prozeß. Athenäum, Frankfurt/Main 1973.

Weingart, P. (Hg.): Wissenschaftssoziologie II. Determinanten wissenschaftlicher Entwicklung. Fischer, Frankfurt/Main 1974.

Weingart, P. (Hg.): Technik als sozialer Prozeß. Suhrkamp, Frankfurt/Main 1989.

Weingarten, R. (Hg.): Information ohne Kommunikation? Die Loslösung der Sprache vom Sprecher. Fischer, Frankfurt/Main 1990.

Weizenbaum, J.: Die Macht der Computer und die Ohnmacht der Vernunft. Suhrkamp, Frankfurt/Main 1977.

Wertheimer, M.: Produktives Denken. Kramer, Frankfurt/Main 1964.

Whitley, R.: Kommunikationsnetze in der Wissenschaft: Status und Zitierungsmuster in der Tierphysiologie. in P. Weingart (Hg.): Wissenschaftssoziologie I. Wissenschaftliche Entwicklung als sozialer Prozeß. Athenäum, Frankfurt/Main 1973.

Whitley, R.: The Intellectual and Social Organization of the Sciences. Clarendon Press, Oxford 1984.

Wilshere, D.: Some Economic and Organizational Aspects of European Research and Development Effectiveness. Herbert Lang, Bern 1970.
Windelband, W.: Präludien. Band 2., J.C.B.Mohr, Tübingen 1919.
Winograd,T./F.Flores: Understanding Computers and Cognition: A New Foundation for Design. Norwood, New Jersey 1986.
Wissenschaftsrat (Hg.): Stellungnahme zu den außeruniversitären Forschungseinrichtungen der ehemaligen Akademie der Wissenschaften der DDR in den Fachgebieten Mathematik, Informatik, Automatisierung und Mechanik. Manuskript, Mainz 1991.
Wissenschaftsrat (Hg.): Empfehlungen zu den Ingenieurwissenschaften an den Universitäten und Technischen Hochschulen der neuen Länder. Manuskript, Mainz 1991.
Wissenschaftsrat (Hg.): Empfehlungen zur Zusammenarbeit von Großforschungseinrichtungen und Hochschulen. Manuskript, Köln 1991.
Wissenschaftsrat (Hg.): Empfehlungen zur Informatik an den Hochschulen. Manuskript, Köln 1989.
Wittgenstein, L.: Zettel. Hg. von G.E.M. Anscombe/G.H. von Wright. Suhrkamp, Frankfurt/Main 1970.
Wolters, M.F.: Die fünfte Generation. Der Schlüssel zum Wohlstand durch Industrieroboter und intelligente Computer. Langen-Müller/Herbig, München 1984.
Woolgar, S.: Why Not a Sociology of Machines? in Sociology 19, H.4, 1985.
Wodtko, A.: Expertensysteme in der Daimler Benz AG. Unveröffentlichtes Manuskript, Markdorf 1993.
Zimmerli, W.C. (Hg.): Technologisches Zeitalter oder Postmoderne. Fink, München 1988.
Zimmerli, W.C. (Hg.): Herausforderung der Gesellschaft durch den technologischen Wandel. VDI-Verlag, Düsseldorf 1989.

Liste der Interview-Partner und -Partnerinnen:

Dr. Ing. Brigitte Bartsch-Spörl (Unternehmerin), BSR Consulting GmbH, Wirtstraße 38, 81539 München. Gespräch am 13.11.1992 in München.

Dipl. Inf. Ulrich Bauer (wissenschaftlicher Mitarbeiter), GPP (Gesellschaft für Prozeßrechner-Programmierung mbH), Kolpingring 18a, 82041 Oberhaching bei München. Gespräch am 12.11.1992 in Oberhaching.

Dr. phil. Barbara Becker (Mitarbeiterin in der Forschungsgruppe Künstliche Intelligenz der GMD), Forschungsgruppe Künstliche Intelligenz, Institut für Angewandte Informationstechnik (F3), Gesellschaft für Mathematik und Datenverarbeitung (GMD), Schloß Birlinghoven, Postfach 1240, 53757 Sankt Augustin. Gespräch am 25.6.1992 in Sankt Augustin.

Dipl. Ing. Jürgen Beste (Leiter Fachgruppe "Babylon"), VW-GEDAS, Pascalstraße 11, 10587 Berlin. Gespräch am 25.11.1992 in Berlin.

Prof. Dr. rer. nat. Wolfgang Bibel (Forschungsgruppenleiter), Institut für Programm- und Informationssysteme, Fachbereich Informatik, Alexanderstraße 10, 64283 Darmstadt. Gespräch am 24.6.1992 in Darmstadt.

Prof. Dr. Hans-Dieter Burkhard (Forschungsgruppenleiter), Institut Wissensverarbeitung, Datenbanken und Datenanalyse, Fachbereich Informatik, Humboldt Universität zu Berlin, Postfach 1297, 10117 Berlin. Gespräch am 2.9.1992 auf der GWAI 1992 in Bonn.

Prof. Dr. Thomas Christaller (Forschungsgruppenleiter), Forschungsgruppe Künstliche Intelligenz, Institut für Angewandte Informationstechnik (F3), Gesellschaft für Mathematik und Datenverarbeitung (GMD), Schloß Birlinghoven, Postfach 1240, 53757 Sankt Augustin. Gespräch am 25.6.1992 in Sankt Augustin.

Prof. Dr. rer.nat. Armin B. Cremers (zum Zeitpunkt des Gesprächs Leiter der AKI, Leiter von KI-NRW, Geschäftsführender Direktor des Instituts für Informatik der Universität Bonn, Gründungsmitglied des ZEDO, Obmann beim VDI), Römerstraße 164, 53117 Bonn. Gespräch am 25.6.1992 in Bonn.

Harald Damskis, Geschäftsstelle "CASE/Innovative Techniken" (vormals Consulting Expertensysteme), Siemens Nixdorf Informationssysteme AG, Berliner Straße 95, 80805 München. Gespräch am 13.11.1992 in München.

Dr. Hartmut Dörner (KI-Forschungsgruppenleiter), Institut für Informatik, Universität Halle-Wittenberg, Weinbergweg 17, 06120 Halle. Gespräch am 1.9.1992 auf der GWAI 1992 in Bonn.

Prof. Dr. Rolf Eckmiller (Forschungsgruppenleiter), Institut für Informatik VI, Universität Bonn, Römerstraße 164, 53117 Bonn. Gespräch am 26.6.1992 in Düsseldorf.

Dipl. Inform. Norbert Eisinger (Researcher), European Computer-Industry Research Centre (ECRC), Arabellastraße 17, 81925 München. Gespräch am 12.11.1992 in München.

Dipl. Inform. Malte Forkel (wissenschaftlicher Mitarbeiter), Institut für Produktionsanlagen und Konstruktionstechnik der Fraunhofer-Gesellschaft, Produktionstechnisches Zentrum Berlin, Pascalstraße 8/9, 10587 Berlin. Gespräch am 26.11.1992 in Berlin.

Prof. Christian Freksa, Ph.D. (Forschungsgruppenleiter), Arbeitsbereich Wissens- und Sprachverarbeitung (WSV), Fachbereich Informatik, Universität Hamburg, Bodenstedtstraße 16, 22765 Hamburg. Gespräch am 2.9.1992 auf der GWAI 1992 in Bonn.

Prof. Dr. Günther Görz (Co-Leiter der Forschungsgruppe Wissenserwerb im FORWISS, Forschungsgruppenleiter an der Universität) Institut für Mathematische Maschinen und Datenverarbeitung VIII (Künstliche Intelligenz), Universität Erlangen-Nürnberg, Am Weichselgarten 9, 91058 Erlangen (Forwiss: Am Weichselgarten 7). Gespräch am 29.6.1992 in Erlangen.

Prof. Dr. phil. Christopher Habel (Leiter des Arbeitsbereichs Wissens- und Sprachverarbeitung), Arbeitsbereich Wissens- und Sprachverarbeitung (WSV), Fachbereich Informatik, Universität Hamburg, Bodenstedtstraße 16, 22765 Hamburg. Gespräch am 17.6.1992 in Hamburg.

Dr. Joachim Hertzberg (Mitarbeiter in der Forschungsgruppe Künstliche Intelligenz der GMD), Forschungsgruppe Künstliche Intelligenz, Institut für Angewandte Informationstechnik (F3), Gesellschaft für Mathematik und Datenverarbeitung (GMD), Schloß Birlinghoven, Postfach 1240, 53757 Sankt Augustin. Gespräch am 25.6.1992 in Sankt Augustin.

Dr. Otthein Herzog (Leiter Abteilung Software-Architekturen und -Technologien der IBM Deutschland GmbH, Vorsitzender des Fachbereichs 1 (Künstliche Intelligenz) der Gesellschaft für Informatik), IBM Deutschland GmbH, Hanns-Klemm-Straße 45, 71034 Böblingen. Gespräch am 11.11.1992 in Böblingen.

Thomas Leppien (Betreuer des Sonderforschungsbereichs 314 - Künstliche Intelligenz/Wissensbasierte Systeme), Deutsche Forschungsgemeinschaft (DFG), Postfach 205004, Kennedyallee 40, 53175 Bonn. Gespräch am 16.11.1992 in Bonn.

Prof. Dr. rer.nat. Ing. habil. Christian Posthoff (Forschungsgruppenleiter), Lehrstuhl Theoretische Informatik und KI, Fachbereich Informatik, Technische Universität Chemnitz-Zwickau, Straße der Nationen 62, 09111 Chemnitz. Gespräch am 1.9.1992 in Chemnitz.

Dr. rer.nat. Heinz Marburger (Abteilungsleiter Abteilung Künstliche Intelligenz), Abteilung Künstliche Intelligenz, Mikroelektronik Anwendungszentrum Hamburg GmbH, Karnapp 20, 21079 Hamburg. Gespräch am 22.9.1992 in Hamburg.

Prof. Dr. Katharina Morik (Forschungsgruppenleiterin), Lehrstuhl VIII, Institut für Informatik, Universität Dortmund, Postfach 500500, Baroper Straße 301, 44227 Dortmund. Gespräch am 24.6.1992 in Dortmund.

Prof. Bernd Neumann, Ph.D. (Leiter des LKI, Leiter des Arbeitsbereichs Kognitive Systeme), Labor für Künstliche Intelligenz (LKI), Fachbereich Informatik, Universität Hamburg, Bodenstedtstraße 16, 22765 Hamburg. Gespräch am 17.6.1992 in Hamburg.

Prof. Dr.Dr. Franz-Josef Radermacher (Wissenschaftlicher Leiter des FAW, Vorstandsvorsitzender des FAW), Forschungsinstitut für anwendungsorientierte Wissensverarbeitung (FAW), Helmholtzstraße 16, 89081 Ulm. Gespräch am 27.8.1992 in Hamburg.

Prof. Dr. Bernd Radig (Sprecher der Direktoren des FORWISS, Forschungsgruppenleiter an der Universität), Bayerisches Forschungszentrum für Wissensbasierte Systeme FORWISS, Orléansstraße 34, 81667 München. (gleiche Adresse: Arbeitsbereich Bildverarbeitung und Künstliche Intelligenz, Institut für Informatik, Technische Universität München). Gespräch am 10.6.1992 in München.

Prof. Dr. Ing. Claus-Rainer Rollinger (Forschungsgruppenleiter), Arbeitsbereich Computerlinguistik und KI, Fachbereich Sprach- und Literaturwissenschaft, Postfach 4469, Universität Osnabrück, Neuer Graben 40, 49074 Osnabrück. Gespräch am 2.9.1992 auf der GWAI 1992 in Bonn.

Prof. Dr. phil. Britta Schinzel (Leiterin der Abteilung I "Modellbildung und soziale Folgen"), Abteilung I "Modellbildung und soziale Folgen", Institut für Informatik und Gesellschaft (IIG), Albert-Ludwigs-Universität Freiburg, Friedrichstraße 50, 79098 Freiburg im Breisgau. Gespräch am 11.6.1992 in Freiburg.

Peter Schirmacher (wissenschaftlicher Mitarbeiter), Bereich Datenverarbeitung und Elektronik Abt. D1, Hahn-Meitner-Institut Berlin GmbH, Glienicker Straße 100, 14109 Berlin. Gespräch am 25.11.1992 in Berlin.

Dipl. Inform. Astrid Schramm (wissenschaftliche Mitarbeiterin), Ploenzke Informatik GmbH, Bayerstraße 36, 80335 München. Gespräch am 13.11.1992 in München.

Prof. Dr. Jörg Siekmann (Forschungsbereichsleiter am DFKI, Projektleiter des Sonderforschungsbereichs 314), Deutsches Forschungszentrum für Künstliche Intelligenz (DFKI), Stuhlsatzenhausweg 3, 66123 Saarbrücken. Gespräch am 23.6.1992 in Saarbrücken.

Dr. Constantin Skarpelis (Forschungsgruppenleiter), Deutsche Luft- und Raumfahrt-Gesellschaft, Südstraße 125, 53175 Bonn. Gespräch am 16.11.1992 in Bonn.

Prof. Dr. Herbert Stoyan (Leiter des Instituts für Mathematische Maschinen und Datenverarbeitung VIII (Künstliche Intelligenz), Leiter der Forschungsgruppe Wissenserwerb im FORWISS), Institut für Mathematische Maschinen und Datenverarbeitung VIII (Künstliche Intelligenz), Universität Erlangen-Nürnberg, Am Weichselgarten 9, 91058 Erlangen, (FORWISS. Am Weichselgarten 7). Gespräch am 29.6.1992 in Erlangen.

Prof. Dr. phil. Gerhard Strube (Leiter der Abteilung "Kognitionswissenschaft"), Abteilung "Kognitionswissenschaft", Institut für Informatik und Gesellschaft (IIG), Albert-Ludwigs-Universität Freiburg, Friedrichstraße 50, 79098 Freiburg im Breisgau. Gespräch am 23.6.1992 in Freiburg.

Dr. Kurt Sundermeyer (Forschungsgruppenleiter), Forschungsgruppe Systemtechnik, Forschungsinstitut Berlin, Daimler Benz AG, Alt-Moabit 91b, 10559 Berlin. Gespräch am 25.11.1992 in Berlin.

Dr. Ing. Wolfgang Tank (wissenschaftlicher Mitarbeiter), Mikroelektronik Anwendungszentrum Hamburg GmbH, Karnapp 20, 21079 Hamburg. Gespräch am 22.9.1992 in Hamburg.

Prof. Dr. Christoph von der Malsburg (Lehrstuhl, Forschungsgruppenleiter), Institut für Neuroinformatik, Ruhr-Universität Bochum, 44780 Bochum. Gespräch am 26.6.1992 in Bochum.

Dr. Dipl. Inf. Frank von Martial (wissenschaftlicher Mitarbeiter), Deutsche Telepost Consulting GmbH (DETECON), Aennchenstraße 19, 53177 Bonn. Gespräch am 16.11.1992 in Bonn.

Prof. Dr. Werner von Seelen (Lehrstuhl für theoretische Biologie), Institut für Neuroinformatik, Ruhr-Universität Bochum, 44780 Bochum. Gespräch am 26.6.1992 in Bochum.

Prof. Dr. Ipke Wachsmuth (Forschungsgruppenleiter), Technische Fakultät, Universität Bielefeld, Postfach 8640, Universitätsstraße 25, 33615 Bielefeld. Gespräch am 10.9.1992 auf der GWAI 1992 in Bonn.

Prof. Dr. Wolfgang Wahlster (Wissenschaftlicher Direktor des DFKI, Leiter des Forschungsbereichs "Intelligente Benutzerschnittstellen" im DFKI, Mitglied der Geschäftsleitung des DFKI, Präsident des Weltverbandes für Künstliche Intelligenz (IJCAII) in Palo Alto, Stellvertretender Sprecher des Sonderforschungsbereichs 314 - Künstliche Intelligenz/Wissensbasierte Systeme), Deutsches Forschungszentrum für Künstliche Intelligenz (DFKI), Stuhlsatzenhausweg 3, 66123 Saarbrücken. Gespräch am 23.6.1992 in Saarbrücken.

Prof. Dr. Joseph Weizenbaum (Professor of Computer Science am MIT, Emeritus), Department for Electrical Engineering and Computer Science, Massachusetts Institute of Technology, 77 Massachusetts Avenue, Cambridge, MA 02139, USA. Gespräch am 24.9.1992 auf der FB 8-Tagung "Informatik - cui bono" in Freiburg.

Dipl. Inform. Volker Wenning (Mitarbeiter Produktvertrieb und Projektakquisition), VW-GEDAS, Pascalstraße 11, 10587 Berlin. Gespräch am 25.11.1992 in Berlin.

Adressen-Liste der KI-Forschungsgruppen an Hochschulen und hochschulnahen Einrichtungen

Lehr- und Forschungsgebiet Wissensverarbeitung, Institut Künstliche Intelligenz, Fakultät Informatik, TU Dresden, Mommsenstraße 3, 01099 Dresden (Die Lehr- und Forschungsgebiete Bildverarbeitung und Neuroinformatik wurden zum Zeitpunkt der Untersuchung neu besetzt).

Lehrstuhl für Theoretische Informatik und Grundlagen der KI, FB Informatik, Mathematik und Naturwissenschaften, Hochschule für Technik, Wirtschaft und Kultur Leipzig, Postfach 66, Carl-Liebknecht-Straße 132, 04109 Leipzig.

Institut für Informatik, Universität Halle-Wittenberg, Weinbergweg 17, 06120 Halle.

Lehrstuhl Theoretische Informatik und KI, Fachbereich Informatik, Technische Universität Chemnitz-Zwickau, Straße der Nationen 62, 09111 Chemnitz.

Institut Wissensverarbeitung, Datenbanken und Datenanalyse, Fachbereich Informatik, Humboldt Universität zu Berlin, Postfach 1297, 10117 Berlin.

Fachbereich Psychologie, Humboldt-Universität zu Berlin, Postfach 1297, Oranienburgerstraße 18, 10178 Berlin.

Projektgruppe KIT, Fachbereich Informatik, Technische Universität Berlin, Franklinstraße 28/29, 10587 Berlin.

Einheit Wissensbasierte Systeme, Fachbereich Informatik, Technische Universität Berlin, Franklinstraße 28/29, 10587 Berlin.

Fachgruppe Systemanalyse und EDV, Fachbereich Informatik, Technische Universität Berlin, Franklinstraße 28/29, 10587 Berlin.

Produktionstechnisches Zentrum Berlin der Technischen Universität, Pascalstraße 8/9, 10587 Berlin.

Außenstelle Prozeß-Optimierung, Fraunhofer-Institut für Informations- und Datenverarbeitung, Bereich Wissensbasierte Signalverarbeitung. Kurstraße 33, 10117 Berlin.

Gesellschaft für Mathematik und Datenverarbeitung, Institut für Rechnerarchitektur und Softwaretechnik (GMD-FIRST), Rudower Chaussee 5, 12439 Berlin.
KI-Labor, Fachbereich Informatik, Technische Fachhochschule Berlin, Luxemburger Straße 9, 13353 Berlin.
Arbeitsbereich Informationswissenschaft, Fachbereich Kommunikationswissenschaften, Freie Universität Berlin, Malteserstraße 74-100, 14195 Berlin.
Bereich Datenverarbeitung und Elektronik Abt. D1, Hahn-Meitner-Institut Berlin GmbH, Glienicker Straße 100, 14109 Berlin.
Arbeitsbereich Stadtökologie, Technische Universität Hamburg-Harburg, Harburger Schloßstraße 20, 21071 Hamburg.
Arbeitsbereich Fertigungstechnik I, Technische Universität Hamburg-Harburg, Denickestraße 17, 21073 Hamburg.
Arbeitsbereich Technische Informatik I, Studiendekanat für Elektrotechnik, Technische Universität Hamburg-Harburg, Harburger Schloßstraße 20, 21071 Hamburg.
Arbeitsbereich Technische Informatik II, Technische Universität Hamburg-Harburg, Harburger Schloßstraße 20, 21071 Hamburg.
Arbeitsbereich Arbeitswissenschaft, Technische Universität Hamburg-Harburg, Eißendorfer Straße 40, 21073 Hamburg.
Arbeitsbereich Regelungstechnik, Technische Universität Hamburg-Harburg, Eißendorfer Straße 40, 21073 Hamburg.
Arbeitsbereich Kognitive Systeme (KogS), Fachbereich Informatik, Universität Hamburg, Bodenstedtstraße 16, 22765 Hamburg.
Arbeitsbereich Wissens- und Sprachverarbeitung (WSV), Fachbereich Informatik, Universität Hamburg, Bodenstedtstraße 16, 22765 Hamburg.
Arbeitsbereich Natürlichsprachliche Systeme (NatS), Fachbereich Informatik, Universität Hamburg, Bodenstedtstraße 16, 22765 Hamburg.
Fachbereich Elektrotechnik, Fachhochschule Hamburg, Berliner Tor 3, 20099 Hamburg.
Labor für Künstliche Intelligenz (LKI), Fachbereich Informatik, Universität Hamburg, Bodenstedtstraße 16, 22765 Hamburg.
Graduiertenkolleg Kognitionswissenschaft, Fachbereich Informatik, Universität Hamburg, Bodenstedtstraße 16, 22765 Hamburg.
Institut für Kognitionsforschung, Lehrstuhl für Allgemeine Psychologie, Fachbereich 5, Universität Oldenburg, Gebäude VG, Postfach 2503, 26111 Oldenburg.
Projektzentrum Ökosystemforschung, Universität Kiel, Schauenburger Straße 112, 24105 Kiel.
Institut für Informatik und Praktische Mathematik, Olshausenstraße 40, 24118 Kiel.

BIG-Lab, Universität Bremen, Studiengang Informatik, Fachbereich 03, Postfach 330440, 28334 Bremen.
KI-Labor, FB Mathematik und Informatik, Universität Bremen, Postfach 330440, 28334 Bremen.
Institut für Projektmanagement, Universität Bremen, FB 07, Postfach 330440, 28334 Bremen.
Zentrum für Kognitionswissenschaft, Universität Bremen, Postfach 330440, 28334 Bremen.
Graduiertenkolleg Raumorientierung, Universität Bremen, Postfach 330440, 28334 Bremen.
Institut für Kognitionsforschung, Universität Oldenburg, Fachbereich Psychologie, Postfach 2303, 26111 Oldenburg.
Fachrichtung Systemanalyse, Hochschule Bremerhaven, An der Karlstadt 8, 27568 Bremerhaven.
Theoretische Nachrichtentechnik und Informationsverarbeitung, Appelstraße 9a, 30167 Hannover.
Institut für Angewandte Sprachwissenschaft, Universität Hildesheim, Institut für Informatik, Marienburger Platz 22, 31141 Hildesheim.
Fachbereich Angewandte Datentechnik, Universität Bielefeld, Postfach 8640, 33615 Bielefeld.
Computerlinguistik, Universität Bielefeld, Fakultät für Linguistik und Literaturwissenschaft, Postfach 8640, 33615 Bielefeld.
Lehrstuhl für Künstliche Intelligenz, Universität Bielefeld, Postfach 8640, 33615 Bielefeld.
AG Angewandte Physik und Biophysik, Universität Marburg, Renthof 7, 35037 Marburg.
Abteilung für Digitale Signalverarbeitung, Technische Universität Braunschweig, Institut für Programmiersprachen und Informationssysteme, Gaußstraße 11-13, 38106 Braunschweig.
Lehrstuhl für Regeltechnik, TU Clausthal, Institut für Informatik, Erzstraße 3, 38678 Clausthal-Zellerfeld.
Fachbereich Physik der Universität Wuppertal, Gaußstraße 20, Postfach 100127, 42119 Wuppertal.
Lehrstuhl I, FB Informatik der Universität Dortmund, Postfach, 44221 Dortmund.
Lehrstuhl II, FB Informatik der Universität Dortmund, Postfach, 44221 Dortmund.
Lehrstuhl VIII, FB Informatik der Universität Dortmund, Postfach, 44221 Dortmund.
Lehrstuhl XI, FB Informatik der Universität Dortmund, Postfach, 44221 Dortmund.
Institut für Roboterforschung, Universität Dortmund, 44221 Dortmund.

Institut für Neuroinformatik, Universität Bochum, Postfach 102148, 44780 Bochum.
Sprachwissenschaftliches Institut, Ruhr-Universität Bochum, Postfach 102148, 44780 Bochum.
Fachbereich Kommunikationswissenschaften der Universität-GH Essen, Universitätsstraße 12, 45141 Essen.
Fachgebiet Datenverarbeitung und Elektrotechnik der Universität-GH Duisburg, Bismarckstraße 81, 47198 Duisburg.
Fachgebiet Computerlinguistik der Universität-Gesamthochschule Duisburg, Postfach 101503, Bismarckstraße 81, 47198 Duisburg.
AB Computerlinguistik und Künstliche Intelligenz der Universität Osnabrück, Neuer Graben 40, 49074 Osnabrück.
Fachbereich Informatik der Universität Aachen, Lehrstuhl V, Ahornstraße 55, 52074 Aachen.
Institut für Informatik I der Universität Bonn, Römerstraße 164, 53117 Bonn.
Institut für Informatik II der Universität Bonn, Römerstraße 164, 53117 Bonn.
Institut für Informatik III der Universität Bonn, Römerstraße 164, 53117 Bonn.
Institut für Informatik VI der Universität Bonn, Römerstraße 164, 53117 Bonn.
Angewandte Informationstechnik/GMD, Schloß Birlinghoven, 53757 Sankt Augustin.
Allgemeine Psychologie, Universität Trier, FB I, Postfach 3825, 54296 Trier.
Institut für Informatik der Universität Mainz, FB 17, Staudingerweg 9, 54296 Mainz.
Institut für Computerlinguistik der Universität Koblenz-Landau, Fachbereich 4, Rheinau 3-4, 56075 Koblenz.
AG Künstliche Intelligenz, Fachbereich 4 der Universität Koblenz-Landau (Informatik), Rheinau 3-4, 56075 Koblenz.
Bereich Informatik VII/KI der Fern-Universität-GH Hagen, Haldenerstraße 182, 58097 Hagen.
Praktische Informatik II, Fern-Universität-GH Hagen, Feithstraße 140, 58097 Hagen.
FG Intellektik der Technischen Hochschule Darmstadt, FB 20 (Informatik), Alexanderstraße 10, 64283 Darmstadt.
AB Inferenzsysteme/FB Informatik der Technischen Hochschule Darmstadt, Alexanderstraße 10, 64283 Darmstadt.
Institut für Integrierte Publikations- und Inovationssysteme (IPSI) der GMD, Dollivorstraße 15, 64293 Darmstadt.
Fraunhofer Gesellschaft/ZGDV, Technische Hochschule Darmstadt, Alexanderstraße 10, 64283 Darmstadt.
Deutsches Forschungszentrum für Künstliche Intelligenz (DFKI), Stuhlsatzenhausweg 3, Bau 43, 66123 Saarbrücken.

Fachbereich Informatik der Universität des Saarlandes, Im Stadtwald, 66041 Saarbrücken.

Fachrichtung Computerlinguistik, Fachbereich Informatik der Universität des Saarlandes, Im Stadtwald, 66041 Saarbrücken.

Max-Planck-Institut Informatik, Im Stadtwald, 66123 Saarbrücken, 66123 Saarbrücken.

Graduiertenkolleg Kognitionswissenschaften, Universität des Saarlandes, Im Stadtwald, 66041 Saarbrücken.

Fachrichtung Psychologie, Universität des Saarlandes, Im Stadtwald, 66041 Saarbrücken.

Fraunhoferinstitut IZFP, Emsheimerstr. 48, 66386 Sankt Ingbert.

Deutsches Forschungszentrum für Künstliche Intelligenz (DFKI), Erwin-Schrödinger-Straße, Bau 57, Postfach 2080, 67663 Kaiserslautern.

Fachbereich Informatik der Universität Kaiserslautern, Erwin-Schrödinger-Straße, Bau 48, 67663 Kaiserslautern.

Lehrstuhl für Informatik V der Universität Mannheim, A5, 68259 Mannheim.

Studiengang Computerlinguistik der Universität Heidelberg, Karlsstraße 2, 69117 Heidelberg.

Abteilung für Medizinische Informatik, Im Neuheimer Feld 400, 69120 Heidelberg.

Institut für maschinelle Sprachverarbeitung der Universität Stuttgart, Azenbergstraße 12, 70174 Stuttgart.

Abteilung Intelligente Systeme, Institut für Informatik der Universität Stuttgart, Breitwiesenstraße 20-22, 70565 Stuttgart.

Fraunhofer Institut/IAO, Postfach, 70504 Stuttgart.

Seminar für Sprachwissenschaft der Universität Tübingen, Abteilung Computerlinguistik, Kleine Wilhelmstraße 7, 72074 Tübingen.

Institut für Logik/Komplexität/Deduktionssysteme der Universität Karlsruhe, 76128 Karlsruhe.

Institut für Algorithmen/Kognitive Systeme der Universität Karlsruhe, 76128 Karlsruhe.

Institut für Programmstrukturen und Datenorganisation (IPD), 76128 Karlsruhe.

Institut für Prozeßrechentechnik und Robotik der Universität Karlsruhe, 76128 Karlsruhe.

Institut für Werkzeugmaschinen/Betriebstechnik der Universität Karlsruhe, 76128 Karlsruhe.

Fraunhofer-Institut, Institut für Informationsverarbeitung und Technische Biologie (IITB), Fraunhoferstraße 1, 76131 Karlsruhe.

Fraunhofer-Institut, Institut für Informations- und Datenverarbeitung (IID), Fraunhoferstraße 1, 76131 Karlsruhe.

Forschungsinstitut für Informationsverarbeitung und Mustererkennung (FIM), Eisenstockstraße 6, 76275 Ettlingen.

Fachgebiet Informationswissenschaft der Universität Konstanz, Universitätsstraße 10, 78464 Konstanz.
Abteilung Kognitionswissenschaft, Institut für Informatik und Gesellschaft, Universität Freiburg, Friedrichstraße 50, 79098 Freiburg.
Abteilung Modellbildung und soziale Folgen, Institut für Informatik und Gesellschaft, Universität Freiburg, Friedrichstraße 50, 79098 Freiburg.
Psychologisches Insitut der Universität Freiburg, 79098 Freiburg.
Linguistische Informatik/Computerlinguistik, Universität Freiburg, 79098 Freiburg.
Fakultät für Informatik der Technischen Universität München, Arcisstraße 21, 80333 München.
Bayerisches Forschungszentrum für Wissensbasierte Systeme (FORWISS), Orléansstraße 34, 81667 München.
Fachgebiet Intellektik, Fakultät für Informatik der Technischen Universität München, Arcisstraße 21, 80333 München.
Institut für Systemdynamik der Universität der Bundeswehr, 85579 Neubiberg.
Forschungsinstitut für Anwendungsorientierte Wissensverarbeitung (FAW), Helmholtzstraße 16, 89081 Ulm.
Abteilung für Künstliche Intelligenz der Universität Ulm, Oberer Eselsberg, 89069 Ulm.
Abteilung für Neuroinformatik der Universität Ulm, Oberer Eselsberg, 89069 Ulm.
Lehrstuhl für Künstliche Intelligenz, Institut für Mathematische Maschinen und Datenverarbeitung, Am Weichselgarten 9, 91058 Erlangen.
Lehrstuhl für Mustererkennung, Institut für Mathematische Maschinen und Datenverarbeitung, Am Weichselgarten 9, 91058 Erlangen.
Bayerisches Forschungszentrum für Wissensbasierte Systeme (FORWISS), Am Weichselgarten 7, 91058 Erlangen.
Forschungszentrum für Umwelt und Gesundheit Neuherberg (MEDWIS/GSF), Ingolstätter Landstraße 1, 85764 Oberschleißheim.
Linguistische Informationswissenschaft, Universität Regensburg, Universitätsstraße 31, 93053 Regensburg.
FG Kognitionswissenschaft, Universität Regensburg, Universitätsstraße 31, 93053 Regensburg.
Bayerisches Forschungszentrum für Wissensbasierte Systeme (FORWISS), Universität Passau, Innstraße 33, 94032 Passau.
Lehrstuhl II für Mathematik der Universität Bayreuth, 95440 Bayreuth.
Lehrstuhl Psychologie II der Universität Bamberg, Markusplatz 3, 96047 Bamberg.
Lehrstuhl für Informatik VI/Künstliche Intelligenz der Universität Würzburg, Allesgrundweg 12, 97218 Gerbrunn.

Lehrstuhl für Lehrstuhl III/Verteilte Systeme der Universität Würzburg, Am Hubland, 97074 Würzburg.
Lehrstuhl für Informatik I der Universität Würzburg. Am Hubland, 97074 Würzburg.
Institut für Automatisierungstechnik der Universität Ilmenau, Gustav-Kirchhoff-Straße 1, Kirchhoffbau, 98693 Ilmenau.

Liste der Firmen in der Privatwirtschaft

Daimler Benz AG, Forschungsinstitut Berlin, Alt-Moabit 91b, 10559 Berlin.
VW-GEDAS mbH, Pascalstraße 11, 10587 Berlin.
Expert Informatik GmbH, Roennebergstr. 5a. 12161 Berlin.
Brainware GmbH, Gustav-Meyer-Allee 25, 13355 Berlin.
ubis GmbH, Unternehmensberatung für Integrierte Systeme, Berliner Straße 40-41, 13507 Berlin.
Gesellschaft zur Förderung der Angewandten Informatik (GFAI) e.V., Rudower Chaussee 5, Gebäude 13.7, 12485 Berlin.
Hamburger Berater-Team GmbH, Neuer Wall 32, 20354 Hamburg.
MAZ, Mikroelektronik Anwendungszentrum Hamburg. Karnapp 20. 21129 Hamburg.
STN Systemtechnik Nord GmbH, Behringstraße 120, 22763 Hamburg.
Cap Gemini SCS BeCom GmbH, Oehleckerring 40, 22419 Hamburg.
Institut für Angewandte Mikroelektronik e.V., Richard-Wagner-Straße 1, 38106 Braunschweig.
InterProject DV-Consulting GmbH, Funckstraße 105, Postfach 132065, 42013 Wuppertal.
NEXUS GmbH, Technologiepark Dortmund. Martin-Schmeisser-Weg 12, 44227 Dortmund.
MB Data Research, Joseph von Fraunhofer-Straße 15, 44227 Dortmund.
Krupp Forschungsinstitut, Hauptabteilung Informationstechnik. Münchener Straße 100, 45145 Essen.
GEI GmbH, Gesellschaft für Elektronische Informationsverarbeitung. Pascalstraße 14, 52076 Aachen.
DETECON GmbH, Deutsche Telepost Consulting. Aennchenstraße 19, 53177 Bonn.
Software Union GmbH, Gesellschaft für Unternehmensberatung. Haberstraße 2, 53842 Troisdorf.
ICARUS GmbH, Intelligente Logistik Systeme. Im Trierischen Hof 7, 60311 Frankfurt/Main.
Battelle Ingenieurtechnik GmbH, Am Römerhof 35, 60486 Frankfurt/Main.

Danet GmbH, Geschäftsstelle Künstliche Intelligenz und Neuroinformatik. Pallaswiesenstr. 201, 64293 Darmstadt.
TEKNON GmbH, Gesellschaft für Wissensbasierte Systeme. Holzhofallee 38a, 64295 Darmstadt.
Software AG, Uhlandstraße 12, 64297 Darmstadt.
Symbolics GmbH, Mergenthalerallee 77-81, 65760 Eschborn/Ts.
IDS Prof. Scheer GmbH, Gesellschaft für integrierte Datenverarbeitungssysteme. Halbergstraße 3, Postfach 748, 66121 Saarbrücken.
tecinno GmbH, Gesellschaft für innovative Software-Systeme und -Anwendungen. Sauerwiesen 2, 67661 Kaiserslautern.
Standard Elektrik Lorenz AG (SEL), Forschungszentrum, 70430 Stuttgart.
Telefunken Systemtechnik GmbH, 89073 Ulm.
usp., Unique Selling Point. Seidenstraße 65, 70174 Stuttgart.
Robert Bosch GmbH, Postfach 106050, 70174 Stuttgart.
IBM Deutschland GmbH, Abteilung Software-Architekturen und -Technologien. Hanns-Klemm-Straße 45, 71034 Böblingen.
R.O.S.E. Informatik GmbH, Biberacher Weg 8, 89522 Heidenheim.
ibek GmbH, Postfach 3405, 76020 Karlsruhe.
Dornier Deutsche Aerospace, Postfach 1420, 88045 Friedrichshafen.
ESG GmbH, Elektronik-System-Logistik GmbH, Vogelweideplatz 9, 81677 München.
ExperTeam GmbH, Niederlassung München. Garmischer Straße 10, 80339 München.
GOPAS Software GmbH, Gollierstraße 70, 80339 München.
InterFace Computer GmbH, Garmischer Straße 4/V, 80339 München.
Planware GmbH, DV-Systeme. Westendstraße 125, 80339 München.
Siemens Nixdorf Informationssysteme AG, Geschäftsstelle "CASE/Innovative Techniken", Berliner Straße 95, 80805 München.
Information Builders Deutschland GmbH, Leopoldstraße 236, 80807 München.
BSR Consulting GmbH, Wirtstraße 38, 81539 München.
Siemens AG, Zentralabteilung Forschung und Entwicklung. ZFE BT SE 2, Otto-Hahn-Ring 6, 81739 München.
ECRC GmbH, European Computer-Industry Research Centre, Arabellastraße 17, 81925 München.
CREATIVE SOFT GmbH, Harald König. Turnstraße 10, 90766 Fürth.
CAT Software GmbH, Am Weichselgarten 23, 91058 Erlangen.
S.E.P.P. Gesellschaft für System-Entwicklung, Prozeß-Programmierung und Computer Graphik mbH, Postfach 18, 91339 Roettenbach.